Johann Heinrich Meynier

**Praktische französische Sprachlehre in Beispielen und Übungen**

Johann Heinrich Meynier

**Praktische französische Sprachlehre in Beispielen und Übungen**

ISBN/EAN: 9783744676601

Hergestellt in Europa, USA, Kanada, Australien, Japan

Cover: Foto ©Paul-Georg Meister /pixelio.de

Weitere Bücher finden Sie auf **www.hansebooks.com**

Praktische
# französische Sprachlehre

in

Beispielen und Uebungen

über

alle Theile der Grammatik

besonders auch

zum Gebrauch der Besitzer des Pepliers

---

Nürnberg 1796.
bey Gustav Philipp Jacob Bieling.

# Vorrede.

Von dem gegenwärtigen Werkchen, welches ein Nachlaß meines seligen Vaters ist, wurde der erste Bogen und ein Theil des zweyten noch vor seinem Tode abgesezt; durch sein Ableben aber gerieth der Druck ins Stecken, und kam nicht eher wieder in Gang, als zu Anfang dieses Jahrs.

Der erste Theil von meines Vaters Grammatik ist bekanntlich beynahe ganz theoretisch, und die Regeln, welche er anführt sind nur durch sehr wenige Beyspiele erläutert. Dieß geschah aber nicht, weil er die Beyspiele für unnöthig hielt; im Gegentheil, er hielt sie für lehrreicher, als die Regeln selbst, und nahm sich daher vor, in einem eigenen Werkchen alles Theoretische durch eine große Menge Beyspiele zu erläutern. Er wollte, daß die Anfänger angeführt werden sollten, sich selbst die Regeln aus den Exempeln zu abstrahiren, und schrieb zu dem Ende das gegenwärtige Buch, unter dem nun abgeänderten Titel: *Les Règles par les Exemples.*

In diesem Buch kam, seiner ersten Einrichtung und Bestimmung nach, keine einzige Regel vor. Es war bloß eine fortlaufende Reihe von Beyspielen, die durch nichts, als die Hauptrubriken des Kapitels, unterbrochen und in ihren Unterabtheilungen durch Sternchen den unterschieden waren. In dieser Gestalt war das Buch aber beynahe bloß für den Verfasser brauchbar, und folglich konnte es der Verleger ohne Schaden nicht drucken.

Er ersuchte mich daher, das Manuscript mit der Grammatik zu vergleichen, und die Regeln, auf welche sich die Beyspiele beziehen, in der Kürze anzuführen. Dieß geschah; und um das Buch noch praktischer zu machen, fügte ich am Ende jedes Kapitels zur Anwendung der Regeln auch noch deutsche Aufgaben zum Uebersetzen ins Französische bey, und merkte bey jeder Regel die Seitenzahl der Grammatik an, in welcher Lehrbegierige alles noch weiter ausgeführt finden. *)

Die Deklinationen und Konjugationen mußte ich noch einmal einrücken lassen, damit das Buch auch denen, die die Grammatik nicht besitzen, brauchbar werden möchte. Um es noch gemeinnütziger zu machen, habe ich auch auf die Peplier'sche Sprachlehre hingewiesen, in welcher es bekanntlich an Aufgaben zum Uebersetzen fehlt, die aber übrigens noch immer ungleich besser ist, als die von Unrichtigkeiten und Sprachfehlern strozende Meidingerische Grammatik. — Die ersten fünf Bogen, oder die Anweisung zum Lesen ist in einem kleinen Büchlein unter dem Titel: Nouvelle Metode pour enseigner à la Jeunesse la bonne prononciation, nebst sechzehn Gesprächen, besonders abgedruckt.

Sol-

*) Die neueste Ausgabe dieser Grammatik, auf welche ich mich beziehe, ist 1781 unter dem Titel erschienen: J. J. Meynier Grammaire françoise reduite à ses vrais principes.

## Vorrede.

Solche Liebhaber, denen es auch um ein Vokabular, um Gespräche, Briefe, und witzige Einfälle zu thun ist, finden diese Gegenstände alle in folgenden beyden Werkchen meines Vaters besonders bearbeitet, nemlich in seinen

Lehrreichen vermehrten und verbesserten Aufgaben über das ganze französische Wörterbuch, mit den nöthigsten französischen Wörtern und Redensarten für die Anfänger der französischen Sprache. Dritte Auflage, Nürnberg, 1783. (nächstens wird die vierte verbesserte Auflage erscheinen.) Ladenpreis 30 kr. oder 8 Ggr.

Deutschfranzösische Gespräche mit grammatikalischen Anmerkungen, wie auch sinnreiche Einfälle und kaufmännische und andere Briefe in französischer Sprache mit Erklärung der schwersten Redensarten ꝛc. Ladenpreis 30 kr.

Zum Uebersetzen deutscher Briefe ins französische finden sich Muster von den besten Schriftstellern in meiner

Sammlung vermischter Briefe zum Uebersetzen ins Französische mit grammatikalischen Anmerkungen, und einer kurzen Anweisung, wie Briefe in Absicht ihrer innern und äußern Form richtig abzufassen sind.

## Vorrede.

In der Lehrart der Deklinationen habe ich zur Erleichterung der jungen Leute einige Abänderung gemacht. Ich habe ihrer nach Adelungs Beyspiel so viel angenommen, als es verschiedene Abänderungsarten der Wörter gibt, und dabey bemerkt, welche Gattungen von Wörtern nach jedem Muster abgewandelt werden. Meiner Erfahrung nach wird auf diese Weise am besten alle Verwirrung vermieden. Für solche Liebhaber, welche sich durch Denken die Sache zu erleichtern wissen, habe ich am Ende dann noch die kürzere Methode meines Vaters angeführt.

In der Orthographie habe ich bloß statt der einfachen Buchstaben, der p, t u. s. w. wieder doppelte hergestellt, weil sie gegenwärtig wieder allgemein angenommen sind. In der zweyten Person Pluralis der Zeitwörter, und in den Präpositionen habe ich hingegen das és statt z gelassen, weil man über diese Schreibart noch nicht ganz einig ist.

Erlangen,
am 24 Sept 1795.


J. H. Meynier.

# Register

für die

## Besitzer der Peplier'schen Grammatik *),

in welchem
auf diejenige Seitenzahl hingewiesen wird, wo sich in
in diesem Werkchen auch Beyspiele und Aufgaben
zur Anwendung der Regeln in Peplier
befinden.

Von der Orthographie und Außsprache    S. 1 — 80.
Von der Deklination 115. Uebungen —    —    119
Vom Numero    —    —    —    —    105
Aus einem Substantivo Maskulini Generis ein
     Substant. Föm. zu machen    —    —    81
Von den Gradibus Komparationis etc.    —    —    95
Von den Numeralibus    —    —    — 319. 321.

### Von dem Verbo.

Das Verbum Auxiliare avoir    —    —    185
     Beyspiele    —    —    —    219
Das Verbum Auxiliare je suis    —    —    188
     Beyspiele    —    —    —    219
Verba regularia    —    —    —    191
     Beyspiele    —    —    —    221
Verba passiva    —    —    —    206
     Beyspiele    —    —    —    225

*) Dieses Register ist nach der Ordnung der Materien in
     Peplier eingerichtet.

VIII  Register für die Peplier'sche Grammatik.

Verba Reciproka — — — — 203
    Beyspiele — — — 224
Verba Impersonalia — — — 210
    Beyspiele — — — 399
Verba Irregularia — — — 213
    Beyspiele — — — — 233

## Von dem Syntax.

Von den Negationen — — — 395
Von den Artikeln — — — 119
Von den Nominibus — — 139 289 312
Von den Pronominibus — — 326
— — Personal. — — 326
— — Possess. — — 332
— — Demonstrat. — — 341
— — Interrogat. — — 361
— — Relativ. — — — 347
Von den Particulis Relativis — 354
Von den Verbis — — 373
Gebrauch des Indikativi und dessen Zeiten — 384
Gebrauch des Konjunktivi und dessen Zeiten — 373
Syntax der Adverbien 439
— — der Präpositionen 423
— — der Konjunktionen — — — 437

Alpha.

## Alphabets François
### de toutes espéces

*Lettres initiales.*

A B C D E F G H I
                  (Schch) (Asch)
J K L M N O P Q R S
              (Kü)
T U V W X Y Z
(ü) (Web) (Web)   (igrec) (Sede)

*Petits caractéres.*

a b c d e f g h i k l m n o p q
r ſ s t u v w x y z

*Grands caractéres italiques ou lettres batardes.*

*A B C D E F G H I K L M N O*
*P Q R S T U V W X T Z*

*Petits caractéres italiques ou lettres batardes.*

*a b c d e f g h i k l m n o p q r ſ s t u*
*v w x y z.*

**Anmerkung.** Das g muß viel gelinder ausgesprochen werden als man 'schch' ausspricht. Das h wird zwar asch genannt, übrigens aber wie ein deutsches h gelesen, und mehrentheils ganz verbissen. Das q und u darf nicht wie ein i Lauten, sondern muß sich mehr dem u nähern. Man muß den Mund etwas spitzen,

Pract. Anw.     A     wenn

wenn man es rein will hören laßen. Kein Vau hat man nicht im französischen Alphabet. Das V wird wie das deutsche W ausgesprochen. Das W ist ein fremder Buchstabe, der auch W genannt wird. Das y nennt man i grec und das z Sede. Leztres wird viel gelinder ausgesprochen als s. Die weichen b und d sind auch um vieles sanfter als das deutsche b und D.

### Eintheilung der Buchstaben.

Die Buchstaben werden eingetheilt in Vokalen (Selbstlauter voyelles) und Konsonanten. Die Vokale und Konsonanten lassen sich wieder eintheilen in einfache und zusammengesezte.

### Einfache Vokale (voyelles simples) sind:
a e i o u

### Zusammengesezte Vokale (doppellaute voyelles composées Diphtongues.)
ai, au, eau, ei, eu, oeu,
Diese machen nur einen Ton aus.
ei ia iai iau ie iei ieu io oa oei oi ous oue oui ui
Diese machen einen doppelten Ton.

### Einfache Konsonanten: (consonnes simples.)
b c d f g h j k l m n p q r s t v w x z.

### Zusammengesezte Konsonanten (consonnes composées.)
bl cl ch chr gn ph pt qu rh sc th.

### Folgende nennt man gebundene Buchstaben (lettres liées.)
æ ct & ff fi fl ffi ffl œ ſſ ſi ſl st.

Ande-

**Verschiedene Zeichen:**

(´) Accent aigu. Der Acut. (Abé, Félicité.)
(`) Accent grave. Der Gravis. (très, progrès.)
(ˆ) Accent circonflexe. Der Circumflex. (arrêt, fenêtre.)
(') L'Apostrophe. Der Apostroph. (l'enfant.)
(ç) La cédille. Das Häckchen. (garçon, maçon.)
(¨) Les points diéréses. Die Diörés Puncte. (ruïne, poëme.)

Der Acut (é) wird auf das e gesezt, wann solches dunkel ausgesprochen werden soll, wie das deutsche e in dem Wort weh. Zum Beispiel un Curé, un Abé, wenn kein Acut darauf wäre, so würde man lesen ün Kühr, ün Ahb. Man soll aber sprechen ün Kureh ün Abeh.

Der Gravis (è) wird auf das e gesezt, wenn es offen klingen soll, wie das deutsche e in dem Wort seh. Zum Beispiel excès, succès. Wenn man in diesen Wörtern keinen Gravis auf das e machte, so würde man lesen eks, süks. Machte man hingegen einen Acut (é) darauf, so müste man aussprechen ekſö, sükſö. Nun soll man aber weder eks, noch ekſö, sondern ekſä sprechen, mithin muß man diesen offenen Laut durch einen Gravis anzeigen.

Man macht auch auf das a einen Gravis, wenn es nicht so viel als hat bedeutet. Zum Beispiel: donnés ce canif à mon frère. Bedeutet es aber hat, so kommt keiner darauf. Zum Beispiel: mon frère a la fièvre. Ist das a nicht ein Redetheil für sich, sondern gehört zu einem andern Wort: so hat es nie einen Gravis. Zum Beispiel amant, enfant.

A 2                                              Auf

Auf das Wörtchen la wird ein Gravis gesezt, wenn es soviel bedeutet als da. Zum Beispiel: Mettés vous là. Sezt euch daher. Bedeutet es hingegen soviel als die, so kommt keiner darauf. Z.B. *la mere*, die Mutter, *la femme*, die Frau.

Auf das Wörtchen ou wird ein Gravis gesezt, so oft es nicht soviel als oder bedeutet. Z.B. Où étes vous? Wo seyd ihr? Bedeutet es hingegen oder so fällt der Gravis weg. Z.B. Vous ou votre frere, Ihr oder Euer Bruder. Lui ou sa soeur, Er oder seine Schwester.

Der Circumflex wird auf die fünf Vocalen a e i o und u gesezt, wenn sie gedehnet ausgesprochen werden. Zum Exempel âge, téte, maitre, rôle, afût. Nach der alten Orthographie wurden diese Worte geschrieben: aage, teste, maistre, rosle, afust. So oft also nach der neuern Schreibart ein doppelter Vocal einfach geschrieben, oder ein s ausgelassen wird, muß man auf den vorhergehenden Vocal einen Circumflex machen.

Ein Apostroph wird gemacht, wan auf die Wörtchen le, la, se, si, je, me, de, te, que, ce, ne, ein Wort folgt, das mit einem Vokal anfängt. Der Apostroph vertritt alsdann die Stelle des End-Vokals dieser kleinen Wörtchen. Man schreibt also l'ame und nicht la ame, l'épée und nicht la épée, l'enfant und nicht le enfant, welches zu hart klingen würde.

Das Häkchen (cédille) wird gebraucht, wenn man das c vor einem a, o, oder u wie ein s lesen soll, denn vor diesen Vocalen wird es sonst wie ein gelindes k ausgesprochen. Reçu zum Exempel würde man ohne Häkchen lesen Rekü. Macht man hingegen ein Häkchen an das c, so spricht man resü aus. Poinçon, Maçon, orça.

Die Diōres Punkte werden blos über das e, i und u gesezt, wenn solche mit dem vorhergehenden Vokal

nicht

nicht in eine Sylbe sollen gelesen werden. Wenn ich schreibe: héroine, so ließt man das Heroene, nun soll man aber Hero-i-ne lesen, folglich müssen über das i zwey Punkte gemacht werden. Ruïne, ciguë, reüssir.

## I.
### Uebungen über die Aussprache der Sylben.

| Ba | be | bi | bo | bu |
|---|---|---|---|---|
| Ca (ka) | ce (se) | ci (si) | co (ko) | cu (kü) |
| Da | de | di | do | du |
| Fa | fe | fi | fo | fu |
| Ga (ka) | ge (sche) | gi (schi) | go (ko) | gu (kü) |
|  | gue (k) | gui (ki) |  |  |
| Ha (ha) | he | hi | ho | hu |
| Ja (scha) | je | ji | jo | ju |
| Ka | ke | ki | ko | ku |
| La | le | li | lo | lu |
| Ma | me | mi | mo | mu |
| Na | ne | ni | no | nu |
| Pa | pe | pi | po | pu |
| Ra | re | ri | ro | ru |
| Sa | se | si | so | su |
| Ta | te | ti | to | tu |
| Va | ve | vi | vo | vu |
| Xa | xe | xi | xo | xu |
| Za | ze | zi | zo | zu |

Anmerkung. Hieraus siehet man wie nöthig es ist, die Buchstaben c und g vor den Vocalen recht aussprechen zu lernen. An dieses muß man die lernende Jugend sehr oft erinnern. Das k aber muß überall ganz gelind, wie das g in dem Wort Gabe ausgesprochen werden. Noch gelinder ist das g vor a o und u.

## II.
### Wie die Vokale vor den Konsonanten müssen ausgesprochen werden.

| Ab | eb | ib | ob | ub |
|----|----|----|----|----|
| Ac | ec | ic | oc | uc |
| Ad | ed | id | od | ud |
| Af | ef | if | of | uf |
| Ag | eg | ig | og | ug |
| Ah | eh | ih | oh | uh |
| Al | el | il | ol | ul |
| Am | em | im | om | um |
| An | en | in | on | un |
| Ap | ep | ip | op | up |
| Ar | er | ir | or | ur |
| As | es | is | os | us |
| At | et | it | ot | ut |
| Ax | ex | ix | ox | ux |

## III.
### Die Vokale zwischen zwey Consonanten.

| Bac | bec | bic | boc | buc |
|-----|-----|-----|-----|-----|
| Cal (kal) | cel (sel) | cil (sil) | col (kol) | cul (kul) |
| çan | — | — | çon | çun |
| Daf | def | dif | dof | duf |
| Far | fer | fir | for | fur |
| Gal (kal) | gel (schel) | gil (schil) | gol (kol) | gul (kul) |
| — | guel (kel) | guil (kil) | — | — |
| Jal (schal) | jel | jil | jol | jul |

Lad

| | | | | |
|---|---|---|---|---|
| Lad | led | lid | lod | lud |
| Mar | mer | mir | mor | mur |
| Nas | nes | nis | nos | nus |
| Pal | pel | pil | pol | pul |
| Rap | rep | rip | rop | rup |
| Sad | fed | fid | fod | fud |
| Tan | ten | tin | ton | tun |
| Var (w) | ver | vir | vor | vur |

## IV.

Ein doppelter Konsonant vorne, und ein einfacher hinten.

| | | | | |
|---|---|---|---|---|
| Blat | blet | blid | blod | blud |
| Clap | clep | clip | clop | clup |
| Char | cher | chir | chor | chur |
| Chra | chre | chri | chro | chru |
| Flat | flet | flit | flot | flut |
| Gnar | gner | gnir | gnor | gnur |
| Phar | pher | phir | phor | phur |
| Scan(ſtan) | ſcen (ſen) | ſcin (ſin) | ſcon (ſton) | ſcun (ſtun) |
| Stal | ſtel | ſtil | ſtol | ſtul |
| Than(dang) | then | thin | thon | thun |

## V.

Doppelte Konsonanten mit den Vokalen.

| | | | | |
|---|---|---|---|---|
| Bla | ble | bli | blo | blu |
| Bra | bre | bri | bro | bru |
| Cha | che | chi | cho | chu |
| Cla | cle | cli | clo | clu |
| Cra | cre | cri | cro | cru |
| Dra | dre | dri | dro | dru |

| | | | | |
|---|---|---|---|---|
| Fla | fle | fli | flo | flu |
| Fra | fre | fri | fro | fru |
| Gla | gle | gli | glo | glu |
| Gna (nla) | gne (nle) | gni (nli) | gno (nlo) | gnu (nlu) |
| Gra | gre | gri | gro | gru |
| Pha (fa) | phe (fe) | phi (fi) | pho (fo) | phu (fu) |
| Pla | ple | pli | plo | plu |
| Pna | pne | pni | pno | pnu |
| Pra | pre | pri | pro | pru |
| Pſa | pſe | pſi | pſo | pſu |
| Pta | pte | pti | pto | ptu |
| Qua | que (fe) | qui (fi) | quo (fo) | qu'u (fu) |
| Rha (ra) | rhe (re) | rhi (ri) | rho (ro) | rhu (ru) |
| Sba | ſbe | ſbi | ſbo | ſbu |
| Sca (ſta) | ſce (ſe) | ſci (ſi) | ſco (ſto) | ſcu |
| Sma | ſme | ſmi | ſmo | ſmu |
| Spha (ſfa) | ſphe (ſfe) | ſphi (ſfi) | ſpho (ſfo) | ſphu (ſfu) |
| Squa (ſta) | ſque (ſqe) | ſqui (ſti) | ſquo (ſto) | ſqu'u (ſtu) |
| Sta | ſte | ſti | ſto | ſtu |
| Tha (ba) | the (be) | thi (bi) | tho (bo) | thu (bu) |
| Tra | tre | tri | tro | tru |
| Vra | vre | vri | vro | vru |

## VI.

**Eintönig doppelte Vokale mit einfachen Konsonanten.**

| | | | | |
|---|---|---|---|---|
| Ai (e) | dai | fai | gai (fá) | lai |
| Au (o) | cau | dau | fau | gau |
| Gau (o) | ceau (ſo) | deau | feau | veau |
| Cu (á) | meu | neu | peu | veu |
| Oeu (ö) | boeu | noeu | foeu | voeu |
| Oi (e) | foib-le | roi-de | Fran-çois | An-glois |
| Ou (u) | cou | dou | fou | mou |

## VII.

## VII.

**Die nehmlichen mit doppelten Konsonanten.**

| | | | | |
|---|---|---|---|---|
| Blai (ble) | blau | bleau | bleu | blou |
| Brai | brei | brau | breu | brou |
| Chai | chau | cheu | chois | chou |
| Clai | clau | clei | cleu | clou |
| Crai | crei | creu | crau | crou |
| Drai | dreu | dreau | drei | dreu |
| Flai | flau | fleau (flo) | flei | fleu |
| Frai | frei | frau | freu | frou |
| Glai | glei | glau | gleu | glou |
| Gni | gnei | gneau | gneu | gnou |
| Grai | grau | grei | greu | grou |
| Plai | plei | plau | pleu | plou |
| Trai | trei | trau | treu | trou |
| Vrai | vrei | vrau | vreau | vreu |

## VIII.

**Zweytönig zusammengesetzte Vocale in einer Sylbe mit Konsonanten.**

| | | | | |
|---|---|---|---|---|
| Meil | reil | teil | feil | vieil |
| Cueil | deuil | feuil | veuil | reuil |
| Cia | dia | fia | pia | piau |
| Biais | liai | niais | niaiser | liaison |
| Bien | ciel | fiel | miel | vien |
| Cieux | Dieu | lieu | mieux | pieu |
| Bion | eion | lion | fion | pion |
| Coë | moë | noë | poë | roë |
| Poua | foua | fouet | toua | touail |
| Roi | loi | foi | moi | toi |
| Bius | dui | cui | pui | oui |

### IX.

**Doppeltlautende Vokale mit doppelten Konsonanten**

| Tria | chien | drieux | drions | troe |
|------|-------|--------|--------|------|
| Brui | drui  | flui   | cruid  | blois |
| Broi | choix | croi   | droit  | froi |
| Ploi | proi  | trois  | drio   | drieu |

## Erste Abtheilung.
### Von den verschiedenen Aussprachen der Buchstaben.

Da wegen des Vocals a weiter nichts zu erinnern ist; so fangen wir gleich bei dem e an, welches auf vielerlei Art ausgesprochen werden muß; dann es gibt 1) ein dunkles (é), welches vielmals mit einem Acut gezeichnet wird, und wie in dem deutschen Wort weh klingt. 2) Ein offenes e, das so genannt wird, weil es mit einer grössern Oefnung des Mundes ausgesprochen, auch oft mit einen Gravis oder Circumflex gezeichnet wird. Es lautet wie das e in dem deutschen Wort seh, und klingt folglich wie ä. 3) Wenn aber das è lang getönt werden muß, so heißt es très-ouvert sehr offen, und hat mehrentheils einen Circumflex (ê). 4) Giebt es ein ganz stilles e, welches man bisweilen kaum, bisweilen gar nicht höret. Deswegen heißt es e-muët, ein stummes oder stilles e. Es findet sich in vielen Wörtern, mehrentheils aber am Ende derselben, und hat nie keinen Accent, bisweilen aber die Diöres Puncte (ë). 5) Wird das e, so sich vor m und n befindet, mehrentheils wie a ausgesprochen.

## Aussprache des Buchstabens E.

### I.

Beispiele zum Buchstabieren und Lesen von dem dunkeln *é*, (auf französisch *é maculin* oder *fermé*).

| | | |
|---|---|---|
| A-bé | a-lé | a-cab-lé |
| Abt | gegangen | überhäuft |
| Dé-fait | bé-né-vole | bé-nit |
| zerstört | wohlwollend | gesegnet |
| Cé-dé | cé-lé-ri-té | scé-lé-rat |
| abgetretten | Schnelligkeit | Bösewicht |
| Dé-di-é | dé-fé-ré | dé-vi-né |
| geweiht | stattgegeben | errathen |
| Hé-bé-té | é-né-mi | lé-vé |
| blödsinnig | feind | gehoben |
| Fé-li-ci-té | fé-lo-nie | fé-né-ant |
| Glückseligkeit | Lebensfehler | Faullenzer |
| Gé-né-ral | gé-né-réux | gé-né-ro-si-té |
| General | grosmüthig | Grosmuth |
| Mé-nage | mé-né | mé-pris |
| Haushalten | geführt | Verachtung |
| Pré-su-mé | pré-sa-gé | pro-fé-ré |
| vermuthet | prophezeiht | vorgebracht |
| Sé-nat | sé-ré.ni-té | sé-mé-lé |
| Senat | Heiterkeit | gesolet |
| Té-o-lo-gien | té-mé-ri-té | té-moin |
| Theolog | Verwegenheit | Zeuge |
| Vé-ri-té | vé-né-ré | vé-lo-ci-té |
| Wahrheit | verehrt | Flüchtigkeit |
| Xé-no-phon | Xé-no-cra-te | vé-xé |
| Xenophon | Xenocrat | geplagt |
| Zé-bé-dé-e | zé-lé | zé-phir |
| Zebedäus | eifrig | Zephir |

### II.

## II.

Wenn am Ende ein ſtilles r oder ein z ſich befindet; ſo klingt es ebenfalls dunkel, obgleich kein Accent darüber ſteht.

| A-ler (a-lë) | bé-ler | cé-der |
|---|---|---|
| gehen | blöcken | weichen |
| A-cier | po-ta-ger | ver-dier |
| Stahl | Gemüßgarten | Grünling |
| Mer-cier | Bou-cher | Vi-van-dier |
| Krämer | Fleiſcher | Marketender |
| A-lez | ve-nez | par-lez |
| gehet | kommet | redet |
| Ri-ez | don-nez | chan-tez |
| lachet | gebet | ſinget |
| Sau-tez | cou-rés | man-gez |
| ſpringet | laufet | eſſet |
| Lenez | des-vé-ri-tez | vos-bon-tez |
| die Naſe | Wahrheiten | eure Güte |

## III.

Wörter mit dem offenen è (è ouvert) und den ſehr offenen è (è très ouvert).

Dieſes è muß mit offenem Munde ausgeſprochen werden, und nicht wie die Gasconier, die es dunkel ausſprechen wie é. Es klingt ohngefehr wie in dem Wörtchen Käs.

| Dés | prés | pro-grés |
|---|---|---|
| ſeit | bey | Fortſchritt |
| A-près | au-près | ci-près |
| nach | bey | Cypreſſe |
| Ac-cès | Pro-fès | ab-cès |
| Anfall | Profeß | Geſchwür |
| Pro-cès | ex-cès | dé-cès |
| Proceß | Ausſchweifung | Hintritt |

Fo-rêt

13

| Fo-rêt | bê-te | ar-rêt |
| Wald | Thier | Arrest |
| Con-quéte | re-grét | re-qué-té |
| Eroberung | Reue | Bittschrift |
| ê-tre | hon-nê-te | fe-nê-tre |
| seyn | ehrbar | Fenster |

Es findet sich das offene e auch noch, wie auf deutsch, vor allen hartlautenden Konsonanten, die mit ihm eine Sylbe machen, und hier braucht es keinen Accent.

| O-reb | sec | chef |
| Oreb | trocken | Haupt |
| Je-ru-sa-lem | a-men | sep |
| Jerusalem | Amen | Weinstock |
| Bon-net | per-plex | cher |
| Mütze | bestürzt | theuer |
| Bel | bel-le | com-plet |
| schön | schöne | vollständig |
| Met | pres-que | bur-les-que |
| Gericht | beinahe | lächerlich |
| Pré-tex-te | sa-ges-se | lar-ges-se |
| Vorwand | Weisheit | Spende |
| Det-te | son-net-te | pou-let-te |
| Schuld | Schelle | Hühnchen |
| Ter-re | guer-re | ser-re |
| Erde | Krieg | Krebsscheere |

---

### IV.

### Mittel e.

Es giebt noch ein Mittel e, welches sich besonders vor den Endsylben re und le befindet. Man soll sich wohl hüten, es denen nach zu machen, die es dunkel aussprechen, und sagen mon pér, ma mér, mon frér, anstatt mon père, ma mère, mon frère. Es lautet ohngefehr wie im deutschen Wort leer.

Pe-re

| Pe-re | Me-re | co-lè-re |
|---|---|---|
| Vater | Mutter | Zorn |
| Che-re | é-tran-ge-re | ul-ce-re |
| liebe | fremde | Geschwür |
| Bou-che-re | der-nie-re | pre-mie-re |
| Fleischerin | letzte | erste |
| Zé-le | fi-dè-le | a-pè-le |
| Eifer | treu | ruft |
| in-fi-dé-le | chan-dé-le | I-fa-bé-le |
| Untreu | Licht | Isabelle |

## V.
## Stilles e.

Dann ist am Ende auch das stille e (auf französisch e muët, bref, obscur, auch feminin, weil es das weibliche Geschlecht andeutet). Dieses findet sich

1) am Ende der Wörter, wann kein Accent darüber stehet.

| je par-le | je te par-le |
|---|---|
| ich rede | ich rede mit dir |
| Le Pe-re | le Fre-re |
| der Vater | der Bruder |
| il est jeu-ne | ri-che |
| er ist jung | reich |
| il se cou-che | il me voit |
| er legt sich | er sieht mich |
| je ne sais pas | que veut-il? |
| ich weiß nicht! | was will er |
| sa-ge | mo-de-ste |
| klug | bescheiden |

2) Wenn das e in einem Wort stille ist (wie in riche) so ist es auch in denjenigen Wörtern stille, welche davon abstammen, zum Exempel richement.

for-te

for-te for-te-ment
*ſtark* *ſtark*
li-bre li-bre-ment
*frey* *frey*
plei-ne plei-ne-ment
*voll* *voll*
bel-le bel-le-ment
*ſchön* *ſchön*

**Doch folgende ausgenommen.**

A-veu-gle a-ven-glé-ment
*blind* *blindlings*
con-fu-ſe con-fu-ſé-ment
*verwirrt* *verwirrter Weiſe*
com-mo-de com-mo-dé-ment
*bequem* *auf bequeme Art*
ex-pres-ſe ex-preſ-ſé-ment
*ausdrücklich* *ausdrücklicher Weiſe*
com-mu-ne com-mu-né-ment
*gemein* *gemeiniglich*
con-for-me con-for-mé-ment
*angemeſſen* *angemeſſener Weiſe*
pro-fon-de pro-fon-dé-ment
*tief,* *tief*

3) Wann gleich ein s noch folget, ſo bleibt doch das e ſtille, als:

tu par-les tu ai-mes tu don-nes
*du ſprichſt* *du liebſt* *du giebſt*
Pe-res Me-res Fre-res
*Väter* *Mütter* *Brüder*
Tan-tes Con-ſi-nes bor-nes
*Muhmen* *Baaſen* *Schranken*
Vous é-tes vous di-tes vous fai-tes
*ihr ſeyd* *ihr ſagt* *ihr macht*

4) Auch wenn am Ende der Zeit-Wörter, (Verba) nt ſich befindet, ſo bleibt doch, das e ſtille und nt wird gar

gar nicht ausgesprochen; also sprich ils ai-ment als
stände da is ai-me:

| | | |
|---|---|---|
| ils ai-ment | ils ba-tif-fent | ils doi-vent |
| sie lieben | sie bauen | sie sollen |
| ils par-lent | ils jou-if-fent | ils re-çoi-vent |
| sie sprechen | sie genießen | sie empfangen |
| ils ja-fent | ils pa-lif-fent | ils de-coi-vent |
| sie plaudern | sie werden bleich | sie betrügen |
| ils don-nent | ils ro-tif-fent | ils con-çoi-vent |
| sie geben | sie braten | sie begreifen |
| ils ran-gent | ils chan-tent | ils la-vent |
| sie ordnen | sie singen | sie waschen |
| ils mar-chent | ils ge-mif-fent | ils a-per-coivent |
| sie gehen | sie seufzen | sie bemerken |

**Anmerkung.** Man spricht also das Wort absent nicht absa aus, weil es kein Verbum ist.

5) Nur in folgenden einsilbigten Wörtern wird e vor s dunkel ausgesprochen:

| | | |
|---|---|---|
| les jours | les li-vres | les a-mis |
| die Tage | die Bücher | die Freunde |
| des Jours | des li-vres | des a-mis |
| Tage | Bücher | Freunde |
| mes Fre-res | tes fre-res | ses fre-res |
| meine Brüder | deine Brüder | seine Brüder |

6) Das e ist noch still, so daß es kaum gehört wird, in dem Wiederholungswörtchen re, wann kein Vokal folget, oder nicht ein anderes e ausgelassen ist, als:

| | | |
|---|---|---|
| re-ti-rer | re-ve-nir | re-te-nir |
| zurückziehen | zurück kommen | zurückhalten |
| re-tour-ner | ref-fou-ve-nir | re-cou-rir |
| umkehren | wieder erinnern | Zuflucht nehmen |
| re-fai-re | re-fon-dre | re-nou-ër |
| umarbeiten | umschmelzen | anknüpfen |
| re-voir | re-nou-vel-ler | re-ce-voir |
| wieder sehen | erneuern | empfangen |

7) Fol-

7) Folget aber ein Vocal, oder ist ein anderes e weggelassen worden, so hat es einen dunkeln Laut.

ré-in-té-grer    ré-i-té-rer    ré-im-pri-mer
  ergänzen       wiederholen      umdrucken
ré-a-li-ser    réale    ré-ad-met-tre
  wahr machen    Reale    wieder zulassen
ré-af-si-gner    ré-ad-ju-ger    ré-a-li-er
  wieder anweisen    wieder zusprechen    wieder vereinigen
ré-cha-per    ré-jou-ir    ré-jou-is-san-ce
  wieder entwischen    erfreuen    Freudenbezeugung

8) In dem Vorsatzwörtchen des ist es mehrentheils offen.

des-a-bu-ser    des-ha-bil-ler    des-al-té-rer
  den Wahn benehmen    entkleiden    den Durst löschen
des-es-pe-rer    des-es-poir    des-a-gré-a-ble
  verzweifeln    Verzweiflung    unangenehm
des-o-bé-ir    des-or-dre m.*)    des-ob-li-ger
  ungehorsam seyn    Unordnung    beleidigen
des-in-te-res-sé    des-u-nir    des-u-nion f.
  uneigennützig    verunreinigen    Uneinigkeit

9) Auch ist das e still in vielen andern Wörtern und ihren Abstammern:

re-ce-voir    re-ce-ler    re-ce-leur m.
  empfangen    verhehlen    Hehler
ge-ler    ge-lé-e    ge-lé
  frieren    Frost    gefroren
se-mer    se-meur m.    se-mant
  säen    Säer    säend
me-ner    me-né    me-neur m.
  führen    geführt    Führer
pe-ser    pe-san-teur m.    pe-sant
  wägen    Schwere    schwer
                                                                   je-ter

*) Die mit m. bezeichneten Wörter sind männlichen und die mit f. bezeichneten weiblichen Geschlechts.

| je-ter | je-ton *m.* | je-té |
| werfen | Rechenpfennig | geworfen |
| a-che-ter | a-che-teur *m.* | a-che-té |
| kaufen | Käufer | gekauft |
| le-ver | le-vant | le-vain *m.* |
| heben | Aufgang | Sauerteig |
| a-che-ver | a-che-vant | a-che-vé |
| vollenden | vollendend | vollendet |

Hier ist aber wohl zu merken, daß wenn die lezte Sylbe schwach wird, der Ton auf der vorlezten Sylbe liegen, und also das e wieder laut klingen muß. Z. E.

| je gè-le | je sè-me | je re-cè-le |
| je mè-ne | je pè-se | je jè-te |
| j'a-chè-te | je me lè-ve | j'a-chè-ve |
| il dé-gè-le | on ra-mè-ne | il re-jè-te |

10) Endlich wird e vor den Buchstaben m und n in den ganz französischen Wörtern wie a gelesen. En-fant z. E. spricht man also Angfang aus.

| mem-bre | em-por-ter | em-pa-ler |
| Glied | forttragen | spiesen |
| jo-li-ment | ou-ver-te-ment | tel-le-ment |
| artig | öffentlich | dergestalt |
| bel-le-ment | ac-ca-ble-ment | a-gré-ment *m.* |
| schön | Niedergeschlagenheit | Anmuth |
| em-bel-lir | em-pha-se *f.* | em-bal-ler |
| verschönern | Nachdruck | einpacken |
| O-ri-ent *m.* | Oc-ci-dent *m.* | sep-ten-tri-on *m.* |
| Ost (Morgen) | West (Abend) | Mitternacht |
| pru-dent | ten-dre | gen-dre *m.* |
| klug | zärtlich | Tochtermann |
| fen-dre | ren-dre | pren-dre |
| spalten | zurückgeben | nehmen |
| pa-ti-ent | in-di-gent | ne-gli-gent |
| geduldig | dürftig | nachläßig |

Ein

Sind es aber pur frembe Namen, so klingt das m und n wieder wie auf deutsch. Als;

| | | |
|---|---|---|
| A-men | hi-men m. | Ben-ja-min |
| Men-tor | Ie-ru-sa-lem | Bet-le-em |
| A-ga-mem-non | Mem-phis | e-xa-men m. |

Auch in den Wörtern, die sich auf ien, yen endigen, (NB. wenn kein t am Ende ist, wie z. E: in pa-tient) wird en wie eng gelesen:

| | | |
|---|---|---|
| le mien | le tien | le sien |
| der meinige | der deinige | der seinige |
| les miens | les tiens | les siens |
| die meinigen | die deinigen | die seinigen |
| un rien | un vau-rien | un lien |
| ein Nichts | ein Taugenichts | ein Band |
| sou-tien m. | main-tien m. | en-tre-tien m. |
| Stüze | Haltung | Unterhaltung |
| Chre-tien m. | mo-yen m. | quo-ti-dien |
| Christ | Mittel | täglich |
| Au-tri-chien m. | Bo-he-mien m. | E-gip-tien m. |
| Oesterreicher | Böhme | Egyptier |
| In-dien m. | I-ta-lien m. | Li-tu-a-nien m. |
| Indianer | Italiäner | Litthauer |
| Pruf-sien m. | Si-ci-lien m. | Ve-ni-tien m. |
| Preuße | Sicilianer | Venetianer |
| Sy-rien m. | West-pha-lien m. | Pa-ri-sien m. |
| Syrier | Westphalier | Pariser |

In den Zeitwörtern (Verbis) wird ien wie eng gelesen, wenn gleich ein t folgt.

| | | |
|---|---|---|
| il vient | il de-vient | il par-vient |
| er kommt | er wird | er gelangt |
| ils vien-nent | ils de-vien-nent | ils par-vien-nent |
| sie kommen | sie werden | sie gelangen |
| il tient | il sou-tient | il par-vient |
| er hält | er erhält | er gelangt |

il con-vient    il s'ab-stient    il en-tre-tient
er giebt zu    er enthält sich    er unterhält
il con-tient    il re-tient    il sou-tient
er enthält    er hält zurück    er behauptet

In folgenden Wörtern behält das e vor m und n auch seinen natürlichen Ton.

en-ne-mi *m.*    ga-ren-ne *f.*    je pren-ne
Feind    Kaninchengarten    ich nehme
tu pren-nes    il pren-ne    ils pren-nent
du nehmest    er nehme    sie nehmen
Ca-na-né-en *m.*    Sa-du-cé-en *m.*    Cal-dé-en *m.*
Kananiter    Saducäer    Kaldäer
Eu-ro-pé-en *m.*    Ga-li-le-en *m.*    Es-se-né-en *m.*
Europäer    Galiläer    Essäer

---

## VI.
## Von dem I.

Das i lautet wie e vor einem einfachen m und n.

Im-pair    im-par-fait    im-po-li
ungleich    unvollkommen    unhöflich
im-pri-mer    im-pres-sion *f.*    im-be-ci-le
drucken    Druck    schwachköpfig
im-pa-ti-en-ce *f.*    im-pé-ni-tent    im-pé-ri-eux
Ungeduld    unbußfertig    gebieterisch
im-pé-tu-eux    im-pi-e    im-pla-ca-ble
ungestüm    gottlos    unversöhnlich
im-po-stu-re    im-por-tant    im-por-tun
Betrug    wichtig    lästig
im-po-ser    im-pru-dent    im-pu-dent
auflegen    unklug    unverschämt
in-ca-pa-ble    in-ci-dent *m.*    in-cer-tain
unfähig    Zufall    ungewiß
in-ci-sion *f.*    in-ci-ter    in-cli-ner
Einschnitt    aufhetzen    neigen

                                   in-com-

| | | |
|---|---|---|
| in-com-mo-de | in-com-pa-ti-ble | in-con-nu |
| unbequem | unvereinbar | unbekannt |
| in-con-ſtant | in-con-ti-nent | in-cor-po-ré |
| unbeſtändig | unverzüglich | einverleibt |
| in-cor-ri-gi-ble | in-cor-rup-ti-ble | in-cre-du-le m. |
| nicht zu beſſern | unbeſtechlich | ungläubig |
| di-vin | fin | en-fin |
| göttlich | fein | endlich |
| che-min m. | ma-rin m. | mar-caſ ſin m. |
| Weg | Seemann | Friſchling |
| Co-lin n. *) | Mar-tin n. | Dan-din n. |

Iſt aber das m oder n doppelt, oder folgt gleich nach in und im ein Vocal, oder ſind es pur lateiniſche Wörter, ſo lautet das i wieder wie auf deutſch.

| | | |
|---|---|---|
| im-ma-cu-lé | im-mo-bi-le | im-men-ſe |
| unbefleckt | unbeweglich | unendlich |
| im-mo-de-ré | im-mé-mo-ri-al | im-mo-de-ſte |
| unmäſig | undenklich | unbeſcheiden |
| im-mo-ler | im-mi-nent | im-miſ-cer |
| aufopfern | bevorſtehend | einmiſchen |
| im-mon-de | im-mor-tel | im-mu-a-ble |
| unrein | unſterblich | unveränderlich |
| in-no-cen-ce f. | in-no-cent | in-no-cem-ment |
| Unſchuld | unſchuldig | unſchuldig |
| in-nom-bra-ble | in-ac-ceſ-ſi-ble | in-nu-mé-ra-ble |
| unzählbar | unzugänglich | unzählig |
| in-i-mi-ta-ble | in-i-mi-tié | in-i-qui-té |
| unnachahmlich | Feindſchaft | Ungerechtigkeit |
| in-o-fi-ci-eux | in-on-da-tion | in-o-pi-né |
| undienſtfertig | Ueberſchwemmung | unvermutet |
| in-i-ti-er | in-i-ma-gi-na-ble | in-o-pi-né-ment |
| einweihen | undenkbar | unvermuthet |

in-ju-

*) Die mit n bezeichneten Buchſtaben ſind eigene Namen. (Nomina propria.)

in-ju-ſte          in-u-ti-le         in-u-ti-le-ment
  ungerecht          unnütze            unnöthig
him-ne             in-te-rim          in-dex
  Lobgeſang          unterdeſſen        Anzeiger (Regiſter)

### VII.
### Von dem Y.

Das Y wird im Buchſtabieren nur i genannt. Viele Wörter, die man ehedin mit y ſchrieb, ſchreibt man auch heutzutag mit einem bloſen i.

York              yeux *m.*          y-vre
  York              Augen              betrunken
y-vro-gne *m.*    y-vreſ-ſe *f.*     y-voi-re
  Trunkenbold       Trunkenheit        Elfenbein
hy-men            hy-dre             my-ſté-re
  Ehe               Schlange           Geheimniß
my-ſté-ri-eux     ſyl-la-be          i-dyl-le
  geheimnißvoll     Sylbe              Idylle

In den Wörtern, wo es wie ein doppeltes i geleſen wird, muß es auch eben ſo ſyllabirt werden. Z. E. payſan buchſtabiere man pai-i-ſan, envoyer en-voi-ier.

pay-ſa-ge *m.*    pay-ſa-gi-ſte *m.* payſ-ſan-ne-ri-e *f.*
  Landſchaft        Landſchaftmaler    Bauerey
eſ-ſayer          ba-layer           ba-layu-re *f.*
  verſuchen         kehren             Kehricht
ren-voyer         dé-ployer          royal
  zurückſchicken    entfalten          königlich
rayer             payer              paye-ment *m.*
  ausſtreichen      zahlen             Zahlung
eſ-ſuyer          en-nuyer           en-nuyant
  ausſtehen         Langeweile machen  langweilig

In folgenden Wörtern aber, die mit einem doppelt punktirten ï geschrieben werden, wird nur ein i gelesen und ausgesprochen.

ca-ïer *m.*  
  Heft  
ru-ï-ne *f.*  
  Verderben  
A-ïeul *m.*  
  Grosvater  

fa-ï-ne  
  Buchnuß  
Ma-ïen-ce  
  Mayn;  
bis-a-ïeul *m.*  
  Urgrosvater  

ba-ïo-nette  
  Bajonet  
pa-ïen *m.*  
  Heide  
a-ïeux *m.*  
  Grosältern  

## VIII.
### Vom O.

Der Vokal o lautet allemal vor einem Konsonant wie das deutsche O, es mag ein Circumflex darauf stehen oder nicht.

## IX.
### Von dem U.

Der Vokal u, den man viel dunkler als ein deutsches ü aussprechen muß, klingt in einer Sylbe vor m und n wie ŏ.

um (ŏm)  

un (ŏng)  
  ein  
au-cun  
  kein  
à jeun  
  nüchtern  

hum-ble  
  unterthänig  
cha-cun  
  jeder  
com-mun  
  gemein  
im-por-tun  
  lästig  

hum-ble-ment  
  unterthänig  
dé-funt  
  verstorben  
em-prunt  
  Anlehn  
quel-cun  
  jemand

Folget aber ein Vokal nach un, so muß man das u wieder wie ein dunkles û lesen, denn das u und n stehen alsdann nicht mehr in einer Sylbe.

u-na-ni-me        u-ni-for-me       u-ni-on
  einmüthig         einförmig         Einigkeit
u-ni-que          u-ni-ver-sel      u-ni-vers
  einzig            allgemein         das Weltall
u-ni-ment         u-ni-té           au-cu-ne
  glatt             Einheit           keine
cha-cu-ne         quel-cu-ne        com-mu-ne
  jede              eine              gemeine

## Zweite Abtheilung.

Nun kommen wir auf die zusammengesezten Vokale, die nur einen Ton vorstellen. Oben pag. 2. zeigten wir sie schon alle überhaupt an, nun aber soll von der Aussprache eines jeden insbesondere gehandelt werden.

### I.
### A i.

Dieser lautet am Ende der Wörter, ingleichen am Ende der mehresten Sylben, wenn eine harte Sylbe folgt, wie das dunkle é. Man spreche also aider: ede.

quai *m.*         gesi *m.*         j'ai
  Damm              Häber             ich habe
j'au-rai          je se-rai         j'ai-mai
  ich werde haben   ich werde seyn    ich liebte
je par-lai        je par-le-rai     je don-nai
  ich sprach        ich werde sprechen ich gab

Ai-glon *m.*

25

| Ai-glon *m.* | ai-me | ai-gu |
|---|---|---|
| junger Adler | liebe | spitzig |
| ai-rain | ai-ma-ble | ai-de |
| Erz | liebenswürdig | geholfen |

Folgt aber am Ende nach ai noch ein s, ein x, oder ein harter Konsonant (z. E. t.) so muß es wie das e in dem deutschen Wort er, und also sehr offen ausgesprochen werden *).

| Je fais | tu fais | il fait |
|---|---|---|
| ich mache | du macheſt | er macht |
| frais | mais | ja-mais |
| friſch | aber | nie |
| faix *m.* | por-te faix *m.* | paix *f.* |
| Laſt | Laſtträger | Friede |
| des-or-mais | je plais | plai-ſir *m.* |
| künftig | ich gefalle | Vergnügen |
| plai-ſan-ter | ai-ſé | complai-ſan-ce *f.* |
| ſcherzen | leicht | Gefälligkeit |

Wenn das Wort ſich auf ſon endiget, ſo wird ai ebenfalls wie das lange offene è geleſen. Raiſon wird alſo ausgeſprochen räſon.

| mai-ſon | mai-ſon-net-te | fé-nai-ſon |
|---|---|---|
| Haus | Häuschen | Heumath |
| dé-rai-ſon | ſai-ſon | vé-nai-ſon |
| Unvernunft | Jahrszeit | Wildpret |

Folget am Ende oder mitten in dem Wort eine ſchwache Sylbe (d. i. die ſich auf ein ſtilles e endiget)

―――――――――――――――
*) Manche ſprechen je fé, fré, mé, anſtatt je sais, frais, mais, welches ganz falſch iſt. Man muß ſich vor dieſem fehlerhaften Dialect ſehr hüten.

26

get) so nimmt der Diphtong ai auch den Ton des langen offenen è an.

| Ai-gle *m.* | ai-de *f.* | ai-gre |
|---|---|---|
| Adler | Hülfe | sauer |
| mai-gre | mai-re *m.* | pai-re *f.* |
| mager | Schultheis | Paar |
| a-fai-re *f.* | chai-se *f.* | chai-re *f.* |
| Geschäfte | Stuhl | Kanzel |
| fai-te *m.* | je sou-hai-te | re-trai-te |
| Gipfel | ich wünsche | Zurückzug |
| mai-gre | vai-ne-ment | hu-mai-ne-ment |
| mager | eitel | menschlich |

## II.
## Au, eau.

Au und eau lauten nicht anders als ein langes ô.

| cau-se *f.* | au-tour | au-tre |
|---|---|---|
| Ursach | um | andere |
| dau-phin *m.* | fau-te *f.* | haut |
| Delphin | Fehler | hoch |
| jau-ne | gau-che | tau-pe *f.* |
| gelb | links | Maulwurf |
| Paul | Ar-naud | ba-daud *m.* |
| Paul | Arnold | Maulaffe |
| me-taux | ma-ré-chaux *m.* | che-vaux *m.* |
| Metalle | Marschälle | Pferde |
| eau *m.* | ri-deau *m.* | nou-veau |
| Wasser | Vorhang | neu |
| far-deau *m.* | four-neau *m.* | tau-reau *m.* |
| Last | Ofen | Stier |
| ra-teau *m.* | lou-ve-teau *m.* | per-dreau *m.* |
| Rechen | junger Wolf | junges Rebhuhn |
| trai-neau *m.* | peau *f.* | mar-teau *m.* |
| Schlitten | Fell | Hammer |
| fu-seau | po-seau | ton-neau |
| Spindel | Pfahl | Faß |

III.

## III.
### E i.

Ei wird wie é ausgesprochen, wenn eine harte Sylbe folgt (das ist: die sich nicht auf ein stilles e endiget.

Pei-gner    pei-ni-ble    en-sei-gner
*kämmen*    *mühsam*    *lehren*
pei-ner    nei-ger    sei-gneur
*bemühen*    *schneyen*    *Herr*

Wie è (â) wird es ausgesprochen, wenn eine weiche Sylbe folgt.

Pei-gne *m.*    pei-ne *f.*    en-sei-gne *f.*
*Kamm*    *Mühe*    *Fahne*
cein-dre    é-tein-dre    é-teint
*umgürten*    *auslöschen*    *ausgelöscht*
em-prein-dre    em-preint    é-trein-dre
*einprägen*    *eingeprägt*    *umschließen*
fein-dre    feint    peint
*verstellen*    *verstellt*    *gemahlt*
tein-dre    teint    de-peint
*färben*    *gefärbt*    *abgemahlt*

## IV.
### Eu, oeu.

Eu und oeu haben einen besondern Nebenton, den der Deutsche nicht hat, nemlich wie ein langes o, aber mit sehr gespitzten Lippen. Diesen Ton müssen die Lernenden aus den Mund eines gebohrnen Franzosen hören, sowohl als die Aussprache des u.

jeu *m.*    deux    bleu
*Spiel*    *zwey*    *blau*
             feu *m.*

28

| feu *m.* | heu-reux | leur |
|---|---|---|
| Feuer | glücklich | ihr |
| neuf | peu-ple *m.* | queu-e *f.* |
| neu | Volk | Stiel |
| seu-le | hon-teux | je veux |
| allein | schändlich | ich will |
| oeuf *m.* | boeuf *m.* | oeu-vre *f.* |
| Ey | Ochse | Werk |
| soeur | voeu | ma-noeu-vre |
| Schwester | Wunsch | Taglöhner |

Man merke aber, daß eu in vielen Zeitwörtern (Verbis) wie ein bloses u klingt. (Deu z. E. spricht man düh aus). Das nehmliche geschieht auch in den Wörtern, die von einem Verbo abstammen, z. E. veue ließt man vue) und in einigen andern.

| j'eus | tu eus | il eut |
|---|---|---|
| ich hatte | du hattest | er hatte |
| nous eu-mes | vous eu-tes | ils eu-rent |
| wir hatten | ihr hattet | sie hatten |
| je seus *) | tu seus | il seut |
| ich wuste | du wustest | er wuste |
| nous seu-mes | vous seu-tes | ils seu-rent |
| wir wusten | ihr wustet | sie wusten |
| j'ai veu | j'ai seu | j'ai deu |
| ich habe gesehen | ich habe gewust | ich habe gesollt |
| seur | seu-re-ment | seu-re-té *f.* |
| sicher | sicherlich | Sicherheit |

do-

*) Man schreibt nunmehr! allgemein j'ai su, j'ai vu, anstatt j'ai seu, jai veu, und so in allen Fällen, wo eu wie u ausgesprochen wird. Die obigen Beispiele giebt man nur, weil jene Schreibart in allen ältern Büchern noch vorkommt, wodurch man leicht irre werden könnte. Europe, Eustache, und eu (gehabt) wird auch nach der neuen Ortographie mit eu geschrieben.

do-reu-re *f.*    pi-queu-re *f.*    vuë *f.*
Vergeltung    Stich    Anblick
jeu-ner    à jeun    jeu-né
faſten    nüchtern    gefaſtet
Eu-ſta-che    Eu-ro-pe    Eu-ro-pé-en
Euſtachius    Europa    Europäer

## V.
## Oi

Oi als ein einfacher Laut klingt wie ein offenes langes è:

1) in den Namen einiger Nationen, die viele auch mit ai ſchreiben, z. E. Anglois ſprich *Anglais.*

An-glois    Ecoſ-ſois    Ir-lan-dois
Engländer    Schottländer    Irrländer
Hol-lan-dois    Fran-çois    Po-lo-nois
Holländer    Franzoſe    Pole
Mi-la-nois    Li-on-nois    Or-lé-a-nois *)
Mayländer    Lioner    Orleaner

2) In der unvollbrachten Zeit (Imperfect) der Zeitwörter, wie auch in der bedingten zukünftigen Zeit, (Futuro hypothetico z. E. j'aürois) wo man beſonders die Endigung oient, die gleichfalls wie ein langes è lautet, wohl ausſprechen lernen muß.

j'a-vois    tu a-vois    il a-voit
ich hatte    du hatteſt    er hatte
ils a-voient    j'é-tois    tu é-tois
ſie hatten    ich war    du warſt
                                          il é-toit

*) Diejenigen National-Namen, welche am Ende wie oa geleſen werden, kommen weiter unten vor.

il é-toit     ils é-toient     j'ai-mois
er war     sie waren     ich liebte
tu ai-mois     il ai-moit     ils ai-moient
du liebtest     er liebte     sie liebten
je ba-tis-sois     tu ba-tis-sois     ils ba-tis-soient
ich baute     du bautest     sie bauten
tu de-vois     il de-voit     ils de-voient
du solltest     er sollte     sie sollten
je ven-dois     tu ven-dois     ils ven-doient
ich verkaufte     du verkauftest     sie verkauften

       \*        \*        \*

j'au-rois     tu au-rois     ils au-roient
ich würde haben     du würdest haben     sie würden haben
tu se-rois     il se-roit     ils se-roient
du würdest seyn     er würde seyn     sie würden seyn
j'ai-me-rois     tu ai-me-rois     ils ai-me-roient
ich würde lieben     du würdest lieben     sie würden lieben
je ba-ti-rois     tu ba-ti-rois     ils ba-ti-roient
ich würde bauen     du würdest bauen     ich würde bauen
tu de-vrois     il de-vroit     ils de-vroient
du würdest sollen     er würde sollen     sie würden sollen
je ven-drois     tu ven-drois     il ven-droit
ich würde verkaufen     du würdest verkaufe     er würde verkaufen

3) Klingt auch in folgenden Wörtern oi wie ein offenes e.

foi-ble     foi-bles-se *f.*     foi-ble-ment
schwach     Schwachheit     schwach
roi-de     croi-tre     con-noi-tre
steif     wachsen     kennen
re-con-noi-tre     me-con-noi-tre     dis-pa-roi-tre
erkennen     verkennen     verschwinden
com-pa-roi-tre     a-pa-roi-tre
erscheinen     erscheinen

## VI.
## E a.

Cea ließt man ſa, ceo ſo und ceu ſü. Nach der neuern Schreibart wird das e ganz ausgelaſſen, und dafür ein Häckchen an das c gemacht, damit man es nicht wie ein k ließt.

| | | |
|---|---|---|
| il com-men-cea | com-men-ceons | re-ceu |
| er fieng an | laßt uns anfangen | empfangen |
| il a-van-cea | a-van-ceons | re-ceu-mes |
| er trat vor | laßt uns vortretten | empfiengen |
| il en-fon-cea | en-fon-ceons | vous re-ceu-tes |
| er ſtieß ein | laßt uns einſtoſſen | ihr empfiengt |
| vous com-men-cea-tes | il com-men-ceoit | ils re-ceu-rent |
| ihr fienget an | er fieng an | ſie empfiengen |
| v. a-van-cea-tes | il a-van-ceoit | de-ceu |
| ihr tratet vor | er trat vor | betrogen |
| il an-non-cea | il an-non-ceoit | nous de-cen-mes |
| er kündigte an | er kündigte an | wir betrogen |

Da man an das g kein Häckchen anhängen kann und daſſelbe vor a, o und u doch auch wie ein gelindes k ausgeſprochen wird, ſo muß man noch heutzutag ein e einſchalten, wenn ſolches vor jenen Buchſtaben wie ſch geleſen werden ſoll.

| | | |
|---|---|---|
| gea (ſcha\*) | geo (ſcho) | geu (ſchä) |
| il ga-gea | ga-geons | ga-geu-re ſ. |
| er wettete | laßt uns wetten | Wette |

je ron-

\*) Hier iſt nochmals zu bemerken, daß das g viel gelinder ausgeſprochen werden muß, als man es mit deutſchen Buchſtaben begreiflich machen kann. Um es richtig leſen zu lernen, muß man einen franzöſiſchen Lehrer haben.

| | | |
|---|---|---|
| je ron-geai | il ron-geoit | ran-geons |
| ich nagte | er nagte | laßt uns ordnen |
| je man-geai | il man-geoit | man-geur m. |
| ich aß | er aß | Esser |
| n. van-gea-mes | il van-geoit | n. van-geur m. |
| wir rächten | er rächte | Rächer |

## Dritte Abtheilung.

Es folgen nun die zusammengesezten Vocale in seiner Sylbe einen doppelten Laut vorstellen, und deswegen Doppellauter (Diphthongen) genannt werden *)

### ia, (wie auf deutsch.)

| | | |
|---|---|---|
| dia-ble m. | fia-cre m. | dia-cre m. |
| Teufel | Lehnkutscher | Diakonus |
| vian-de | liard | fa-mi-lia-ri-té |
| Fleisch | Speck | Vertraulichkeit |

### iai, (wie iä.)

| | | |
|---|---|---|
| Biais | biai-ser | biai-sant |
| Krümme | ausbeugen | ausbeugend |
| niais | niai-ser | niai-se-ri-e |
| einfältig | Possen treiben | Possen |

ié, (wie

*) Man hat in diesem Abschnitt die Aussprache der Diphthongen so gut als möglich mit deutschen Buchstaben auszudrucken gesucht, es lassen sich aber, wie schon bemerkt, die wenigsten Töne ganz deutlich machen.

### ié (wie auf deutsch je)

| Pi-tié | moi-tié | en-tier *) |
|---|---|---|
| Mitleid | Hälfte | ganz |
| a-mi-tié | in-i-mi-tié | mé-tier |
| Freundschaft | Feindschaft | Handwerk |

### ie (ohne Accent wie ein offenes è).

| en-tier | fier | fier-té *f.* |
|---|---|---|
| ganz | stolz | Stolz |
| ciel | miel | mien |
| Himmel | Honig | meinige |

### ieu (beinahe wie öh.)

| Dieu | lieu | mieux |
|---|---|---|
| Gott | Ort | besser |
| Mon-sieur | mi-lieu | fu-rieux |
| mein Herr | Mitte | rasend |

### io (wie auf deutsch.)

| Na-tion | por-tion | con-di-tion |
|---|---|---|
| Nation | Theil | Stand |
| dé-ten-tion | cor-rec-tion | é-di-tion |
| Gefangenschaft | Besserung | Auflage |
| o-rai-son | pos-ses-sion | di-vi-sion |
| Gebet | Besitz | Eintheilung |
| fio-le | pio-che | vio-lent |
| Fläschgen | Karste | heftig |
| Dio-cèse | Dio-mède | vio-lon |
| Kirchsprengel | Diomed | Violin |

*) Folgt ein r so wird das ie eben so ausgesprochen, als hätte es einen Accut, ausgenommen die Adjectiva in ier, wo es wie ein offenes è klingt.

Pract. Anw.        C

## oe (ungefähr wie oä).

| | | |
|---|---|---|
| Coë-fe *f.* | coë-fer | coë-feu-se *f.* |
| Haube | auffegen | Haubenauffegerin |
| coë-fu-re *f.* | coë-feur *m.* | poë-le *f.* |
| Kopfpug | Auffeger | Pfanne |
| moë-le | moë-leux | troë-ne |
| Mark | markig | Rheinweide |
| poë-te | poë-ti-que | poë-me |
| Dichter | dichterisch | Gedicht |

## oei (ungefähr wie oili).

| | | |
|---|---|---|
| oeil | oeil-la-de | oeil-let |
| Auge | Blick | Nelke |

## oi (ungefähr wie oä).

| | | |
|---|---|---|
| Ge-nois | Ba-va-rois | Bo-hé-mois |
| Genueser | Bayer | Böhme |
| Chi-nois | Da-nois | Fin-lan-dois |
| Chineser | Däne | Finnländer |
| Gau-lois | Ge-ne-vois | Hes-sois |
| Gallier | Genfer | Hesse |
| Hon-grois | Mal-tois | Pie-mon-tois |
| Unger | Maltheser | Piemonteser |
| Sué-dois | Bran-den-bour-geois | Stras-bour-geois |
| Schwede | Brandenburger | Strasburger |
| Nurembergeois | Ham-bour-geois | Lié-geois *) |
| Nürnberger | Hamburger | Lütticher |
| Roi | foi | loi |
| König | Glaube | Gesetz |
| moi | toi | soi |
| ich | du | sich |
| | | bois |

*) Die Namen der Nationen, welche am Ende wie ein helles é ausgesprochen werden, stehen pag. 29.

35.

| bois | doigt | droit |
|---|---|---|
| Holz | Finger | Recht |
| pois | boiſ-ſon | poiſ-ſon |
| Erbſe | Getränke | Fiſch |
| poi-ſon | em-ploi | ren--voi |
| Gift | Amt | Zurückſendung |
| a-voir | ſa-voir | cheoir |
| haben | wiſſen | fallen |
| de-voir | re-ce-voir | con-ce-voir |
| ſollen | empfangen | begreifen |
| ſoit | je re-çois | je con-çois |
| es ſey | ich empfange | ich begreife |
| ſa-loir | mou-voir | pleu-voir |
| wiſſen | bewegen | regnen |
| pou-voir | ſ'aſ-ſeoir | va-loir |
| können | ſich ſetzen | gelten |
| voir | je vois | je dois |
| ſehen | ich ſehe | ich ſoll |
| vou-loir | je pré-vois | il pré-voit |
| wollen | ich ſehe vor | er ſieht voraus |
| Royau-me *) | loyal | dor-toir |
| Königreich | bieder | Schlafgemach |
| boi-re | foi-re | ar-moi-re |
| trinken | Meſſe | Schrank |

### oy (beinahe wie oá.)

| oye *) | joye | ſoye |
|---|---|---|
| Gans | Freude | Seide |
| mon-noye | voye | proye |
| Münze | Weg | Beute |

### oua (wie ua).

| ouas | poua-cre | poua-creſ-ſe |
|---|---|---|
| pfuy! | Stänker | Stänkerin |

oue

*) Man muß, wie ſchon oben bemerkt worden iſt, buchſta-
bieren Roi-iau-me, oi-ie.

### oue (beinahe wie ve).

| foüet | foüé-ter | foüé-tant |
|---|---|---|
| Peitsche | peitschen | peitschend |
| moüel-le | roüet | moüet-te |
| Mark | Rad | Wasserhenne |

### oui (wie ui.)

| Oui | foüir | en-foüir |
|---|---|---|
| ia | graben | eingraben |
| moüil-ler | groüil-ler | foüil-ler |
| benetzen | bewegen | durchsuchen |
| doüil-let | roüil-le | cha-toüil-ler |
| weichlich | Rost | kützeln |

### ui (wie ůi).

| Nui-re | cui-re | brui-re |
|---|---|---|
| schaden | kochen | rauschen |
| con-dui-re | lui-re | dui-re |
| führen | scheinen | geziemen |
| fuir | re-lui-re | in-dui-re |
| fliehen | glänzen | verleiten |

In folgenden Wörtern muß besonders das ui recht deutlich wie u und i in einer Sylbe gehört werden.

| E-guil-le | é-guil-let-te | é-guil-le-tier |
|---|---|---|
| Nehnadel | Nestel | Nestelmacher |
| é-guil-lo-ner | é-guil-lon | é-guil-lon-né |
| spornen | Stachel | angespornt |
| é-gui-ser | é-gui-seur | Gui-se n, |
| schärfen | Schleifer | Guise |

## Vierte Abtheilung.

### Von den Konsonanten.

### B b.

Das b wird viel gelinder ausgesprochen als im Deutschen, aber doch nicht so weich, daß es wie ein w klänge.

| Bar-be | bar-bet | ba-beu-re |
|---|---|---|
| Bart | Pudel | Buttermilch |
| bal | bon | bout |
| Ball | gut | Ende |
| obs-cur | ob-ſer-ver | ob-te-nir |
| dunkel | beobachten | erhalten |

Am Ende der Wörter wird es, der Regel nach, allemal ausgesprochen. *)

A-cab *n.*   Ca-leb   O-reb   Ja-cob

### C c.

Den Buchstaben C, wenn er vor den Vokalen steht, muß man durch viele Beispiele recht aussprechen lernen, weil hier, wie schon oben erinnert worden, sehr viele Fehler begangen werden.

Ca-quet *m.*   Ca-nail-le *f.*   ca-mi-ſo-le *f.*
Geplauder   Gesindel   Kamisol

*) Nur plomb (Bley) und rumb (Windlinie) ausgenommen, wo es still ist.

| | | |
|---|---|---|
| ce-ci | ſou-ci *m.* | cé-le-ſte |
| dieſes | Sorge | himmliſch |
| ca-cher | ca-ba-le *f.* | ca-che-ter |
| verbergen | Ränke | verſiegeln |
| cail-le *f.* | ca-fé *m.* | ca-ge *f.* |
| Wachtel | Kaffee | Vogelbauer |
| ce-lui | mer-ci *m.* | en-dur-ci |
| derjenige | Dank | verhärtet |
| re-col-te *f.* | far-ce *f.* | cinq |
| Ernde | Fälle | fünf |
| far-ci | ſour-cil *m.* | cail-lou *m.* |
| gefüllt | Augenbraune | Kieſelſtein |
| coq *m.* | co-quil-le *f.* | co-quin *m.* |
| Hahn | Schale | Schurke |
| cou-cou *m.* | cou-ler | é-cou-ler |
| Guguck | fließen | abfließen |
| ca-den-ce *f.* | ca-de-nat *m.* | ca-brer |
| Tackt | Vorleg-Schloß | bäumen |
| é-cu *m.* | cu-min *m.* | cui-vre *m.* |
| Thaler | Kümmel | Kupfer |
| cu-rieux | é-cu-mer | é-cu-rie *f.* |
| neugierig | abſchäumen | Stall |
| é-cu-reuil | cu-le-bu-te | cui-re |
| Eichhorn | Gurzelbaum | kochen |

Mit dem Häkchen (cedille) wird es allemal wie s geleſen.

| | | |
|---|---|---|
| Per-çant | mé-na-çant | a-van-çant |
| durchdringend | drohend | vortretend |
| a-van-çons | mé-na-çons | per-çons |
| laßt uns vorrücken | laßt uns drohen | laßt uns durchdringen |
| ma-çon | ma-çon-ner | ma-çon-ne-ne |
| Maurer | mauern | Mauerwerk |
| re çu | dé-çu | a-per-çu |
| empfangen | betrogen | bemerkt |

Am

Am Ende der Wörter klingt das c wie ein k *).

A-vec    bec *m.*    bouc *m.*
   mit    Schnabel    Bock
bloc *m.*    pu-blic    tra-fic *n.*
   Kloz    öffentlich    Handlung
Grec *m.*    Turc *m.*    Duc *m.*
   Grieche    Türke    Herzog
suc *m.*    sec    bac *m.*
   Saft    trocken    Fähre
sac    troc    choc
   Sack    Tausch    Stoß
ca-duc    a-que-duc    froc
   kraftlos    Wasserleitung    Kutte

Doch hört man es nicht an dem Ende folgender Wörter, besonders wenn kein Vokal folgt:

Blanc    e-sto-mac *m.*    ta-bac *m.*
   weis    Magen    Tabak
tronc    marc    jonc
   Stamm    Mark    Rohr
fic *m.*       flanc *m*
   Eine Art Warzen       Seite

In folgenden Wörtern klingt das c besonders weich, und wie das französische g.

se-cond    se-con-der    se-con-de-ment
   zweite    beistehen    zweitens
se-cret    sé-cré-tai-re *m.*    sé-cré-ta-riat *m.*
   geheim    Secretair    Secretariat
la né-cro-man-ci-e    un Né-cro-man-cien
   Wahrsagerey    ein Wahrsager

*) Die Gasconier, und mit ihnen viel Franzosen in Deutschland, sprechen das c am Ende gar nicht aus, und sagen z. E. avé anstatt avek, welches aber fehlerhaft ist.

## D d

Dieser Buchstabe klingt viel gelinder als im deutschen. Man spricht ihn ungefähr aus wie in dem Wort oder.

Di-vin     dé-dain *m.*     dé-duit
göttlich     Verachtung     abgezogen

dor-mir     dui-re     di-ri-ger
schlaffen     geziemen     lenken

Da-mon *n.*     Du-bois *n.*     Du-val *n.*
Damon     Dübois     Düval

dur     du-rer     du-ël *m.*
hart     dauern     Zweikampf

dé-fen-dre     ten-dre     gen-dre *m.*
vertheidigen     zart     Eidam

Am Ende ist das d gemeiniglich stille, wenn kein Vokal folgt.

Il vend     il prend     il tend
er verkauft     er nimt     er reicht

verd     bord *m.*     mord *m.*
grün     Rand     Gebiß

In folgenden wird es niemals ausgesprochen, auch nicht wenn ein Vokal folgt.

crud     bled     muid     nud-pied
roh     Korn     Malter     barfuß

---

## F f.

Das f wird wie auf deutsch am Anfang und am Ende der Wörter ausgesprochen.

Fief     fier     foin
Lehen     stolz     Heu

fa-got     é-fet     o-fert
Bündel     Wirkung     angeboten

                                               bref

41

| bref | chef | vif |
|---|---|---|
| kurz | Haupt | lebhaft |
| veuf | boeuf | oeuf |
| Wittwer | Ochſe | Ey |
| fau-tif | juif | ſuif |
| fehlerhaft | Jude | Unſchlitt |
| cap-tif | re-tif | ac-tit |
| gefangen | ſtätig | thätig |

Nur in folgenden Wörtern und Redensarten hört man es nicht:

Cour-re le cerf — un cerf aux a-bois
  Hirſchenjagen       ein ſterbender Hirſch
un cerf vo-lant   un a-pren-tif
  ein Schröder       ein Lehrjunge
une clef          un nerf: de boeuf
  ein Schlüſſel       eine Ochſenſenne
un ha-bit neuf    des ſouliers neufs
  ein neues Kleid     neue Schuhe

## G g.

Hier muß man ſich, wie bey dem c, wohl bemühen, daß man das g vor den fünf Vokalen richtig ausſprechen lerne. Vor e und i lieſt man es, wie ſchon oben bemerkt wurde, wie ein gelindes ſch, und vor a, o und u wie ein gelindes k, oder richtiger, wie das deutſche g in den Wörtern gab und Grab.

| Gé-ant m. | gé-lée | gé-mir |
|---|---|---|
| Rieſe | Froſt | ſtutzen |
| ge-nou m. | ar-gent m. | agir |
| Knie | Geld | handeln |
| a-gi-té | a-giſ-ſant | mu-gir |
| bewegt | thätig | brüllen |
| re-gir | re-gi-ment | rou-gir |
| regieren | Regiment | roth werden |

| Gar-çon m. | gail-lard* | gai-té f. |
|---|---|---|
| Knabe | munter | Munterkeit |
| | | gar-nir |

C 5

42

| | | |
|---|---|---|
| gar-nir | ga-ter | gar-der |
| beſetzen | verderben | aufbewahren |
| gau-che | gan-tier *m.* | gout |
| links | Handſchuhmacher | Geſchmack |
| é-gou-ter | gou-ver-ner | ra-gout |
| ablaufen | regieren | Appetiteſſen |
| gi-got *m.* | gi-gan-tes-que | gueux |
| Schöpſenkäule | rieſenhaft | Bettler |
| ga-ren-tir | gué-rir | gui-gnon |
| bewahren | heilen | Unglück |
| Guil-lau-me | gui-don | gui-der |
| Wilhelm | Fähnrich | führen |
| go-gue-nard *m.* | go-gail-le *f.* | goin-fre *m.* |
| Spaßvogel | Schmauß | Freſſer |
| ci-gu-ë | ai-gu | am-bi-gu-ï-té |
| Schirling | ſpitzig | Zweideutigkeit |

Am Ende der Wörter klingt das g ungefähr wie auf deutſch.

| | | | |
|---|---|---|---|
| Rang | ſang | é-tang | long |
| Rang | Blut | Teich | lang |

## H h.

Wird wie das deutſche H aspirirt (das iſt, deutlich mit einem Hauch ausgeſprochen), vorzüglich in folgenden Worten.

| | | |
|---|---|---|
| Ha, ha! | ha-bler | ha-che *f.* |
| Ha, ha! | ſchwatzen | Hacke |
| ha-chis *m.* | ha-gard | haye *f.* |
| Gebäcke | ſtier (ſtarr) | Hecke |
| hai! | hail-lon *m.* | hal-te! |
| ha! | Lumpe | halt! |
| ha-mac *m.* | ha-meau *m.* | ha-lier *m.* |
| Hangmatte | Weiler | dicker Buſch |
| hai-ne *f.* | ha-ïr | hai-re *f.* |
| Haß | haſſen | haarnes Hemd |

hals-

hal-ſa-ble
  haſſenswerth
ham-pe *f.*
  Pinſelſtiel
han-che *f.*
  Hüfte
hé-nir
  wiehern
ha-pe-lour-de *f.*
  falſcher Diamant
ha-quet *m.*
  Weinwagen
hard *f.*
  Strohband
har-di
  kühn
ha-ri-del-le *f.*
  Märre
har-na-cher
  panzern
har-pe *f.*
  Harpfe
har-pi-e *f.*
  Harpie
ha-tif
  frühzeitig
ha-vir
  verbrennen
ha-vron *m.*
  wilder Haber
hauſ-ſer
  erheben
haut-bert *m.*
  Panzerhemd
he!
  he!
hem
  hm
Hen-ri-et-te *f.*
  Harieta

ha-lé
  ſchwarzgebrannt
ha-le-bran *m.*
  junge wilde Ente
ha-rang *m.*
  Hering
han-ter
  umgehen
ha-per
  wegſchnappen
ha-raſ-ſé
  ermüdet
ha-ran-gue *f.*
  Rede
har-pon *m.*
  Harpune
ha-ſe *f.*
  Häſin
ha-te *f.*
  Eile
har-peau *m.*
  Art Anker
ha-til-le *f.*
  Metelſuppe
hé-ron *m.*
  Reiher
ha-vre *m.*
  Haven
hauſ-ſe *f.*
  Steigerung
haut
  hoch
haut-bois *m.*
  Hoboe
heau-me *m.*
  Helm
hé-nir
  wiehern
hé-raut *m.*
  Herold

ha-le-bar-de *f.*
  Hellebarde
ha-nap *m.*
  Weinkübel
ha-ne-ton *m.*
  Maykäfer
ha-ran-gé-re *f.*
  Heringweib
ha-que-né-e *f.*
  Zelter
har-ce-ler
  anfallen
ha-ras *m.*
  Stuterey
ha-ri-cot *m.*
  Bohne
har-nois *m.*
  Harniſch
har-pail *m.*
  Haufen Wild
ha-ter
  eilen
ha-ti-veau *m.*
  Frühbirn
ha-ve
  entſtellt
ha-vre-ſac *m.*
  Haberſack, Ranze
hé-riſ-ſon *m.*
  Jgel
hau-tain
  ſtolz
ha-zard *m.*
  Zufall
heau-mier *m.*
  Helmmacher
Hen-ri *m.*
  Heinrich
her-ce *f.*
  Egge:

her-

| | | |
|---|---|---|
| her-cer | hé-reux | hé-tre *m.* |
| eggen | kalt | Buche |
| heu! | hé-ros *m.* | heu-ler |
| He! | Held | rufen |
| hur-ler | heur-ter | heur-toir *m.* |
| Heulen | klopfen | Klopfer |
| hi-deux | hi-e *f.* | hier |
| gräslich | Höye | einrammeln |
| ho! | hi-bou *m.* | ho-be-reau *m.* |
| ho! | Eule | Landjunker |
| ho-che-queu-e *m.* | ho-cher | ho-che-ment *m.* |
| Bachstelze | erheben | Kopfheben |
| Ho-la! | Ho-lan-de *f.* | hou-blon *m.* |
| Hola! | Holland | Hopfen |
| hon-gre *m.* | hon-nir | hon-te *f.* |
| Wallach | verachten | Schande |
| hon-teux | ho-quet *m.* | hor-de *f.* |
| beschämt | Hetschen | Haufen Volk |
| hors | hors-mis | ho-te *f.* |
| ausser | ausgenommen | Tragkorb |
| Hos-po-dar *m.* | hou-let-te *f.* | ho-té-e *f.* |
| Hospodar | Schäferstab | Tragkorb voll |
| ho-teur *m.* | hou-pe *f.* | hou-ret *m.* |
| Tragkorbträger | Quaste | Jagdhund |
| hour-der | se hous-pil-ler | un hou-sard *m.* |
| verwerfen | sich balgen | ein Husar |
| housf-soir *m.* | housf-se | se hu-bir |
| Vorwisch | Schabracke | sich aufborsten |
| hu-é-e *f.* | hu-che | hu-chet *m.* |
| Spottgeschrey | Backtrog | Waldhorn |
| hu-et-te *f.* | hu-gue-not *m.* | hu-mer |
| Käuzlein | Hugenotte | schlürfen |
| hu-ne *f.* | hu-pe *f.* | hu-re *f.* |
| Mastkorb | Wiedhopf | Schweinskopf |
| hur-ler | hur-haut! | hu-te *f.* |
| beulen | hot! | Hütte |

Nun folgen die vorzüglichsten Wörter mit dem stillen h.

| | | |
|---|---|---|
| Ha-bi-tu-de *f.* | ha-bit *m.* | ha-bi-ter |
| Gewohnheit | Kleid | bewohnen |

ha-bi-

45

| | | |
|---|---|---|
| ha-bi-tant *m.* | ha-ni-cro-che *m.* | han-sé-a-ti-que |
| Bewohner | Hinderniß | hanseatisch |
| har-mo-ni-e *f.* | har-mo-ni-eux | heb-do-ma-daire |
| Harmonie | harmonisch | wöchentlich |
| hé-ber-ger | hé-be-té | hé-bra-ï-que |
| herbergen | blödsinnig | hebräisch |
| he-breu | he-ca-tombe*) *f.* | hé-gi-re **) *f.* |
| hebräisch | Hekatombe | Hegire |
| hé-las! | He-lè-ne *n. f.* | hiè-ne *f.* |
| ach! | Helena | Hiene (Thier) |
| hier | hé-li-con *n. f.* | hé-li-os-co-pe*** |
| gestern | Helicon (Berg) | Helioscop |
| hé-li-o-tro-pe *m.* | hie-rar-chi-e | hi-dro-mel *m.* |
| Sonnenblume | Kirchenregiment | Meth |
| hé-ma-ti-te *f.* | hi-dro-pi-si-e *f.* | he-mi-ci-cle *m.* |
| Blutstein | Wassersucht | Halbzirkel |
| hi-dro-po-te *m.* | hi-dre *f.* | hi-a-cin-te ****) |
| Wassertrinker | Wasserschlange | Hiacinth |
| heu-re *f.* | hé-mop-ti-si-e *f.* | he-mo-ra-gi-e *f.* |
| Stunde | Blutsturz | Nasenbluten |
| he-mo-ro-ïdes *f.* | heu-reux | he-si-ter |
| Goldader | glücklich | Anstand nehmen |
| he-pa-ti-te *m.* | hep-ta-go-ne *m.* | hé-te-ro-do-xe |
| Leberstein | Siebeneck | irrgläubig |

hé-ral-

*) Unter *becatombé* versteht man ein Opfer von hundert Thieren einer Art, z. E. hundert Stiere, hundert Schaafe.

**) Hegire nennt man die Zeitrechnung der Araber und Mahometaner, welche von der Flucht des Mahomets aus Mecca, so wie die Christen von Christi Geburt an, die Jahre zählen.

***) Helioscope nennt man die Fernrohre, womit man die Sonne betrachtet.

****) Sprich *jacinthe*

| hé-ral-di-que | her-ba-ge *m.* | her-beil-ler |
| Wappenkunst | Gras | Gras fressen |
| her-mi-ta-ge *m.* | her-bu | hé-ré-di-tai-re |
| Einsiedeley | grasigt | erblich |
| hé-ré-si-e *f.* | hé-ré-ti-que *m.* | he-ris-ser |
| Kezerey | Kezer | sträuben |
| he-ri-ta-ge *m.* | hé-ri-tier *m.* | her-mi-te *m.* |
| Erbschaft | Erbe | Einsiedler |
| hé-ro-ï-ne | hé-ro-ï-que | hé-ro-ïs-me *m.* |
| Heldin | heroisch | Heldenmuth |
| Hi-lai-re *n.* | hi-men *m.* | hi-me-né-e *n.* |
| Hilarius | Ehe | Ehe |
| him-ne *f.* | hi-po-cri-te *m.* | hi-po-con-dre |
| Lobgesang | Heuchler | hipocondrisch |
| Hi-po-li-te *n.* | hi-po-té-que *f.* | hi-ron-del-le *f.* |
| Hipolitus | Unterpfand | Schwalbe |
| hi-stoi-re *f.* | hi-stri-on *m.* | hi-ver *m.* |
| Geschichte | Possenspieler | Winter |
| hoir *m.* | hoi-ri-e *f.* | ho-lé-cau-ste *m.* |
| Erbe | Erbschaft | Brandopfer |
| hi-so-pe *f.* | ho-mard *m.* | hom-bre *m.* |
| Isop | Meerkrebs | Hombrespiel |
| ho-mé-lie *f.* | hon-nête | ho-mi-ci-de *m.* |
| geistliche Rede | ehrbar | Mörder |
| hom-ma-ge *m.* | hom-me *m.* | hon-neur *m.* |
| Huldigung | Mensch | Ehre |
| ho-no-rer | hô-pi-tal *m.* | hor-reur *f.* |
| ehren | Spital | Greuel |
| ho-ri-son *m.* | hor-lo-ge *f.* | hor-lo-ger *m.* |
| Gesichtskreis | Uhr | Uhrmacher |
| ho-ros-co-pe *) | huit | ho-stie *f.* |
| Horoscop | acht | Hostie |

ho-sti-

*) Dieses l'horoscope nennt man auf französisch das, was man auf deutsch die Nativität stellen heißt, nemlich aus der Stellung der Gestirne, bey der Geburt eines Menschen, ihm seine Schicksale prophezeihen.

| ho-sti-li-té *f.* | hô-te *m.* | hô-tel *m.* |
| Feindseligkeit | Wirth | Pallast |
| Ha-bert *n.* | hui-tre | hui-le *f* |
| Habert | Auster | Oel |
| huis-sier *m.* | hu-main | hos-pi-ta-li-té *f.* |
| Gerichtsdiener | menschlich | Gastfreundschaft |
| hum-ble | hu-me-cter | hu-meur *f.* |
| unterthänig | befeuchten | Humor |
| hu-mi-de | hu-mi-liant | hu-mi-li-té *f.* |
| feucht | demüthigend | Demuth |

In der Mitte der Wörter ist das h beinahe durchgehends stille. Z. E. Mahometan, ébahis spricht man *Maometan, ébaïs* *).

## L l.

Die Aussprache dieses Konsonanten muß in den Sylben ail, eil, il, oeil, ouil wohl gelernt werden. Sie klingen beinahe wie alg, elg, ilg ꝛc.

| L'ail *m.* | ber-cail *m.* | sé-rail **) *m.* |
| Knoblauch | Schaafstall | Serail |
| at-ti-rail *m.* | mail *m.* | tra-vail *m.* |
| Zurüstung | Maillenbahn | Arbeit |
| -pou-van-tail *m.* | é-mail *m.* | bé-tail *m.* |
| Schreckbild | Schmelzwerk | Vieh |
| | | ca-mail *m.* |

*) Da die Gasconier gar kein h aussprechen, so muß man sich die Wörter, in welchen dieser Buchstabe gehört wird, durch fleißige Ueberlesung derselben wohl bekannt machen.

**) Serail nennt man überhaupt jeden Pallast des Groß-Sultans und anderer großer türkischer Herren. Insbesondere versteht man darunter den Ort, wo sie ihre Weiber aufbewahren.

ca-mail *m.*
  Art Kapuze
ſom-meil *m.*
  Schlaf
con-ſeil *m.*
  Rath
gril *m.*
  Roſt
oeil *m.*
  Auge
re-cueil *m.*
  Sammlung

é-ven-tail *m.*
  Fächer
ver-meil
  roth
or-teil *m.*
  Zähe
ba-bil *m.*
  Geplauder
deuil *m.*
  Trauer
fé-nouil *m.*
  Fenchel

gou-ver-nail *m.*
  Steuerruder
re-veil *m.*
  Erwachen
pa-reil *m.*
  gleich
pé-ril *m.*
  Gefahr
cer-cueil *m.*
  Sarg
a-cueil *m.*
  Aufnahme

Steht vor den Buchſtaben lla, lle, lli, llo, llu ein i, ſo wird das Wort ſo geleſen, als folgte das i nach dem ll. Z. E. *j'aille* leſe *j'allie.*

Cail-le *f.*
  Wachtel
pail-le *f.*
  Stroh
ou-ail-les *f.*
  Schaafe
o-ſeil-le *f.*
  Sauerampfer
gril-le *f.*
  Gegitter
fril-leux
  froſtig
four-mil-ler
  wimmeln
rouil-le *f.*
  Roſt
mouil-ler
  naß machen
oeil-le-ton *m.*
  Ableger

mail-le *f.*
  Heller
ri-pail-le *f.*
  Schmauſeren
ca-nail-le *f.*
  Geſindel
treil-le *f.*
  Rebe
fil-le *f.*
  Mädchen
quil-le *f.*
  Kegel
ſe-mil-ler
  herumhüpfen
fouil-ler
  durchſuchen
ſouil-ler
  beſlecken
oeil-le-ton-ner
  Nelken ablegen

mail-let *m.*
  Schlägel
Ver-ſail-les *n.*
  Verſailles
mi-trail-le *f.*
  alte Münze
mer-veil-le *f.*
  Wunder
pé-ril-leux
  gefährlich
e-tril-le *f.*
  Striegel
ſe-mil-lant *f.*
  herumhüpfend
ſouil-lure *f.*
  Befleckung
oeil-la-de *f.*
  Blick
oeil-lere *f.*
  Scheuleder

Doch wird auch in vielen Wörtern ill wie auf deutsch gelesen, besonders am Anfang der Wörter. Z. E. Gille spreche: Schille.

| | | |
|---|---|---|
| Mil-le | ca-mo-mil-le *f.* | vil-le *f.* |
| tausend | Kamille | Stadt |
| im-bé-cil-le | tran-quil-le | pu-pil-le *m.* |
| schwach | ruhig | Mündel |
| il-li-mi-té | il-lu-fion *f.* | fil-la-be *f.* |
| unbeschränkt | Täuschung | Sylbe |
| il-le-gi-ti-me | il-li-ci-te | il-lu-mi-né |
| unrechtmäsig | unerlaubt | erleuchtet |

Am Ende der Wörter wird das l hart ausgesprochen.

| | | |
|---|---|---|
| Bal *m.* | ca-nàl *m.* | ri-val *m.* |
| Ball (Tanz) | Kanal | Nebenbuhler |
| gé-né-ral *m.* | che-val *m.* | cal *m.* |
| General | Pferd | Schwüle |
| Sel *m.* | Caſ-ſel *n.* | Mé-mel *n.* |
| Salz | Kassel | Memel |
| A-bel *n.* | ſo-lem-nel | u-ni-ver-ſel |
| Abel | feyerlich | allgemein |

Nur in folgenden Wörtern läßt man das l am Ende nicht hören:

| | | |
|---|---|---|
| Ba-ril *m.* | che-nil *m.* | fu-ſil *m.* |
| Faß | Hundestall | Flinte |
| gen-til | nom-bril *m.* | ou-til *m.* |
| artig | Nabel | Werkzeug |
| four-cil *m.* | per-ſil *m.* | fait - il |
| Augenbraune | Petersil | thut er |
| font - ils? | dit - it? | di-ſent - ils? *) |

M m.

*) Hinter seinem Verbo ist das Pronomen il allemal stille.

Pract. Anw.         D

## M m.

M klingt vor b n p ph wie n, welches wohl gemerkt werden muß.

| Nom-bre *m.* | om-bre *f.* | som-bre |
|---|---|---|
| Zahl | Schatten | düster |
| Au-tom-ne *f.* | dam-ner | con-dam-na-tion |
| Herbst | verdammen | Verdamniß |
| co-lom-ne *f.* | so-lem-nel | so-lem-ni-té *f.* |
| Säule | feyerlich | Feyerlichkeit |
| e-xemp-tion *f.* | e-xemp-ter | e-xempt |
| Befreyung | befreyen | befreit |
| prompt | em-por-ter | em-prun-ter |
| schnell | forttragen | entlehnen |
| tri-om-pher | tri-om-phe *m.* | tri-om-phant |
| siegen | Sieg | siegend |
| comp-ter | comp-tant | temps *m.* |
| zählen | baar | Zeit |

Sonst klingt es in den französirten oder pur französischen Wörtern wie ng am Ende der Sylben.

| A-dam *n.* | Ab-sa-lom *n.* | faim *f.* |
|---|---|---|
| Adam | Absalon | Hunger |
| nom *m.* | par-fum *m.* | pro-nom *m.* |
| Name | Weihrauch | Fürname |
| plomb *m.* | plom-ber | nom-bre *m.* |
| Bley | verbleyen | Zahl |
| mem-bre *m.* | cham-bre *f.* | jam-be *f.* |
| Glied | Kammer | Bein |

In pur fremden Wörtern aber behält es seinen lauten Ton, wie auf deutsch oder lateinisch.

| Sem *n.* | Cham *n.* | Ro-ter-dam *n.* |
| Am-ster-dam *n.* | Ié-ru-sa-lem *n.* | Sa-lem *n.* |
| Har-lem *n.* | Bet-lé-em *n.* | Nar-dam *n.* |

N n.

## N n.

N klingt bald wie auf deutsch, bald spricht man es etwas durch die Nase aus, und dann lautet es ungefähr, wie wenn g darauf folgte. Z. E. Enfant spricht man aus Angfang.

Hell wie auf deutsch klingt es am Ende ganz fremder Wörter. Z. E.

A-men — hi-men — ab-do-men *m.*
Amen     Ehe     Unterleib

Dann am Ende der Sylben, auch in pur französischen Wörtern, wenn noch ein n oder Vokal folgt.

An-né-e *f.*    in-dien-ne *f.*    mien-ne
Jahr     Kattun     meine
tien-ne    sien-ne    Vien-ne *n.*
deine     seine     Wien
j'ob-tien-ne    je vien-ne    j'en-tre-tien-ne
ich erhalte    ich komme    ich unterhalte
in-é-vi-ta-ble    in-u-ti-le    in-ac-tif
unvermeidlich    unnütz    unthätig

Sonst klingt es wie ng etwas durch die Nase:

Mon     ton     son
mein     dein     sein
mai-son *f.*    rai-son *f.*    o-rai-son *f.*
Haus     Vernunft     Gebet
de-dain *m.*    sain     main *f.*
Verachtung    gesund     Hand
rien     le mien    le tien
nichts     der meinige    der deinige
le tien    le gain *m.*    le train *m.*
der seinige    der Gewinn    der Zug
An-sel-me *n.*    An-toi-ne *n.*    An-tre *m.*
Anselm     Anton     Höhle
an-goif-se *f.*    an-ge *m.*    an-gé-li-que
Angst     Engel     englisch

52

en-tre      en-ten-dre     en-gen-drer
zwiſchen      hören         zeugen
en-fan-ter     main-tien *m.*   in-vi-té
gebähren      Haltung      eingeladen
on-de *f.*       mon-de *m.*    ſe-con-der
Waſſer        Welt         beiſtehen
An-ſel-me *n.*    em-prun-ter   en-fer *m.*
Anſelm        entlehnen      Hölle

---

## P p.

**P klingt wie das deutſche b.**

Pa-ge *m.*      pain *m.*       pont *m.*
Edelknabe      Brod         Brüke
plu-me *f.*      pom-me *f.*    cep *m.*
Feder         Apfel        Weinſtock
trop          ga-lop *m.*     beau-coup
zu viel        Galopp       viel
loup *m.*      trou-pe *f.*    ſi-rop *m.*
Wolf         Hauſe        Syrop
pſal-té-rion *m.*   pſal-mi-ſte *m.*   pſal-mo-di-er
Pſalterium      Pſalmiſt.      Pſalmenſingen
ſep-ten-trion *m.*   ſep-tan-te    ſep-tu-a-ge-ſi-me
Norden        ſiebzig        ſiebzigſte
ſep-tem-bre *m.*   ſcep-tre *m.*    bap-tis-mal
September      Scepter       zur Taufe gehörig

**In folgenden Wörtern iſt es ſtille:**

Corps *m.*      temps *m.*     ſept
Körper        Zeit          ſieben
ſep-tié-me     ſep-tié-me-ment camp *m.*
ſiebente       ſiebentens     Lager
e-xempt      promt        drap *m.*
befreit        ſchnell        Tuch
pſeau-me *m.*   coup *m.*      lo up-ga-rou *m.*
Pſalter        Schla;        Währwolf

## Q q.

Q findet sich nur am Ende zweyer Worte, in cinq und coq. In coq klingt es allemal wie ein gelindes k*); in cinq aber nur dann, wann ein Vokal darauf folgt, folgt aber ein Konsonant, so ist es stille.

| Un coq | un coq de bruye-re |
|---|---|
| ein Hahn | ein Auerhahn |
| un coq de bois | un coq-à-l'ane |
| ein Birkhahn | ein unzusammenhängendes Geschwäz |
| un beau coq d'Inde | un coq d'In-de bien gras |
| ein schöner Putterhahn | ein sehr fetter Putterhahn |
| cinq | cinq a-mis |
| fünf | fünf Freunde |
| cinq ar-bres | cinq hom-mes |
| fünf Bäume | fünf Männer |
| cinq li-vres | cinq plu-mes |
| fünf Bücher | fünf Federn |
| cinq jours | cinq fem-mes |
| fünf Tage | fünf Weiber |

## R r.

R wird am Ende und mitten im Wort hart ausgesprochen, und der vorhergehende Vokal sehr gedehnt. Ver spreche man demnach wie währ.

| Tard | fard *m.* | jar *m.* |
|---|---|---|
| spät | Schminke | Gänserich |
| fer *f.* | mer *f.* | é-clair *m.* |
| Eisen | Meer | Blitz |
| vou-loir | re-ce-voir | pair |
| wollen | empfangen | gleich |
| en-fer *m.* | Iu-pi-ter *n.* | Lu-ci-fer *n.* |
| Hölle | Jupiter | Lucifer |
| obs-cur | a-mour *m.* | fier |
| dunkel | Liebe | stolz |
| pu-deur *f.* | re-vers *m.* | di-vers |
| Schamhaftigkeit | Unfall | verschieden |

*) Ausgenommen coq d'Inde spreche: co d'Inde

54

In den Zeitwörtern (Verbis), die sich auf er und ir endigen, wie auch in andern mehrsylbigten Wörtern auf er und ier, und eben so in Monsieur, spricht man das r nicht aus, wenn nicht ein Vokal darauf folgt. Aimer, batir, danger, fermier liest man demnach: *aimé, bati, dangé, fermié.*

| Par-ler | lo-ger | a-ler |
|---|---|---|
| reden | wohnen | gehen |
| don-ner | man-ger | rê-ver |
| geben | essen | träumen |
| chan-ter | dan-ser | sau-ter |
| singen | tanzen | springen |
| ba-tir | ge-mir | ou-ïr |
| bauen | seufzen | hören |
| rou-gir | sen-tir | ve-nir |
| erröthen | riechen | kommen |
| dan-ger *m.* | hor-lo-ger *m.* | é-tran-ger *m.* |
| Gefahr | Uhrmacher | Fremder |
| fer-mier *m.* | vi-van-dier *m.* | so-meil-ler *m.* |
| Pächter | Marketender | Kellner |
| bou-lan-ger | ber-ger *m.* | va-cher *m.* |
| Bäcker | Schäfer | Kuhhirt |

## S s.

S zwischen zweyen Vokalen hat einen sanften säuselnden Laut, gerade so wie das französische z. Die richtige Aussprache desselben muß man aus dem Munde eines gebohrnen Franzosen lernen.

| Mai-son *f.* | sai-son *f.* | poi-son *m.* |
|---|---|---|
| Haus | Jahrszeit | Gift |
| u-ser | re-fu-ser | a-mu-ser |
| gebrauchen | versagen | beschäftigen |
| o-ser | cau-ser | ja-ser |
| unterstehen | plaudern | schwazen |
| ai-se | mau-vai-se | frai-se *f.* |
| froh | schlechte | Erdbeer |

Das

Das geschieht auch in den Wörtern, die mit trans anfangen, wenn ein Vokal darauf folgt.

Trans-ac-tion *f.*  trans-i-ger  trans-i-tion *f.*
  Vergleich        vergleichen      Uebergang

In folgenden zusammengesezten Wörtern aber klingt es wie ſſ zwischen zweyen Vokalen:

Mo-no-ſi-la-be   po-ra-ſol *m.*   pré-ſu-po-ſer
  einſilbigt        Sonnenschirm   voraussetzen
je me dé-ſai-ſis  tu te dé-ſai-ſis  il ſe de-ſai-ſit
  ich gebe heraus   du giebst heraus   er giebt heraus

Soll aber das s zwischen zweyen Vokalen hart klingen, so muß man es verdoppeln.

reſ-ſem-bler   reſ-ſen-tir   reſ-ſer-rer
  gleichen      empfinden     zusammenziehen
reſ-ſor-tir   reſ-ſou-ve-nir   reſ-ſayer
  wieder ausgehen   wieder erinnern   wiederversuchen
graſ-ſe       groſ-ſe        é-paiſ-ſe
  fette          dicke          dicke
baſ-ſin *m.*   pouſ-ſin *m.*   Touſ-ſaints
  Becken      Küchlein *)    Allerheiligen

Steht das s nicht zwischen zweyen Vokalen, so klingt es wie auf deutsch. Am Ende der Wörter aber ist es durchgängig stille, wenn kein Vokal folgt.

Bas      ru-bis      clos
  niedrig    Rubin      verschlossen
a-bus     ta-mis     re-vers
  Misbrauch  Sieb       Unglück
noms     ponts      lacs
  Namen    Brücken     Seen
coqs      li-vres     mon-tres
  Hahne    Bücher     Uhren

*) Von einer Henne. Eine junge Henne.

In ganz lateinischen Wörtern aber und etlichen andern wird es am Ende ausgesprochen.

| A-do-nis *n.* | Ba-cus *n.* | Ga-ïus *n.* |
| Eu-cha-ris *n.* | I-ris *n.* | Mi-nos *n.* |
| Mé-to-phis *n.* | Na-xos *n.* | Pa-phos *n.* |
| Ro-mus *n.* | Ro-mu-lus *n.* | Ter-mo-ſi-ris *n.* |
| Thé-tis *n.* | A-pis *n.* | Vé-nus *n.* |

\* \* \*

| Ie-ſus | vers *m.* | bis |
| Jesus | Vers | zweimal |
| vis *f.* | ca-lus *m.* | pus |
| Schraube | Schwäle | Eiter |
| un as | las | re-laps *m.* |
| ein As | müde | Rückfall |

Auch hört man es bei folgenden Wörtern in der Mitte.

| Lors-que | pres-que | puis-que |
| als | beinahe | weil |
| Chriſt | ca-té-chiſ-me *m.* | bar-ba-riſ-me *m.* |
| Christus | Katechismus | Barbarismus |
| ſo-lé-ciſ-me *m.* | mi-ſté-re *m.* | A-ſtre *m.* |
| Sprachfehler | Geheimnis | Gestirn |
| au-ſté-re | au-ſtral | pré-ſcri-re |
| strenge | südlich | vorschreiben |
| in-ſcri-re | paſ-cal | ſ'ab-ſte-nir |
| einschreiben | österlich | sich enthalten |
| ja-ſpe *m.* | con-ſtan-ce *f.* | a-ju-ſter |
| Jaspis | Beständigkeit | herrichten |
| a-po-ſtat *m.* | a-po-ſtu-me *m.* | at-te-ſter |
| Abtrünniger | Geschwär | bezeugen |

Und in noch vielen andern dergleichen. In nächſtehenden aber iſt es wieder ſtille:

| il eſt | puis-né | ſus-dit |
| er ist | nachgebohrn | oben besagt |

les-

lesquels    des quels    les dits
welche    von welchen    die besagten
Mes-da-mes    Mes-de-moi-    Bas-na-ge *n.*
meine Damen    selles    Banage
     meine Jungfern
Des-car-tes *n.*    Ques-nel *n.*    Res-nel *n.*

---

## T t.

T wird wie das deutsche D ausgesprochen; allein in vielen Wörtern klingt es wie s vor ia, ie, io: Z. E. Martial sprече *Marsial*.

Par-ti-al    in-i-ti-al    nup-ti-al
partheyisch    anfänglich    hochzeitlich
pro-phé-ti-e    Vé-ni-tien    Cro-a-ti-e *n.*
Prophezeiung    Venetianer    Croatien
pro-mo-tion    dé-vo-tion    ac-tion
Beförderung    Andacht    Handlung
im-pa-ti-en-ce    con-ven-tion    dé-struc-tion
Ungedult    Vertrag    Zerstörung
ob-struc-tion    gé-né-ra-tion    al-té-ra-tion
Verstopfung    Erzeugung    Stöhrung
con-ten-ti-eux    fac-ti-eux    su-per-sti-ti-eux
streitig    Aufrührer    abergläubig

Doch behält es seinen Laut in andern Wörtern tié, tion, stion, xtion als:

Par-tie    sor-ti-e    ro-ti-e
Theil    Ausfall    gebratene
a-mi-tié    pi-tié    moi-tié
Freundschaft    Mitleid    Hälfte
Chré-tien    sou-tien    main-tien
Christ    Stüze    Anstand
q.nous met-tions    jet-tions    pre-tions
daß wir thun    werfen    leihen
di-ge-stion    que-stion    ge-stion
Verdauung    Frage    Führung
mix-tion    mix-tion-ner    mix-tion-né
Mischung    mischen    gemischt

58

Es wird auch am Ende folgender Zahlwörter ausgesprochen, wenn man sie nicht in Verbindung mit andern Worten gebraucht:

sept     huit     dix-sept
*sieben*     *acht*     *siebzehn*
vingt     vingt huit     trente sept
*zwanzig*     *acht und zwanzig*     *sieben und dreyßig*

Folgt aber ein Wort mit einem Konsonanten darauf, so hört man es nicht mehr, welches wohl zu merken ist. Z. E. sept jours spreche man *se' jours*.

sept jours     huit mois     vingt li-vres
*sieben Tage*     *acht Monathe*     *zwanzig*

Es muß in vingt besonders gehört werden, wenn man bis dreißig fortzählt, weil das ausgelassene et damit ersezt wird. Vingt deux ist z. E. anstatt vingt et deux.

vingt un     vingt deux     vingt trois
*ein und zwanzig*     *zwei und zwanzig*     *drei und zwanzig*
vingt quatre     vingt cinq     vingt six
*vier und zwanzig*     *fünf und zwanzig*     *sechs und zwanzig*
vingt sept     vingt huit     vingt neuf
*sieben und zwanzig*     *acht und zwanzig*     *neun und zwanzig*

Das t, welches am Ende der mehrsylbigten Wörter nicht gehört wird, wenn nicht ein Wort mit einem Vokal darauf folgt, wird doch in den einsylbigten ausgesprochen, wenn ein Vokal, ein m oder ein n vorhergeht.

Mat     fat     but
*matt*     *Narr*     *Ziel*
lit     lot     lut
*Bett*     *Loos*     *Laute*
sot     mot     soit
*Thor*     *Wort*     *sey*
voit     promt     front
*seht*     *schnell*     *Stirne*

Ist aber die Sylbe lang, (denn die vorhergehenden Beispiele waren lauter kurze Sylben), so hört man es wieder nicht.

| Rét | prèt | goût |
|---|---|---|
| Nez | bereit | Geschmack |
| fait | a-prêt | é-gout |
| gemacht | Zurüstung | Guß |

### V v.

V ist das französische W, und wird accurat so wie das deutsche W gelesen.

| Va-leur | vil-le | verd |
|---|---|---|
| Werth | Stadt | grün |
| ven-te | ver-du-re | vé-ri-té |
| Verkauf | das Grün | Wahrheit |
| vé-né-ra-ble | vé-nai-son | vian-de |
| ehrwürdig | Wildpret | Fleisch |
| vent | ven-teux | ver-tu |
| Wind | windig | Tugend |
| vieux | vieil-le | ver |
| alt | Alte | Wurm |

### X x.

Das X wird wie auf deutsch gelesen. Da es viele Gasconier wie ein s aussprechen, so muß man sich wohl in Acht nehmen, daß man diesen fehlerhaften Accent nicht nachahme.

| Xer-xès n. | Xé-no-phon n. | Xan-ti-pe n. |
|---|---|---|
| Xerxes | Xenophon | Xantippe |
| fi-xer | fle-xion | re-fle-xion |
| heften | Beugung | Widerschein |
| Xa-vier | fle-xi-ble | fle-xi-bi-li-té |
| Xavier | biegsam | Biegsamkeit |
| ma-xi-me | ex-cu-se | ex-cla-ma-tion |
| Grundsatz | Entschuldigung | Ausruf |

ex-pé-

ex-pé-ri-en-ce    ex-trait    A-le-xan-dre
Erfahrung    Ausgang    Alexander
A-xe    e-xem-ple    ſtix *n.*
Axe    Beiſpiel    Stix

Doch wird es in allen Beywörtern (Adjectiven), ſo wie das s, am Ende ſtille, und dieſer Beiwörter ſind nicht wenige.

Am-bi-ti-eux    a-mou-reux    a-va-ri-ci-eux
ehrgeizig    verliebt    geizig
au-da-ci-eux    ma-li-ci-eux    boi-teux
verwegen    boshaft    hinkend
creux    cu-ri-eux    dan-ge-reux
hohl    neugierig    gefährlich
dé-li-ci-eux    dou-teux    en-nuyeux
köſtlich    zweifelhaft    langweilig
é-pi-neux    mi-sté-ri-eux    mer-veil-leux
dornicht    geheimnisvoll    wunderbar
fou-gueux    fu-ri-eux    gé-né-reux
wild    raſend    grosmüthig
né-ceſ-ſi-teux    hi-deux    hon-teux
dürftig    schäuslich    ſchändlich
ja-loux    im-pé-tu-eux    nom-breux
eiferſüchtig    ungeſtümm    zahlreich
ju-di-ci-eux    la-bo-ri-eux    nou-eux
verſtändig    arbeitſam    knotig

Auch iſt es ſtumm, ſo oft es blos ein Zeichen der mehreren Zahl (des Plurals) iſt, und in den Zeitwörtern. (3. E. je veux.)

Des Tau-reaux des ca-naux *m.* des eaux *f.*
Stiere    Kanäle    Gewäſſer
les jeux *m.*    les lieux *m.*    les che-vaux *m.*
die Spiele    die Orte    die Pferde
les Gé-né-raux *m.* les cha-peaux *m.* les mé-taux *m.*
die Generale    die Hüte    die Metalle
je veux    tu veux    je peux
ich will    du willſt    ich kann

Endlich

Endlich in folgenden Wörtern lautet x wie s, ſſ oder z.

Six (s)　　　　dix (s)　　　　Aix (s) n. *)
ſechs　　　　　zehn　　　　　Aix
ſi-xain (z) m.　ſi-xièmement (z)　ſoi-xan-te (ſſ)
Vers von 6 Zeilen　ſechstens　　ſechzig
ſoi-xan-taine(ſſ) ſoi-xan-te& dix　di-xie-me (z)
ungefähr ſechzig　ſiebzig　　　zehnte
dix-huit (z)　　Bru-xel-les(ſſ)n. U-xel-les (ſſ)n.
achtzehn　　　Brüſſel　　　　Uxelles
Fle-xel-les (ſſ)　Au-xer-re (ſſ) n. St Mai-xant (ſſ)
Flexelles　　　Auxerre　　　　St. Maiſſant
Au-xon-nes(ſſ)n　Xain-tes (s)
Auxonnes　　　Xaintes

---

## Z z.

Klingt viel gelinder als auf deutſch, und ungefähr wie im Wort ſehr oder leſen.

Zo-di-a-que m.　na-zar-de f.　　na-zil-ler
Thierkreis　　　Naſenſtüber　　näſeln
na-zeau m.　　ha-zard m.　　　ze-ro m.
Naſenloch der Thiere　Zufall　　Nulle
ha-zar-deux　　ha-ze f.　　　　E-ze-chi-el
verwegen　　　Häſin　　　　　Ezechiel
Za-ca-ri-e　　　Ze-phir m.　　　ze-le m.
Zacharias　　　Zephir　　　　　Eifer

Am Ende aber iſt es ganz ſtille, wenn kein Vokal folgt. Véritez wird alſo ausgeſprochen vérité.

Nez m.　　　　ve-nez　　　　　vous a-vez
Naſe　　　　　kommt　　　　　ihr habet
di-vi-ni-tez f.　ad-ver-ſi-tez f.　pros-pé-ri-tez f.
Gottheiten　　Widerwärtigkeiten　Glükſeligkeiten
ba-ti-zez　　　re-ce-vez　　　　ven-dez
taufet　　　　empfanget　　　　verkaufet

Fünfte

*) Eine Stadt in Frankreich. Aix-la-Chapelle heißt Aachen die bekannte deutſche Reichsſtadt.

## Fünfte Abtheilung.
Von den zusammengesezten Konsonanten oder Mitlautern.

### Ch.

Das französische ch lautet wie das deutsche sch.

Champ *m.*     chat *m.*     char *m.*
Feld            Kaze           Wagen
cher           cher-cher     ché-ne *m.*
theuer          suchen         Eiche
fle-chir         fran-chir       blan-chir
beugen        ersteigen      weis machen
cho-se *f.*       chou *m.*        che-rir
Ding            Kohl           lieben
chut            chu-te *f.*       a-che-ter
stille            Fall            kaufen

Allein in vielen aus dem Lateinischen und Griechischen abstammenden Wörtern, und vor r in einer Sylbe, wird es wie ein k gelesen.

Chal-dé-en *n.*     Cham *n.*      A-cha-ie *n.*
Ar-ché-la-cis *n.*   Cha-rib-de *n.*   Bac-chus *n.*
Cher-so-né-se *n.*   Es-chi-le *n.*     Ché-li-doi-ne *n.*
Chré-mes *n.*      Chus *n.*       Les-chés *n.*

Lauter eigene Namen. Ferner:

Choeur *m.*     or-che-stre *m.*     é-cho *m.*
Chor           Orchester *)       Widerhall
chro-no-lo-gi-e *f.* cho-ro-gra-phie ar-chan-ge *m.*
Chronologie     Tanzkunst       Erzengel
Schir-re *m.*     al-chi-mi-ste *m.* Christ *m.*
Art Verhärtung Goldmacher      Christus
Chré-tien *m.*   Chri-stia-nis-me Chré-tie-ne-té *f.*
Christ          Christenthum    Christenheit

G n.

*) Eigentlich der Ort, der den Musikanten angewiesen wird. Man nennt aber auch das Chor der Instrumentenspieler selbst Orchester.

## G n.

Gn wird in pur französischen Wörtern. wie ni ausgesprochen, und darf daher am Ende der Zeilen nicht getrennt werden.

A-gnès (anjés) li-gne *f.* ro-gnû-re *f.*
Agnes  Linie  Abschnitt
di-gne  ma-gni-fi-que  ma-gni-fi-er
würdig  prächtig  erheben
in-di-gne  Al-le-ma-gne *f.*  Char-le-ma-gne
unwürdig  Deutschland  Karl der Große
sai-gner  bai-gner  bor-gne
bluten  baden  einäugigt
té-moi-gner  en-sei-gner  a-gneau *m.*
bezeugen  lehren  Lamm
rè-gner  co-gner  dai-gner
regieren  stoßen  würdigen

## Ph. wie f.

Phi-si-que *f.*  phi-si-o-no-mie *f.*  Phi-li-pe *n.*
Physik  Phisionomie  Philipp
phi-lo-so-phi-e *f.*  phré-né-si-e *f.*  Nim-phe *f.*
Philosophie  Wahnwitz  Nimphe
phé-no-mé-ne *m.*  sphè-re *f.*  pha-re *m.*
Naturerscheinung  Kugel  Leuchtturm
Pha-é-ton *n.*  Pha-la-ris *n.*  Phé-bus *n.*
Phaeton  Phalaris  Phöbus
phleg-me *m.*  phra-se *f.*  Phi-lo-mé-le *f.*
Schleim  Redensart  Nachtigall

## Qu.

Wie ein gelindes k oder das g im Wort Garbe.

Quar-ré *m.*  qua-tre  quan-ti-té *f.*
Viereck  vier  Menge
que-rel-le *f.*  que-stion *f.*  quit-ter
Zank  Frage  verlassen
                quiter

qui-ter  qui-tan-ce *f.*  quo-ti-dien
verlaſſen  Quittung  täglich
qu'un  cha-qu'un  quel-qu'un
daß ein  jeder  jemand
a-que-duc *m.*  a-queux  con-quê-te *f.*
Waſſerleitung  waßrig  Eroberung
a-qui-ter  a-qui-ſi tion *f.*  a-qui-é-cer
abtragen  Erwerbung  einwilligen

In folgenden Wörtern lautet es aber wie auf deutſch oder lateiniſch, nemlich wie qw.

E-qua-teur *m.*  é-que-ſtre  é-qui-la-te-ral
die Linie  ritterlich  gleichſeitig
é-quant *m.*  é-qui-an-gle  é-qui-di-ſtant
Aequant  gleichwinklich  gleich entfernt

## Rh.

Rh wird wie ein bloſes r ausgeſprochen.

Rha-bil-ler  Rhin  Rhe-teur
wieder ankleiden  Rhein  Redner
rhe-to-ri-que *f.*  rhu-me  rha-bar-be
Redekunſt  Schuppen  Rhabarber

## Sc, Scr, Sch, Scl, ſm, ſp, ſt.

Die Ausſprache dieſer Buchſtaben muß wohl gelernet werden. Das ſc klingt vor den harten Vokalen a o u wie ſk; vor e und i aber wie ſ. Scr klingt wie ſkr. Die übrigen wie auf deutſch.

Sca-bel-lon(ſka)  sca-ra-mou-che  sca-breux
Fußgeſtelle  Pikelhering  holprigt
Sca-ra-bé-e  sca-lin  scan-da-le
Käfer  Schilling  Aergerniß
sca-ri-fi-er  scor-ſo-né-re  Sca-man-dre *n.*
ſchröpfen  Scorzonar  Scamander

ſcor-

scor-but (ſko)   scor-bu-ti-que   scor-pi-on
  Scharbock        ſcorbutiſch       Scorpion
sculp-ter (ſku)  sculp-teur       sculp-tu-re
  Bildhauen        Bildhauer         Bildhauerey
scur-ri-le       scu-ti-for-me    scu-te
  unſtätig         ſchildförmig      Kahn
scri-be          scru-pu-le       scru-tin
  Schriftgelehrter  Bedenklichkeit  Stimmensammlung
sceau (ſ)        scé-lé-rat       scep-tre
  Siegel           Bösewicht         Scepter
sci-e            sci-a-ti-que     sci-a-ge
  Säge             Lendenweh         Das Sägen
schif-me         ché-rif          scha-pan
  Schisma *)       Sherif, Richter   Räuber
smec-tin         smi-lax          smil-le
  Seifenſtein      Winde (Kraut)     Maurerſpitze
spe-cieux        spas-me          spa-tu-le
  ſcheinbar        Krampf            Spatel
spé-ci-fi-er     spec-ta-cle      spec-tre
  verzeichnen      Schauspiel        Gespenſt
spo-li-er        spi-ri-tu-el     splen-deur
  berauben         geiſtlich         Glanz
sté-ri-le        sti-le           sti-pu-ler
  unfruchtbar      Schreibart        ausdingen
struc-tu-re      stu-pi-de        stu-pé-fait
  Bau              dumm              betäubt

## Th.

Th wie ein deutſches d und nicht wie ein t.

Thé-tis n.       Tho-mas n.       Mat-thieu n.
Tha-li-e n.      Thé-mis n.       Thé-ſé-e n.
Thi-er-ri n.     thé-è-re         thé-me
  Dietrich         Theekanne        Aufgabe
ther-mes         thé-a-tre        thé-a-tral
  warmes Bad       Schaubühne       theatraliſch

Sechſte

*) Theilung in Religionsſachen. Wer von der Lehre der Kir-
che abgeht, und andere Meinungen lehrt, der macht
ein Schisma.

Pract. Anw.          E

## Sechste Abtheilung.

**B**is bieher hat man sich bemüht, die Aussprache der Buchstaben in einzelnen Wörtern zu lehren. Jetzt soll gezeigt werden, wie die Endbuchstaben müssen ausgesprochen werden, wenn mehrere Wörter auf einander folgen.

### Erste allgemeine Regel:

So oft der Endbuchstabe eines Worts ein einfacher Konsonant (Mitlauter) ist, und das folgende Wort mit einem Vokal oder stillen h anfängt, so muß dieser Endkonsonant ausgesprochen werden, er mag sonst stille seyn oder nicht.

Un e-sto-mac ad-mi-ra-ble    laid et sa-le
*ein vortreflicher Magen*      *häßlich und schmuzig*
un oeuf et \*) un boeuf    un joug a-freux
*ein Ey und ein Ochse*      *ein schröckliches Joch*
un drap ex-cel-lent      a-mer et doux
*ein trefliches Tuch*       *bitter und süß*
vous et moi          saint et di-vin es-prit
*ihr und ich*         *heiliger und göttlicher Geist*
voi-là de fin or      six à dix hom-mes
*hier ist fein Gold*    *sechs bis zehn Männer*

### Zweite allgemeine Regel:

Sind aber am Ende des Worts mehrere Mitlauter, so ist es genug, wenn man nur einen, nemlich den härtern, vor dem folgenden Vokal ausspricht:

De-hors (de-hor) et de-   à tra-vers ou par des-sus
dans                *durch oder drüber*
*aussen und innen*
a-vec é-gard et res-pect   je dors à mon ai-se
*mit Achtung und Ehrfurcht*    *ich schlafe bequem*

                                      oil-leurs

\*) In et wird das t nie gebunden, das heißt, man hört es nie vor einem Vokal. Wohl aber in est. Sehe pag. 76.

ail-leurs et i-ci     il est bon en-vers eux
  anderswo und hier      er ist gut gegen sie
il a-quiert as-sés       il court à lui
  er erwirbt genug        er läuft zu ihm
il part a-vec nous      il meurt en paix
  er reißt mit uns ab      er stirbt in Frieden
il sort à pré-sent       et je sors aus-si
  er geht itzt aus          und ich gehe auch aus
les-arts et les sci-ences des parts é-ga-les
  die Künste und Wissenschaften    gleiche Theile

    Dieses gilt auch, wenn das folgende Wort mit einem Mitlauter anfängt.

Les ducs (duc) de    les chefs (chef) de l'ar-
     Sa-xe                mé-e
  die Herzoge von Sachsen   die Häupter der Armee
ils sont seuls chés eux   e-xempts d'im-pots
  sie sind allein zu Haus     Abgaben frey
ils vont vers les remparts les arts mé-ca-ni-ques
  sie gehn nach den Wällen   die mechanischen Künste

    Allein es giebt doch viele Wörter, wo man am Ende zwey Mitlauter aussprechen muß.

Arc          talc          Marc *n.*
  Bogen        Talkstein       Markus
Turc         fisc          busc
  Türke         Fiskus         Planschet
musc         pact          porc
  Biesam        Bund          Schwein
exact         cor-rect        di-rect
  genau         richtig         gerade
Mars         Ost, Ouest    Christ
  März          Ost, West     Christus

    Die andern Ausnahmen und nähere Bestimmung jener Regeln zu lehren, müssen wir abermals alle Konsonanten durchgehen.

## C.

C wird in blanc und franc wie k in Verbindung mit folgenden Worten ausgesprochen:

Du blanc au noir
   Vom weißen zum schwarzen
un franc ar-cher
   ein Freyschütz
le franc ar-bi-tre
   der freye Wille

franc et qui-te
   frey und ledig
un franc a-leu
   ein Freygut
un franc é-tour-di
   ein Erzunbesonnener

Auch hört man es vor einem Vokal in folgenden Wörtern:

un broc au vin
   eine Weinstitze
un co-ti-gnac ex-quis
   treflicher Quittensaft

un e-sto-mac a-foi-bli
   ein geschwächter Magen
ta-bac en pou-dre
   Schnupftobak

## D.

D lautet hart vor einem Vokal, besonders wenn man mit Nachdruck spricht:

Un froid o-ra-teur
   ein kalter Redner
uo pro-fond a-bi-me
   ein tiefer Abgrund
vend-il beau-coup
   verkauft er viel
Un laid hom-me
   ein häßlicher Mensch
l'en-tend-on bien?
   versteht man ihn gut?

un grand ad-mi-ra-teur
   ein großer Bewunderer
re-pond-il bien
   antwortet er recht?
il s'y prend un peu tard
   er fängt etwas spät an
c'est au se-cond ar-ti-cle
   es ist im zweiten Artikel
de fond en com-ble
   vom Grund aus

Wie auch in folgenden:

il fait froid
   es ist kalt

ce-la est laid
   das ist häßlich

Da das d in folgenden Wörtern nach der neuen Schreibart wegbleibt; so wird es vor einem Vokal auch nicht ausgesprochen:

il est nud (nû) et pau-vre
er ist nakigt und arm

pied à pied
Fuß vor Fuß

un bled ex-cel-lent
ein treflliches Korn

des marchands oficieux
dienstfertige Kaufleute

un fruit crud et a-mer
herbes und bitteres Obst

ar-mé de pied en cap
gewafnet von Kopf zu Fuß

chaud ou froid
warm oder kalt

des gour-mands o-di-eux
verhaßte Näscher

## F.

F klingt in neuf (neun) wie ein w vor einem Vokal oder stillen h.

Il est neuf heu-res
es ist neun Uhr

j'ai neuf ar-bres
ich habe neun Bäume

voilà neuf en-fans
hier sind neun Kinder

Voilà neuf é-cus
hier sind neun Thaler

neuf a-bri-cots
neun Abricosen

j'ai neuf oi-seaux
ich habe neun Vögel

## G.

Lautet wie ein gellندes k in sang, rang, joug vor einem Vokal oder stillem h, wenn man mit Nachdruck spricht.

Le sang in-nocent
das unschuldige Blut

il sue sang et eau
er schwitzt Blut und Wasser

un rang é-le-vé
ein hoher Rang

un long ha-bit
ein langes Kleid

un joug ai-sé
ein leichtes Joch

un sang il-lu-stre
berühmtes Blut

voi-là un sang é-pais
hier ist dickes Blut

un long at-ta-che-ment
eine lange Anhänglichkeit

un long â-ge
ein langes Alter

un joug in-su-por-ta-ble
ein unerträgliches Joch

## L.

L wird allezeit wie ein deutsches l vor einem Vokal oder stillem h ausgesprochen.

| il a | il est | il ai-me |
| er hat | er ist | er liebt |
| il a-voit | il ai-moit | il en-ten-doit |
| er hatte | er liebte | er hörte |
| il au-ra | il a-pel-lera | il a-pren-dra |
| er wird haben | er wird rufen | er wird lernen |

Folgt aber auf das l ein Mitlauter (Konsonant), oder kömmt noch ein s dazu, so hört man es nicht mehr. Das s aber wird vor einem Vokal ausgesprochen.

| il fut | il dit | il vit |
| er war | er spricht | er lebt |
| il di-ra | il ver-ra | il sau-ra |
| er wird sagen | er wird sehen | er soll wissen |
| il vient | il prend | il part |
| er kömmt | er nimmt | er geht ab |
| ils di-sent | ils par-lent | ils rient |
| sie sprechen | sie reden | sie lachen |
| ils ai-ment | ils en-ten-dent | ils é-cou-tent |
| sie lieben | sie hören | sie hören zu |

Im Fragen hört man das l weder in il, noch in ils, wenn gleich ein Vokal folgt.

Est-il en-tré? y est-il a-lé? est-il ar-ri-vé?
ist er hineingegangen? ist er hingegangen? ist er angekommen?

est-il au lo-gis? sont-ils â-gés? é-toient ils au lo-gis?
ist er zu Haus    sind sie alt    waren sie zu Haus

## M.

M lautet in pur französischen Wörtern allezeit wie ng am Ende, es mag ein Vokal oder ein Konsonant folgen.

Je n'ai ni faim ni soif    il a faim et soif
Ich habe weder Hunger    er ist hungrig und durstig
noch Durst

un

| | |
|---|---|
| un nom de fa-mil-le | un par-fum ad-mi-ra-ble |
| ein Familien-Name | vortreflicher Weihrauch |
| le doux nom de Je-ſus | un re-nom ad-mi-ra-ble |
| der ſüſſe Name Jeſus | ein treflicher Ruf |

## N.

N lautet, wenn ein Vokal folgt, wie auf deutſch 1) am Ende der Fürwörter, (z. E. mon, ton, ſon), 2) in bien ingleichen in den Zeitwörtern (Verbis), oder in ihren Nebenwörtern (Adverbiis), 3) am Ende aller fremder Wörter, 4) in den Verſen am Ende aller Wörter, wenn ein Vokal folgt.

| | |
|---|---|
| un é-ternel a-dieu | voi-là *mon* épée |
| ein ewiges Lebewohl | hier iſt mein Degen |
| voi-là *ſon* ha-bit | voi-là *ton* en-fant |
| hier iſt ſein Kleid | hier iſt dein Kind |
| il eſt *bien* heu-reux | ce-la eſt il *bien* dit? |
| er iſt ſehr glüflich | iſt das recht geſagt? |
| je l'ai *bien* en-ten-du | il eſt *bien* hon-nê-te |
| ich habe es wohl gehört | er iſt ſehr höflich |
| voi-là de *fin* or | ſaint et *di-vin* es-prit |
| hier iſt fein Gold | heiliger und göttlicher Geiſt |
| un *cer-tain* hom-me | *au-cun* homme |
| ein gewiſſer Mann | kein Menſch |
| un *hi-men* heu-raux | *Ben-ja-min* et Jo-ſeph |
| eine unglückliche Ehe | Benjamin und Joſeph |

In allen übrigen Fällen lautet n am Ende der Wörter wie ng, in Proſa, es mag nun ein Konſonant oder ein Vokal folgen.

| | |
|---|---|
| Il n'eſt bon(*bong*) à rien. | du ſon et de la fa-rine. |
| Er taugt zu nichts. | Kleye und Mehl. |
| Cela eſt di-vin et céleſte. | Il eſt fin et dé-li-cat. |
| Das iſt göttlich und himmliſch. | Er iſt fein und zart. |
| Il ne fait ni bien ni mal. | Il n'a rien à di-re. |
| Er thut weder Gutes noch Böſes. | Er hat nichts zu ſagen. |

U-ne

U-ne mai-son ad-mi-ra-ble.  
Ein trefliches Haus.  
La sai-son est bel-le.  
Die Jahrszeit ist schön.  
Les bou-tons et les bou-cles.  
Die Knöpfe und Schnallen.  
La li-ai-son est rom-pu-e.  
Die Verbindung ist unterbrochen.

### P.

Obwohl das p am Ende allezeit kann ausgesprochen werden, so wird es doch im Reden oft weggelassen. Folgt aber ein Vokal, so muß es nothwendig gehört werden.

Du drap or-di-nai-re.  
Gemeines Tuch.  
Gap est une ville connue.  
Gap ist eine bekannte Stadt.  
Il va au ga-lop et au trot.  
Er reitet im Galopp und Trab.  
Au cap au-stral.  
Am südlichen Vorgebirg  
Il y a beau-coup à di-re.  
Es ist viel zu sagen.  
Un si-rop ex-quis.  
Treflicher Sirup.  
Vous ê-tes trop heureux  
Ihr seyd allzuglüklich.  
Ce ju-lep est a-mer.  
Dieser Julep ist bitter.

Folgt aber ein s darauf, so hört man es in den Wörtern, die sich auf ps endigen, und in vielen andern gar nicht.

Des draps or-di-nai-res.  
Gemeine Tücher.  
Des loups a-fa-més.  
Hungrige Wölfe.  
Des champs la-bou-rés.  
Geackerte Felder.  
Un temps ad-mi-ra-ble.  
Herrliches Wetter.  
Des si-rops ex-quis.  
Vortrefliche Siruppe.  
Des coups cru-els.  
Grausame Schläge.  
Des camps e-né-mis.  
Feindliche Lager.  
Un corps mort.  
Ein todter Körper.

### R. *)

R wird allemal vor einem Vokal ausgesprochen, besonders wenn man mit Nachdruck reden will.

Car il est bien vrai.  
Denn es ist wohl wahr.  
La mer a-dri-a-ti-que.  
Das adriatische Meer.

Il veut

*) Das Q siehe pag. 53.

Il veut par-ler à tous.
Er will mit allen reden.
E-tran-ger et voya-geur.
Fremd und reisend.
Fa-mi-lier a-vec tous.
Gemein mit allen.
Un hor-lo-ger ha-bi-le.
Ein geschickter Uhrmacher.
Mon-fieur et Ma-da-me.
Der Herr und die Frau.

Un re-pen-tir a-mer.
Eine bittre Reue.
Clair et net.
Klar und rein.
Sin-gu-lier et en-tê-té.
Sonderbar und eigenfinnig.
Un a-cier bien fin.
Sehr feiner Stahl.
Un pom-mier et un pru-nier.
Ein Apfelbaum und Birnbaum.

## S.

S klingt wie ein französisches z zwischen zweyen Vokalen.

Nous a-vons vu.
Wir haben gesehen.
Gris et jau-ne.
Grau und gelb.
De bon-nes oeu-vres.
Gute Werke.

Vous y a-vés é-té.
Ihr send da gewesen.
Ils font do-dus et gras.
Sie sind dick und fett.
De mau-vai-ses a-fai-res.
Schlimme Händel.

Nach einem m oder n, oder nach einem stillen Mitlauter, (z. E. contens), klingt es auch wie ein z, wenn das folgende Wort mit einem Vokal oder stillen h anfängt:

Des noms é-tran-ges.
Seltsame Namen.
De ronds et de quar-rés.
Runde und vierekigte.
Ces Mef-fiers es ces Da-mes.
Diese Herren und Damen.
Des en-tre-tiens u-ti-les.
Nüzliche Unterhaltungen.
Un temps in-u-ti-le.
Eine unnüze Zeit.

De bons et de mau-vais.
Gute und Böse.
Des champs en-fe-men-cés.
Befeete Felder;
Des mé-tiers in-gé-ni-eux.
Künstliche Gewerbe.
Des camps en-ne-mis.
Feindliche Lager.
Des dan-gers a-freux.
Schröckliche Gefahren.

Steht

Steht aber ein hartlautender Konsonant (z. E. c, l, g, f) vor dem s am Ende; so ist es stille, es mag das nächste Wort mit einem Vokal anfangen oder nicht.

Des ſacs (ſac) ou-verts.  Des chefs in-vin-ci-bles.
  Offene Säcke.              Unüberwindliche Anführer.
Des Ducs et Pairs.      Des pé-rils in-é-vi-tables.
  Herzoge und Pairs.         Unvermeidliche Gefahren.
Les Arts et les ſci-en-ces. Des coqs ad-mi-ra-bles.
  Die Künste und Wissenschaften.  Vortrefliche Hahne.
Les Grecs d'au-jour-dui.  Les Turs d'au-tre-fois.
  Die heutigen Griechen.       Die ehemaligen Türken.

Wo man aber die mehrere Zahl von der einzelnen nicht anders unterscheiden kann, als durch die Aussprache des s, da muß es auch nach einem hartlautenden Konsonanten ausgesprochen werden.

Voi-là leurs ha-bits *).  Point de pa-reils a-mis.
  Hier sind ihre Kleider.      Keine solche Kleider.
Voi-là leurs oc-cu-pa-  Voi-là leurs en-fans.
    tions.              Da sind ihre Kinder.
  Das sind ihre Beschäftigungen.

## T.

Wird am Ende gar nicht gehört, wenn ein Konsonant folgt.

Un mat de vaiſ-ſeau.  Un é-tat dé-plo-ra-ble.
  Ein' Schifsmast.           Ein kläglicher Zustand.
Un ſat plai-ſant.  Un é-fét mer-veil-leux.
  Ein lächerlicher Narr.       Eine wunderbare Wirkung.
Un lit de plu-mes.  Un lot de la lot-te-ri-e.
  Ein Federbett.            Ein Loos in der Lotterie.
Un mot bien dit.  Un ſot de qua-li-té.
  Ein gutgesagtes Wort.       Ein Narr vom Stande.

*) Wollte man sprechen: voilà *leur* habits, so würde man glauben, ich rede nur von einem Kleid.

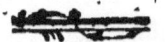

75

Un front d'ai-rin.
  Eine eherne Stirne.
Il faut le voir.
  Man muß ihn sehen.

Il est tout com-me vous.
  Er ist ganz wie ihr.
Il ne vaut rien.
  Er taugt nichts.

Folget aber ein Vokal oder stilles h, und gehet noch ein Vokal unmittelbar vorher, so wird es ausgesprochen; nt und mt werden ebenfalls vor einem Vokal ausgesprochen.

Un mot or-di-nai-re.
  Ein gewöhnliches Wort.
Un sot ad-mi-ra-teur.
  Ein dummer Bewunderer.
Tout auſ-ſi grand.
  Eben so groß.
Un mot ou deux.
  Ein oder zwey Worte.
Promt et é-fi-ca-ce.
  Schnell und wirksam.
In-con-ti-nent a-près.
  Unmittelbar darnach.
Vent et pluye.
  Wind und Regen.
Vingt ou-vri-ers.
  Zwanzig Arbeiter.

Un é-tat hor-ri-ble.
  Ein schröklicher Zustand.
Un fat in-ſu-por-ta-ble.
  Ein unerträglicher Narr.
Tout auſ-ſi beau.
  Eben so schön.
Un lut ex-cel-lent.
  Eine herrliche Laute.
Un pont à six ar-ches.
  Eine Brücke von sechs Jochen.
Tant et plus.
  Soviel und mehr.
Par-lant à eux.
  Da er mit ihnen sprach.
Sept ar-bres.
  Sieben Bäume.

Spricht man mit Nachdruck, so läßt man auch das t in den Zeitwörtern hören, wenn ein Vokal folgt. Z. E. Ils aiment à rire, spricht man aus: *ils aime-t-à rire.* Das n bleibt also in diesem Falle still.

Ils par-lent en-co-re.
  Sie reden noch.
Ils ſ'ai-ment ar-dem-ment.
  Sie lieben sich feurig.
Ils veu-lent à boi-re.
  Sie wollen zu trinken.

Ils chan-tent auſ-ſi
  Sie singen auch.
Ils dan-ſent u-ne a-le-man-de.
  Sie tanzen einen Deutschen.
Ils ba-tiſ-ſent une maison.
  Sie bauen ein Haus.

Das

Das t und d bleibt jedoch in mehrern Fällen auch vor einem Vokal stille und zwar

1) In den Substantivis auf aut und aud, wenn sie vor dem Adjectiv stehen:

Un chaud ex-ces-sif.
*Eine übermäßige Hitze.*
Un ma-raud é-fron-té.
*Ein unverschämter Schurke.*
Un saut ad-mi-ra-ble.
*Ein herrlicher Sieg.*
Un vent hor-ri-ble.
*Ein schröcklicher Wind.*

Un lour-daut a-che-vé.
*Ein Erz-Tölpel.*
Un ba-daud im-por-tun.
*Ein lästiger Maulaffe.*
Un en-fant in-no-cent.
*Ein unschuldiges Kind.*
Un cour-taud avaricieux
*Ein kleiner Geiziger.*

2) In cent, wenn noch ein Zahlwort folgt, das mit einem Vokal anfängt:

Cent et un.
*Hundert und eins.*
Un cent ou deux.
*Ein Hundert oder zwey.*

Cent onze.
*Hundert und eilf.*
Cent et treize.
*Hundert und dreizehn.*

3) Wenn ein harter Konsonant voran geht:

Un dé-part a-fli-geant.
*Eine traurige Abreise.*
Un sort heu-reux.
*Ein glückliches Schicksal.*

Un ra-port in-ju-ste.
*Ein ungerechter Bericht.*
Un fort im-pré-na-ble.
*Eine uneinnehmbare Festung.*

4) In et und Aout.

Lui et el-le.
*Er und sie.*
Ja-ques et E-tien-ne.
*Jacob und Stephan.*
Aout (Ou) et A-vril.
*August und April.*

A-dam et E-ve.
*Adam und Eva.*
Ju-li-e et E-li-se.
*Julie und Elise.*
Aout a é-té sec.
*Der August war trocken.*

5) In aspect, respect, instinct ist es auch stille, und wird vielmehr das c gehört.

Un as-pect a-gré-a-ble.
*Ein angenehmer Anblick.*
Un as-pect é-froya-ble.
*Ein schröcklicher Anblick.*

Un

— 77

Un respect in-vi-o-la-ble. Un in-stinct in-vin-ci-ble.
Eine unverletliche Ehrerbietung. Ein unüberwindlicher Instinct.

6) In den Namen y-ble man ehedem mit einem st
am Ende schrieb, hört man es auch nicht vor einem Vokal (in Prosa), weil die Sylbe sehr lang ist.

Une fo-rêt é-pais-se.   Un ar-rêt ir-re-vo-ca-ble.
  Ein dicker Wald.   Ein unwiderruflicher Ausspruch.
Un a-prêt ex-cel-lent.  Le mât s'est rom-pu.
  Vortreffliche Zubereitung.  Der Mast ist gebrochen.

7) Wird auch das t nicht gehört, wenn ein s,
als das Zeichen der mehreren Zahl dazu kömmt. An
seiner Stelle läßt man das s hören.

Des en-fants ai-ma-bles.  Des pa-rents o-pu-lents.
  Liebenswürdige Kinder.  Reiche Eltern.
Les vents et les flots.   Des ponts et des rivieres
  Die Winde und Wellen.  Brücken und Flüsse.
Deux cents hom-mes.       Six vingts oi-seaux.
  Zweihundert Mann.  Hundert zwanzig Vögel.
Des e-fets or-di-nai-res. Des lits à ri-deaux.
  Gewöhnliche Wirkungen.  Vorhang Betten.
Deux mots ou trois.       Con-stants et fer-mes.
  Zwey oder drey Worte.  Beständig und fest.

## X.

X vor einem Vokal lautet wie das französische z.

Voi-là six é-cus.         J'ai dix en-fans.
  Hier sind sieben Thaler.  Ich habe zehen Kinder.
Des maux hor-ri-bles.     De beaux Of-fi-ciers.
  Schröckliche Leiden.  Schöne Offiziere.
Eux aus-si sont ar-ri-vés.A deux heu-res.
  Sie sind auch angelangt.  Um zwey Uhr.
Ri-goureux en-vers tous. A-mou-reux à la fu-reur.
  Streng gegen alle.  Rasend verliebt.
Heu-reux et gé-né-reux.  Fâ-cheux à tout é-gard.
  Glücklich und großmüthig.  Verdrüßlich in aller Absicht.

Z.

## Z.

Z hört man nur vor einem Vokal, sonst nicht.

Le nez et les o-reil-les.   Par-lez à eux.
  Die Nase und Ohren.        Sprecht mit ihnen.
Il est a-lé chez eux.       Vous a-vez le tems.
  Er ist zu ihnen gegangen.   Ihr habt Zeit.

    Endlich muß wohl gemerkt werden, daß das stille e gänzlich vor einem Vokal oder stillen h verschluckt wird: Femme aimable, homme habile. So kommen im folgenden Vers lauter e vor, die auf diese Art verbissen werden müssen:

J'aime une amante ingrate et n'aime qu'elle
    au monde.
    Ich liebe eine undankbare Geliebte, und liebe nur sie
    auf der Welt.

---

## Siebente Abtheilung.

Folgende Mitlauter werden im Buchstabieren oft wider die Gewohnheit der Deutschen auf nachstehende Art abgetheilt.

| Ab-domen | ab-diquer | ab-dication |
|---|---|---|
| Unterleib | entsagen | Entsagung |
| Rec-tion | rec-tifier | sanc-tifier |
| Regierung | recht machen | heiligen |
| Am-nistie | calom-nie | épilep-sie |
| Vergebung | Verläumdung | fallende Sucht |
| Ab-sent | ab-fence | ab-foudre |
| abwesend | Abwesenheit | lossprechen |
| Dis-ciple | ressus-citer | pres-crire |
| Schüler | erwecken | vorschreiben |
| Res-pect | pros-périté | circons-pect |
| Ehrfurcht | Glück | vorsichtig |

Is-rael &c.

Is-rael *n.*　　Mis-ra *n.*　　Es-ra *n.*
Israel　　　　Misra　　　　Esra
Ex-celler　　ex-cès　　　ex-trême
vorstechen　　Uebermas　　äuserst
ex-horter　　ex-trait　　ex-tenué
ermahnen　　Auszug　　　ausgezehrt
recep-tion　adep-te　　accep-ter
Aufnahme　　Lehrling　　annehmen

Gn und bs wenn ein Konsonant folgt, dann ferner chr, bl, fl, gr und tr können wegen der Aussprache nicht getrennt werden.

A-gneau　　　pei-gne　　　il sai-gne
Lamm　　　　Kamm　　　　er blutet
il dai-gné　　il crai-gne　il rè-gne
er würdiget　er fürchte　er regiere
obs-tiné　　　obs-cur　　　a-chat
halsstarrig　dunkel　　　Kauf
Anté-christ　anti-chrétien　am-ble
Antichrist　　Unchrist　　weitläuftig
en-fler　　　en-flure　　en-flamer
aufschwellen　Geschwulst　entzünden
en-graisser　en-traves　en-trer
mästen　　　Hindernisse　hereingeben

Folgt aber auf bs ein Vokal, so wird es getrennt.

Ab-sent　　　ab-soudre　　ab-solu
abwesend　　lossprechen　unumschränkt
ab-so-lu-ment　ob-sè-ques　ob-ser-va-teur
schlechterdings　Leichenbegängnis　Beobachter

## Achte Abtheilung.
### Von dem Gebrauch der Abtheilungszeichen.

Das erste Abtheilungszeichen ist das Komma (,). Wo dieses steht, muß man im Lesen etwas anhalten.

Das Semikolon (;) erfordert, daß man etwas länger anhalte, als beim Komma.

Bey dem Kolon (:) soll man ordentlich absezen.

Der Punkt (.) zeigt an, daß nunmehr ein Satz zu Ende ist, und izt ein neuer angeht. Man muß bey demselben ordentlich frischen Athem schöpfen.

Das Fragzeichen (?) will, daß man im Lesen seinem Ton eine fragende Beugung gebe.

Was übrigens den langen oder kurzen Ton der Sylben betrift, so muß solchen der Lehrer dem Lernenden selbst beybringen, indem er ihn auf die langen oder kurzen Vokale aufmerksam macht. Die doppelten Vokale und die, über welchen der Cirkumflex (ˆ) steht, sind mehrentheils lang.

# Beyspiele und Uebungen
über die
etymologischen und syntactischen Regeln der Grammatick.

## I. Vom Geschlecht.

### 1.

Das weibliche Geschlecht wird aus dem männlichen durch Anhängung eines stillen e gemacht. Z. E. un marchand heißt ein Kaufmann, hänge ich nun an un und an marchand ein e an, so bekomme ich une marchande, eine Kaufmännin. Siehe die Grammatik p. 103.

| | |
|---|---|
| Jean est un marchand opulent. | Johann ist ein reicher Kaufmann. |
| Jeanne est une marchande opulente. | Johanne ist eine reiche Kaufmännin. |
| François est un cordonnier connu. | Franz ist ein bekannter Schuster. |
| Françoise est une cordonnière connue. | Franziska ist eine bekannte Schusterin. |
| Louis est mon cousin germain. | Ludwig ist Geschwisterkind mit mir. |
| Louise est ma cousine germaine. | Ludovika ist Geschwisterkind mit mir. |
| C'est le mien. | Er ist der meinige. |
| C'est la mienne. | Sie ist die meinige. |

### 2.

Endigt sich der männliche Name auf ein f, so wird erst das f in v verwandelt, und dann das e angehängt. Z. E. un veuf ein Wittwer, une veuve eine Wittwe.

F                                    Iulien

| | |
|---|---|
| Julien est un riche veuf. | Julian ist ein reicher Wittwer. |
| Julienne est une riche veuve. | Juliane ist eine reiche Wittwe. |
| Ce Juif est fort craintif. | Dieser Jud ist sehr furchtsam. |
| Cette Juive est bien craintive. | Diese Jüdin ist sehr furchtsam. |
| J'ai un bel habit neuf. | Ich habe ein schönes neues Kleid |
| J'ai une belle veste neuve. | Ich habe eine schöne neue Weste. |
| Soyés bien attentif! Fréderic! | Seyd recht aufmerksam! Friedrich! |
| Soyés bien attentive Fréderique! | Seyd recht aufmerksam, Friederike! |
| Il est votre captif, et vous êtes sa captive. | Er ist euer Gefangener und Sie sind seine Gefangene. |
| Ce livre est fautif. | Dieses Buch ist fehlerhaft. |
| Cette lettre est fautive. | Dieser Brief ist fehlerhaft. |
| Un mal excessif. | Ein unmäßiges Uebel. |
| Une douleur excessive. | Ein unmäßiger Schmerz. |
| Un beau fugitif. | Ein schöner Flüchtling. |
| Une belle fugitive. | Eine schöne Flüchtige. |
| J'ai des abricots hatifs et des pêches hatives. | Ich habe Frühabrikosen und Frühpfirsiche. |

### 3.

Endigt sich das Wort auf ein stilles x (z. E. heureux) so wird dieses x im Fœminino in se verwandelt (heureuse) S. Gram. p. 104.

| | |
|---|---|
| Un coeur généreux. | Ein edelmüthiges Herz. |
| Une ame généreuse. | Eine edelmüthige Seele. |
| Ce gueux est curieux. | Dieser Bettler ist neugierig. |
| Cette gueuse est curieuse. | Diese Bettlerin ist neugierig. |
| Julien est amoureux. | Julius ist verliebt. |
| Julienne est amoureuse. | Julie ist verliebt. |
| Un homme audacieux. | Ein kühner Mann. |
| Une fille audacieuse. | Ein kühnes Mädchen. |
| Vous êtes heureux. | Ihr seyd glücklich. |
| Elle est heureuse. | Sie ist glücklich. |
| Un vilain boiteux. | Ein häßlicher Hinkender. |
| Une vilaine boiteuse. | Eine häßliche Hinkende. |
| Un mal contagieux. | Ein ansteckendes Uebel |
| Une maladie contagieuse. | Eine ansteckende Krankheit. |

| | |
|---|---|
| Un homme courageux. | Ein herzhafter Mann. |
| Une fille courageuse. | Ein herzhaftes Mädchen. |
| François est dangereux. | Franz ist gefährlich. |
| Françoise est dangereuse. | Franciska ist gefährlich. |
| Un livre défectueux. | Ein fehlerhaftes Buch. |
| Une lettre défectueuse. | Ein fehlerhafter Brief. |

### 4.

Ist das x hingegen nicht still, das heißt, wird es ausgesprochen, so wird nur ein e angehängt, ohne das x in s zu verwandeln. Z. E. perplex, perplexe. S. Gram. pag. 104.

| | |
|---|---|
| Il est tout perplex. | Er ist ganz verwirrt (bestürzt.) |
| Elle est toute perplexe. | Sie ist ganz verwirrt. |
| Le temps préfix. | Die bestimmte Zeit. |
| L'heure préfixe. | Die bestimmte Stunde. |

### 5.

Endiget sich das männliche Wort auf eur (z. E. tailleur) so wird das r in se verwandelt (tailleuse) Gram. p. 104.

| | |
|---|---|
| Son tailleur est un voleur. | Sein Schneider ist ein Dieb. |
| Sa tailleuse est une voleuse. | Seine Schneiderin ist eine Diebin. |
| Voilà un habile chanteur. | Da ist ein geschickter Sänger. |
| Voilà une belle chanteuse. | Da ist eine schöne Sängerin. |
| Le pêcheur et la pêcheuse sont morts. | Der Fischer und die Fischerin sind todt. |
| Vous êtes un coureur et votre soeur est une coureuse. | Sie sind ein Läufer und Ihre Schwester ist eine Läuferin. |
| Vous êtes un crieur et votre cousine est une crieuse. | Sie sind ein Schreyer und Ihre Baas ist eine Schreyerin. |
| Un bon brodeur et une bonne brodeuse. | Ein guter Sticker und eine gute Stickerin. |
| Un faiseur de modes. | Ein Mode-Arbeiter. |
| Une faiseuse de modes. | Eine Mode-Arbeiterin. |

### 6.

Viele Wörter auf eur machen ihre weibliche Endigung auf rice. Wer Latein versteht, kann sich zur Regel merken, daß alle französische Wörter, die von den latei-

nischen

nischen in or abstammen, im Foeminino rice haben. Z. E.
exécuteur, exécutrice. S. Gram. p. 104.

| | |
|---|---|
| L' Empereur est mon protecteur. | Der Kaiser ist mein Beschützer. |
| L' Impératrice est ma protectrice. | Die Kaiserin ist meine Beschützerin. |
| L' Ambassadeur et l'Ambassadrice sont ici. | Der Abgesandte und die Abgesandtin sind hier. |
| Nous avons un bon acteur et une bonne actrice. | Wir haben einen guten Schauspieler und eine gute Schauspielerin. |
| Mr. soyés mon conducteur, et vous Mlle. soyés ma conductrice. | Mein Herr, seyn Sie mein Führer, und Sie Madmosell meine Führerin. |
| Je suis son curateur. | Ich bin sein Vormund. |
| Elle est ma curatrice. | Sie ist meine Vormünderin. |
| Je trouve mon bienfaiteur et ma bienfaitrice en Vous. | Ich finde meinen Wohlthäter und meine Wohlthäterin an Ihnen. |

### 7.

Die Namen auf eau (z. E. beau) verwandeln ihre Endsylbe in elle (belle). S. Gram. p. 105.

| | |
|---|---|
| Voilà un beau jouvenceau. | Hier ist ein schöner Jüngling. |
| Voilà une belle jouvencelle. | Hier ist ein schönes junges Mädchen. |
| Voilà un nouveau maquereau. | Hier ist ein neuer Kupler. |
| Voilà une nouvelle maquerelle. | Hier ist eine neue Kuplerin. |
| Deux frères jumeaux et deux soeurs jumelles. | Zwey Zwillings-Brüder und zwey Zwillings-Schwestern. |

### 8.

Beau und nouveau werden auch, wenn sie männlichen Geschlechts bleiben müssen, in bel und nouvel (aber nicht belle, nouvelle) verwandelt, wenn das folgende Wort mit einem Vokal oder stillen h anfängt. Im Plural macht bel beaux, und nouvel nouveaux. S. Gram. p. 105. 115.

| | |
|---|---|
| Voilà un bel arbre. | Hier ist ein schöner Baum. |
| Voilà de beaux arbres. | Hier sind schöne Bäume. |
| Vous avés un bel habit. | Ihr habet ein schönes Kleid. |

| | |
|---|---|
| Vous avés de beaux habits. | Ihr habet schöne Kleider. |
| Voilà un bel enfant. | Hier ist ein schönes Kind. |
| Voilà de beaux enfans. | Hier sind schöne Kinder. |
| Voilà un bel homme. | Hier ist ein schöner Mann. |
| Voilà de beaux hommes. | Hier sind schöne Männer. |
| Vous avés un bel étui. | Ihr habt ein schönes Futteral. |
| Voilà de beaux étuis. | Hier sind schöne Futterale. |
| Cela est bel et bon. | Dieß ist schön und gut. |
| Voilà un nouvel étudiant. | Hier ist ein neuer Studierender. |
| Voilà quelques nouveaux étudians. | Hier sind etliche neue Studierende. |
| Voilà un nouvel embarras. | Hier ist ein neues Hinderniß. |
| Voilà de nouveaux embarras. | Hier sind neue Hindernisse. |
| Il chante un nouvel air. | Er singt eine neue Arie. |
| Ils chantent de nouveaux airs. | Sie singen neue Arien. |
| Nous avons un nouvel hôte. | Wir haben einen neuen Wirth. |
| Nous avons plusieurs nouveaux hôtes. | Wir haben mehrere neue Wirthe. |

9.

Viele männliche Namen, die größtentheils in den nachfolgenden Beyspielen enthalten sind, machen ihr Fömininum auf esse. S. Gram. p. 105.

| | |
|---|---|
| Un riche Abbé. | Ein reicher Abt. |
| Une riche Abbesse. | Eine reiche Aebtißin. |
| Le Duc et la Duchesse. | Der Herzog und die Herzogin. |
| Le Prince et la Princesse. | Der Prinz und die Prinzessin. |
| Le Comte et la Comtesse. | Der Graf und die Gräfin. |
| Un habile chasseur. | Ein geschickter Jäger. |
| Une aimable chasseresse. | Eine liebenswürdige Jägerin. |
| Un grand pécheur. | Ein großer Sünder. |
| Une grande pécheresse. | Eine große Sünderin. |
| Un tigre furieux. | Ein wüthender Tiger. |
| Une tigresse furieuse. | Eine wüthende Tigerin. |
| Un vilain borgne. | Ein häßlicher Einäugiger. |
| Une laide borgnesse. | Eine häßliche Einäugige. |
| Il est traître et elle est traîtresse. | Er ist falsch und sie ist falsch. |
| Voilà le maître et la maîtresse. | Hier ist der Herr und die Frau. |
| Un Prêtre et une Prêtresse. | Ein Priester und eine Priesterin. |

| | |
|---|---|
| Un habile dévin. | Ein geschickter Wahrsager. |
| Une laide dévineresse (besser dévine.) | Eine häßliche Wahrsagerin. |
| Vous êtes un enchanteur et elle est une enchanteresse. | Ihr seyd ein Zauberer und sie ist eine Zauberin. |
| C'est un larron. | Es ist ein Strassenräuber. |
| C'est une larronnesse. | Es ist eine Strassenräuberin. |
| Le demandeur et le défendeur. | Der Kläger und der Verklagte. |
| La demanderesse et la défenderesse. | Die Klägerin und die Verklagte. |

10.

Vier Wörter auf c nemlich caduc, public, Grec und Turc machen ihre weibliche Endung auf que. S. Gram. p. 105.

| | |
|---|---|
| Cet homme est bien caduc. | Dieser Mann ist sehr gebrechlich. |
| Cette femme est bien caduque. | Diese Frau ist sehr gebrechlich. |
| Un notaire public. | Ein öffentlicher Notarius. |
| Une chose publique. | Eine öffentliche Sache. |
| Voilà un beau Grec. | Da ist ein schöner Grieche. |
| Voilà une belle Grèque. | Da ist eine schöne Griechin. |
| Voilà un grand Turc. | Da ist ein großer Türk. |
| Voilà une grande Turque. | Da ist eine große Türkin. |

11.

Drey Wörter auf c haben im Föminino che, nemlich blanc, sec und franc. S. Gram. p. 105.

| | |
|---|---|
| Elle a un habit blanc et une coëffe blanche. | Sie hat ein weißes Kleid und eine weiße Haube. |
| Mon manteau est sec et ma chemise est sèche. | Mein Mantel ist trocken und mein Hemd ist trocken. |
| Il est franc, et elle est franche de tout impôt. | Er und sie sind von allen Auflagen frey. |

12.

In vielen Wörtern muß man der Aussprache wegen im Föminino den Endconsonanten verdoppeln. S. Gram. p. 105.

| | |
|---|---|
| Un gentil garçon. | Ein artiger Knabe. |
| Une fille gentille. | Ein artiges Mädchen. |

Un

| | |
|---|---|
| Un teint vermeil. | Eine frische Gesichtsfarbe. |
| Une couleur vermeille. | Eine frische Farbe. |
| Il n'a pas son pareil. | Er hat nicht seines gleichen. |
| Elle n'a pas sa pareille. | Sie hat nicht ihres gleichen. |
| Un nuage épais. | Ein dickes Gewölk. |
| Une épaisse nuée. | Eine dicke Wolke. |
| Ce garçon est gros et gras. | Dieser Knabe ist dick und fett. |
| Cette fille est grosse et grasse. | Dieses Mädchen ist dick und fett. |
| Je suis las, elle est lasse. | Ich bin müde, sie ist müde. |
| C'est l'ordre exprès et l'intention expresse de mon maître. | Dieß ist der ausdrückliche Befehl und die ausdrückliche Meinung meines Herrn. |
| Cela est bas. | Dieses ist schlecht (niedrig.) |
| Cette action est basse. | Diese That ist schlecht. |

### 13.

Es gibt auch noch viele unregelmäßige Wörter, die man in nachstehenden Beyspielen findet. S. Gram. p. 105. 106.

| | |
|---|---|
| C'est un gros butor. | Es ist ein dicker Lümmel. |
| C'est une grosse butorde. | Sie ist ein dickes Weibsstück. |
| Cet argent est roux; il est faux. | Dieses Geld ist roth; es ist falsch. |
| Cette pièce est rousse; elle est fausse. | Dieses Stück ist roth; es ist falsch. |
| Jean a les cheveux roux et la barbe rousse. | Johann hat rothe Haare und einen rothen Bart. |
| J'aime un coeur benin et une ame bénigne. | Ich liebe ein gütiges Herz und eine gütige Seele. |
| Elle a l'esprit malin, et des pensées malignes. | Sie hat einen boshaften Geist, und boshafte Gedanken. |
| Ce fruit est bien doux. | Dieses Obst ist sehr süß. |
| Cette prune est douce, comme le miel. | Diese Zwetschge ist süß, wie Honig. |
| Vous êtes mon favori; elle est ma favorite. | Ihr seyd mein Liebling; sie ist mein Liebling. |
| Il fait le fou et elle fait la folle. | Er stellt sich wie ein Narr, und sie, wie eine Närrin. |
| Ils ont un fol amour l'un pour l'autre, et un fol attachement à leur mode. | Sie haben eine thörichte Liebe für einander und einen thörichten Hang zu ihrer Mode. |

| | |
|---|---|
| J'aime le pain frais et la bière fraiche. | Ich liebe das frische Brod und das frische Bier. |
| Voilà un vieux homme et une vieille femme. | Hier ist ein alter Mann und eine alte Frau. |
| Le vieil homme. | Der alte Mensch. |
| Le vieil Adam. | Der alte Adam. |

### 14.

Hat das Wort schon im Masculino ein stilles e am Ende, so bleibt es im Föminino unverändert. S. Gram. p. 104.

| | |
|---|---|
| Savés-vous que mon père est aveugle? | Wissen Sie, daß mein Vater blind ist? |
| Connoissés vous cette femme aveugle? | Kennen Sie diese blinde Frau? |
| Votre frère est louche. | Euer Bruder ist schielend. |
| L'envie est louche. | Der Neid ist schielend. |
| Son père est chauve. | Sein Vater ist kahl. |
| Sa tête est toute chauve. | Sein Kopf ist ganz kahl. |
| Mon fils est coupable. | Mein Sohn ist strafbar. |
| Votre mère est coupable. | Ihre Mutter ist strafbar. |
| Un homme adultère. | Ein ehebrecherischer Mann. |
| Une femme adultère. | Ein ehebrecherisches Weib. |

### 15.

Gewisse Namen bleiben unverändert, wenn sie sich auch nicht auf ein stilles e endigen, und zwar

1) Die Familien-Namen, z. B. Monsieur Renner Herr Renner, Madame Renner. Frau Renner (nicht Rennere) S. Gram. p. 106.

| | |
|---|---|
| Monsieur Simon et Madame Simon. | Herr Simon und Frau Simon. |
| Monsieur et Madame Memmert. | Herr Memmert und Frau Memmert. |
| Monsieur et Madame André. | Herr Andreas und Frau Andreas. |
| Monsieur et Madame Hofmann. | Herr Hofmann und Frau Hofmann. |
| Monsieur et Madame Adolphe. | Herr Adolph und Frau Adolph. |
| Monsieur et Madame Albert. | Herr Albrecht und Frau Albrecht. |

Monsieur et Madame Bernard. Herr Bernhardt und Frau Bernhardt.
Monsieur et Madame Louis. Herr Ludwig und Frau Ludwig.

### 16.
2) Bleibt demi unverändert, wenn es vor seinem Substantiv steht. S. Gram. p. 176.

| | |
|---|---|
| Une démi-heure. | Eine halbe Stunde. |
| Une demi-livre. | Ein halbes Pfund. |
| Une demi-once. | Eine halbe Unze. |

### 17.
Steht demi hingegen hinter dem Haupt-Wort, so muß es verändert werden. S. Gram. p. 176.

| | |
|---|---|
| Une heure et demie. | Eine und eine halbe Stunde. |
| Une livre et demie. | Ein und ein halb Pfund. |
| Une once et demie. | Eine und eine halbe Unze. |
| Il viendra à trois heures et demie. | Er wird um halb vier Uhr kommen. |

### 18.
Feu heißt verstorben. Man kann sagen *feu* la Reine, und *la feuë* Reine, aber nicht *feuë* la Reine.

| | |
|---|---|
| Avés-vous connu feu ma mère? | Habet Ihr meine verstorbene Mutter gekannt? |
| Feu ma soeur m'en a fait présent. | Meine verstorbene Schwester hat mir es verehrt. |
| Ma feue tante me l'a cent fois dit. | Meine verstorbene Muhme sagte mir es hundertmal. |
| Feu la Duchesse de Wurtemberg. | Die seelige Herzogin von Würtemberg. |
| La feue Reine de France. | Die verstorbene Königin von Frankreich. |

### 19.
3) Vor dem Wort gens stehet das Adjektiv im weiblichen Geschlecht und nach demselben im männlichen. S. Gram. p. 176.

| | |
|---|---|
| Il y a de certaines gens, qui sont bien sots. | Es gibt gewisse Leute, die sehr dumm sind. |

| | |
|---|---|
| Ce sont de fort dangereuses gens. | Es sind sehr gefährliche Leute. |
| Je ne connois pas ces bonnes gens. | Ich kenne nicht diese guten Leute. |
| Ce sont des gens bien resolus. | Es sind sehr entschlossene Leute. |
| Ces gens sont bien méchans. | Diese Leute sind sehr bösartig. |
| Ce sont de méchantes gens. | Es sind bösartige Leute. |

### 20.

4) Steht vor gens ein Adjektiv, welches auf ein stilles e sich endiget (z. E. habile) so wird das Wort tous unverändert gelassen.

| | |
|---|---|
| Tous (nicht toutes) les honnêtes gens le disent. | Alle redlichen Leute sagen es. |
| Tous les jeunes gens font comme cela. | Alle jungen Leute machen es so. |
| Tous les habiles gens sont un peu fiers. | Alle geschickten Leute sind etwas stolz. |
| Tous ces braves gens ont été massacrés. | Alle diese braven Leute sind ermordet worden. |

### 21.

Endigt sich hingegen das Adjektiv nicht auf ein stilles e, so muß sowohl tous, als das andere Adjektiv, im weiblichen Geschlechte stehen.

| | |
|---|---|
| Toutes les vieilles gens ont de l' humeur. | Alle alten Leute sind übler Laune. |
| Toutes ces bonnes gens seront trompés. | Alle diese guten Leute werden betrogen werden. |
| Toutes ces méchantes gens seront un jour punis. | Alle diese bösen Leute werden einst bestraft werden. |

Uebun=

## Uebungen über §. 1. 2. 3. 4.

Ein großer Tisch a). Eine königliche b) Académie. Hier ist (voilà) eine kleine Kapelle. Er hat eine tödliche c) Wunde d) empfangen e). Ein artiges f) Mädchen g). Ein viereckiger h) Platz i). Eine erstaunliche k) Sache l). Er ist übler m) Laune n). Er führt ein irrendes o) Leben p). Meine Geschäfte q) sind geendiget r). Meine Börse ist verlohren s). Dieses Mädchen ist verdorben t). Kennen Sie diese u) junge Wittwe v). Es ist das ein unterscheidendes x) Merkmal y) der Jüdinnen. Das Leben ist flüchtig z). Ein rachsüchtiges a) Weib ist zu allem fähig b). Ich fühle c) lebhafte d) Schmerzen e). Dieses Unternehmen f) ist gefahrvoll g). Die Folgen h) sind gefährlich i). Es sind das kostbare k) Steine l). Sie ist eifersüchtig m). Ich finde diese Erklärung n) beleidigend o). Er hat ihre Aufführung p) verhaßt q) gemacht. Seine Schwester ist eine junge Verwegene r). Ihre Aufführung s) ist anstößig t). Warum ist Ihre Schwester so bestürzt u)? Sind Sie nicht zur bestimmten (prefix) Stunde gekommen v)?

 a) la table b) royal c) mortel tödlich d) une blessure e) reçu f) joli g) une fille h) quarré i) une place, k) étonnant erstaunlich l) une chose, m) mauvais übel n) l'humeur o) errant irrend p) la vie. q) affaires r) fini s) perdu t) gâté. u) connoissés-vous cette v) un jeune veuf ein junger Wittwer x) distinctif y) une marque z) fugitif flüchtig a) vindicatif rachsüchtig b) capable de tout c) je sens d) vif lebhaft e) des douleurs f) une entreprise g) perilleux h) les suites i) dangereux k) précieux l) de pierres m) jaloux n) une déclaration o) injurieux p) la conduite q) odieux r) audacieux

cieux s) la conduite t) scandaleux. u) perplex v) n'êtes-vous pas venu à l'heure.

## Ueber §. 5. 6. 7. 8.

Dieses Mädchen ist eine kleine Naseweise a). Dieses Lob b) ist sehr schmeichelhaft c). Sie ist ganz tiefsinnig d). Diese Frau ist eine Druckerin e). Wenden Sie sich an eine f) Käuflin g). Wie viel haben Sie Schnitter h) und Schnitterinnen? Die Leidenschaften i) sind Verführerinnen k). Hören Sie nicht l) diese wollüstigen Sängerinnen m) an. Sie hat eine Zuschauerin n) dieser Posse seyn wollen o). Die schützende p) Macht q) der Gesetze (loix). Hier sind schöne Mädchen. Er verschließt sorgfältig r) seine neuen Reichthümer s). Sehen Sie dieses schöne Gebäude t)! Er hat ihm ein neues Lob gegeben u). Wer hat diese neuen Gebäude aufführen laßen v)? Man hat ihm neue Lobsprüche gegeben.

a) un raisonneur ein Naseweiser b) une louange c) flateur d) tout reveur ganz tiefsinnig e) un imprimeur ein Drucker f) adressés-vous à une ... g) un revendeur ein Käufler, Trödler h) Combien avés-vous de moissonneurs i) les passions k) un seducteur ein Verführer l) n' écoutés pas m) voluptueux wollüstig une cantatrice, une chanteuse, eine Sängerin n) un spectateur ein Zuschauer, une farce eine Posse o) elle a voulu être p) protecteur q) la puissance r) il enferme soigneusement s) des richesses t) un édifice u) il en a fait un ... éloge v) qui est-ce qui a fait élever ...

## Ueber §. 9. 10. 11. 12.

Dieser junge Mensch ist der Sohn a) einer Negerin b). Wo ist eure Gebieterin c)? Ist es ein Tiger d) oder eine Tigerin? Es ist eine Priesterin e) der Minerva.

93

va. Sie sind eine kleine f) Zauberin g). Dieses Haus
ist baufällig h), man muß es stützen i). Diese Neuigkeit k)
ist bekannt (public). Ein öffentlicher Plaz. Das Mäd-
chen, welches Sie sehen, ist eine junge l) Griechin. Unse-
re Corsaren haben eine türkische Fregatte weggenommen m).
Er versteht gut n) die griechische und türkische Sprache.
Sie hat sehr weiße Zähne o). Diese Städte sind frey.
Man hält darinnen alle Wochen Frey-Märkte p). Essen
Sie nicht zu viel gedörrtes Fleisch q). Diese Frau ver-
kauft dürre Kräuter r). Sie ist von sehr niedrigem s)
Herkommen t). Ihre Schwester scheint müde zu seyn u).
Dieses Fleisch v) ist zu fette. Das Eis (glace) ist sehr dick x).
Ein dicker Balke y). Eine dicke z) Frau. Seine Baa-
se hat nicht a) ihres gleichen.

> a) ce jeune garcon est le fils b) un Nègre ein Neger.
> c) le maitre der Gebieter d) est-ce un tigre e) un
> prêtre ein Priester f) vous-êtes une petite g) un en-
> chanteur ein Zauberer h) caduc i) il faut l'étayer
> k) une nouvelle l) la fille que vous voyés est une jeu-
> ne ... m) nos corsaires ont pris une frégate ... n) il
> sait bien l'histoire .. o) elle a les dents ... p) on y
> tient toutes les semaines des foires ... q) ne mangés
> pas trop de viandes ... r) cette femme vend des her-
> bes ... s) bas. t) l'extraction u) votre soeur paroit
> être v) cette viande est x) épais y) une poutre z) gros
> a) sa cousine n'a pas sa ...

## Ueber §. 13. 14.

Sie ist an einem bösartigen (malin) Fieber gestorben a). Geben Sie mir ein Glas frisches Wasser b). Sie
ist eine eben solche Närrin, als er ist c). Ich bin zu krank d),
um lange Briefe zu schreiben. Sein Haus e) ist alt. Sie
ist eine falsche und verderbte Frau f), aber der Liebling

des Königs. Ihre Schwester ist von einer sanften und guten (benin) Gemüthsart g). Diese Leinwand h) ist ganz roth. Sie ist rothköpfig (roux). Eine kluge Frau. Eine ungerechte Forderung i). Er hat die einzige (unique) Gelegenheit verlohren, sein Glück zu machen k). Jedes Frauenzimmer (femme) will gefallen l).

 a) elle est morte d'une fievre... b) donnés-moi un verre d'eau.. c) elle est aussi.... qu'il est fou d) je suis trop malade pour écrire... e) une maison f) c'est une femme... et corrompue g) sa soeur est d'une humeur h) la toile i) une prétention k) perdre le moyen de faire sa fortune l) veut plaire.

## Ueber §. 15. 16.

Ich komme von der a) Frau Trödlerin. Kennen Sie nicht b) die Frau Müllerin? Frau Schmidtin hat mir es gesagt c). Jungfer Löberin will zu Ihnen d). Sagen Sie, sie soll e) in einer halben Stunde wiederkommen, oder lieber f) in anderthalb Stunden. Holet ein g) halb Pfund Fleisch (viande) und drittehalbe Pfund Schmalz h). Geben Sie mir eine halbe Elle Band (ruban). Herkules war ein Halbgott. Schicken Sie mir acht und eine halbe Elle Leinwand (toile). Ich habe viel an Ihren seeligen Herrn Onkel und ihre seelige Frau Mutter verkauft i). Sie war der Liebling der seeligen Königin; dieses (c'est ce que) hat mir die verstorbene Fürstin oft gesagt k).

 a) je viens de chés b) ne connoissés-vous pas c) me l'a dit d) vous demande e) dites-lui de revenir f) plutôt g) allés querir h) du beurre fondu i) j'en ai beaucoup vendu à... k) une princesse eine Fürstin.

## Ueber §. 19. 20. 21.

Es sind das (ce sont) dumme Leute. Alle diese dummen Leute bilden sich es ein a). Ich weiß, daß ich mich bey unterrichteten (instruit) und vernünftigen (raisonnable) Leuten befinde b). Es sind sehr geschickte Leute. Alle jungen Leute sind unbesonnen (étourdi). Alle diese kleinen Leute bilden sich etwas ein c).

a) se l'imaginent b) je sais que je suis avec ... c) s'en font accroire.

## II. Von den Vergleichungsstuffen, der Vergrößerung und Verkleinerung.

### 22.

Der Comparativ wird mit dem Wörtchen plus gemacht, welches man vor dem Positiv setzt. Z. E. grand (groß), macht im Comparativ plus grand (größer).

Setze ich vor den Comparativ noch den Artikel le, so habe ich den Superlativ: le plus grand der größeste. S. Gram. p. 141.

| | |
|---|---|
| Mademoiselle Ninon est jolie, mais votre soeur est plus jolie qu'elle. | Jungfer Ninon ist hübsch; aber Eure Schwester ist hübscher, als sie. |
| Vous croyés que je suis riche; mais vous êtes plus riche que moi. | Ihr glaubet ich bin reich; aber Ihr seyd reicher, als ich. |
| Votre cousine est la plus jolie fille de notre quartier. | Eure Baase ist das hübscheste Mädchen in unserm Stadtviertel. |
| Votre servante est la plus grande bête que je connoisse. | Eure Magd ist das größeste (dümmste) Vieh, das ich kenne. |

Jean

| | |
|---|---|
| Jean est plus grand que Pierre, et François est le plus grand des trois. | Johann ist größer, als Peter, und Franz ist der größeste unter den dreyen. |
| Jeanne est plus grande que Julie, et Françoise est la plus grande des soeurs. | Johanne ist größer, als Julie, und Franziska ist die größeste unter den Schwestern. |
| C'est le plus grand homme qui soit dans la ville. | Es ist der größeste Mann in der Stadt. |
| C'est la plus grande babillarde que l'on puisse voir. | Es ist die größeste Plauderin, die man sehen kann. |

### 23.

Im Superlativ kann man das Adjectiv vor das Substantiv setzen, oder nach demselben. Z. E. Man kann sagen: c'est mon plus intime ami, oder c'est mon ami le plus intime.

Im letzten Fall bleibt der Superlativ durch alle Casus unverändert, wie aus folgenden Beyspielen zu sehen ist. S. Gram. p. 179.

| | |
|---|---|
| Je parle de l'homme le plus savant de la ville. | Ich spreche von dem gelehrtesten Manne in der Stadt. |
| C'est le fils de l'homme le plus aimable de l'Allemagne. | Es ist der Sohn des liebenswürdigsten Mannes in Deutschland. |
| Elle est la femme la plus accomplie que je connoisse. | Sie ist die vollkommenste Frau, die ich kenne. |
| Je l'ai appris de mon ami le plus intime. | Ich habe es von meinem vertrautesten Freunde gehört. |
| Vous vous exposés aux dangers les plus afreux. | Ihr setzet euch den schrecklichsten Gefahren aus. |
| C'est l'ouvrage de la passion la plus forte. | Es ist das Werk der stärksten Leidenschaft. |

### 24.

Aus den vorstehenden Beyspielen war zu sehen, daß plus gemeiniglich die Partikel que nach sich hat, welches das deutsche als ausdrückt. (Je suis plus grand *que* vous.) Folgt aber ein Zahlwort, so muß man nicht que, sondern de gebrauchen, wenn kein eigentlicher Vergleich angestellt wird.

| | |
|---|---|
| Je n'ai pas plus de (nicht que) vingt ans. | Ich habe nicht mehr, als zwanzig Jahre. |

Elle

| | |
|---|---|
| Elle a plus de mille écus de dot. | Sie hat mehr als tausend Thaler Heyrathsgut. |
| Il est tombé plus de dix fois. | Er ist mehr als zehnmal gefallen. |
| Nous avons plus de dix maisons. | Wir haben mehr als zehn Häuser. |
| J'ai plus de trois amis comme vous. | Ich habe mehr als drey Freunde, wie Ihr. |

**Anmerkung.** J'ai plus que trois amis comme vous würde heißen: ich habe (ich besitze) mehr, als drey Freunde, wie Sie sind, besitzen. Que ist hier nicht nur erlaubt, sondern nothwendig, weil eine wirkliche Vergleichung vorgenommen wird.

### 25.

Bey einem bejahenden Comparativ folgt auf plus die Negation ne vor einem Verbo. Z. E.

| | |
|---|---|
| Vous faites plus qu'il ne faut. | Ihr thut mehr, als nöthig ist. |
| Il boit plus de vin qu'il ne peut supporter. | Er trinkt mehr Wein, als er vertragen kann. |
| Il a gagné plus qu'il n'a cru. | Er hat mehr gewonnen als er dachte. |
| Ils firent plus qu'ils ne voulurent. | Sie thaten mehr, als sie wollten. |
| Il vous aime plus que Vous ne pensés. | Er liebt Euch mehr, als Ihr denket. |

### 26.

Ist es hingegen ein verneinender Comparativ (z. E. ils ne firent pas plus etc.) so darf kein ne folgen.

| | |
|---|---|
| Ils ne firent pas plus qu'ils voulurent. | Sie thaten nicht mehr, als sie wollten. |
| Jamais il n'a été plus ferme qu'il l'est à présent. | Nie war er standhaffter als er itzt ist. |
| Elle n'est pas plus belle qu'elle l'a été autrefois. | Sie ist nicht schöner, als sie ehedem war. |

### 27.

Eben so ist es, wenn auf das que ein Infinitiv, oder eine Conjunction, ein Pronomen demonstrativum, oder ein bloßes Adjectivum folgt. S. Gram. p. 252.

Elle est moins vertueuse que timide. (nicht que ne timide)  
Sie ist weniger tugendhaft, als schüchtern.

Il vaut mieux qu'il fasse cela que s'il faisoit pis.  
Es ist besser, er thut, das als wenn er es ärger machte.

Ce pain est plus tendre que celui que je mangeai hier.  
Dieses Brod ist weicher, als das, welches ich gestern aß.

### 28.

Es gibt einige Wörter, welche unregelmäßig comparirt werden. Bon macht im Comparativ meilleur, bien macht mieux, mauvais (méchant) macht pire, mal macht pis, *) beaucoup macht plus, bisweilen auch davantage. (wenn nemlich kein que darauf folgt.)

Mon pain est bon, le vôtre est meilleur que le mien, et le leur est le meilleur.  
Mein Brod ist gut, das eurige ist besser, als das meinige, und das ihrige ist das beste.

Cet homme est méchant, son frère est pire que lui et son fils est le pire des trois.  
Dieser Mann ist böse, sein Bruder ist ärger, als er, und sein Sohn ist der ärgste unter ihnen dreyen.

Jean parle bien, Louïs parle mieux, et mes frères parlent le mieux de tous.  
Johann spricht gut, Ludwig spricht besser und meine Brüder sprechen am besten unter allen.

Jaques a mal fait. Joseph a fait pis et vos soeurs ont fait le pis de tous.  
Jacob hat übel gethan, Joseph hat es ärger gemacht und eure Schwestern am ärgsten unter allen.

Je fais beaucoup, vous faites davantage, et nos amis font le plus.  
Ich thue viel, ihr thut mehr und unsere Freunde thun am meisten.

### 29.

Eben so gibt man auf französisch mit aussi; nicht so mit pas si; eben so viel mit autant; nicht so viel mit pas tant.

Je

―――――――
*) Mal macht auch plus mal, wenn es heissen soll: übler. In der Bedeutung: ärger, schlimmer muß es aber pis machen. Eben so ist es mit méchant und mauvais.

| | |
|---|---|
| Je suis aussi riche et j'ai autant de crédit que vous. | Ich bin eben so reich und habe so viel Credit, als Ihr. |
| Je ne suis pas si riche, et je n'ai pas tant de crédit que vous. | Ich bin nicht so reich und habe nicht so viel Credit, als Ihr. |
| Elle est aussi riche et elle a autant d'amans que sa soeur; | Sie ist eben so reich, und hat eben so viele Liebhaber, wie ihre Schwester; |
| Mais elle n'est pas si belle, et elle n'a pas tant d'esprit. | Aber sie ist nicht so schön und hat nicht so viel Verstand. |
| Je suis arrivé aussi-tôt que vous mais pas si-tôt que Jean. | Ich bin so bald angekommen wie Ihr, aber nicht so bald wie Johann. |

30.

Oft vergleicht man bloß mit comme:

| | |
|---|---|
| Il est grand comme père et mère. | Er ist groß, wie Vater und Mutter. |
| Il est grand comme un géant. | Er ist groß, wie ein Riese. |
| Il est petit comme un nain. | Er ist klein, wie ein Zwerg. |
| Vous raisonnés comme un sot. | Ihr redet, wie ein Narr. |
| Vous parlés comme il faut. | Ihr redet, wie sichs gehört. |

31.

Man hat noch viele andere Adverbia, durch welche man vergleicht, oder wodurch einer Sache eine gewisse Größe oder Kleinheit zugeschrieben wird, als: bien, si, trop, très etc.

| | |
|---|---|
| Cet enfant est *bien* grand pour son âge. Le mien n'est pas si grand. | Dieses Kind ist sehr groß für sein Alter. Das meinige ist nicht so groß. |
| Vous êtes *si* vieux, et vous ne savés pas cela. | Ihr seyd so alt und wisset dieses nicht. |
| *Plus* je vous vois, *plus* je vous trouve aimable. | Je mehr ich Euch sehe, je liebenswürdiger finde ich Euch |
| Vous en faites *trop*. | Ihr thut zu viel. |
| Le trop et le trop peu font les excès. | Das Allzuviel und Allzuwenig machen das Uebertriebene. |
| Vous êtes *trop* belle, et vous parlés *trop* bien, pour n'être pas recherchée. | Ihr seyd zu schön und redet zu gut, um nicht bald gesucht zu werden. |

| | |
|---|---|
| C'est *le moins* que je puisse faire. | Das ist das Wenigste, was ich thun kann. |
| Cet homme est *fort* riche, mais il est *très* avaricieux. | Dieser Mann ist sehr reich, aber er ist überaus geizig. |
| Cependant il est *assés* humain, et il agit *assés* bien avec ses semblables. | Indessen ist er ziemlich leutselig und gehet mit seines gleichen ziemlich wohl um. |
| J'ai *tant* d'ouvrage, *tant* de peine, *tant* de chagrin et si peu de profit, que cela m'excède. | Ich habe so viel Arbeit, so viel Mühe, so viel Verdruß und so wenig Vortheil, daß ich es müde bin. |
| Il est *bien* plus grand que moi. | Er ist weit größer, als ich. |
| Il est *beaucoup* plus riche. | Er ist um viel reicher. |
| Il est *d'autant plus* aimable qu'il est généreux. | Er ist um so liebenswürdiger, da er freygebig ist. |
| Elle est *d'autant moins* aimable, qu'elle est capricieuse. | Sie ist um so weniger liebenswürdig, da sie eigensinnig ist. |
| Elle est *infiniment* plus belle que sa soeur; mais celle-ci est *incomparablement* plus spirituelle. | Sie ist unendlich schöner, als ihre Schwester; aber diese hat ohne Vergleich mehr Verstand (Geist). |
| Il y a *un grand nombre* de soldats dans la ville. | Es sind sehr viele Soldaten in der Stadt. |
| Il y a *quantité* de gens au marché. | Es sind eine Menge Leute auf dem Markt. |
| Il y a *une infinité* de peuple à Constantinople. | Es ist eine unendliche Menge Volks zu Constantinopel. |
| Il est plus petit que moi d'un ou de deux pouces. | Er ist um einen oder zwey Zoll kleiner, als ich. |

Anmerkung. Man hüte sich, etwa fort beaucoup, très beaucoup, u. s. w. zu sprechen. Man kann nie vor beaucoup noch ein anderes Vergrößerungs-Wort setzen. Es sind sehr viele Leute da gewesen, heißt: il y a eu une foule de monde, oder quantité de monde, oder une infinité de monde, oder bloß il y a eu bien du monde.

### 32.

Manche Wörter werden durch Veränderung der Endsylbe vergrößert und verkleinert. Gram. p. 143.

| | |
|---|---|
| Cette maison a deux sales, un salon et trois sallettes. | Dieses Haus hat zwey Säle, einen großen Saal und drey kleine. |
| Louis joue à la bale, et moi je joue au balon. | Ludwig schlägt den Ball und ich den Windball. |
| Son Altesse Sérénissime. | Seine hochfürstliche Durchlaucht. |
| Son Excellence Illustrissime Mr. le Comte. | Seine hochgräfliche Excellenz. |
| Le Généralissime de l'armée impériale. | Der Generalissimus der kaiserlichen Armee. |
| Voilà un aigle et deux aiglons. | Hier ist ein Adler und zwey junge Adler. |
| Une ânesse avec son ânon. | Eine Eselin mit ihren Jungen. |
| Une poule et deux poulettes. | Eine Henne und zwey junge Hüner. |
| Un joli moulinet. | Ein artiges Mühlchen. |
| La louve et ses louveteaux. | Die Wölfin und ihre jungen Wölfe. |
| Une perdrix et ses perdreaux. | Ein Rebhuhn und seine Junge. |
| Un anneau et deux annelets. | Ein Ring und zwey Ringchen. |

### 33.

Man vergrößert und verkleinert auch noch auf folgende Art:

| | |
|---|---|
| C'est un *archifou*; c'est une *archi* folle. | Es ist ein Erznarr; es ist eine Erznärrin. |
| C'est un *maitre juré* fripon. | Es ist ein ausgelernter Spitzbube. |
| C'est un fou *fiefé*. | Es ist ein ganzer Narr. |
| C'est le *maitre* garçon de la boutique. | Es ist der Obergesell im Laden. |
| Louis est un *petit* fripon. | Es ist ein kleiner Spitzbube. |
| Louïson est une *petite* friponne. | Luischen ist eine kleine Spitzbübin. |
| Julie est une *petite* causeuse. | Julie ist eine kleine Plauderin. |

## Uebungen über §. 22. 23. 24.

Dieses Zimmer a) ist groß; das meinige b) aber ist größer. Ihre Haare sind schwarz c), aber diese da d) sind schwärzer. Seine Tochter ist artig e), seine Nichten (nièces) aber sind noch artiger. Es sind die artigsten Mädchen von der Welt. Sie beobachtet gegen ihn f) die pünktlichste (exact) Treue g). Sie sind der erstaunlichste (étonnant) unter allen Menschen. Sie setzen sich h) den schröcklichsten Gefahren i) aus, und entehren k) sich durch die häßlichsten Laster l). Ihr stolzes Betragen m) ist die natürlichste Quelle n) Ihrer Unartigkeit (impolitesse). Er hat mehr, als zwanzig Thaler (écus), verlohren o).

    a) une chambre b) la mienne c) vos cheveux sont noirs d) ceux-là e) jolie f) elle lui garde g) la fidélité h) vous vous exposés i) des dangers affreux, schröckliche Gefahren k) et vous vous deshonorés l) des vices odieux, häßliche Laster m) vos manières hautaines sont .. n) une source naturelle, eine natürliche Quelle o) il a perdu...

## Ueber §. 25. 26. 27. 28.

Sie ist schöner (belle), als sie je (jamais) gewesen ist. Sie ist böser (méchante), als er glaubt a). Sie sind glücklicher (heureux), als Sie denken (pensés). Er hat mehr Verstand b), als Leute seines Standes c) zu haben pflegen d). Sie redet (dit) richtiger (juste), als sie glaubt. Er dient e) mir nicht mehr, als es nöthig f) ist. Sie sind nicht ruhiger g), als wir es sind. Es ist besser wir gehen mit einander h) hin. Sie haben nichts besseres zu thun. Sie müssen früher aufstehen i). Ich hatte eine bessere Meinung

nung k) von Ihnen. Sie ist ärger, als ein Teufel l). Das ist das schlimmste unter allen Uebeln m).

a) croire b) avoir de l'esprit c) les gens de son état d) ils ont coutume d'avoir ſie pflegen zu haben e) servir, dienen f) nécessaire. g) tranquille. h) ensemble i) de bon matin frühe k) bonne opinion l) un démon m) de tous les maux.

## Ueber §. 29.

Die Gunst der Fürsten a) ist eben so unbeständig b) als das Meer (mer). Seine Begebenheiten schienen c) mir eben so anziehend d), als seltsam e). Er hat diese Materie mit eben so viel Interesse, als Deutlichkeit, bearbeitet f). Sie hat eben so viel Zurückhaltung g), als Schönheit. Er ist nicht so tapfer h), als tugendhafft i). Ich liebe ihn nicht so sehr, als euch. Ich bin nicht so rubig (tranquille) weggegangen k), als ich hingegangen bin l). Sie besitzt nicht so viel Eitelkeit, als ihr glaubet. Ich konnte mich an eine so seltsame Lebensart nicht gewöhnen n). Ich konnte nicht müde werden o), ein so ausserordentliches Schauspiel anzusehen. Er war erstaunt (surpris), eine so schöne Person zu sehen.

a) la faveur des princes b) inconstant c) ses avantures m'ont paru ... d) intéressant e) singulier f) traiter une matière avec clarté g) la retenue h) brave i) vertueux k) je ne suis pas sorti l) entrer m) la vanité n) s'accoutumer à un genre de vie extraordinaire. o) je ne pouvois me laſſer de regarder un spectacle - - - extraordinaire.

## Ueber §. 30. 31.

Er geifert a), wie ein Kind. Ich habe Aepfel b) gesehen, so groß wie mein Kopf (tête). Diese da sind sehr, groß

groß, aber bey weitem c) nicht so groß, als die andern. Je mehr ich sie sehe, jemehr fühle ich meine Liebe für sie sich verdoppeln d). Aber jemehr ich ihr Liebe bezeuge e), jemehr zeigt sie mir Abscheu f). Jemehr Vertrauen ihr in ihn setzet g), jemehr werdet ihr euch Gefahren bloßstellen h); denn er ist sehr undankbar i). Sie ist ziemlich hübsch k), ihre Schwester aber ist nicht allzuschön. Ihr Bruder ist tod (mort), oder wenigstens (tout au moins) gefährlich krank l). Es ist das aber diejenige Sache in der Welt m), welche sie am wenigsten bekümmert (touche). Ihre Baase (coufine) wird je länger je schöner n), und das bringt sie immer mehr gegen sie auf o). Sie sucht sie zu meiden, so viel sie kann p). — Diese Nachricht macht mir um so mehr Freude q), da sie zum Theil meinen Bruder angeht r). Der eurige ist weit glücklicher gewesen. Das Glück begünstigte s) ihn unendlich mehr.

a) il bave b) des pommes c) à beaucoup près d) je sens redoubler mon amour pour elle e) témoigner f) montrer de l'aversion g) avoir de la confiance en quelc. h) s'exposer à des périls i) ingrat k) jolie l) dangereusement malade m) mais c'est la chose du monde ... n) devenir de plus belle en plus belle o) animer p) éviter qlc. le plus qu'on peut q) donner de la joye r) regarder, concerner s) la fortune l'a favorisé.

## Ueber §. 32. 33.

Seine Hochfürstliche Durchlaucht hat ihn in einem großen Saal empfangen a). Seine Hochgräfliche Excellenz vertreibt b) sich die Zeit mit Windballschlagen. Er hat einen jungen Adler für einen jungen Esel angesehen c). Man hat die Wölfin und ihre Jungen gefangen d). Wem

gehö-

gehören e) diese jungen Hühner? Was machet ihr mit f) diesen jungen Rebhühnern? Zeiget mir g) dieses Ringchen. Dieses Kind hat sich eine Windmühl von Karten gemacht h). Euer Vetter ist ein Erznarr, ein ganzer ausgemachter Narre, und eure Schwester eine kleine Spitzbübin. Wer unter euch i) ist der Obergesell? Fort aus meinem Hause k), du Erzspitzbube.

    a) recevoir b) s'amuser c) il a pris d) on a pris e) à qui sont f) que faites vous de ces .. g) montrés moi h) cet enfant l'est fait . . . i) lequel d'entre vous k) hors d'ici.

---

### III. Von dem Plural oder der mehrern Zahl.

#### 34.

Der Regel nach wird der Plural durch bloße Anhängung des Buchstabens s an den Singular gemacht: père, pères. *)

| | |
|---|---|
| Ce livre est cher. | Dieses Buch ist theuer. |
| Ces livres sont chers. | Diese Bücher sind theuer. |
| Ce manchon est chaud. | Dieser Muff ist warm. |
| Ces manchons sont chauds. | Diese Müffe sind warm. |
| Ce garçon est joli. | Dieser Knabe ist artig. |
| Ces garçons sont jolis. | Diese Knaben sind artig. |
| Le père et la mère ont soin de l'enfant. | Der Vater und die Mutter haben Sorge für das Kind. |
| Les pères et les mères ont soin de l'enfant. | Die Väter und Mütter haben Sorge für das Kind. |

#### 35.

Die Wörter, welche sich auf ein u endigen, das noch einen Vocal vor sich hat, bekommen im Plural kein s, sondern ein x. Gram. p. 115.

*) Der Artikel la und viele Pronomina machen Ausnahmen.

Il a fait un voeu.     Er hat ein Gelübde gethan.
Ils ont fait des voeux.     Sie haben Gelübde gethan.
Voilà un beau chateau.     Da ist ein schönes Schloß.
Voilà de beaux chateaux.     Hier sind schöne Schlösser.
Voilà un beau jeu.     Da ist ein schönes Spiel.
Voilà de beaux jeux.     Da sind schöne Spiele.
Voilà un beau lieu.     Das ist ein schöner Ort.
Voilà de beaux lieux.     Das sind schöne Orte.
Voilà un bon verrou.     Das ist ein guter Riegel.
Voilà de bons verroux.     Das sind gute Riegel.

## 36.

Folgende sind von der Regel ausgenommen. *)

Où avés-vous acheté ces rubans *bleus*? (nicht bleux)     Wo haben Sie diese blauen Bänder gekauft?
Je crois que vous êtes *fous*.     Ich glaube, ihr seyd Narren.
Ce sont des hommes *mous* et *effeminés*.     Es sind weichliche und weibische Männer.
Le vin s'ést échapé par ces *trous*.     Der Wein ist durch diese Löcher ausgelaufen.

## 37.

Die Wörter auf al verwandeln im Plural dieses al in aux.

Ce canal est bien égal.     Dieser Kanal ist sehr gleich.
Ces canaux sont bien égaux.     Diese Kanäle sind sehr gleich.
Ce mal est général.     Dieses Uebel ist allgemein.
Ces maux sont généraux.     Diese Uebel sind allgemein.
J'ai acheté un quintal de ce métal.     Ich habe einen Centner von diesem Metall gekauft.
J'ai acheté deux quintaux de ces métaux.     Ich habe zwey Centner von diesen Metallen gekauft.
Voilà un beau cheval. Il apartient à mon Général.     Da ist ein schönes Pferd. Es gehört meinem General.
Voilà de beaux chevaux. Ils apartiennent à nos Généraux.     Das sind schöne Pferde. Sie gehören unsern Generälen.

*) Die übrigen Wörter, welche in der Grammatik als Ausnahmen angegeben sind, werden nun alle regelmäsig abgeändert.

| | |
|---|---|
| Donnés-le à notre maréchal. | Geben Sie es unserm Schmied. |
| Donnés-les à nos maréchaux. | Gebt sie unsern Schmieden. |

## 38.

Die mehresten Wörter in ail verwandeln ebenfalls die Endsilbe in aux. Gram. p. 116.

| | |
|---|---|
| Ce *travail* est bien délicar. | Diese Arbeit ist sehr zart. |
| Il jouit du fruit de ses *travaux*. | Er geniesst die Früchte seiner Mühen. |
| Le *travail* ne sera pas grand. | Die Arbeit wird nicht groß seyn. |
| Il répose de ses *travaux*. | Er ruhet aus von seiner Arbeit. |
| Cet *émail* me plait. | Dieses Schmelzwerk gefällt mir. |
| Ces *émaux* sont beaux. | Diese Schmelzwerke sind schön. |
| Mon *bail* est expiré. | Mein Pacht ist verflossen. |
| On fait des *baux* à longues années. | Man macht Pachtungen auf viele Jahre. |

## 39.

Ausnahmen der vorhergehenden beiden Regeln.

| | |
|---|---|
| Cette année il y a eu plusieurs combats *navals*, (nicht navaux.) | Dieses Jahr gab es mehrere Seetreffen. |
| Cette semaine il y aura un *bal*. | Diese Woche ist ein Ball. |
| Nous n'avons eu que deux *bals* cette année. | Wir haben nur zwey Bälle dieses Jahr gehabt. |
| J'ai passé bien agréablement le *carnaval*. | Ich habe sehr angenehm das Karnaval hingebracht. |
| Les *carnavals*, de Vénise sont renommés. | Die Karnavals von Venedig sind berühmt. |
| C'est un coup *fatal* pour moi. | Es ist das ein unglücklicher Schlag für mich. |
| Ce sont des coups *fatals* pour nous. | Es sind das unglückliche Schläge für uns. |
| (fatal wird nicht gerne im Plural Masculini gebraucht.) | |

| | |
|---|---|
| Nous donnons aujourd'hui un régal. | Wir geben heute einen Schmaus. |
| Vous nous avés donné deux régals de suite. | Ihr habet uns zweymal hintereinander einen Schmaus gegeben. |
| J'ai plusieurs *cals* aux pieds et aux genoux. | Ich habe mehrere Schwülen an den Füssen und an den Knieen. |
| Voilà un beau cierge *pascal*. | Da ist eine schöne Osterkerze. |
| Voilà des cierges *pascals*. | Da sind Osterkerzen. |
| Que d'*attirails*! | Welches Geräthe! |
| De long *détails*. | Weitläuftige Beschreibungen. |
| De beaux *éventails*. | Schöne Fächer. |
| De bons *gouvernails*. | Gute Steuerruder. |
| Trois *mails*. | Drey Maillenschlägel. |
| Deux grands *portails*. | Zwey grosse Portale. |
| Les Turcs ont des *serails*. | Die Türken haben Serails. |

### 40.

Es gibt auch zusammengesetzte Wörter. Wenn ein solches zusammengesetztes Wort aus zwey Worten besteht, die man decliniren kann, so bekommen beide ein s.

| | |
|---|---|
| Qui est ce Gentil-homme? | Wer ist dieser Edelmann? |
| Connoissés-vous ces Gentils-hommes? | Kennet Ihr diese Edelleute? |
| Etes-vous francmaçon? | Seyd Ihr ein Freymaurer? |
| Sont-ils francs-maçons? | Sind sie Freymaurer? |
| Votre frère est un bon-vivant. | Euer Bruder ist ein lustiger Bruder. |
| Ce sont des bons-vivans. | Es sind lustige Brüder. |

### 41.

Besteht es nur aus einem declinablen Theil, so wird auch dieser nur pluralisirt. Z. E. das Wort tire-bouchon, Stöpfelzieher besteht aus dem Verbum tirer und aus bouchon; nun können aber die Verba kein s im Plural bekommen mithin pluralisirt man nur das Wort bouchon.

| | |
|---|---|
| Faites-vous donner un passeport. | Lasset euch einen Paß geben. |
| Tachés d'avoir deux passeports. | Suchet zwey Pässe zu bekommen. |

| | |
|---|---|
| Ce tire-clou ne vaut rien. | Dieſe Beißzange taugt nichts. |
| Ces tire-cloux ne valent rien. | Dieſe Beißzangen taugen nichts. |

### 42.

Iſt kein declinabler Theil dabey, ſo bleibt das Wort ganz unpluraliſirt.

| | |
|---|---|
| C'eſt un faire-le-faut. | Es iſt ein Muß. |
| Ce ſont des faire-le-faut. | Es ſind das Muße. |
| Voilà un paſſe-partout. | Da iſt ein Dietrich. |
| Où ſont mes paſſe-partout? | Wo ſind meine Dietriche? |

### 43.

Die mehrſylbigten Wörter, welche ſich auf nt endigen, verliehren im Plural das t. Z. E.

| | |
|---|---|
| Que veut cet enfant? | Was will dieſes Kind? |
| A qui ſont ces enfans? | Wem gehören dieſe Kinder? |
| Eſt-il content? | Iſt er zufrieden? |
| Sont-ils contens? | Sind ſie zufrieden? |
| Il eſt étudiant. | Er iſt ein Student. |
| Ils ſont étudians. | Es ſind Studenten. |

### 44.

Die Wörter, welche ſich auf a und o endigen, werden nicht pluraliſirt. Gram. p. 116.

| | |
|---|---|
| Aujourd'hui nous aurons un bel opéra. | Heute bekommen wir eine ſchöne Oper. |
| Nous aurons ſix opéra cet hiver. | Wir bekommen ſechs Opern dieſen Winter. |
| Combien vous a couté ce ſopha? | Wie viel hat Euch dieſer Sopha gekoſtet? |
| Il s'eſt fait faire deux ſopha. | Er hat ſich zwey Sopha machen laſſen. |
| Quel numero voulés-vous? | Welche Nummer wollet Ihr? |
| Que veulent dire ces numero? | Was ſollen dieſe Nummern? |
| Un et un zéro à droite fait dix. | Eins und eine Null zur Rechten macht zehn. |
| Un et deux zéro à droite font cent. | Eins und zwey Nullen zur Rechten machen hundert. |
| J'ai un domino rouge et deux domino verds. | Ich habe einen rothen und zwey grüne Dominos. |

45.

### 45.

Auch die Zahlwörter werden nicht pluralisirt. Gram. p. 116.

| | |
|---|---|
| J'ai perdu deux mille écus. | Ich habe zwey tausend Thaler verlohren. |
| Ce cheval lui coute quatre-vingt deux écus. | Dieses Pferd kostet ihm zwey und achtzig Gulden. |
| Il m'a payé cinq florins. | Er hat mir fünf Gulden bezahlt. |
| Voilà deux quatre, trois cinq et deux sept, qui font trente sept. | Da sind zwey Vierer, drey Fünfer und zwey Siebner, welche sieben und dreißig machen. |

### 46.

Ausgenommen cent, millier, million, milliard, wenn ein anderes Zahlwort vorsteht; ingleichen vingt, wenn kein anderes Zahlwort folgt.

| | |
|---|---|
| Sa maison ne coute que huit cens écus. | Sein Haus kostet nur acht hundert Gulden. |
| J'ai vendu deux milliers de fagots. | Ich habe zwey tausend Wellen verkaufft. |
| On a fabriqué plus de deux milliards de jettons. | Man hat mehr als zwey tausend Milionen Rechenpfennige geprägt. |
| Il y a plus de deux millions d'ames dans cette province. | Es sind mehr als zwey Milionen Seelen in dieser Provinz. |
| Voilà deux milliards, trois milliers six cens quatre vingts. | Da sind zweytausend Milionen, dreytausend sechshundert und vierzig. |

### 47.

Man merke noch folgende Wörter, welche unregelmäßig pluralisirt werden:

| | |
|---|---|
| Son ayeul est mort. Tous ses ayeux sont morts. | Sein Großvater ist tod. Alle seine Großältern (Vorfahren) sind tod. |
| Le ciel est serain. | Der Himmel ist heiter. |

Les

| | |
|---|---|
| Les cieux racontent la gloire de Dieu. | Die Himmel erzählen die Ehre Gottes. |
| Vous avés l'oeil vif et bien fendu. | Ihr habet ein lebhaftes gut gespaltenes Auge. |
| Vos yeux font à fleur de tête. | Eure Augen stehen dem Kopfe gleich |
| Cette loi est bonne. Toutes ces loix sont bonnes. | Dieses Gesetz ist gut. Alle diese Gesetze sind gut. |

### 48.

In folgender Bedeutung bleibet ciel regulär. *)

| | |
|---|---|
| Les *ciels de ces tableaux* sont bien touchés. | Die Lufft von diesen Gemählden ist gut gemacht. |
| Regardés les *ciels de cette carrière*. | Sehen Sie die Oberlagen dieses Steinbruchs an. |

### 49.

Mon macht im Plural mes; ton, tes; son, ses; notre, nos; votre, vos; son, ses; celui ceux.

| | |
|---|---|
| Voilà mon frère et mes soeurs. | Da ist mein Bruder und meine Schwestern. |
| Ton père et tes frères te cherchent. | Dein Vater und deine Brüder suchen dich. |
| Son cousin et ses cousines y sont. | Sein Vetter und seine Baasen sind da. |
| Notre maison et nos jardins sont vendus. | Unser Haus und unsere Gärten sind verkauft. |
| Votre attachement m'est connu. | Eure Anhänglichkeit ist mir bekannt. |
| Vos peines sont perdues. | Eure Mühe ist verlohren. |
| Son zèle mérite d'être recompensé. | Sein Eifer verdient belohnt zu werden. |
| Ses cris m'ont fendu le coeur. | Sein Geschrey hat mir das Herz durchbohrt. |
| C'est celui qui m'a payé. | Es ist derjenige, der mich bezahlt hat. |
| Ce sont ceux qui ont été si maltraités. | Es sind diejenigen, die so mißhandelt wurden. |

Uebun-

*) Man nennt die runden Dachfenster oeils-de-boeuf und yeux-de-boeuf. —

## Uebungen über §. 34. 35. 36.

Herr N. hat eurer Schwester (sœur) viele Grobheiten a) gesagt. Lasset einige Becken (bassins) Confect bringen b). Die Frauenzimmer c) haben gerne (aiment) die Unkosten d), die man sich für sie macht. Es sind e) acht Tage, daß ich eure Brüder nicht gesehen habe f). Er hat Stockschläge g) bekommen (reçu). Er hat drey Brüder h). Es regieren i) gefährliche Krankheiten k). Führt diese Frau aus diesen Orten (lieu) weg l). Er genießt immmer neue Vergnügungen m). Was machet ihr mit (de) allen diesen Hüten n)? Was sollen alle diese o) Stücken (morceau) Brod? Diese Wasser (eau) sind gesund (sain). Ihre Brüder sind schön. Fallet nicht in p) diese Löcher. Lasset sie gehen q), es sind Narren. Sie tragen blaue Strümpfe (bas).

a) une impertinence b) faites aporter quelques . . . . . . de confitures c) les femmes d) une dépense e) il y a f) que je n'ai vu . . g) un coup de baton ein Stockschlag h) un frère i) il court k) une maladie dangereuse l) emmenés cette femme hors de . . m) il goûte des plaisirs toujours . . . n) un chapeau o) que veulent dire tous ces . . . p) ne tombés pas dans q) laissés-les.

## Ueber §. 37. 38. 39.

Man spanne a) die Pferde (cheval) an die Kutsche (carosse). Ihr wisset b) die Leiden (un mal), die ich erduldet habe c). Habet ihr Marmontels moralische Erzählungen gelesen d)? Es sind brutale Kerls e). Man hat sechs neue Marschälle gemacht f). Meidet diese höllischen Ungeheuer g). Gott segnet h) die Bemühungen (travail) rechtschaffener Leute i). Die Schmelzwerke dieser Stadt sind

113

sind berühmt k). Diesen Winter haben wir nichts, als 1) Bälle und Concerte, gehabt. Die Seetreffen sind gefährlicher m), als die andern. Sie haben ihre Steuerruder verlohren (perdu). Die Serails sind mit jungen Schönen angefüllt n). Wo habt ihr diese Fächer gekauft? Diese umständlichen Beschreibungen (detail) sind ein wenig langweilig o). Die Portale dieser Kirchen sind prächtig p). Er ist bey allen diesen q) Schmausereyen gewesen. Diese Tage sind unglücklich (fatal) für ihn gewesen.

   a) qu'on mette b) vous savés c) que j'ai soufferts d) avés-vous lu les contes . . . e) un brutal f) faire (créer) un maréchal g) éviter un monstre infernal h) un travail i) les honnétes gens k) renommé l) cet hiver nous n'avons eu que . . . m) dangereux n) rempli de jeunes beautés o) ennuyeux p) superbe q) il a été de tous ces . . .

## Ueber §. 40. 41. 42. 43.

Die Landstraßen a) sind unbefahrbar b). Man kann der Wehemütter c) nicht entbehren d). Seine beiden Brüder sind Oberkammerherren e). Wo habt ihr diese Bratenwender f) gekauft g)? Wie viel habt ihr Bettelvögte h) in eurer Stadt? Warum sind keine i) Geländer k) an diesen Brücken l)? Was macht ihr mit (de) diesen Roßkäfern m)? Es sind mehrere Aufseher n) in dieser Fabrik (fabrique). Seyd ihr recht zufrieden o)? Er hat ihm seltsame Complimenten gemacht p). Er wird schon seine Gesinnungen (sentiment) ändern q). Alle Elemente haben sich gegen mich verschworen r). Er hat die verbindlichste (obligeant) Sorgfalt für sie s). Die Winde blasen t). Es gibt allerley Gesänge (chant).

   a) un grand-chemin b) impraticable c) une sage-femme d) se passer e) un grand-chambellan f) un tourne-broche-

H

che g) acheter h) un chasse - coquin i) pourquoi n'y a-
t-il point .. k) un garde-fou l) à ces ponts m) un fouille-
merde n) un chasse - avant ein Aufſeher, der die Leute
zum arbeiten antreibt o) bien content p) faire un étran-
ge compliment q) changer ... r) ſe ſont conjurés contre
moi s) avoir les ſoins les t) le vent ſouffle u) de toutes
ſortes.

## Ueber §. 44. 45. 46.

Dieſe Druckfehlerverzeichniſſe a) erſchöpfen nicht alle
Fehler b). Dieſe Opern gefallen nur dem Pöbel c). Die
Sopha ſind ſehr mode d). Was bedeuten e) dieſe Nul-
len? Man hat ihm drey tauſend Thaler bezahlt f). Seine
Sackuhr (montre) hat ihm ſechs und achtzig Gulden ge-
koſtet g). Er hat zwey Siebner und drey Achter. Ich
habe ihm ſechshundert Gulden geliehen h). Dieſe Stadt
hat mehrere (pluſieurs) Millionen Schulden i). Ich brauche k) zweytauſend Backſteine (briques) und dreytauſend
Ziegelſteine (tuiles). Es macht das mehr l) als zweytauſend Millionen. Ich habe achtzig Kinder (un enfant) ge-
zählt m), und ſechs und achtzig Weiber (femmes). Dieſer Wagen Heu n) hat achtzig Centner gewogen o). Ich
habe ihm mehr als fünf und achtzig Thaler abgewonnen p).

a) un errata b) épuiſer toutes les fautes c) ne plaiſent
qu' à la populace d) ſont fort à la mode e) que ſigni-
fient f) on lui a payé g) lui a couté h) je lui ai prêté
i) dettes k) il me faut l) cela fait plus .. m) j'ai comp-
té n) un chariot de foin o) peſer un quintal, einen
Centner wägen p) je lui ai gagné plus ...

## Ueber §. 47. 48. 49.

Warum folget ihr nicht den Fußſtapfen a) eurer Vor-
fahren? Einige Philoſophen behaupten, es gebe b) mehrere

re (plusieurs) Himmel. Man muß ihm die Augen verbin=
den c). Was saget ihr zu d) den Himmeln dieser Gemähl=
de? Billiget e) ihr diese Gesetze? Wo sind meine Brüder,
und eure Baasen? Deine Schwestern und seine Muhmen
sind so eben in diesen Garten gegangen f). Wo haben sie
aber ihre Kinder gelassen g)? Ihre Kinder spielen h) un=
ter den Oberlagen dieser Steinbrüche.

> a) Que ne suivés vous pas les traces b) quelques philo-
> sophes prétendent qu'il y a... c) il faut lui ban-
> der.. d) que dites-vous des.. e) aprouver f).. vien-
> nent d'entrer dans ce jardin g) mais où est-ce qu'ils
> ont laissé. — h) jouer.

### IV. Von der Declination.

Es wird nicht undienlich seyn, hier Muster von allen
möglichen Abänderungsarten der französischen Wör=
ter zu geben.

#### I.

| A. | B. |
|---|---|
| Nominat. Jean, Johann. | Eugène, Eugen. |
| Genitiv. de Jean, Johanns. | d' Eugène, Eugens. |
| Dativ. à Jean, dem Jo= hann. | à Eugène, dem Eugen. |
| Accusat. Jean, den Johann. | Eugène, den Eugen. |
| Ablat. de Jean, vom Jo= hann. | d' Eugène, von Eugen. |

> Anmerk. Nach diesen Mustern werden alle eigene Nah=
> men und solche Wörter abgeändert, die keinen Arti=
> kel (le, la, l', du, de la, etc.) vor sich haben \*). Fangen
> diese Namen mit einem Vokal an, so gehen sie nach Eu-
> gène; alle andere werden nach Jean declinirt. Nach
> Eugène wird auch das Zahlwort un verändert, welches
> oft

\*) Also auch die mehresten Pronomina z. E. mon, ton, son,
mes, tes, ses, ce, cette, celui, celle, etc.

oft andern Worten als Artikel dient: also un Prince, d' un Prince, à un Prince, un prince, d' un Prince.

## II.

| Singular. | Plural. |
|---|---|
| Nominat. La mère, die Mutter. | Les mères, die Mütter. |
| Genit. De la mère, der Mutter. | Des mères, der Mütter. |
| Dat. A la mère, der Mutter. | Aux mères, den Müttern. |
| Accusat. La mère, die Mutter. | Les mères, die Mütter. |
| Ablat. De la mère, von der Mutter. | Des mères, von den Müttern. |

Anmerk. Nach diesem Muster gehen alle Wörter, die den Artikel la vor sich haben. Z. E. la femme, la fille, la soeur, la reine, la ville, la vertu, la colère.

## III.

| Singular. | Plural. |
|---|---|
| Nominat. L'enfant, das Kind. | Les enfans, die Kinder. |
| Genit. De l'enfant, des Kindes. | Des enfans, der Kinder. |
| Dativ. A l'enfant, dem Kinde. | Aux enfans, den Kindern. |
| Accusat. L'enfant, das Kind. | Les enfans, die Kinder. |
| Ablat. De l'enfant, von dem Kinde. | Des enfans, von den Kindern. |

Anmerk. Nach diesem Muster declinirt man alle Wörter, die mit einem Vokal, oder stillem h anfangen, und deswegen den apostrophirten Artikel l' vor sich haben. Z. E. L'église, l'ame, l'esprit, l'orge, l'usage, l'habit, l'horloge, l'heure.

## IV.

| Singular. | Plural. |
|---|---|
| Nominat. Le père, der Vater. | Les pères, die Väter. |
| Genit. Du père, des Vaters. | Des pères, der Väter. |
| Dativ. Au père, dem Vater. | Aux pères, den Vätern. |
| | Accusat. |

Accusat. Le père, den Vater. Les pères, die Väter.
Ablat. Du père, von dem Vater. Des pères, von den Vätern.

1. Anmerk. Diesem Beyspiel folgen alle Wörter, welche den Artikel le vor sich haben: Le Roi, le Prince, le Professeur, le maçon, le boucher, le tailleur etc.
2. Anmerk. Der Plural in den letzten drey Declinationsarten ist sich ganz gleich.

### V.

| Singular. | Plural. |
|---|---|
| Nominat. Du pain, Brod. | Des pains, Brode. |
| Genit. De pain, Brod. (Z. E. ein Stück Brod) | De pains, (eine Menge) Brode. |
| Dativ. A du pain, (dem) Brod. | A des pains, Broden. |
| Accusat. Du pain, Brod. | Des pains, Brode. |
| Ablat. De pain, von Brod. | De pains, von Broden. |

Anmerk. Nach dieser Declination gehen alle Wörter, welche im Französischen den Artikel du im Nominativ vor sich haben, und im Deutschen ganz ohne Artikel stehen. Z. E. Du fromage, Käse; du vin, Wein; du fruit, Obst; du chagrin, Verdruß 2c. *).

### VI.

| Singular. | Plural. |
|---|---|
| Nominat. De la viande, Fleisch. | Des viandes, Fleischwerk. |
| Genit. De viande, Fleisch. (Z. E. ein Stück Fleisch) | De viandes, Fleischwerk. (Z. E. eine Menge Fleischwerk) |
| Dat. A de la viande, (dem) Fleisch. | A des viandes, (dem) Fleischwerk. |
| Accusat. De la viande, Fleisch. | Des viandes, Fleischwerk. |
| Ablat. De viande, von Fleisch. | De viandes, von Fleischwerk. |

Anmerk. Alle Wörter, welche im Deutschen ohne Artikel stehen und im Französischen den Artikel de la im Nomina-

*) Diese Regel hat Ausnahmen, welche weiter unten angeführt sind.

minativ vor sich haben, richten sich nach diesem Beyspiel. Z. E. De la bière, Bier; de la farine, Mehl;
De la moutarde, Senft; de la soupe, Suppe; de la
bouillie, Brey.

### VII.

| Singular. | Plural. |
|---|---|
| Nominat. De l'eau, Wasser. | Des eaux, Gewässer. |
| Genit. D' eau, Wasser. (Z. E. eine Menge Wasser.) | D'eaux, Gewässer. |
| Dativ. A de l'eau, (dem) Wasser. | A des eaux, Gewässern. |
| Accusat. De l'eau, Wasser. | Des eaux, Gewässer. |
| Ablat. D' eau, von Wasser. | D'eaux, von Gewässern. |

1. Anmerk. Nach diesem Muster richten sich alle Wörter, wenn sie im Deutschen ohne Artikel gebraucht werden, und im Französischen mit einem Vokal oder stillem h anfangen. Z. B. De l'encre, Dinte; de l'amour, Liebe; de l'amitié, Freundschaft; de l'ombre, Schatten; de l'huile, Oehl.

2. Anmerk. Der Plural in den vorhergehenden drey Beyspielen ist sich ebenfalls ganz gleich; nur wird in dem letzten das Wörtchen de im Genitiv und Ablativ, wegen des darauf folgenden Vokals, apostrophirt.

### VIII.

| Singular. | Plural. |
|---|---|
| Nominat. De bon pain, gutes Brod. | De bons pains, gute Brode. |
| Genit. De bon pain, guten Brodes. | De bons pains, guter Brode. |
| Dativ. A de bon pain, gutem Brode. | A de bons pains, guten Broden. |
| Accusat. De bon pain, gutes Brod. | De bons pains, gute Brode. |
| Ablat. De bon pain, von gutem Brode. | De bons pains, von guten Broden. |

Anmerk. Nach diesem Beyspiel gehen alle Substantiva, wenn sie im Deutschen ohne Artikel gebraucht werden, und sich noch ein Adjectiv vor ihnen befindet.

Von welchem Geschlechte sie seyen, ist gleich viel. Z. E. De bonne encre, gute Dinte; de bel ouvrage, schöne Arbeit; d'excellent drap, vortrefliches Tuch. Fängt das Adjectiv mit einem Vokal an, so muß das Wörtchen de durch alle Casus apostrophirt werden.

## 50.

Die französischen Declinationen der eigenen Namen und der Wörter mit dem bestimmenden Artikel sind sehr bald gelernet. Man merke sich nur, daß sie alle im Genitiv mit de und im Dativ mit à abgeändert werden. Der Accusativ lautet wie der Nominativ, und der Ablativ wie der Genitiv (Man vergleiche N. I. II. III).

Anmerk. Hat das Wort im Nominativ einen Artikel, so bleibt derselbe unverändert auch im Genitiv ꝛc. Z. E. La mère, im Genitiv de la mère, im Dativ à la mère. Hat es keinen Artikel, so bekommt es auch in den andern Fällen keinen: Jean, de Jean, à Jean.

| | |
|---|---|
| C'est le frère de la mère de Louis. | Es ist der Bruder von Ludwigs Mutter. |
| Je me suis promené à la clárté de la lune. | Ich bin im Mondenschein spazieren gegangen. |
| Voilà l'équipage de la reine. | Hier ist die Equipage der Königin. |
| Il ne faut pas vendre la peau de l'ours qu'on ne l'ait pris. | Man muß des Bären Haut nicht eher verkaufen, als bis man ihn hat. |
| Est-ce le portrait de l'enfant de votre frère? | Ist das das Bild von dem Kinde Eures Bruders? |
| Non, c'est celui de la fille de ma soeur. | Nein, es ist das (Bild) von dem Mädchen meiner Schwester. |
| C'est le fils de Jean. | Es ist der Sohn Johanns. |
| Voilà une lettre de votre frère. | Hier ist ein Brief von Eurem Bruder. |
| Allés querir le chapeau de Fréderic. | Holet den Hut des Friedrichs. |
| Il a vendu l'habit de son père. | Er hat das Kleid seines Vaters verkaufft. |
| Je l'ai dit à la mère de Jean. | Ich sagte es der Mutter des Johann. |

H 4        J'en

| | |
|---|---|
| J'en ai parlé à la coufine de Fréderic. | Ich habe davon mit Friedrichs Baafe gesprochen. |
| Elle reffemble fort à la fille de Monfieur N. | Sie gleicht sehr der Tochter des Herrn N. |
| Donnés cela à la bonne femme. | Gebet das der guten Frau. |
| Je croyois être à l'âge d'or. | Ich glaubte im goldnen Zeitalter zu seyn. |
| On l'a envoyé à l' Infante d'Espagne. | Man hat es der Infantin von Spanien geschickt. |
| Donnés en la moitié à Jean. | Gebet davon die Hälfte dem Johann. |
| Allés le dire à Fréderic. | Saget es dem Friedrich. |
| Il est allé à Leipfic. | Er ist nach Leipzig gereißt. |

### 51.

Diejenigen Wörter, welche den Artikel le vor sich haben, (N. IV.) machen eine Ausnahme. Sie haben nicht de le und à le, sondern du und au im Genitiv und Dativ.

| | |
|---|---|
| C'eft la plus belle fille du monde (nicht de le monde) | Es ist das schönste Mädchen von der Welt. |
| La croute du pain eft meilleure que la mie. | Die Rinde vom Brod ist besser, als die Brosame. |
| Il faut paffer à l'ordre du jour. | Man muß zur Ordnung des Tages schreiten. |
| Il est expofé à l'ardeur du foleil. | Er ist der Sonnenhitze ausgesetzt. |
| Il s'eft adreffé au Roi. | Er hat sich an den König gewendet. |
| Il se promène au parc. | Er geht im Thiergarten spazieren. |
| Vous n'avés qu'à le dire au père. | Ihr dürft es nur dem Vater sagen. |
| Je l'ai préfenté au Prince. | Ich habe ihn dem Fürsten vorgestellt. |
| Je viens du Palais Royal. | Ich komme vom königlichen Pallast. |
| Je vais au chateau. | Ich gehe in das Schloß. |

### 52.

Im Plural haben sowohl die Wörter mit dem Artikel le, als alle übrigen, welche den bestimmenden Artikel zu sich nehmen: les, des, aux.

Les

| | |
|---|---|
| Les cieux racontent la gloire de l'Eternel. | Die Himmel erzählen die Ehre des Herrn. |
| Un livre fur la pluralité des mondes. | Ein Buch über die Mehrheit der Welten. |
| Il connoit le néant des richeſſes. | Er kennt die Nichtigkeit der Reichthümer. |
| C'eſt la coutume des jeunes gens. | Das iſt die Gewohnheit der jungen Leute. |
| Il parle des enfans de ſon frère. | Er spricht von den Kindern seines Bruders. |
| Il faut ſ'adreſſer aux pères et aux mères pour avoir les filles. | Man muß sich an die Väter und Mütter wenden, um die Töchter zu erhalten. |
| N'en dites rien aux enfans. | Saget den Kindern nichts davon. |
| Il eſt aux abois. | Er ist in den letzten Zügen. |

### 53.

Bisweilen haben im Franzöſiſchen die eigenen Namen einen Artikel z. E. Le Maître. In diesem Fall wird der Artikel mit dem Nahmen als ein Wort angesehen, und declinirt. Der Genitiv von Le Maitre heißt demnach de Le Maitre und nicht du Maitre.

| | |
|---|---|
| Le Maitre, De la Rue, Du Val ſont aſſociés. | Le Maitre, De la Rue und Du Val stehen in Compagnie. |
| Le père de Le Maître eſt arrivé. | Der Vater des Le Maitre ist angekommen. |
| La mère de De la Ruë eſt morte. | Die Mutter des De la Rue ist gestorben. |
| Le frère de Duval eſt riche. | Der Bruder des Duval ist reich. |
| J'ai parlé à Le Maître, à De la Ruë et à Du Val. | Ich habe mit Le Maitre, mit De la Rue und mit Du Val geredet. |
| Il vois Le Roi, je parle de Le Roi, et je m'adreſſe à Le Roi. | Ich sehe den Le Roi, ich rede vom Le Roi, ich wende mich an Le Roi. |
| Je connois Le Sage, je lis les livres de Le Sage, et je parle à Le Sage. | Ich kenne den Le Sage, ich leſe die Bücher des Le Sage und rede mit Le Sage. |

### 54.

Im Französischen gibt es einen Artikel, welchen man den unbestimmenden nennt. Er lautet allemal wie der Genitiv des bestimmenden Artikels, und findet statt, wenn man im Deutschen dem Wort gar keinen Artikel vorsetzt. (Man sehe N. V. VI. VII. VIII.)

| | |
|---|---|
| Donnés-moi le pain. | Gebet mir das Brod. |
| Donnés-moi du pain. | Gebet mir Brod. |
| J'ai le vin dans ma bouteille. | Ich habe den Wein in meiner Flasche. |
| J'ai du vin dans ma bouteille. | Ich habe Wein in meiner Flasche. |
| La bière est dans ma cave. | Das Bier ist in meinem Keller. |
| J'ai de la bière dans ma cave. | Ich habe Bier in meinem Keller. |
| L'or et l'argent sont sur sa table. | Das Gold und Silber ist auf seinem Tische. |
| Il y a de l'or et de l'argent sur sa table. | Es ist Gold und Silber auf seinem Tische. |
| Voilà une pomme cuite. | Hier ist ein gebratener Apfel. |
| Voilà des pommes cuites. | Hier sind gebratene Aepfel. |
| Voilà un abricot mûr. | Hier ist eine reife Abricose. |
| Voilà des abricots mûrs. | Hier sind reife Abricosen. |
| Voilà un paté excellent. | Hier ist eine vortrefliche Pastete. |
| Voilà des patés excellens. | Hier sind vortrefliche Pasteten. |

### 55.

Steht ein Adjektiv vor dem Substantiv, so wird ihm anstatt der Artikel du, de la blos das Wörtchen de vorgesetzt z. E. gutes Bier heißt nicht de la bonne bière, sondern de bonne bière (S. N. VIII.)

| | |
|---|---|
| Donnés moi de bon pain (nicht du bon). | Gebet mir gutes Brod. |
| J'ai de bon (nicht du bon) vin dans ma bouteille. | Ich habe guten Wein in meiner Flasche. |
| J'ai d'excellente (nicht de l'excellente) bière dans ma cave. | Ich habe vortrefliches Bier in meinem Keller. |

Voilà

| | |
|---|---|
| Voilà de bel or et de fin argent. | Da ist schönes Gold und feines Silber. |

**Eben so im Plural:**

| | |
|---|---|
| Voilà de (nicht des) belles pommes. | Hier sind schöne Aepfel. |
| Voilà de beaux abricots. | Hier sind schöne Abricosen. |
| De bons patés. | Gute Pasteten. |
| En voici de meilleurs. | Hier sind bessere. |
| En voici de plus grands. | Hier sind größere. |

### 56.

Sobald hingegen das Adjektiv hinter dem Substantiv steht, geht alles wieder in seiner Ordnung.

| | |
|---|---|
| Voici des abricots excellens. | Hier sind vortrefliche Abricosen. |
| J'ai de la bière excellente dans ma cave. | Ich habe vortrefliches Bier in meinem Keller. |
| Voilà de l'argent fin. | Hier ist feines Silber. |
| Voilà des chapeaux énormes. | Da sind ungeheure Hüte. |

### 57.

Beyspiele über die andern Casus dieses Artikels.

| | |
|---|---|
| Donnés moi une aune de ruban. | Gebet mir eine Elle Band. |
| Alles querir une livre de café. | Holet ein Pfund Kaffee. |
| Il a acheté un quintal de laine. | Er hat einen Zentner Wolle gekauft. |
| J'y ai vu beaucoup de monde. | Ich habe viele Leute da gesehen. |
| Donnés-moi un pot de bière. | Gebet mir einen Krug Bier. |
| Faites-moi un peu de salade. | Machet mir ein wenig Salat. |
| Cette bière ressemble à du vin. | Dieses Bier sieht aus, wie Wein. |
| Ce cotton ressemble à de la soye. | Diese Baumwolle sieht aus, wie Seide. |
| Ce jetton ressemble à de l'argent. | Dieser Rechenpfennig sieht aus wie Geld. |
| Il s'attache à des filles de mauvaise vie. | Er hängt sich an liederliche Mädchen. |

| Il s'amuse à des bagatelles. | Er beschäftigt sich mit Kleinigkeiten. |
| Il prend plaisir à de mauvaises plaisanteries. | Er findet Gefallen an dummen Spaß. |
| Il a pris le tout pour de bon argent. | Er hat alles für baare Münze genommen. |

Mehrere Beyspiele kommen in der Folge vor.

## Uebungen über §. 50. 51. 52. 53.

Scarron nannte sich den Kranken a) der Königin. Er geht längs dem Flusse (rivière) hin spazieren b). Man hat ihn aus der Stadt geschaft c). Es ist ein Officier von der Garde. Seyd ihr von Leipzig? Gehet ihr auf die Messe d)? Er geht nach Nürnberg. Gebet ihr dieses dem Johann oder dem Friedrich? Er hat Amors (l'Amour) Augen. Wendet euch e) an den Autor. Wendet euch an die Frau des Autors. Sie hat den Schlüssel f) in der Hand. Wo ist der Boden = Schlüssel g)? Die Magd hat ihn eingesteckt h), sie ist auf dem Markt i). Es ist das schönste Tuch k) von der Welt. Er genießt l) das Unglück, welches uns banieder beugt m). Es ist nicht der Weisheit eines Fürsten angemessen n), so zu handeln. Sie ist eine Frau o) aus der alten Zeit p). Man muß es dem Fürsten sagen q). Man muß der Welt entsagen r). Sie gehen mit einander s) auf den Ball. Setzet Mißtrauen t) in die Menschen. Trauet den Weibern nicht u). Das ist die Gewohnheit v) der Kinder. Er wird der Vorwürfe, die ihr ihm machet, überdrüßig x). Homer ist der Fürst der Dichter (poetes). Er geht gerade y) nach dem Ziel (but). Sein Bruder ist in Indien z). Ist das Le-Rossignols Buch? Nein es gehört a) dem La = Flotte. Kennet

het ihr La-Mothens Schwester? Hier ist Le-Roux Bruder. Habet ihr mit Jungfer Le-Jeune gesprochen?

a) Scarron se nommoit le malade ... b) il se promène le long ... c) on l'a transporté d) la foire e) adressés-vous f) elle a la clé g) le grenier, der Boden h) la servante l'a empochée i) le marché der Markt k) c'est le plus beau drap l) jouir de qlch m) qui nous accable n) il n'est pas de la sagesse ... o) c'est une femme p) le vieux tems, die alte Zeit q) dire qlch à qlc r) il faut renoncer s) ils vont ensemble t) defiés-vous Abl. u) ne vous fiés pas v) c'est la coutume x) il s'ennuye Abl. y) il va droit z) les Indes a) il est, il apartient.

## Ueber §. 54. 55.

Es wäre mir leid wenn ich euch Mißvergnügen (déplaisir) machte a). Wollet ihr b) Thee oder Chocolat, schwarzes Brod oder weißes Brod c), Fleisch d) oder Braten (roti), Senft oder Meerrettig e)? Gebet mir Salat, Eßig und Oel f). Bringet mir Dinte und Papier g), ich muß Briefe schreiben. Er ißt nichts, als h) Zwetschgen (prunes) Nüsse (noix) und Trauben (raisins). Ich habe ihm Mespeln i) angeboten (offert), aber er hat sie nicht angenommen k). Er sagt, er esse nicht davon l) aus guten Gründen m). Ich wünschte, daß euer Bruder käme n), aber, mein Gott, das sind nur Wünsche o). — Er hat widrige Gesinnungen p) geäussert (montré). Ich habe dicke Bäume q) gesehen (vu). Er hat sich ovale Tische r) machen lassen s). Er trägt nichts, als rothe Kleider. Es sind das (ce sont) verderbte Weiber t).

a) je serois fâché de vous causer b) souhaités-vous (voulés-vous) c) le pain bis, das schwarze Brod, le pain blanc, das weiße Brod d) le bouilli, das Fleisch e) la moutarde, der Senft, le raifort marin (sauvage), der
Meer-

Meerrettig f) le vinaigre, der Eſſig, l'huile, das Oel g) l'encre, die Dinte, le papier, das Papier h) il ne mange que i) les nefles die Mespeln k) mais il ne les a pas acceptées l) il dit qu'il n'en mange pas pour — m) les raiſons, die Gründe n) je voudrois que votre frère vint o) les voeux, die Wünſche p) facheux, widrig (verdrüßlich) les ſentimens, die Geſinnungen q) un gros arbre, ein dicker Baum r) une table ovale, ein ovaler Tiſch s) il s'eſt fait faire t) une femme corrompue, ein verderbtes (liederliches) Weib.

## Ueber §. 57.

Ich habe eine Menge Leute (monde) geſehen a), und unter andern b) einen Trupp (troupe) junger Mädchen c), welche Göttinnen d) glichen, und armen Leuten e) große Stücken f) Brod austheilten g). Ich ſahe auch h), daß ſie jedem ein Glas (verre) Wein und einen Krug Bier gaben. Die Weiber bekamen theils i) einige Ellen Leinwand (toile), theils (les autres) eine kleine Summe Geldes k) — Gebet mir ein wenig (peu) Käſe l). Bringet mir ein Glas Waſſer m). Holet mir n) ein Pfund Baumwolle o). Dieſe Mädchen gleichen Weibern.

a) J'ai vu une foule .. b) entre autres c) une jeune fille, ein junges Mädchen d) une Déeſſe eine Göttin e) les pauvres, die armen Leute f) un grand morceau, ein großes Stück g) diſtribuer austheilen h) j'ai vu auſſi i) les femmes eurent les unes k) l'argent, das Geld l) le fromage, der Käs m) l'eau das Waſſer n) allés querir o) le cotton, die Baumwolle.

V. Fälle

## V. Fälle, in welchen auf französisch der bestimmende Artikel anstatt des unbestimmenden gesetzt wird, oder wohl ganz wegfällt.

### 58.

Ich sagte oben, es würde der unbestimmende Artikel im Französischen gebraucht, wenn im Deutschen das Wort ganz ohne Artikel ist. Von dieser Regel nun giebt es auch Ausnahmen, wie die folgenden Beispiele zeigen.

| | |
|---|---|
| Les hommes (nicht des hommes) ambitieux aspirent à la (nicht à de la) gloire. | Ehrgeizige Menschen trachten nach Ruhm. |
| S'il plait à Dieu, nous aurons cet hiver la paix. | Wenn es Gott gefällt, so bekommen wir diesen Winter Friede. |
| Il crie au feu. | Er ruft Feuer. |
| Je l'entendis crier au secours. | Ich hörte ihn um Hülfe rufen. |
| Soyés le bien venu, Monsieur. | Seyd mir willkommen, mein Herr. |
| Cette femme se mêle de dire la bonne avanture. | Diese Frau giebt sich mit Wahrsagen ab. |
| Il vous rendra la pareille. | Er wird es euch wieder Wette machen. |
| Vous pués le brandevin à pleine bouche. | Ihr riechet aus vollem Hals nach Brandwein. |
| Ils ont bu la fraternité. | Sie haben Brüderschaft getrunken. |
| Ce vaisseau mettra bientôt à la voile. | Dieses Schiff wird bald unter Segel gehn. |
| Il arriva environ les dix heures. | Er kam gegen zehn Uhr an. |
| Il n'est ni chair, ni poisson (nicht de la chair ni du poisson.) | Er ist weder Fleisch, noch Fisch. (warm, noch kalt.) |
| Le vin est meilleur que la bière, (nicht du vin est meilleur que de la bière.) | Wein ist besser, als Bier. |
| Il est conseiller des (nicht de) finances. | Er ist Finanzrath. |
| Savés-vous le francois? | Versteht Ihr Französisch? |

Voie

| | |
|---|---|
| Voici le jardin du Prince. | Hier ist der fürstliche Garten. |
| Le globe de la (nicht de) terre est rond. | Die Erdkugel ist rund. |
| Le vent du midi est brulant. | Der Südwind ist brennend. |
| On a déja fermé les portes de la (nicht de) ville. | Man hat bereits die Stadtthore geschlossen. |

### 59.

Wenn man von Leibes- und Gemüthsbeschaffenheiten spricht, so darf man nicht den Artikel un nehmen, sondern die bestimmten Artikel: le, la, l'. Das Adjektiv kommt in diesem Fall hinter das Substantiv. —

| | |
|---|---|
| Elle a la bouche petite (nicht une petite bouche auch nicht la petite bouche). | Sie hat einen kleinen Mund. |
| Il a le (nicht un) nés bien proportionné. | Er hat eine gutproportionirte Nase. |
| Votre soeur a les (nicht des) joues vermeilles. | Eure Schwester hat rothe Wangen. |
| Elle a la (nicht une) gorge belle. | Sie hat einen schönen Hals. |
| Votre cousine a la taille (nicht une taille) bien prise. | Eure Baas hat einen feinen Wuchs. |
| Vous avés l'esprit (nicht un esprit) plus vif que votre frère. | Ihr habet einen lebhafteren Geist, als Ihr Bruder. |
| Il a la mémoire courte. | Er hat ein kurzes Gedächtniß. |
| Elle a le coeur bon. | Sie hat ein gutes Herz. |

### 60.

In vielen Fällen bleibt der Artikel ganz weg, besonders in vielen adverbialischen Redensarten, die mit Präpositionen gemacht werden. Gram. p. 181.

| | |
|---|---|
| Il me paye cinq florins par mois. | Er zahlt mir monatlich fünf Gulden. |
| Il m'a embrassé avec tendresse (nicht avec de la). | Er hat mich zärtlich umarmt. |
| Je m'en passerai sans peine. | Ich werde es ohne Mühe entbehren. |
| Il a fait ce voyage par terre. | Er machte diese Reise zu Land. |

Nous

| | |
|---|---|
| Nous avons fait ce tour en voiture. | Wir machten diese Reise im Wagen. |
| Je le ferai avec plaisir. | Ich werde es mit Vergnügen thun. |

2) Nach folgenden Wörtern, wenn Saint folgt, Gram. p. 190.

| | |
|---|---|
| Il demeure au *faux-bourg* St. Germain. | Er wohnt in der Vorstadt St. Germain. |
| C'est *l'Eglise* St. Michel. | Es ist die St. Michaeliskirche. |
| Nous serons bientôt à la *fête* Saint-Jean. | Wir werden bald den Johannistag haben. |
| La *rue* Sainte-Marguerite. | Die St. Margarethenstrasse. |
| Montrés-moi la *rue* Saint-Thomas. | Zeiget mir die St. Thomasstrasse. |
| Le *faux-bourg* St. Antoine est rempli d'Artisans. | Die Vorstadt St. Anton ist mit Handwerkern angefüllt. |
| Où est la *porte* St. Etienne. | Wo ist das St. Stephansthor? |
| Est-ce le *pont* Marie? | Ist das die Marien Brücke? |

3) Spricht man:

| | |
|---|---|
| *Jamais* ouvrage ne répondit moins aux attentes qu'il avoit fait naître. | Nie entsprach ein Werk weniger der Erwartung, die man sich gemacht hatte. |
| *Jamais* surprise ne fut égale à la mienne. | Nie kam ein Erstaunen dem meinigen gleich. |
| Il ne faut point faire de façons entre amis. | Man muß keine Umstände unter Freunden machen. |
| Il a les yeux noirs *comme* jais. | Er hat Augen schwarz wie Pech. |

4) In folgenden und andern Redensarten, Gram. p. 181.

| | |
|---|---|
| Je vous *demande* pardon. (nicht du pardon). | Ich bitte um Verzeihung. |
| Elle *a honte* (nicht de la honte) de s'etre oubliée. | Sie schämt sich, sich vergessen zu haben. |
| Il faut lui *donner* quartier. | Man muß ihm Quartier geben. |
| Il lui *fait* tort. | Er thut ihm Unrecht. |
| Il *parle* épigrammes. | Er spricht in wizigen Ausdrücken. |

130

| | |
|---|---|
| Cette fille lui *porte bonheur*. | Dieſes Mädchen bringt ihm Glück. |
| Il *prend plaiſir*, à railler les gens. | Er findet ein Vergnügen, die Leute aufzuziehn. |
| Il vous en *tiendra compte*. | Er wird es Ihnen einbringen, (vergelten). |
| Il en a *tiré* avantage. | Er hat Nuzen daraus gezogen. |
| *Tournés bride*, Monſieur! | Wendet um, mein Herr. |
| Il *n'entend* pas *raillerie*. | Er verſteht keinen Spaß. |
| Je *mettrai fin* à ce manège. | Ich will dem Weſen ein Ende machen. |
| Je crois, que vous me *portés envie*. | Ich glaube, Sie beneiden mich. |

---

## Uebungen über §. 58. 59.

Glaubet ihr, daß wir Friede bekommen a)? Habet ihr die Hausthüre verſchloſſen b)? Ich höre c) Feuer rufen. Kann er ſpaniſch? Hat er ſich wahrſagen laſſen d)? Habet ihr Brüderſchaft mit ihm getrunken? — Er hat einen ziemlich großen Mund e). Er hat ein wildes Anſehen f), einen drohenden Blick g). Sie hat einen ganz ſchiefen Wuchs h). Wenn man einen richtigdenkenden Geiſt i) hat, ſo merkt man gleich k) was gut iſt l) und gefallen muß m). Der Geiſt der Uneigennüzigkeit n) iſt ein unfehlbares Zeichen o), daß man eine gutgebildete Seele hat p).

> a) croyés-vous que nous aurons . . . b) avés-vous fermé la porte . . . . c) j'entens d) s'eſt-il fait dire e) une grande bouche, ein großer Mund f) une mine farouche, ein wildes Anſehen g) un regard ménaçant, ein drohender Blick h) une taille contrefaite, ein ſchiefer Wuchs i) un esprit juſte, ein richtigdenkender Geiſt k) on connoît d'abord l) ce qui eſt bon m) ce qui doit plaire n) l'esprit de deſintéreſſement o) une marque infaillible p) une ame bien-faite, eine gutgebildete Seele.

Ueber

## Ueber §. 60.

Er hat es mit Freuden gethan a). Könnet ihr ihn ohne Rührung (émotion) ansehen b)? Ist er in einer Chaise gekommen? Er zahlt ihn Vierteljahr (quartier) weise. Er hat ihn ohne Ursache (raison) geschlagen c). Zeiget mir d) die Sanct Michaelisgasse und die Sanct Marienkirche. Ist dieß das e) Sanct Johannisthor? Nie f) war ein Fürst (prince) glücklicher g), als er. Nie hatte ein Mädchen mehr Anbeter h). Er hat es als (comme) Bischoff i) gethan. Er will zwischen Lichten k) kommen. Ich habe ihn um Verzeihung gebeten. Schämet ihr euch nicht, so zu reden l)? Thut ihm nicht m) Unrecht. Sein Vater bringt ihm Glück, denn er macht sich ein Vergnügen, ihm Gutes zu thun n), und Gott vergilt (tient compte) ihm seine Wohlthaten o). Er weiß Vortheil daraus zu ziehen p). Sein Vater, welcher keinen Spaß (raillerie) versteht (entend) hat diesem Wesen (manège) ein Ende gemacht.

a) il l'a fait... b) pouvés-vous le regarder sans... c) il l'a batu d) montrés-moi e) est-ce là la.. f) jamais g) heureux h) les amans, (les adorateurs) i) un évêque, ein Bischoff k) entre chien et loup l) parler de la forte m) ne lui faites pas... n) faire du bien o) les bienfaits, die Wohlthaten p) il sait en tirer...

## V. Von den eigenen Namen.

### 61.

Die mehresten eigenen Namen haben keinen Artikel auf französisch. Sie werden daher im Genitiv blos mit dem Wörtchen de und im Dativ mit à abgeändert (N. VIII. Gram. 181.)

| | |
|---|---|
| Eſt ce Fréderic ou Chrêtien? | Iſt es Friedrich oder Chriſtian? |
| Eſt ce le chapeau de Fréderic ou de Chrêtien? | Iſt es Friedrichs oder Chriſtians Hut? |
| Donnés en auſſi à Fréderic. | Gebet auch dem Friedrich davon. |
| Francfort et Nuremberg ſont deux villes commerçantes. | Frankfurth und Nürnberg ſind zwey Handlungspläze. |
| Il arrivera Lundi ou Mardi. | Er kommt am Montag oder am Dienſtag an. |
| Il eſt allé de Paris à Londres. | Er iſt von Paris nach London gegangen. |
| Avril eſt inconſtant. | Der April iſt veränderlich. |
| Les mois de Juin et de Juillet ſont chauds. | Die Monathe Junius und Julius ſind heiß. |
| Les cus de Paris ne ſont plus à la mode. | Die Cus de Paris ſind nicht mehr Mode. |
| Voila le Portrait de l'Evêque de Bamberg. | Da iſt das Bild des Biſchoffs von Bamberg. |

### 62.

Wenn etwas für gewöhnlich an einem beſtimmten Tag geſchieht, ſo ſezt man dem Namen dieſes Tages den Artikel vor.

| | |
|---|---|
| La poſte arrive le Mecredi et le Samedi. | Die Poſt kommt am Mittwoch und Sonnabend an. |
| Il vient le Dimanche, le Lundi et le Mardi. | Er kommt am Sonntag, am Montag und am Dienſtag. |
| Il a des affaires les ſamedis. | Er hat zu thun am Samſtag. |

Gleich

## 63.

Gleich wie im Deutschen nehmen jedoch die Namen der Flüsse, Berge und Jahreszeiten einen Artikel an. Gram. p. 180.

| | |
|---|---|
| Le Danube se jette dans la mer. | Die Donau ergießt sich in das Meer. |
| Le Mein arrose une partie de la Franconie. | Der Main wässert einen Theil von Franken. |
| Le Rhin est toujours couvert de bateaux. | Der Rhein ist immer mit Schiffen bedeckt. |
| Le Seine prend sa source en Bourgogne. | Die Seine entspringt in Burgund. |
| L'Elbe reçoit le Muldau et l'Eger. | Die Elbe nimmt die Muldau und die Eger auf. |
| Le Weser vient de la Franconie. | Die Weser kommt aus Franken. |
| L'Oder devient considérable dans son cours. | Die Oder wird groß in ihrem Lauf. |
| Le Printemps est la plus agréable des quatre saisons. | Der Frühling ist die angenehmste unter den vier Jahreszeiten. |
| L'Eté est trop chaud et l'Autonne trop pluvieuse. | Der Sommer ist zu heiß und der Herbst zu regnerisch. |
| L'hiver est souvent rigoureux. | Der Winter ist oft streng. |

## 64.

Wider die deutsche Gewohnheit bekommen auch die Namen der Länder und Welttheile einen Artikel. Gram. p. 180.

| | |
|---|---|
| La France est un Royaume florissant. | Frankreich ist ein blühendes Reich. |
| L'Allemagne est divisée en dix Cercles. | Deutschland ist in zehen Kreise eingetheilt. |
| L'Angleterre est la rivale de la France. | England ist die Nebenbuhlerin Frankreichs. |
| La Russie devient de jour en jour plus puissante. | Rußland wird von Tag zu Tag mächtiger. |
| Le Dannemarc jouit actuellement d'une paix profonde. | Dännemark genießt gegenwärtig eines tiefen Friedens. |

| | |
|---|---|
| La Turquie est saccagée par les Russes. | Die Türken wird von den Russen verheert. |
| La Hollande est occupée de l'armement de sa flotte. | Holland ist mit Ausrüstung seiner Flotte beschäftiget. |
| L'Afrique est considérablement plus grande que l'Europe. | Afrika ist um ein merkliches größer, als Europa. |

### 65.

Es ist etwas besonderes, daß die Namen der Welttheile und der ganz bekannten Länder, welche doch den bestimmenden Artikel im Nominativ haben, im Genitiv mehrentheils mit dem unbestimmenden de und à verändert werden. Gram. p. 188.

| | |
|---|---|
| Le Roi de (nicht de la) France est relevé de sa maladie. | Der König von Frankreich ist von seiner Krankheit wieder genesen. |
| Le Royaume de France (nicht de la) ne tombe point en quenouille. | Das Königreich Frankreich fällt nicht auf weibliche Erben. |
| Le Rhin est un des plus grands fleuves d'Allemagne. | Der Rhein ist einer der größten Flüsse Deutschlands. |
| Le Clergé d'Espagne est fort nombreux. | Die spanische Geistlichkeit ist sehr zahlreich. |
| La Couronne de Suède est héréditaire. | Die schwedische Krone ist erblich. |

### 66.

Oft aber behalten sie den bestimmenden Artikel auch im Genitiv, wenn nemlich dieser nicht die Stelle eines bloßen Adjectivs vertretten, sondern das regierende Wort genauer modificiren soll:

So spricht man

| | |
|---|---|
| Le gouvernement de la (nicht de) France étoit monarchique. | Die Regierung von Frankreich war monarchisch. |
| La manche sépare la France de l'Angleterre (nicht d'Angleterre). | Der Kanal scheidet Frankreich von England. |
| Les bornes de l'Espagne (nicht d'Espagne) sont les Pyrénées. | Die Grenzen Spaniens sind die Pyrenäen. |

| | |
|---|---|
| La musique italienne produit le plus grand effet sur tous les théatres de l'Europe. | Die italiänische Musik bringt auf allen Theatern Europens die größte Wirkung hervor. |

### 67.

NB. Man spricht le fleuve du Rhin, aber nicht le fleuve de la Loire sondern de Loire, und so mit allen weiblichen Namen der Flüsse. Gram. p. 188.

| | |
|---|---|
| La rivière de Seine passe par Paris. | Der Fluß Seine läuft durch Paris. |
| La rivière du Mein se décharge dans le Rhin. | Der Maynstrom ergießt sich in den Rhein. |
| La rivière de Moselle s'y jette aussi. | Die Mosel stürzt sich auch hinein. |

### 68.

Die Namen weitentlegener Länder, und verschiedener Provinzen behalten den bestimmenden Artikel durch alle Casus. Gram. p. 188.

| | |
|---|---|
| J'ai le Portrait de l'Empereur de la (nicht de) Chine. | Ich habe das Bild des chinesischen Kaysers. |
| Cet Ouvrage se fait au Japon. | Diese Arbeit wird in Japan gemacht. |
| Tout l'or du Pérou n'est rien au prix d'un vrai ami. | Alles Gold Peru's ist nichts gegen einen wahren Freund. |
| Ce vaisseau arrive du Congo. | Dieses Schiff kommt von Congo. |
| Son frère est aux Indes. | Sein Bruder ist in Indien. |

Im Dativ nimmt man, wenn die Rede von ganz bekannten Ländern (§. 65.) ist, en, und, wenn man von den entfernten (§. 68.) spricht, au, à la etc.

| | |
|---|---|
| Il est en (nicht à la) France. | Er ist in Frankreich. |
| Il va en Italie. | Er geht nach Italien. |
| Il va au (nicht en) Bresil. | Er geht nach Brasilien. |
| Mon frère est à la Jamaïque. (nicht en Jamaïque.) | Mein Bruder ist in Jamaika. |
| J'ai cru qu'il étoit à la Floride. | Ich glaubte, er wäre in Florida. |

## 69.

Die Namen der Italiänischen Dichter und Mahler haben den bestimmenden Artikel gleichfalls vor sich *). Gram. p. 182.

| | |
|---|---|
| Le Tasse est l'auteur de la Jérusalem délivrée. | Tasso ist der Autor des befreiten Jerusalems. |
| Il a été le rival de l'Arioste. | Er war der Wetteiferer Ariost's. |
| Le Titien a eu un coloris admirable. | Titian hatte eine vortrefliche Farbenmischung. |
| Voici un tablau du (nicht de) Titien. | Hier ist ein Gemälde von Titian. |
| L'Albane, le Guide, le Dominiquain ont été des Peintres du premier Rang. | Alban, Guido, und Dominico waren Maler vom ersten Rang. |
| Les Tableaux du (nicht de) Carrache se payent excessivement cher. | Die Gemählde des Karrach werden erstaunlich theuer bezahlt. |

Anmerk. Viele Namen französischer Dichter und Poeten haben auch den Artikel le vor sich, es hat derselbe aber nicht du im Genitiv. Man declinirt z. E. Le Brun, de le Brun (nicht du Brun).

---

## Uebungen über §. 61. 62.

Wo ist Friederike und die Johanne? Ist das Heinrichs a), Federmesser b), oder Martins? Ich glaube, es gehört c) dem Joseph. Gebet es dem Christian, er wird es dem Adolph zustellen d), welcher es dem Joseph geben wird. Kommet ihr e) von Stuttgard oder von Straßburg? Ich komme von Paris und gehe nach Nürnberg, wo ich gegen das Ende des May anzulangen gedenke f).

Warum

*) Man sagt niemals le Dante, sondern Dante. Eben so sagt man Raphael, Michel Ange, nicht le Raphael etc.

Warum gehet ihr nicht g) mit der Diligence, die die Mittwoche und Sonnabende abgeht h)? Verzeihet, sie geht bloß i) am Sonnabend und ist ein sehr unbequemes Fuhrwerk k).

a) Henri b) le canif c) qu'il est d) il le remettra e) venés, vous f) où je compte arriver à la fin g) pourquoi (que) n'allés vous pas h) qui part i) pardonnés - moi, elle n'y va que k) c'est une voiture fort incommode.

## Ueber §. 63. 64.

Die (le) Rhone ergießt (jette) sich in das mittelländische Meer a). Die Aisch ist nicht schiffbar b). Der Rhein ist einer von den vorzüglichsten Flüssen c) in Deutschland. Euer Bruder hat mich vorigen Winter besucht d). Ich werde ihm seinen Besuch den künftigen Sommer erwiedern e). Die Alpen und Pyreneen sind bekannte Gebürge f). Preussen und Rußland werden sich den Krieg erklären g), in welchen wahrscheinlich Schweden und Dänemark verwickelt werden wird h). Frankreich ist mit seiner Constitution beschäftigt i) und England mit seinen Handlungsangelegenheiten k). Es kann jedoch seyn l), daß letzteres (celle-ci) der Pforte einige Hülfe leiste m).

a) la mer méditeranée b) navigable c) une des principales rivières d'Allemagne d) votre frère m'est venu voir e) je lui rendrai sa visite f) des montagnes connues g) vont se déclarer la guerre h) où ... seront probablement enveloppés i) ocupé de sa constitution k) de son commerce l) il se peut pourtant m) donne quelque secours à la Porte.

## Ueber §. 65. 66. 67. 68. 69.

Euer Bruder ist der Mann a) in Frankreich, der am besten schreibt b). Der König von Schweden hat sich in dem lezten Krieg ausgezeichnet c). Jedermann bewundert d) die Städte Italiens. Die Römer machten sich zu Herren e) von Griechenland. Ich spreche nicht f) von England, sondern von Irrland. Er ist einer von den ersten Fürsten Deutschlands g). Sie ist das liebenswürdigste h) Weib in Schweden i). Der Donaustrom ist sehr reißend k). Der Loire Fluß fließt bey Nantes vorbey l). Das Japanische Porcellan ist berühmt m). Der Kayser von China beherrscht ein weitläuftiges Land n). Er kommt von Peru. Er geht nach Jamaika. Sein Bruder ist in Indien o). — Ich habe heute zwey Gemäblde gesehen p) eines (l'un) vom Guido, das andere (l'autre) vom Titian. Man hat mir ein drittes gezeigt q), welches von Dominican seyn soll r), aber ich glaube es ist eine Copie s). Habet ihr die Werke t) des Tasso und des Ariost's gelesen? Nein aber diejenigen (ceux) des Dante.

> a) votre frère est l'homme... b) bien écrire, gut schreiben c).. s'est signalé dans la dernière guerre d) tout le monde admire... e) les Romains se rendirent maîtres f) je ne parle pas g) un des premiers princes h) aimable i) la suède k) fort rapide l) passe à Nantes m) est renommé n) gouverne un vaste pays o) les Indes. Indien p) j'ai vu aujour d'hui deux tableaux q) on m'en a montré un troisième r) qu'on dit être s) je crois que c'est une copie t) les oeuvres.

## VI. Von dem Gebrauch der Deklinationsfälle, (Casuum).

### 70.

#### Nominativ.

Der Nominativ wird gebraucht, wie im Deutschen, wir haben also nicht nöthig uns bey demselben aufzuhalten. Was davon zu merken ist, ist bereits in dem vorhergehenden Abschnitt gesagt worden.

### 71.

#### Genitiv und Ablativ (de, de la, de l', du, des.)

Auch der Genitiv und Ablativ stehen gewöhnlich im Französischen, wo sie auch im Deutschen stehen müssen.

| | |
|---|---|
| C'est un chef d'oeuvre de l'Art. | Es ist ein Meisterstück der Kunst. |
| C'est le sort des scélérats. | Das ist das Loos der Bösewichter. |
| Ce mot signifie bonheur dans la langue du pays. | Dieses Wort bedeutet Glück in der Landessprache. |
| Le retour du Prince donne lieu à toutes sortes de conjectures. | Die Rückkehr des Prinzen giebt Gelegenheit zu mancherley Vermuthungen. |
| Les mouvemens de la danse doivent être naturels. | Die Bewegungen des Tanzes sollen natürlich seyn. |
| L'art de l'Imprimerie est connu dans toute l'Europe. | Die Buchdruckerkunst ist in ganz Europa bekannt. |
| Ses yeux ont l'attrait de l'innocence. | Ihre Augen haben die Reize der Unschuld. |
| Elle joue de la prunelle. | Sie läßt die Augen spielen. |
| Il m'a donné des marques de la plus particuliere distinction. | Er hat mir Beweise der ausgezeichnetsten Achtung gegeben. |
| De l'habitude de comparer resulte l'art de juger. | Aus der Gewohnheit zu vergleichen entsteht die Kunst zu urtheilen. |

Donnés

| | |
|---|---|
| Donnés-moi un verre d'eau. | Gebet mir ein Glas Wasser. |
| Donnés-moi un pot de bière. | Gebet mir ein Glas Bier. |
| Le père de l'enfant vient d'arriver. | Der Vater des Kindes ist eben angekommen. |
| Le frère de la reine est mort. | Der Bruder der Königin ist tod. |
| L'épouse du Roi est aimable. | Die Gemahlin des Königs ist liebenswürdig. |
| Les forces de l'état sont épuisées. | Die Kräfte des Staates sind erschöpft. |
| Les passions des jeunes gens sont violentes. | Die Leidenschaften der jungen Leute sind heftig. |
| C'est la coutume des paysans. | Das ist die Gewohnheit der Bauern |
| Le chant des oiseaux est agréable. | Der Gesang der Vögel ist angenehm. |

### 72.

Am häufigsten wird der Genitiv des unbestimmenden Artikels, das Wörtchen de, gebraucht. Da die französische Sprache hier stark von der Deutschen abweicht, so wird es nöthig seyn, diese Materie etwas weitläufig zu behandeln und durch viele Beispiele zu erläutern. Man lernet überhaupt den Gebrauch der Declinationsfälle leichter durch Uebung, als durch Regeln.

Es stehet derselbe 1) nach Verbis und Adverbiis, die eine Menge Ueberfluß oder Mangel ausdrücken.

| | |
|---|---|
| Il a beaucoup d'amis et peu d'ennemis. | Er hat viele Freunde und wenig Feinde. |
| J'ai quantité de choses à vous dire. | Ich habe eine Menge Sachen euch zu sagen. |
| Cet homme n'a point de courage, et point de conduite. | Dieser Mensch hat keinen Muth und keine gute Aufführung. |
| Combien d'argent n'a-t-il pas dépensé! | Wie viel Geld hat er nicht durchgebracht! |
| Il rend ce rôle avec infiniment de noblesse. | Er spielt diese Rolle mit unendlich viel Anstand. |
| O que de chagrins, que de revers il me faut essuyer! | O wie viel Verdruß, wie viele Widerwärtigkeiten habe ich auszustehen! |

Mon

| | |
|---|---|
| Mon corps est vuide de sang tant j'ai été saigné. | Mein Leib ist leer von Blut, so sehr ist mir zur Ader gelassen worden. |
| Il a l'esprit rempli de soucis. | Er hat den Kopf (Geist) voll Sorgen. |
| Faute d'amis il est privé de tout. | Aus Mangel an Freunden ist er von allem beraubt. |
| Il est accablé de douleur et de fatigue. | Er unterliegt unter dem Schmerz und der Ermüdung. |

### 73.

Man setzt jedoch nach dem Adverbium bien nicht den Genitiv des unbestimmenden, sondern des bestimmenden Artikels. Gram. p. 184.

| | |
|---|---|
| Il a bien du (nicht de) chagrin. | Er hat viel Verdruß. |
| Il y a eu bien du monde à la comédie. | Es waren viele Leute in der Komödie. |
| Vous faites bien du bruit. | Ihr machet viel Lärm. |

Man spricht:

| | |
|---|---|
| Il a mangé force roti. (nicht force de) | Er hat brav Braten gegessen. |
| Force caquet et peu d'effet. | Viel geschwatzt und wenig gethan. |

### 74.

2) Steht der Genitiv besonders des unbestimmenden Artikels nach den Namen der Gewichter, der Theile eines Ganzen, und nach den Zahlen. S. Gram. p. 184.

| | |
|---|---|
| Donnés-moi une livre de cotton, un quarteron de beure ou de fromage, et deux livres de pain. | Gebet mir ein Pfund Baumwolle, ein Viertelpfund Butter oder Käß und zwey Pfund Brod. |
| Donnés-nous quatre onces de cire et trois onces de miel. | Gebet uns vier Unzen Wachs und drey Unzen Honig. |
| Une livre de poivre et de gingembre. | Ein Pfund Pfeffer und Ingwer. |
| Une onze de cloux de girofle. | Eine Unze Gewürznelken. |
| Un quintal de sucre. | Ein Zentner Zucker. |

| | |
|---|---|
| Un cent d'abricots, et deux cens de cérises. | Ein Hundert Abricosen und zwey Hundert Kirschen. |
| Une douzaine de boutons et deux douzaines de bonnets. | Ein Dujend Knöpfe und zwey Dujend Müjen. |
| Une demi douzaine de cravates. | Ein halb Dujend Halsbinden. |
| Un bon morceau de fromage. | Ein gutes Stück Käß. |
| Donnés-moi un quartier de cette pomme. | Gebet mir ein Viertel von diesem Apfel. |
| Un gros quartier de pierre. | Ein großer Quaterstein. |
| Donnés-moi un quart de papier. | Gebet mir einen Viertelsbogen Papier. |

### 75.

3) Es kommt auch der Artikel de vor die Participia passiva und die Adjectiva, wenn ein Zahlwort oder ein anderes Wort mit dem unbestimmenden Artikel vorhergegangen ist, besonders nach il y a. S. Gram. p. 184.

| | |
|---|---|
| Il y a un livre de fini et deux de commencés. | Es ist ein Buch fertig und zwey angefangen. |
| Il y a du feu de fait. | Es ist Feuer angemacht. |
| Il y a eu plusieurs hommes de tués dans ce combat. | Es sind mehrere Menschen in diesem Kampf umgekommen. |

### 76.

4) Nach dem Namen der Gefäse zum Messen.

| | |
|---|---|
| Donnés-moi un verre de vin, un pot de biere. | Gebet mir ein Glas Wein, einen Krug Bier. |
| Un demi-pot de vinaigre. | Eine halbe Maas Essig. |
| Un tonneau de moût. | Ein Faß Most. |
| Une feuillette de Bourgogne. | Ein Faß Burgunder. |
| Une écuëlleé de legumes. | Eine Schüssel voll Gemüse, (Hülsenfrüchte). |
| Une cuillerée de bouillon. | Einen Löffel voll Brühe. (Fleischbrühe) |

### 77.

5) Nach Wörtern, die eine Höhe, Tiefe, Länge anzeigen.

| | |
|---|---|
| Cette table n'a que deux pieds de largeur. | Dieser Tisch ist nur zwey Fuß breit. |

| | |
|---|---|
| Il n'a pas un pouce de terrain. | Er hat nicht einen Zoll breit Land. |
| Il a le nés d'un pié de long. | Er hat eine Fuß lange Nase. |
| Mon jardin a trois cens piés de long (auch de longueur) sur cinquante de large (de largeur) | Mein Garten hat dreyhundert Fuß in die Länge und funfzig in die Breite. |
| Douze piés de haut (de hauteur) sur trois de large. | Zwölf Fuß hoch und drey breit. |
| Cette eau a deux brasses de profondeur. | Dieses Wasser ist zwey Klafter tief. |
| Achetés-moi une corde de bois. | Kaufet mir ein Mäß Holz. |
| Il me faut une aune de ruban et trois aunes de cambrai. | Ich brauche eine Elle Band und drey Ellen Kammertuch. |

### 78.

6) Nach Substantivis, die eine Entfernung andeuten:

| | |
|---|---|
| Il y a une lieue de distance d'ici-là. | Es ist eine Meile weit dahin. |
| Il y a jusqu' à Bamberg huit heures de chemin. | Es ist bis Bamberg acht Stund Wegs. |
| Cette campagne a dix lieues d'étendue. | Dieser Strich Landes hat zehn Meilen im Umfang. |
| L'armée a encore plusieurs journées de marche. | Die Armee hat noch mehrere Tage zu marschiren. |

### 79.

7) Vor Wörtern, die eine Ursache, eine gewisse Beschaffenheit anzeigen, steht gleichfalls de.

| | |
|---|---|
| Je meurs de faim. | Ich sterbe Hunger. |
| Il est accablé de maux. | Er ist mit Uebeln überhäuft. |
| Elle est folle d'amour. | Sie ist unsinnig vor Liebe. |
| Il est abimé de dettes. | Er ist in Schulden versunken. |
| Il s'est tué de desespoir. | Er hat sich aus Verzweiflung getödet. |
| Elle est issue de bonne famille. | Sie stammt aus einer guten Familie. |
| Mourés de honte. | Sterbet vor Scham. |

Il est mort d'une phtisie pulmonaire. — Er ist an einer Lungensucht gestorben.

## 80.

8) Die Art, wie man etwas thut oder sagt, und eben so das Instrument, mit welchem man etwas verrichtet, wird durch den Genitiv angegeben, NB. wenn es kein ordentliches Handwerkszeug ist. Gram. p. 185.

Elle prononça ces paroles d'un ton absolu. — Sie sprach diese Wort mit einem gebieterischen Ton.
Il a reçu des coups de baton. — Er hat Stockschläge bekommen.
Il lui a donné un coup d'épée dans le ventre. — Er hat ihm einen Degenstich in den Leib gegeben.
C'est un coup d'arme à feu qu'il a reçu à la bataille. — Er hat einen Schuß in der Schlacht bekommen.
Donnés un coup de pié à ce chien. — Gebet diesem Hund einen Fußtritt.
Il a reçu un coup de dent de son chien. — Er hat von seinem Hund einen Biß bekommen.
Les femmes médisantes ne cessent de donner des coups de langue et de se rendre odieuses. — Die verläumderischen Weiber hören nicht auf zu verläumden und sich verhaßt zu machen.

## 81.

Ist es ein Handwerkszeug, so nimmt man die Präposition avec.

Limés cela avec la lime. — Feilet das mit der Feile.
Frapés la dessus avec le petit marteau. — Schlagt darauf mit dem kleinen Hammer.
Rabotés cette planche avec un bon rabot. — Hobelt dieses Bret mit einem guten Hobel.
Percés cela avec le petit perçoir. — Bohret dieß mit dem kleinen Bohrer.
Bechés ce carreau avec la bêche, ou le piochés avec la pioche. — Grabet dieses Beet mit dem Grabscheid, oder hacket es mit der Karste.
Ratelés-le avec le rateau. — Rechet es mit den Rechen.

9) Wird

## 82.

9) Wird mit dem Artikel de die Materie angegeben, womit man etwas bewerkstelliget, oder woraus man etwas verfertiget. Gram. p. 185.

| | |
|---|---|
| L'homme se nourrit de pain, de legumes, de jardinages, de lait, de beurre, de fromage, de chair. | Der Mensch nähret sich mit Brod, mit Hülsenfrüchten, Gartengewächsen, Milch, Butter, Käse, Fleisch. |
| L'homme est composé de chair et d'os, de sang, de peau, de nerfs, de tendons. | Der Mensch ist zusammengesetzt aus Fleisch, Beinen, Blut, Haut, Nerven, Flechsen. |
| Voilà un pont de bois, une maison de pierres. | Hier ist eine hölzerne Brücke, ein steinernes Haus. |
| Voilà une table de marbre. | Da ist ein marmorner Tisch. |
| Elle a une bague d'or et un colier d'argent. | Sie hat einen goldenen Ring und ein silbernes Halsgehänge. |
| Il y a des canons de fer et de bronze. | Es gibt eiserne und metallene Kanonen. |
| Des chaudrons de cuivre et de léton. | Kupferne und messinge Kessel. |
| Des cruches d'étain et de grais. | Zinnerne und steinerne Krüge. |
| Des habits de drap et d'étoffe. | Tuchene und zengene Kleider. |
| Des vases d'airain et de porcelaine. | Eherne und porcellanene Gefäße. |

## 83.

10) Werden auch mit de viele Adjective gemacht. Gram. p. 185. 186. 149.

| | |
|---|---|
| Donnés-moi une bouteille de vin de France. | Gebet mir eine Flasche Franzwein. |
| Le vin de Franconie a beaucoup de verdeur. | Der Frankenwein hat viel Säure. |
| Le vin de moselle *) est plus doux. | Der Moselwein ist milder. |

*) Man sagt: le vin du Rhin, le vin du Necre so wie man sagt le fleuve du Rhin, la rivière du Necre. Siehe S. 67.

| | |
|---|---|
| Le vin d'Hongrie eſt beaucoup plus fort. | Der ungariſche Wein iſt viel ſtärker. |
| C'eſt un mal d'opinion. | Es iſt das ein eingebildetes Uebel. |
| Une production de circonſtance. | Eine Gelegenheitsſchrift. |
| Son livre eſt d'une abſurdité dégoutante. | Sein Buch iſt bis zum Eckel ungereimt. |
| J'ai écrit à nos amis d'Anspac, de Francfort. | Ich habe an unſere Anspacher, Frankfurter Freunde geſchrieben. |
| Nos amis de Bamberg viennent, d'arriver. | Unſere Bamberger Freunde ſind ſo eben angekommen. |
| Notre Dieu eſt un Dieu de (nicht de la) paix, de bonté, de charité. | Unſer Gott iſt ein Gott des Friedens, der Güte und der Liebe. |
| C'eſt le père de (nicht de la) grace et de miſéricorde. | Es iſt der Vater der Gnade und Barmherzigkeit. |
| Jean eſt un homme de coeur et d'eſprit. | Johann iſt ein Mann der Herz und Geiſt hat. |
| Il fait l'homme d'importance. | Er ſpielt den Mann von Wichtigkeit. |
| Cette affaire eſt de conſéquence. | Dieſe Sache iſt von Wichtigkeit. |
| C'eſt un homme de poids. | Es iſt ein Mann von Anſehen. |
| Son fils eſt de bonne taille. | Sein Sohn iſt von ziemlich ſtarkem Wuchs. |
| J'ai vu des gens d'épée et de robe. | Ich habe Soldaten, (Officier) und Gerichtsperſonen geſehen. |
| Les gens de lettres ſe croient généralement eſtimés. | Die Gelehrten halten ſich für allgemein geſchätzt. |
| Voilà des gens de qualité, des perſonnes de diſtinction. | Hier ſind Leute von Stand, angeſehene Leute. |
| C'eſt un homme de naiſſance. | Es iſt ein Mann von Geburt. |
| En lui règne un eſprit de contradiction, de deſordre, de diſcorde et de rebellion. | In ihm herrſcht ein Geiſt des Widerſpruchs, der Unordnung, der Uneinigkeit und des Aufruhrs. |

Et

| | |
|---|---|
| Et en son frère un esprit de concorde, d'union et de charité. | Und in seinem Bruder ein Geist der Einigkeit, der Eintracht, und der Liebe. |
| Voyés-vous cette meule de charbon? | Sehet ihr diesen Kohlhaufen? |
| J'ai du drap de toutes couleurs: couleur de rose et de feu; couleur d'olive et de chataigne. | Ich habe Tuch von allen Farben: Rosen- und Feuerfarbenes; Oliven- und Kastanienfarbenes. |
| Il a de toutes sortes d'eau de senteur, eau de carmes, eau de lavende, eau d'anis. | Er hat allerley Sorten wohlriechendes Wasser, Karmeliter, Lavendel und Aniswasser. |
| Il a aussi du drap de Hollande et d'Angleterre. | Er hat auch holländisches und englisches Tuch. |
| De la toile de Hollande, de Silésie et de Cambrai. | Holländische, Schlesische Leinwand und Kammertuch. |
| J'ai fait le voyage de Vienne. | Ich habe die Reise nach Wien gemacht. |
| La route de Nuremberg est bien réparée. | Die Strasse nach Nürnberg ist gut ausgebessert. |
| Le Roi d'aujourd'hui et le Roi d'alors l'ont permis. | Der jetzige und der damalige König haben es erlaubt. |

S. Gram. p. 149.

| | |
|---|---|
| Verrés-vous la fête de demain? J'ai vu celle d'hier et d'avant-hier. | Werden Sie das morgende Fest ansehen? Ich habe das gestrige und vorgestrige gesehen. |
| Il y a de la différence entre les Papes d'apréfent et ceux d'autrefois. | Es ist ein Unterschied zwischen den heutigen und ehemaligen Päbsten. |
| La partie de devant et celle de derriere; celle d'enhaut et celle d'en bas ont besoin de reparation. | Der Vorder- und Hintertheil; der Ober- und Untertheil haben eine Ausbesserung nöthig. |

Man merke:

| | |
|---|---|
| Je viens de chés vous, vous venés de chés moi et ils viennent de chés eux. | Ich komme von eurer Wohnung her, ihr kommet von meiner, und sie kommen von Ihrer her. |

K 2                    11) Steht

## 84.

11) Steht der Artikel de vor den Namen der Würden, Aemter, Wissenschaften, Künste, Professionen ꝛc. Gram. p. 186.

| | |
|---|---|
| La dignité de Prince est un obstacle. | Die fürstliche Würde ist ein Hinderniß. |
| Il a été élévé à la charge de Général. | Er ist zur Stelle eines Generals erhoben worden. |
| Il est revêtu de la charge de Maréchal. | Er bekleidet die Stelle eines Marschalls. |
| de Colonel. | eines Obersten. |
| de Major. | eines Majors. |
| de Capitaine. | eines Hauptmanns. |
| de Lieutenant. | eines Lieutenants. |
| d' Enseigne. | eines Fähnrichs. |
| de Cornette. | eines Kornets. |
| Le poste d'Intendant est lucratif. | Die Stelle eines Landhauptmannes ist einträglich. |
| Il a reçu le grade de Docteur, et celui de Professeur. | Er hat den Grad eines Doctors und eines Professors erhalten. |
| Il faut supprimer la vénalité des charges de magistrature. | Man muß den Verkauf der Civilämter abstellen. |
| La charge de Pasteur. | Das Amt eines Pfarrers (Seelsorgers). |
| Celle de Conseiller. | Das Amt eines Raths. |
| L' Office de Procureur et d' Avocat est vénal. | Der Dienst eines Sachwalters und Advocaten ist feil. |
| On lui a donné le titre de Sécrétaire et de Consul. | Man hat ihm den Titel eines Secretairs und eines Consuls gegeben. |
| Les noms de Licencié et de Maitre-ès-arts sont fort communs dans les Universités. | Die Namen eines Licentiaten und eines Magisters sind sehr gewöhnlich auf Universitäten. |
| La profession de Maître d'armes et de Danse est bonne chés nous. | Die Profession eines Fechtmeisters und eines Tanzmeisters ist gut bey uns. |

Celles

| | |
|---|---|
| Celles de Maître d'écqle et d'écriture sont très nécessaires. | Die eines Schul- und Schreibmeisters sind sehr nöthig. |
| J'ai chés moi un *Maître à chanter* et un *Maître à danser.* | Ich habe mir einen Singmeister und einen Tanzmeister. |

Gram. p. 187.

| | |
|---|---|
| Les métiers de tailleur, de cordonnier et de tricoteur sont aussi fort nécessaires. | Die Schneider- Schuster- und Stricker-Gewerbe sind auch sehr nöthig. |
| Tout comme ceux des potier de terre et d'étain. | So wie die Hafner und Zinngießer Handwerke. |
| Il y a encore des faiseurs d'almanacs, de cartes etc. | Es giebt noch Kalender und Kartenmacher. |
| Des vendeurs de denrées; savoir des vendeurs de fromage, d'épiceries, de haillons. | Leute, die Lebensmittel verkaufen; nemlich Käßkrämer, Gewürzkrämer und Lumpenhändler. |
| Il y a des marchans d'étoffe, de drap, de cuir, de laine. | Es giebt Zeug- Tuch- Leder- und Wollenhändler. |

## 85.

12) Steht der Genitiv de auch nach folgenden Wörtern: Gram. p. 187.

| | |
|---|---|
| Il y a *toutes sortes* de jeux, comme les jeux de paume, de cartes, de dames etc. | Es giebt allerhand Arten Spiele, als das Ball- Karten- und Dammspiel. |
| Il y a chés vous une *sorte* de gâteaux, qui sont fort bons. | Es giebt bey euch eine Art Kuchen, die sehr gut sind. |
| Mascarille est *une manière* de bel esprit. | Mascarille ist eine Art von schönen Geist. |
| Nous avons une *sale* d'armes et une de danse. | Wir haben einen Fecht- und Tanzboden. |
| En Italie il y a quantité de *couvens* de moines et de maisons de religieuses. | In Italien giebt es eine Menge Mönch- und Nonnen- Klöster. |
| Cet homme est *digne* de pitié, et l'autre est *indigne* de charité. | Dieser Mann ist Mitleidswerth und der andere des Almosens unwürdig. |

L'ainé

L'ainé est *capable* de tout, et le cadet n'est *incapable* de rien. — Der älteste ist zu allem geschickt und der jüngste zu nichts unfähig.

## 86.

13) Spricht man wider die deutsche Art: Gram. p. 187.

Le nom de Reine (nicht le nom Reine) ne lui convient pas. — Der Name Regina schickt sich nicht für sie.

Le mot de lune (nicht le mot lune) est féminin. — Das Wort Mond ist ein Fömininum.

Le doux nom de Jésus. — Der süße Name Jesu.

La ville de Nuremberg est fortifiée. — Die Stadt Nürnberg ist bevestiget.

La ville de Paris est une des plus grandes villes du monde. — Die Stadt Paris ist eine der größten Städte der Welt.

La ville de Londres ne lui cède en rien. — London giebt ihr nichts nach.

## 87.

14) Braucht man das Wörtchen de nach vielen Zeitwörtern, welche man aber mehrentheils aus der Uebung lernen muß. Man sehe jedoch Gram. p. 187.

Le sanglier remuë la terre de son grouïn. — Das wilde Schwein wühlt die Erde mit seinem Rüssel auf.

Il faut agir avec lui de force et de vigueur. — Man muß bey ihm Gewalt und Strenge anwenden.

Il frémit de courroux et de rage. — Er bebt vor Zorn und Wuth.

Il faut user avec lui de circonspection et de précaution. — Man muß mit ihm Behutsamkeit und Vorsicht gebrauchen.

Il change de couleur. — Er ändert die Farbe.

Il a changé d'avis, et de sentiment. — Er hat seine Meinungen und Gesinnungen geändert.

Allés changer d'habit. — Gehet und kleidet euch um.

Il veut changer de réligion. — Er will seine Religion ändern.

J'ai changé de quartier cette semaine. — Ich habe diese Woche mein Quartier verändert.

Elles

| | |
|---|---|
| Elle traite ces plaiſirs d'indécens. | Sie gibt dieſe Vergnügungen als unanſtändig aus. |
| Il jouë de toutes ſortes d'inſtrumens, du violon, de la harpe etc. | Er ſpielt allerley Inſtrumenten, die Violin, die Harpfe ꝛc. |
| Je me ſoucie peu de lui. | Ich kümmere mich wenig um ihn. |
| On ſe moque par tout de lui. | Man hält ſich überall über ihn auf. |
| Il manque d'argent, de loiſir et de coeur. | Es mangelt ihm an Geld, Zeit und Herz. |
| Je tremble de peur, qu'il ne faſſe cela. | Mir iſt äuſerſt bange, er möchte es thun. |

## §. 88.

15) Mit dem Artikel de wird auch ein Gerundium gemacht, indem man daſſelbe vor dem Infinitiv ſetzt.

Das Gerundium mit de wird nach allen Wörtern gebraucht, welche ſonſt den Genitiv regieren. So wie man z. E. ſpricht: Elle eſt laſſe de ſon mari, muß man auch ſagen elle eſt laſſe de vivre. Die andern Fälle werden leichter aus der Uebung, als durch Regeln ,gelernt. Gram. p. 187.

| | |
|---|---|
| Cette façon de parler eſt bonne. | Die Redensart iſt gut. |
| Je vous prie de me l'apprendre. | Ich bitte Sie, mich ſie zu lehren. |
| Je fais cela, afin de ne vous pas incommoder. | Ich thue dieſes, um Ihnen nicht beſchwerlich zu fallen. |
| J'ai un grand déſir de vous voir, de vous embraſſer et de vous entretenir. | Ich habe ein groſſes Verlangen, Sie zu ſehen, zu umarmen, und zu unterhalten. |
| Il eſt tems de ſortir et de s'en aller. | Es iſt Zeit hinaus und fortzugehen. |
| Il eſt incapable de mentir. | Er iſt nicht im Stande zu lügen. |
| Il eſt accuſé d'avoir fait cela. | Er wird beſchuldiget, dieſes gethan zu haben. |
| Je vous conſeille de faire cela. | Ich rathe Ihnen, dieſes zu thun. |

| | |
|---|---|
| Il m'est défendu de le voir. | Es ist mir verboten ihn zu sehen. |
| Je crains de lui parler. | Ich fürchte mich, mit ihm zu sprechen. |
| Je mérite de le voir et de le savoir. | Ich verdiene, es zu sehen und zu wissen. |
| Je crains d'être trompé. | Ich fürchte, betrogen zu werden. |
| Vous méritès d'avoir le fouët. | Ihr verdient die Ruthe (die Peitsche). |
| Abstenés-Vous de le dire, et gardés-vous de le faire. | Enthaltet euch, es zu sagen und hütet euch, es zu thun. |
| Vous vous trompés de le croire. | Sie betrügen sich, (wenn) Sie es glauben. |
| Cessés de parler. | Hören Sie auf zu reden. |
| Comandés-lui de venir. | Befehlt ihm, daß er komme. |
| Je vous plains d'être tombé en de si mauvaises mains. | Ich beklage Sie, daß Sie in so schlimme Hände gerathen sind. |
| Je vous prie de venir. | Ich bitte Sie, zu kommen. |
| Il menace de me battre. | Er droht, mich zu schlagen. |
| Hâtés-vous de parler. | Sprechen Sie eilig. |
| Excusés-vous d'y aler. | Entschuldigen Sie sich hinzugehen. |
| Permettés-moi de faire cela. | Erlauben Sie mir, dieses zu thun. |
| J'espère de vous voir bientôt ici. | Ich hoffe, Sie bald hier zu sehen. |
| Souvenés-vous de le dire. | Erinnern Sie sich, es zu sagen. |
| Je Vous conseille de faire cela. | Ich rathe Ihnen dieses zu thun. |
| Persuadés-le de venir. | Ueberreden Sie ihn zu kommen. |
| Je vous défens de le faire. | Ich verbiete Ihnen es zu thun. |
| Il mérite d'être vû. | Es verdienet gesehen zu werden. |
| Vous m'empêchés de le voir. | Ihr verhindert mich, es zu sehen. |
| Il refuse de voir la lumière. | Er weigert sich das Licht anzusehen. |

Acheves

| | |
|---|---|
| Achevés de faire cela. | Macht dieses vollends aus. |
| Il est content de venir. | Er will gerne kommen. |
| Acordés-lui de me voir. | Erlauben Sie ihm, mich zu sehen. |
| Je suis fâché de le refuser. | Es thut mir leid, es abzuschlagen. |
| Il est bon de le savoir. | Es ist gut, daß man es weiß. |
| Il est juste d' y consentir. | Es ist billig, darein zu willigen. |
| Il est nécessaire de lui parler. | Es ist nöthig, ihn zu sprechen. |
| Il est inutile de faire cela. | Es ist unnöthig dieses zu thun. |
| Il suffit de le dire. | Es ist genug, es zu sagen. |
| Il me tarde de le voir. | Ich bin begierig ihn zu sehen. |
| Bien vous en prend d' être tranquille. | Sie thun wohl, daß Sie ruhig sind. |
| Que sert de tant parler? | Was hilft das viele Reden? |
| C'est assés de l' avoir fait. | Es ist genug es gethan zu haben. |
| C'est une belle chose que *) de savoir faire cela. | Es ist eine schöne Sache, dieses machen zu können. |
| C'est lui percer le coeur que de le mépriser. | Es geht ihm durch Herz, wenn man ihn verachtet. |
| J'ai resolu, et je promets de vous aimer. | Ich habe beschlossen und verspreche, Sie zu lieben. |
| Le premier dégré de folie est de se croire sage. | Der erste Grad der Thorheit ist, wenn man weise zu seyn glaubt. |
| Le second est de le dire. | Der zweyte ist, es zu sagen. |
| Le troisième est de mépriser les sages. | Der dritte ist, die Weisen zu verachten. |
| A force de manger on perd l' appetit. | Durch vieles Essen verliehrt man den Appetit. |
| Vous ne pouvés le refuser, à moins que **) de vouloir passer pour ridicule. | Sie können es nicht abschlagen, wenn Sie nicht für lächerlich gehalten werden wollen. |

*) Dieses *que* stehet hier, weil der Satz umgekürzt ist und mit c'est anfängt. Eigentlich sollte es heißen: Savoir faire cela est une belle chose, jenes aber ist zierlicher, kräftiger und üblicher.

**) Hier und in dem folgenden Beyspiel gehört das *que* zur Conjunction à moins, avant, mit welcher es gemeiniglich untertrennt verbunden bleibt.

| | |
|---|---|
| Je lui ai parlé avant que de venir. | Ich habe ihn gesprochen, ehe ich gekommen bin. |
| Au lieu de faire cela, il fait le contraire. | Anstatt dieses zu thun, thut er das Gegentheil. |
| De crainte de tomber, il prend un baton. | Aus Furcht zu fallen nimmt er einen Stock. |
| De peur de manquer, il m'a consulté. | Aus Furcht zu fehlen hat er mich zu Rath gezogen. |
| Faute de pain on souffre la faim. | Aus Mangel an Brod leidet man Hunger. |
| A moins que de payer il ne peut partir. | Wofern er nicht zahlt, kann er nicht abreisen. |
| Ils en sont venus jusqu' au point de se battre. | Sie sind bis zum Schlagen gekommen. |
| Loin de parler, il n' a dit mot. | Weit gefehlt, daß er geredet hätte, hat er kein Wort gesagt. |
| Le moyen de lui parler, quand il n'y est pas? | Wie ist es möglich ihn zu sprechen, wenn er nicht da ist? |
| Il est près de succomber à la tentation. | Er liegt fast der Versuchung unter. |
| Il a été si heureux que de rencontrer son frère. | Er ist so glücklich gewesen, daß er seinen Bruder angetroffen hat. |
| Il vaut mieux mendier que de voler. *) | Es ist besser zu betteln, als zu stehlen. |
| Mieux vaut rire que de pleurer. | Es ist besser lachen, als weinen. |

### 88.

Man sagt zum Beyspiel: Donnés - moi un peu de fromage. geben Sie mir ein wenig Käß. Sobald hingegen das Wort näher bestimmt wird, muß man anstatt des bloßen du, den Artikel du (oder wenn es ein Fömininum ist de la) nehmen. Z. E. Donnés - moi un peu du fromage, que vous venés d'acheter. Geben Sie mir ein wenig von dem Käse, welchen Sie erst gekauft haben. Gram. p. 188.

J'ai

---

*) Nach il vaut mieux folgt allemal der bloße Infinitiv; folgt aber noch ein anderes Verbum mit que nach, so nimmt es stets noch die Partikel de zu sich.

| | |
|---|---|
| J'ai l'esprit rempli *de* soucis. | Ich habe den Geist mit Sorgen angefüllt. |
| J'ai l'esprit rempli *des* soucis les plus cuisans. | Ich habe den Geist mit den nagendsten Sorgen angefüllt. |
| Donnés-moi une livre *de* pain, *de* viande. | Geben Sie mir ein Pfund Brod, Fleisch. |
| Donnés-moi une livre *de la* meilleure viande et *du* meilleur pain que vous ayés. | Geben Sie mir ein Pfund von dem besten Fleisch und dem besten Brod, so Sie haben. |
| Donnés-moi deux onces de cire. | Geben Sie mir zwey Unzen Wachs. |
| Donnés-moi deux onces *de la* cire la plus fine. | Geben Sie mir zwey Unzen von dem feinsten Wachs. |
| Un quintal *de* laine fine. | Einen Zentner feine Wolle. |
| Un quintal *de la* laine la plus fine. | Ein Zentner von der feinsten Wolle. |
| Je veux une livre *de* poivre. | Ich will ein Pfund Pfeffer. |
| Donnés-moi un cent *de* poires. | Geben Sie mir ein hundert Birn. |
| Donnés-moi un cent *des* poires, que vous avés apportées de votre jardin. | Geben Sie mir ein hundert von den Birnen, die Sie aus ihrem Garten mitgebracht haben. |
| Envoyés-moi une douzaine *des* bas et *des* gants, que vous m'avés offerts. | Schicken Sie mir ein Dutzend von den Strümpfen und Handschuhen, die Sie mir angeboten haben. |
| Donnés-moi une livre *de* pain. | Geben Sie mir ein Pfund Brod. |
| Donnés-moi une livre *du même* pain, dont je mangeai hier chés vous. | Geben Sie mir ein Pfund vom nemlichen Brod, von dem ich gestern bey Ihnen aß. |
| Donnés-moi un pot *de* vin. | Geben Sie mir einen Krug Wein. |
| Donnés-moi un pot du vin d'hier. | Geben Sie mir einen Krug vom gestrigen Weine. |
| Il me faut dix aunes *de* ruban. | Ich brauche zehn Ellen Bänder. |

| | |
|---|---|
| Il me faut dix aunes *du* même ruban. | Ich brauche zehn Ellen vom nemlichen Band. |
| Cet homme mourra *de* chagrin. | Dieser Mensch wird vor Verdruß sterben. |
| Cet homme mourra *du* chagrin que lui causent ses enfans. | Dieser Mensch wird an dem Verdruß, den ihm seine Kinder verursachen, sterben. |
| Son frère est mort *d'un* coup d'épée. | Sein Bruder ist an einem Degenstich gestorben. |
| Son frère est mort *du* coup, qu'il a reçu. | Sein Bruder ist an dem Degenstich gestorben, den er bekommen hat. |
| Cet Avare s'est pendu *du* desespoir de se voir volé. | Dieser Geizige hat sich aus Verzweiflung gehängt, sich bestohlen zu sehen. |
| Il a reçu un coup d'épée. | Er hat einen Degenstich bekommen. |
| Il a reçu un coup *de l'* épée de son frère, qui l'a percé de part en part. | Er hat einen Stoß mit dem Degen seines Bruders bekommen, welcher durch und durch gegangen ist. |
| L'homme se nourrit *de* pain. | Der Mensch nährt sich von Brod. |
| L'homme se nourrit *du* pain, qu'il gagne, *des* légumes, qu'il cultive et *de la* chair de son bétail. | Der Mensch nährt sich von dem Brod, das er verdient, von den Gemüsen, die er bauet, und von dem Fleisch seines Viehes. |
| Les bestiaux se nourrissent *d'* herbe. | Das Vieh nähret sich von Gras. |
| Les bestiaux se nourrissent *de l'* herbe de la campagne. | Das Vieh nähret sich von dem Grase, des Feldes. |
| C'est un composé *d'or* et *de* métal. | Es ist eine Composition von Gold und Metal. |
| C'est un composé *de l'or* et *du* métal les plus fins. | Es ist eine Composition von dem feinsten Gold und Metalle. |
| Voilà un pont *de* bois. | Hier ist eine hölzerne Brücke. |
| Voilà un pont *du* bois de notre forêt ruïnée. | Hier ist eine Brücke von dem Holz aus unserm zu Grunde gerichtetem Walde. |

| | |
|---|---|
| Ce chaudron est *de* cuivre. | Dieser Kessel ist von Kupfer. |
| Ce chaudron est *du* cuivre de nos mines. | Dieser Kessel ist von dem Kupfer unserer Erzgrube. |
| Je veux *de* beau drap. | Ich verlange schönes Tuch. |
| Je veux *du* plus beau drap de votre boutique. | Ich verlange von dem schönsten Tuch, in eurem Laden. |

Man merke noch folgende Redensarten mit de:

| | |
|---|---|
| Il ne vit de*) parti à prendre que de ceder. | Er sah, daß nichts anders zu thun war, als nachzugeben. |
| Il a mis le prince de moitié de l'injure, qui lui a été faite. | Er verwickelte den Fürsten in die Beleidigung die ihm widerfahren war. |
| J'ai à m'éclaircir avec vous de bien des choses. | Ich habe vielerley mit Ihnen auszumachen. |
| Elle dispute d'agrémens avec elle. | Sie wetteifert mit ihr an Reizen. |
| Tout cela ne lui est de rien. | Alles das achtet er nicht. |
| Ces allées sont d'une hauteur surprenante. | Diese Alleen sind von erstaunlicher Höhe. |
| Son raisonnement pourroit être de moitié plus court. | Seine Rede könnte um die Hälfte kürzer seyn. |
| Je ne crois pas de ma vie **) en avoir entendu parler. | Ich glaube, daß ich in meinem Leben nicht davon habe reden hören. |
| Je ne finirois pas de long-tems si je voulois vous rapporter tout ce qu'il m'a dit. | Ich würde lange nicht fertig werden, wenn ich Ihnen alles erzählen wollte, was er mir sagte. |
| Dites-moi qui a raison, de ma fille ou de moi. | Sagen Sie mir, wer Recht hat, meine Tochter oder ich. |
| Je me remets à vous du soin de mon ménage. | Ich verlasse mich auf Sie in Ansehung der Sorge für mein Haushalten. |

J'ai

---

*) Hier ist point ausgelassen. Il ne vit point de parti à prendre etc.

**) Die Dauer der Zeit wird also mit dem Genitiv ausgedrückt, aber nur wenn eine Negation vorhergegangen ist. So sagt man: je ne l'ai vu de toute la journée, ich habe ihn den ganzen Tag nicht gesehen; hingegen je l'ai vu toute la journée, ich habe ihn den ganzen Tag gesehen.

| | |
|---|---|
| J'ai vu une fille vêtue de blanc. | Ich habe ein weißgekleidetes Mädchen gesehen. |
| D'égarée qu' elle étoit elle est devenue tranquille. | Vorhin war sie ganz verwirrt und itzt ist sie ruhig. |

## Uebungen über §. 70. 71.

Der älteste Sohn a) des Königs von Frankreich heißt b) Dauphin. Die Strahlen c) der Sonne blenden d); aber nicht die Strahlen e) des Mondes (lune). Sprechet ihr von der Schwester des Kardinals, oder von derjenigen (celle) des Pabstes f)? Ich werde es dem Vater des Ammanns g) sagen. Gebet es der Kammerjungfer h) meiner Schwester. Schicket davon ein Exemplar i) dem Minister. Saget es k) der Princeßin l) oder der Herzoginn m).

a) le fils aîné b) s'appelle c) les rayons d) éblouïssent e) mais non pas les rais f). le Pape, der Pabst g) le bailli, der Amtmann h) une femme de chambre, eine Kammerjungfer i) envoyés-en un exemplaire k) dites-le l) la Princesse m) la Duchesse.

## Ueber §. 72. 73.

Er ist voll (plein) Vertrauen a). Wir wenden nicht Vorsicht genug (assés) an b), unsere Fehler zu verbergen c). Man findet keine d) wahren Freunde e) mehr, noch eine (ni) recht reine Freundschaft f). Fühlet (sentés) ihr genug Muth diese Reise zu unternehmen? Man wird euch mit vieler Höflichkeit (politesse) empfangen g), und wird so viele (tant) Dinge euch zu sagen haben h), daß man nicht fertig werden wird i). — Ich habe seine Anerbietungen mit vieler Freude (joye) angenommen k). Der Zorn läßt bisweilen viele Thorheiten (sottises) sagen l). Ich habe viele Feinde be. (ennemis) und ich weiß nicht warum. Viele Leute (gens), die wie ihr dachten m), kamen aus ihrem Wahn n).

a) la confiance, das Vertrauen b) prendre des précautions, Vorsicht anwenden c) pour cacher nos défauts d) on ne trouve plus e) un véritable ami f) une amitié bien épurée eine recht reine Freundschaft g) on vous recevra avec beaucoup h) on aura des choses à vous dire man wird euch Dinge zu sagen haben i) qu'on n'aura jamais fait k) j'ai accepté ses offres avec bien l) la colère fait souvent dire bien . . . m) qui ont pensé comme vous n) se sont desabusés.

## Ueber §. 74. 75. 76.

Ich brauche ein Pfund a) Alaun (alun), und sechs Pfund Kupferwasser b). Was kostet der Centner c) Wolle? (laine) Wie theuer hält er das Hundert d) Citronen? (citrons). Holet ein Buch e) Papier. Gebet mir ein Stück f) Pergament g). Es wurden auf beiden Seiten mehr h), als zweyhundert getödet i), und mehr als fünfhundert verwundet k). Er hat keinen sichern (assuré) Augenblick l). Da sind zwey Paar m) fertig (prets). Was soll dieses Faß Wein heißen n)? Was machet ihr mit diesem Glas o) Essig (vinaigre)? Gebet mir einen Löffel voll p) Honig (miel).

a) il me faut une livre lb) le vitriol, das Kupferrödset c) combien vaut le quintal . . . d) combien fait-il le cent e) allés querir une main . . f) donnés - moi un morceau g) le parchemin, das Pergament h) il y a eu de part et d'autre plus . . . i) tué getödet k) blessé verwundet l) il n'a pas un moment m) voilà deux paires n) que veut dire ce tonneau . . o) que voulés - vous faire de ce verre . . . p) donnés - moi une cuillerée . .

Ueber

## Ueber §. 77. 78. 79.

Das Haus a) meines Bruders ist fünf und achtzig Schuh hoch. Der Thurm b) unserer Stadt c) ist zweyhundert Fuß hoch. Der Graben d) ist nicht breiter, als sechs Schuh. Die Mauer e) ist über (plus §. 24.) dreyhundert Schuh lang. Er hat zwey Meilen f) Weges (chemin) in Zeit einer Stunde f) gemacht. — Saget ihm nichts davon g), er würde vor Freude sterben h). Ihr glaubet, er würde für Freude außer sich seyn i)? ich glaube vielmehr k), er würde vor Schmerz (douleur) umkommen, wenigstens würde er vor Kummer (chagrin) krank werden l). Gebet ihr es nicht m), sie könnte es vor Schrecken (frayeur) fallen lassen n).

    a) la maison b) le clocher c) notre ville, unsere Stadt d) le fossé e) la muraille f) il a fait deux lieues ... f) dans une heure ... g) ne lui en dites rien h) il mourroit ... i) vous croyés qu'il seroit transporté ... k) pour moi, je crois plutôt qu'il mourroit. l) pour le moins (du moins) il tomberoit malade ... m) ne le lui donnés pas n) elle pourroit le laisser tomber ...

## Ueber §. 80.

Sie sagte mir dieses a) mit einer zornigen Miene b). Er hat ihm mit seiner ganzen Macht (puissance) beygestanden c). Ich habe mit großem Appetit Mittag gegessen d). Ich habe ihn mit meinem Rohr (canne) hinter die Ohren geschlagen e) und ich hatte große Lust f) ihn den Degen in den Leib zu stoßen g). Wenn er hier wäre h) so wollte ich ihn mit eigenen (propres) Händen erwürgen i). — Er hat dieses Holz mit einem Beil (hache) gehauen k), und die Löcher mit einem Bohrer hineingebohrt l). Schneidet
diese

161

diese Feder m) mit dem Federmesser (canif) und nicht n) mit
der Scheere (ciseaux). Schlaget o) mit einem hölzernen
Schlägel p) darauf und nicht mit einem eisernen Hammer q).
Wollet ihr ein zinnernes oder ein kupfernes Becken r)?
Ich will ein steinernes (grais).

a) elle me dit cela b) un air de courroux, eine zornige
Miene c) il lui a aidé d) j'ai dîné e) je lui ai donné...
sur les oreilles f) et j'avois grande envie g) de lui
donner de l'épée dans le ventre h) s'il étoit ici i) je
l'étranglerois k) il a coupé (fendu) ce bois.. l) et
y a fait les trous m) taillés cette plume n) et non pas
o) frappés dessus p) un maillet q) un marteau r) un baßin
ein Becken; l'étain das Zinn; le cuivre das Kupffer.

## Ueber §. 83.

Ich erwarte heute a) unsere Regenspurger Freunde,
die mir spanischen Wein mitbringen sollen b). Sind es c)
Handwerksleute, oder Gelehrte? Es sind Militärpersonen.
Es ist öffentlich bekannt d), daß euer Amtmann abgesetzt
worden ist e). Sie ist von unbändigem Starrsinn f).
Man sieht in diesem Garten g) sehr kostbare Bildsäulen h),
und alles, was die Kunst Schönes hat erfinden können i). Ihr seyd das Liebste (cher), was ich auf der Welt
habe k). Er hat bey ihr alles versucht l), was die Liebe,
verführerisches (seductions) eingeben kann m). Er hat
mir zwey schöne musikalische (musique) Stücke gespielt n)
welche ihr in dem morgenden Concert hören werdet o).
Habet ihr auch die gestrige Comödie gesehen?

a) j'attens aujourd'hui b) qui me doivent a porter c) sont-ce
d) il est de notoriété publique e) que votre bailli a été
déposé f) une opiniâtreté invincible ein unbändiger
Starrsinn g) on voit dans ce jardin h) une statue d'un
grand

L

grand prix i) et tout ce que l'art a pu inventer ...
k) vous êtes ce que j'ai ... au monde l) il a tenté
auprès d'elle tout ce que m) ... l'amour peut suggerer
n) il m'a joué deux beaux morceaux o) que vous allés
entendre au concert.

## Ueber §. 84. 85. 86.

Die Gewerbe a) eines Ackermanns b) eines Fabrikanten c), eines Kaufmanns d) sind bey uns in Ehren e). Man hat ihm die Stelle eines Finanzraths gegeben f), und den Titel eines Hofraths g). Das Geschäfte (metier) eines Poeten ist das Geschäfte eines Faullenzers h). Herr D. macht allerley Instrumente. Wo wohnt er i)? Auf dem Rathhaus k). Er ist zu beklagen, denn so geschickt er ist l), so fehlt es ihm m) oft an Brod (pain). Sein Vater tyrannisirt ihn n), und der Name Sohn unterwirft ihn seinem Willen o). Und warum verläßt er nicht p) die Stadt Nürnberg? Er hatte es sich mehr als, (§. 24.) einmal vorgenommen q), allein er hat mehr als zehnmal (§. 24.) seinen Entschluß (resolution) geändert r). Er ist mit allerley Vorurtheilen (préjugés) angesteckt s), die sich seinem Glück widersetzen t). — Ich werde eurer Vorwürfe müde u). Euer Glück hängt von dieser Probe (épreuve) ab v).

a) la profession b) un cultivateur ein Ackermann c) un fabricant ein Fabrikant d) un marchand ein Kaufmann e) font chés nous en honneur f) on lui a conferé man hat ihm gegeben. Un conseiller au conseil des finances ein Finanzrath g) un conseiller aulique ein Hofrath h) un fainéant i) ou demeure-t-il k) à l'hôtel de ville l) quelque habile qu'il soit m) il manque n) son père le tyrannise o) le soumet à ses volontés. p) et que ne quitte t-il pas q) il se l'étoit proposé r) il a changé s) il est enti-

163

entiché t) qui s'opposent à son bonheur u) je m'ennuye, ich werde müde, les reproches, die Vorwürfe m.. v) votre bonheur dépend..

## Ueber §. 87.

Es ist Zeit a), sich wegzubegeben (retirer). Ihr habet Ursache b), euch zu beklagen c). Er schämt sich d), ihn seinen Vater zu nennen e). Er ist nicht im Stande f), diese Frage abzuhandeln g). Ich glaubte verbunden zu seyn h), an euch zu denken i). Es schien ihm unmöglich k), sich dieses Mittels zu bedienen l). Es ist oft schwer m), sich zu mäsigen n). Ich bitte euch, euch nicht um das anzunehmen o), was euch nichts angeht p). Ich beschwöre euch q), mir meine Begnadigung zu bewilligen r). Ihr werdet mir eine Gefälligkeit erweisen s), wenn ihr mir es saget (dir). Es ist mir lästig t), ihn um mich zu sehen u). Nehmet euch in Acht v), daß ihr euch nicht wieder in das Elend stürzet x). Ich rathe euch y) hinzugehen z). Ihr verdienet ·) gezüchtiget zu werden b). Höret auf c) zu schreyen d). Erinnert euch e), mir diese Worte (mots) aufzuschreiben f). Ich verbiete euch g), ihn zu sehen. Es ist unnöthig h), mir ein solches Verbot zu geben i). Es ist eine große Unschicklichkeit, darauf zu bestehen k), seine Meinung zu vertheidigen l). Es ist eine Quelle von Unanständigkeiten m), eine allzugute Meinung von sich zu haben n). Es ist eine kindische Eitelkeit o), das Alter zu verbergen, welches man hat p). Es ist ein Zeichen eines dummen Hochmuths r), wenn man gerne viel spricht s). Es ist eine Niederträchtigkeit t), seine Freunde zu verlassen u).

a) il est temps b) vous avés sujet c) se plaindre sich beklagen d) il a honte e) apeller qlc. son père jemand seinen

L 2                     Vater

Vater nennen f) il n'est pas capable g) traiter une question eine Frage abhandeln h) je crois être obligé i) penser à qlc. an jemand denken k) il lui paroissoit impossible l) se servir d'un remède m) il est quelquefois difficile n) se modérer sich mäßigen o) je vous prie de ne vous point embarasser p) de ce qui ne vous touche pas q) je vous conjure r) accorder sa grace à qlc. s) vous m'obligerés t) je suis gené u) autour de moi v) prenés garde x) se replonger dans la misère sich wieder in das Elend stürzen y) je vous conseille z) y aller a) vous mérités b) être chatié gezüchtiget werden c) cessés d) crier e) souvenés-vous f) écrire g) je vous défens h) il est inutile i) faire une telle défense k) c'est une grande impertinence de s'aheurter l) défendre son opinion m) c'est une source d'impertinences n) avoir trop bonne opinion de soi, zu gute Meinung von sich haben o) c'est une sotte vanité p) cacher l'âge qu'on a r) c'est la marque d'un sot orgueil s) aimer à parler beaucoup t) c'est une lacheté u) abandonner ses amis v) il manquoit à mes maux.

## Ueber §. 88.

Ich bin voll Freude a). Ich bin voll von der lebhaftesten b) Freude. Gebet mir ein Maaß Essig c). Gebet mir ein Maaß von dem besten (§. .) Essig, den ihr habet. Gebet mir einige Pfund Bohnen d). Gebet mir einige Pfund von den Bohnen in Eurem Garten e). Ich möchte gerne ein Stück Käß f). Ich möchte gerne ein Stück von dem Käß, den ihr so eben gekauft habet g). Holet mir ein halb Duzend Strümpfe h). Holet mir ein halb Duzend von den Strümpfen, die ich diesen Morgen gesehen habe i). Wäget mir ein Pfund Baumwolle k). Wäget mir ein Pfund von der Baumwolle, von der ihr mir ein Muster geschickt habet l). Gebet mir ein halb Pfund Honig m). Gebet mir ein halb Pfund von dem

Honig

Honig, von dem mein Bruder gestern holte n). Sehet
diese hölzerne Brücke o). Man sieht da eine Brücke von
dem härtesten Holz in Deutschland p). Er trägt ein Kleid
von Tuch q). Er trägt ein Kleid von dem Tuch, welches
ihr ihm gegeben habet r).

a) je suis transporté de joye b) vif lebhaft c) donnés-moi un pot de vinaigre d) quelques livres de ha-
ricots e) de votre jardin f) je voudrois bien un morceau de fromage g) que vous venés d'acheter h) allés
querir une demi-douzaine de bas i) que j'ai vu ce matin k) pesés moi une livre de cotton l) dont vous m'a-
vés envoyé un échantillon m) le miel der Honig n) dont
mon frère vint hier querir o) voyés-vous ce pont de
bois? p) l'Allemagne Deutschland q) il porte un habit
de drap r) que vous lui avés donné.

## 89.
### Dativ.

A la, à l', au, aux, à de la, à du, à des.

Der Dativ steht 1) in denjenigen Fällen, wo er auch
im deutschen und lateinischen gebraucht wird, 2) in vielen
Fällen, wo der Deutsche statt desselben zu Präpositionen
oder andern Mitteln seine Zuflucht nimmt, besonders auf
die Fragen wem, wohin, wo, wozu, woran? In
eben diesen Fällen steht das Gerundium à. Gram. p. 191.

Bey dieser Materie muß wieder das Mehreste aus
der Uebung gelernet werden.

| | |
|---|---|
| A qui apartient cela? | Wem gehöret dieses? |
| A Joseph, à Marie, à Michel. | Dem Joseph, der Maria, dem Michel. |
| A qui est cela? | Wem ist das? |
| Au père de Marie, à la Mère de Michel, à l' enfant de Joseph. | Dem Vater der Maria, der Mutter des Michels, dem Kinde des Josephs. |

| | |
|---|---|
| Aux frères, aux soeurs et aux enfans de Louis. | Den Brüdern, den Schwestern, und den Kindern Ludwigs. |
| Où allés-vous? | Wo gebet ihr hin? |
| Au jardin, à la promenade, à l'hotellerie, aux champs, à Paris, à Londres, au Pérou, au Japon, à la Chine. | In den Garten, auf den Spaziergang, in den Gasthof, auf das Land, nach Paris, nach London, nach Peru, nach Japan, nach China. |

NB. Man spricht:

Il va dans le Brandenbourg (statt en Brandenbourg). Er geht ins Brandenburgische. Und so von allen Provinzen eines Reichs, die den Artikel le vor sich haben.

| | |
|---|---|
| Ou êtes-vous logé? | Wo wohnet ihr? |
| Au Lion d'or, à la Pomme d'or, à l'arbre verd, aux sept tours etc. | Zum goldnen Löwen, im goldnen Apfel, im grünen Baum, in den sieben Thürmen. |
| Où avés-vous mal? | Wo habt ihr Schmerzen? |
| J'ai mal à la tête, aux dens, à l'oeil, au pié etc. | Am Kopf, an den Zähnen, am Aug, am Fuß. |
| A quoi est-il enclin, sujet? | Wozu ist er geneigt? |
| Il est enclin au mal. | Er ist geneigt zum Bösen. |
| Il est sujet à la boisson. | Er ist dem Trunk ergeben. |
| Il s'est adonné aux belles lettres. | Er hat sich auf die schönen Wissenschaften gelegt. |
| A quoi est-il propre? | Wozu ist er geschickt? |
| Il n'est propre à rien. | Er ist zu nichts geschickt. Er taugt zu nichts. |
| Il est habile à la course. | Er ist im Laufen geschickt. |
| Il est trop prompt à parler. | Er ist zu schnell (übereilig) im Reden. |
| Dieu est prompt au pardon et lent à la colère. | Gott ist schnell im vergeben und langsam im Zorn. |
| Je suis fait à la fatigue. | Ich bin der harten Arbeit gewohnt. |
| Il est adroit à tout faire. | Er ist zu allem geschickt. |
| Il est disposé au bien. | Er ist zum guten geneigt. |
| Il est exercé au combat. | Er ist im Streit geübt. |

Je

| | |
|---|---|
| Je suis prêt à vous obéir. | Ich bin bereit, euch zu gehorsamen. |
| Lucien est fort reservé à parler de soi. | Lucian ist sehr zurückhaltend, wann er von sich redet. |
| Je m'attends à Vous voir chés moi demain. | Ich gewärtige, euch morgen bei mir zu sehen. |
| Si je perds, je m'en prendrai à Vous. | Wenn ich verliehre, so halte ich mich an euch. |
| Ne vous attaqués pas à lui, il est méchant. | Lasset euch nicht mit ihm ein, (oder gebet euch nicht mit ihm ab), er ist böse. |
| Je m'amuse et je passe le temps à la chasse. | Ich beschäftige mich und bringe meine Zeit mit Jagen zu. |
| Je m'engage à vous payer cela. | Ich mache mich verbindlich, euch dieses zu bezahlen. |
| Il s'exerce au jeu de mail. | Er übet sich im Kugelschlagen. |
| Il s'étudie à la Vertu. | Er befleißiget sich der Tugend. |
| Il s'occupe à cultiver son jardin en Eté. | Er beschäftiget sich mit seinem Gartenbau im Sommer. |
| Je me prépare à la course des traineaux. | Ich mache mich zur Schlittenfahrt bereit. |
| Je me dispose à partir. | Ich bereite mich zur Abreise. |
| J'ai vû faire cela à mon (nicht de mon) Oncle. | Ich habe dieses meinen Oheim machen sehen. |
| J'ai entendu (ouï dire) cela à mon (nicht de mon) cousin. | Ich habe dieses von meinem Vetter sagen hören. |
| Je m'en suis caché à elle. | Ich habe es vor ihr verborgen gehalten. |
| Demandés à ma cousine, si je l'aime. | Fraget meine Base, ob ich sie liebe. |
| Commandés à votre Valet, qu'il vienne. | Befehlet eurem Knecht, daß er komme. |
| Je consens à cela. | Ich bin damit zufrieden. |
| Je me délasse à la promenade. | Ich erhole mich durch Spazierengehen. |
| Il faut que je satisfasse (à) ma curiosité. | Ich muß meiner Neugierde ein Genüge leisten. |
| Je n'entends rien à ce (nicht de ce) métier. | Ich verstehe dieses Handwerk nicht. |
| Il veut renoncer au monde et à sa pompe. | Er will der Welt und ihrer Pracht entsagen. |

| | |
|---|---|
| Il veut souscrire à tout. | Er will alles unterschreiben (bewilligen). |
| Il faut suppléer à ses défauts. | Man muß ihm seine Fehler zu gut halten. |
| Prenés garde à vous. | Nehmet euch in acht. |
| N' insultés pas à la misère des malheureux. | Spottet des Elendes der Unglücklichen nicht. |
| Il a survécu à tous ses enfans et même à sa gloire. | Er hat alle seine Kinder und sogar seinen Ruhm überlebt. |
| Il touche au moment, ou la mort doit l'enléver. | Er ist nahe an dem Augenblicke, wo ihn der Tod wegraffen soll. |
| Il repute cela à honneur. | Er hält dieses für eine Ehre. |
| Il en est à la quatrieme partie de cette histoire. | Er steht bey dem vierten Theil dieser Erzählung. |
| Je bois à la santé de toute la compagnie. | Ich trinke der ganzen Gesellschaft Gesundheit. |
| Et chacun boit à la mienne. | Und ein jeder trinkt die meine. |
| Je joue à toutes sortes de jeux, aux cartes, aux dames, au piquet, à la bassette etc. | Ich spiele allerlei Spiele, Karten- Dam- Piquet- Basset ꝛc. |
| Il a failli (à) se tuër. | Es fehlte nicht viel, so hätte er sich ums Leben gebracht. |
| J'ai commandé une paire de souliers à mon cordonnier. | Ich habe ein Paar Schuhe bey meinem Schuster bestellt. |
| Vagués à votre travail. | Wartet eurer Arbeit ab. |
| Parlés à mon frère. | Redet mit meinem Bruder. |
| Il s'est laissé vaincre au (nicht du) sommeil. | Er hat sich vom Schlaf überwältigen lassen. |
| Il s'est laissé emporter à la (nicht de la) colère. | Er hat sich vom Zorn hinreißen lassen. |

### 90.

Mit dem Dativ werden besonders viel zusammengesetzte Worte gemacht. Gram. p. 192.

Nous avons un marché au bois. Wir haben einen Holzmarkt.

NB. Ja nicht de bois, Un marché de bois hieße ein hölzerner Markt. So verhält es sich auch mit folgenden:
Voilà

| | |
|---|---|
| Voilà le marché aux (nicht des) herbes. | Da ist der Kräutermarkt. |
| Est ce le marché au (nicht du) fruit? | Ist das der Obstmarkt? |
| Le poisson est un animal à sang froid. | Der Fisch ist ein kaltblütiges Thier. |
| J'ai un étui aux peignes et un étui aux éguillés etc. | Ich habe ein Kamm-Futteral und eine Nadelbüchse. |
| J'ai une cave au vin et une à la bière. | Ich habe einen Wein- und einen Bierkeller. |
| Felix a une cave de vin à vendre. | Felix hat einen Keller mit Wein zu verkaufen. |
| La femme aux herbes, et la femme au fromage sont au marché. | Die Kräuter- und die Käsefrau sind auf dem Markt. |
| Une soupe à la viande. | Eine Fleisch Suppe. |
| Faites-moi une soupe au vin. | Machen Sie mir Weinsuppe. |
| Aimés-vous la soupe à la bière? | Essen Sie gerne Biersuppen? |
| Voilà une bonne soupe aux herbes. | Da ist eine gute Kräutersuppe. |
| — — — — au cerfeuil. | — — — Kerbelsuppe. |
| — — — — au persil. | — — — Petersiliensuppe. |
| Je n'aime par les soupes | Ich esse nicht gerne die |
| — — — aux oignons. | — — Zwiebelsuppen. |
| — — — aux raves. | — — Rübensuppen. |
| — — — aux lentilles. | — — Linsensuppen. |
| — — — aux bois. | — — Erbsensuppen. |
| Un potage aux navets. aux carpes farcies, aux choux. | Eine Steckrüben Potage, eine gefüllte Karpfen-Potage, eine Kohl-Potage. |
| Une chemise à jabot et à manchettes. | Ein Hemd mit Halskrausen und Manschetten. |
| Un cravate à dentelles. | Eine Spitzen Halsbinde. |
| Une veste à franges. | Eine Weste mit Franzen. |

### 91.

Auch drückt man mit dem Dativ den Abstand des Orts aus. Gram. p. 193.

| | |
|---|---|
| Cette maison est située à une, à deux, à trois lieues de la ville. | Dieses Haus liegt eine, zwo, drey Meilen von der Stadt. |
| Elle est à une portée de canon, de pistolet, de la rivière. | Es ist ein Kanonen-, ein Pistolen-Schuß von dem Flusse. |

Man merke auch noch folgende Redensarten:

| | |
|---|---|
| Ils se battent à l'epée, au pistolet, à coups de sabre, à coups de canne. | Sie schlagen sich auf den Degen, auf Pistolen, auf den Säbel, mit dem Stocke. |
| Ce fusil est chargé à bale ou à dragée. | Diese Flinte ist geladen mit Kugeln oder mit Schroot. |
| Cette porte est fermée à la clé, au verrou. | Diese Thür ist verschlossen, verriegelt. |
| Elle est fermée au cadenat. | Es hängt ein Vorlegschloß davor. |
| Je l'ai fermée au loquet. | Ich habe die Klinke vorfallen lassen. |
| On a crié au mûrtre, à l'assasin, à l'eau etc. | Man hat um Hülfe gegen Mord, Meuchelmord, das Wasser gerufen. |
| Il vit à la manière des Turcs, des Arabes, des Indiens etc. | Er lebet nach Art der Türken, der Araber, der Indianer. |
| Il s'habille tantôt à la françoise, tantôt à l'anglaise. | Er kleidet sich bald französisch, bald englisch. |

### 87.

Auch wird mit dem Dativ Zeit und Stunde bestimmt *). Gram. p. 193.

| | |
|---|---|
| Venés demain au matin, demain au soir, demain à midi. | Kommet morgen früh, morgen Abend, morgen Mittag. |

---

*) Man spricht au matin, à midi, au soir, aber nicht à ce matin, sondern ce matin, ce midi, ce soir. Auch sagt man: Cela se fera la semaine prochaine, l'été qui vient, nicht à la semaine prochaine.

| | |
|---|---|
| Il est arrivé au lever du soleil, à l'aube (au point) du jour, au coucher du soleil. | Er ist angelangt bei Aufgang der Sonne, bei Anbruch des Tages, bei Untergang der Sonne. |
| Il arrivera à Noël, au nouvel-an. | Er wird an Weihnachten, an Neujahr ankommen. |
| Je viendrai à Paques ou à la Pentecote, à la St. Jean ou à la St. Jaques. | Ich werde an Ostern oder an Pfingsten, an Johannis oder an Jacobi kommen. |
| Cela se fera d'ici à demain, d'ici à la St. Michel. | Das wird binnen heute und morgen geschehen, binnen jezt und Michaelis. |
| Il est arrivé au mois de Janvier. | Er ist im Monath Januarii angekommen. |
| Il arrivera au printemps. | Er wird im Frühjahr anlangen. |
| NB. Man spricht: Il arrivera en (nicht au) été. | Er kommt im Sommer. |
| Cela se fait en automne. | Das geschieht im Herbst. |
| Je fais cela en hiver. | Ich mache das im Winter. |
| Au commencement Dieu créa le ciel et la terre. | Am Anfang schuf Gott Himmel und Erde. |
| Je suis au milieu et bientôt je serai à la fin de mon travail. | Ich bin in der Mitte und bald am Ende meiner Arbeit. |
| En été il couche à la belle étoile. | Im Sommer schläft er unter freyem Himmel. |
| A quelle heure viendrés-vous? à une heure, à deux heures, à trois heures, à minuit? | Um welche Zeit (Stunde) kommet ihr? Um ein Uhr, um zwey Uhr, um drey Uhr, um zwölf Uhr in der Nacht? |

## 93.

Ferner bestimmt man den Werth der Dinge mit Hülfe des Dativs *). Gram. p. 193.

Cette

---

*) Das Verbum couter kosten, hat den Accusativ bey sich. Ce livre coute un florin, nicht à un florin.

| | |
|---|---|
| Cette étoffe est à bon marché, je l'ai eue à bon compte, à un prix raisonnable. | Dieser Zeug ist wohlfeil, ich habe ihn um einen guten, um einen billigen Preis erhalten. |
| Les denrées sont à bon prix. | Die Lebensmittel sind wohlfeil. |
| Le pain est à vil prix. | Das Brod ist in sehr geringem Preise. |
| Le beurre est à dixhuit florin le quintal. | Der Zentner Butter gilt 18 Gulden. |
| Le bois est à quatre florins, à plus, à moins. | Das Holz gilt 4 Gulden, bald mehr, bald weniger. |
| Le froment est à un écu la petite mésure. | Der kleine Metz Waizen gilt einen Thaler. |
| Ces choses se vendent à haut prix. | Diese Dinge werden theuer verkauft. |

## 94.
**Auch steht der Dativ nach vielen Adjektiven.**

| | |
|---|---|
| Monsieur N. est *sensible* aux louanges et insensible à mes maux. | Herr N. ist empfindlich für Lob und unempfindlich bey meinen Leiden. |
| est *supérieur* à son frère, mais inférieur à son beaufrère. | Er ist seinem Bruder überlegen, er erreicht aber nicht seinen Schwager. |

## 95.
**Es werden viele Adverbia mit dem Dativ gemacht z. B.**

| | |
|---|---|
| Il va *à droite* et *à gauche*, *à tort*, et *à travers*. | Er gehet links und rechts, krumm und in die Quer. |
| Bûvons *à la ronde*. | Lasset uns in der Reihe herumtrinken. |
| *A l'avenir* il ne le fera plus. | In Zukunft wird er es nicht mehr thun. |
| J'écris ceci *à la hâte*, *à la volée*. | Ich schreibe dieses in der Eil, im Flug. |
| Il l'a promis, *à la vérité*. | Er hat es in der That versprochen. |
| Et la verité est qu'il n'a pas tenu sa promesse; mais *à la bonne heure!* | Die Wahrheit aber ist, daß er sein Wort nicht gehalten hat. Doch es mag seyn. |

Ne

| | |
|---|---|
| Ne venés pas tous à la fois, mais venés au plûtot. | Kommet nicht alle auf einmal, aber kommet, sobald es möglich ist. |
| Il n'est pas malade; au contraire, il se porte bien. | Er ist nicht krank: im Gegentheil er ist wohl auf. |

## 96.

Das Gerundium à wird in allen Fällen gebraucht, wo sonst ein Dativ stehen muß. Insbesondre steht es nach den Hülfszeitwörtern être und à.

| | |
|---|---|
| Il est à plaindre. | Er ist zu beklagen. |
| Il est à croire que cela n'arrivera plus. | Es ist zu glauben, daß das nicht mehr geschehen werde. |
| Ils ont été deux ans à batir cette église. | Sie brachten zwey Jahre zu, diese Kirche zu bauen. |
| Etes vous encore à écrire? | Schreiben Sie noch immer? |
| Vous n'avés qu'à vous retirer. | Sie dürfen nur gehen. |
| Vous avés à rougir de votre folie. | Sie haben über Ihre Thorheit zu erröthen. |
| Il y a plus d'esprit qu'on ne pense à cacher son esprit. | Es wird mehr Verstand erfordert, als man glaubt, seinen Verstand zu verbergen. |
| Cette resolution est encore à prendre. | Dieser Entschluß soll erst noch gefaßt werden. |

## 97.

Dann nach vielen andern Zeitwörtern, Adjektiven und Substantiven, die eine gewisse Bestimmung, Neigung, Beschaffenheit, Bequemlichkeit anzeigen. Die Uebung muß hier wieder das mehreste thun. Es sind deswegen über diese Materie mehr Beispiele, als sonst, gegeben.

| | |
|---|---|
| La discrétion contribue à former l'esprit. | Die Bescheidenheit trägt dazu bey, den Geist zu bilden. |
| Ceux qui sont si avides de louanges devroient s'étudier à en mériter de véritables. | Diejenigen, die so begierig sind, sollten sich bestreben, wahres Lob zu verdienen. |
| Je m'attache à l'instruire dans la langue françoise. | Ich befleissige mich, ihn in der französischen Sprache zu unterrichten. |
| Elle ne me paroît pas d'humeur à s'endormir sitôt. | Sie scheint mir nicht aufgelegt, sobald einzuschlafen. |

Essa.

| | |
|---|---|
| Eſſayés un peu à lui jouer quelque tour. | Suchen Sie ein wenig ihm einen Streich zu ſpielen. |
| Je trouve de la douceur à mettre ces choſes au pis. | Ich finde es ſüß, mir alles auf das ſchlimmſte vorzuſtellen. |
| Qu'eſt ce que vous y trouvés à redire? | Was finden Sie daran auszuſetzen? |
| La choſe eſt aiſée à faire. | Die Sache iſt leicht zu thun. |
| Cette pièce ſera difficile à exécuter. | Dieſes Stück wird ſchwer aufzuführen ſeyn. |
| Je ſuis fondé à le croire. | Ich habe gute Urſachen, es zu glauben. |
| Cela ſeroit trop long à écrire. | Es wäre das zu weitläuftig zu ſchreiben. |
| Il eſt prompt à ſe mettre en colère. | Er iſt ſchnell zu erzürnen. |
| Votre frère tarde à venir. | Ihr Bruder kommt lange nicht. |
| On travaille à le délivrer. | Man arbeitet daran, ihn zu befreyen. |
| Elle aime à rire. | Sie ſcherzt gerne. |
| Ne series-vous point homme à faire courir le bruit que je l'ai tué? | Sollet Ihr nicht Manns genug ſeyn auszuſprengen, daß ich ihn getödet habe? |
| On entend un bruit à en devenir ſourd. | Man hört einen Lärm, daß man taub werden möchte. |
| Son obſtination à y aller eſt extrême. | Sein Starſinn hinzugehen iſt auserordentlich. |
| Vous n'aurés pas peu d'affaires à raccommoder ce que vous avés gâté. | Sie werden nicht wenig zu thun haben, das wieder gut zu machen, was Sie verdorben haben. |
| On goûte du plaiſir à faire de bonnes actions. | Man fühlt Vergnügen, wenn man gute Handlungen thut. |
| J'ai travaillé toute la journée à régler mes affaires. | Ich habe den ganzen Tag gearbeitet, meine Angelegenheiten in Ordnung zu bringen. |
| Elle s'obſtine à l'accuſer. | Sie beſteht darauf, ihn anzuklagen. |

175

Elle s'émancipe à lui faire des | Sie unterfängt sich, ihm Vor-
reproches. | würfe zu machen.

### 98.

Nach vielen in den folgenden Beyspielen vorkommenden Zeitwörtern kann das Gerundium *ne* und *à* gleich gut
stehen, so daß in bestimmten Fällen gemeiniglich der Wohlklang entscheidet.

Il *comence* à *) parler. | Er fängt an zu reden.
Je *contens* de (à) venir. | Ich will kommen.
Continués de (à) parler. | Fahret fort zu reden.
Il a été contraint (forcé) de | Er ist genöthiget worden, zu
(à) venir. | kommen.
Je l'ai fait convier de (à) ve- | Ich hab ihn ersuchen lassen,
nir. | zu kommen.
Je l'ai convié à souper. | Ich habe ihn zum Abendes-
 | sen eingeladen.
Il demande de (à) vous voir. | Er verlangt euch zu sehen.
Pourquoi différés vous de (à) | Warum lasset ihr es anstehen
venir? | und kommet nicht?
Il diffère bien de (à) venir. | Er kommt lange nicht (bleibt
 | lange außen).
Il s'efforce de **) (à) parler. | Er bemühet sich zu reden.
Il s'empresse de (à) venir. | Er eilt zu kommen.
Il s'engage de (à) faire cela. | Er verpflichtet sich das zu
 | thun.
Je vous exhorte à ***) être | Ich ermahne euch, fromm zu
sage. | seyn.
Hazardés vous de (à) faire | Wagen Sie es nur, das zu
cela! | thun.
Je m'offre (je m'oblige) de | Ich erbiete, (ich verpflichte)
(à) vous servir et je ne | mich, Ihnen zu dienen, und
m'oblige qu'à cela. | ich verpflichte mich zu wei-
 | ter nichts.

Il

*) Nach solchen Personen des Verbi, welche sich auf à endi-
gen, steht de besser als à. Il commença de parler fière-
ment.
**) S'efforcer wird besser mit de, als mit à, construirt.
***) Exhorter hat gewöhnlich das Gerundium à nach sich, und
wenn ein Substantiv folgt allemal den Dativ.

| | |
|---|---|
| Il a omis de (à) faire cela. | Er hat es zu thun unterlassen. |
| Il m'a sollicité de (à) venir. | Er hat mir zugeredet, zu kommen. |
| Il a manqué\*) à lui rendre service. | Er hat ihn zu dienen unterlassen. |
| Et moi je n'ai pas manqué de l'assister. | Und ich habe nicht ermangelt, ihm beyzustehen. |

## 99.

Bey andern Zeitwörtern ändert sich die Bedeutung, je nachdem de oder à steht.

| | |
|---|---|
| J'ai bien de la peine à écrire. | Das Schreiben wird mir sauer. |
| Il a bien de la peine de se déterminer. | Er hat viel Mühe sich zu entschließen. |
| C'est à moi de parler. | Das Reden ist an mir. |
| C'est à vous à le dire. | Euch gebührt es, es zu sagen. |
| Tout conspire à me rendre content. | Alles vereinigt sich, mich vergnügt zu machen. |
| Les traîtres conspirent de rendre la ville. | Die Verräther verschwören sich, die Stadt zu übergeben. |
| Je me lasse tous les jours à cultiver mon jardin. | Ich ermüde mich täglich mit der Pflege meines Gartens. |
| Je me lasse de cultiver mon jardin. | Ich mag meinen Garten nicht mehr bauen, ich werde dessen satt. |
| N'oubliés pas de l'aller voir, et de lui parler. | Erinnern Sie sich, ihn zu besuchen und mit ihm zu sprechen. |
| Vous avés oublié à dessiner. | Sie haben das Zeichnen vergessen (verlernt). |
| Vous avés oublié de dessiner. | Ihr habet vergessen, zu zeichnen. |
| Prenés garde de (nicht à) le dire. | Hütet euch, es zu sagen. |
| Prenés garde à lui faire plaisir. | Suchen Sie ihm Vergnügen zu machen. |

\*) Wenn manquer affirmativ steht, so hat es allemal à, wenn es negativ steht, allemal de nach sich.

| | |
|---|---|
| Il prendra garde à vous secourir. | Er wird besorgt seyn, euch beyzustehen. |
| Je l'ai fait prier à diner pour demain. | Ich hab ihn auf Morgen zum Mittagessen bitten lassen. |
| Je l'ai prié de venir diner demain chés moi. | Ich hab ihn gebeten morgen zu Mittag mit mir zu speisen. |

100.

Oben bey Num. 65. pag. 134. wurde bemerkt, daß die Nahmen der nahen ganz bekannten Länder im Genitiv und Dativ mehrentheils den unbestimmenden - die Namen der entfernten weniger bekannten Reiche aber den bestimmenden Artikel bey sich haben. Ueber den Genitiv kamen daselbst bereits Beyspiele zur Genüge vor. Hier folgen auch welche über den Dativ.

Die deutschen Präpositionen in und nach werden auf französisch mit en gegeben, wenn sie sich bey Nahmen bekannter Länder befinden. Auser dem stellt man sie in den Dativ, wenn das Verbum diesen Casum regiert.

| | |
|---|---|
| Je vais en (nicht à la) France. | Ich gebe nach Frankreich. |
| Il est en (nicht à l') Espagne. | Er ist in Spanien. |
| Cela se pratique en Italie. | Das geschieht in Italien. |
| Le Duché de Milan étoit autrefois uni à l'Espagne (nicht en l'Espagne.) | Das Herzogthum Mailand war ehedem mit Spanien vereinigt. |
| Ce commerce est préjudiciable à la (nicht en) France. | Dieser Handel ist Frankreich schädlich. |
| Il est à la (nicht en) Chine. *) | Er ist in China. |
| Son mari est au Pérou. | Ihr Mann ist in Peru. |
| Il est allé à la Virginie. | Er ist nach Virginien gereist. |
| Il est au Mexique. | Er ist in Mexico. |

M    Uebun-

---
*) Weil China ein sehr entlegenes Land ist. Eben dieß gilt von den folgenden.

## Uebungen über §. 89.

Dieses Buch gehört dem Johann. Er ist im Garten, bringet es ihm a). Ich glaube b), ihr habet Zahnschmerzen? Nein, aber Kopfweh. Ihr wisset c), daß ich in der Schlacht d) bey R. an den Kopf e) bin verwundet worden, seit dieser Zeit ist f) meine Gesundheit äuserst schlecht g). Er spricht gerne von seinem Unglück h); es ist das eine Schwachheit i), die den mehresten Menschen k) gewöhnlich l) ist. — Jedermann m) hat diesem Vorschlag n) Beifall gegeben o), überzeugt p), daß er auf das Glück der Bürger abzweckt q). Ich meines Orts r) wußte nicht, wozu (quoi) ich mich entschließen sollte s). Ich wollte davon mit eurem Bruder sprechen t), er war aber in Nürnberg. Wenn er nicht morgen zurück kommt u), so weiß ich nicht v), an wen ich mich wenden soll x). — Wir wollen absteigen y) und ausruhen y). Das Gemurmel dieses Baches z) locket (provoque) den Schlaf a). — Man sagte mir (perf.), ihr wäret verwundet b). Ich werde eure Liebe an der Sorge (soin) erkennen c), die ihr auf eure Genesung wenden werdet d).

a) allés le lui porter b) je crois c) vous savés d) la bataille de R. die Schlacht bey R. e) la tête der Kopf f) depuis ce tems-là g) ma santé est des plus mauvaises h) il aime à parler de ses disgraces i) c'est un foible k) la plûpart des hommes die mehresten Menschen l) ordinaire m) tout le monde jedermann n) une proposition ein Vorschlag o) applaudir Beifall geben p) persuadé q) qu'il tend, daß er abzweckt le bonheur des citoyens das Glück der Bürger r) quant à moi s) déterminer sich entschließen t) j'en ai voulu parler u) s'il ne revient pas demain v) je ne sais x) s'adresser sich wenden y) mettons pied à terre y) se reposer ausruhen

ruhen z) le gazouillement de ce ruisseau a) le sommeil
b) blessé c) je reconnoîtrai votre amour d) que vous
prendrés de guerir.

### Ueber §. 90. 91.

Wundert ihr euch nicht über die Pracht a) dieses Speisesaals b) und über die Schönheit c) dieser Kupferstiche d), womit er gezieret ist? Das Kanonenpulver e) und die Feuergewehre f) sind sehr traurige Erfindungen g) für das menschliche Geschlecht h). Es ist eine sehenswürdige Sache i) um diese Lustböhle k). Höret diesen Mann nicht an l), es ist ein Projektmacher m). — Esset ihr gerne n) Zwiebelsuppe o)? Ja, ich esse sie gerne, aber viel lieber p) die Weinsuppen. Wo ist euer Bruder? Er ist in einem Landhaus q) zwey Meilen von hier (d'ici). Er war schon über tausend Schritte (pas) von der Stadt r), als man seine Flucht gewahr wurde s). Ich will euch ein schönes Schloß zeigen t), welches unser Fürst u) eine Meile von der Stadt hat, aber verschließet wohl eure Thüre v); verriegelt sie; hänget ein Schloß davor; drehet zweimal den Schlüssel um x), denn gestern Nachmittag y) hat man um Hülfe gegen Diebe z) gerufen. Ihr irret euch a), man hat Feuer (feu) gerufen. Sehet diesen Haufen b) junger Leute an. Einer c) ist Spanisch, der andere d) Englisch, der dritte e) Französisch gekleidet. Kennet ihr f) diese Dame mit ihrem altmodischen Kleid g)?

a) n'admirés-vous pas la magnificence h) une sale ein Saal manger speisen c) la beauté die Schönheit d) les estampes die Kupferstiche e) la poudre das Pulver f) les armes die Gewehre le feu das Feuer g) des inventions funestes h) le genre humain das menschliche Geschlecht

180

i) c'est une chose à voir que — k) une grote eine Luft-
höle l) écouter anhören un homme ein Mann m) un
homme à projets, (un faiseur de projets) n) aimés-vous
o) les oignons die Zwiebeln p) j'aime beaucoup mieux
q) dans une campagne r) de la ville s) quand on s'est
aperçu de sa fuite t) montrer zeigen, un beau chateau
ein schönes Schloß u) le prince der Fürst v) fermés
bien votre porte x) fermés la à double tour y) hier après
midi z) le voleur der Dieb a) vous vous trompés b) regardés cette troupe c) l'un d) l'autre e) le troisième
f) connoître kennen g) un habit à l'antique ein altmo-
disches Kleid.

### Ueber §. 92. 93.

Ich habe nicht Zeit a), kommet um drey Uhr wieder b).
Um welche Stunde soll er kommen c)? Um sechs Uhr. Er
wird nicht an Ostern kommen, wohl aber an Pfingsten. Er
macht alle seine Reisen d) im Frühling oder im Sommer.
Das Fleisch e) kostet zween Groschen das Pfund. Er hat
seinen Mantel f) um ein Spottgeld g) gekauft. Ihr wisset, um welchen Preis man es euch versprochen hat h). Er
hat seine Uhr i) wohlfeil bekommen (eu). Er kam guten
Kaufs (marché) davon k).

   a) je n'ai pas le tems à present b) revenir wiederkommen
c) doit-il venir d) faire ses voyages seine Reisen machen e) la viande f) il a eu son manteau g) à vil prix
um ein Spottgeld h) on vous l'a promis i) la montre
die Uhr k) il en a été quitte er kam davon (er kam
durch).

### Ueber §. 94.

Ich habe Gefühl a) für Ihre Leiden b); seyn Sie
nicht Gefühllos für die meinigen (miens). Man sagte c)
mir, daß Herr N. zur Ausschweifung d) geneigt ist, und daß
er

er brey bis vier Mädchen zugleich unterhält e). Dieses Leben kann nicht lange dauern f). Denn ich weiß unbezweifelt gewiß g), daß sein Vater ihn bald von der Universität wegnehmen wird h). — Ich verstehe ihn i) mit halben Worten k) — Ich habe ihn mit offenen Armen l) empfangen m). — Er kam in die Stadt n) mit bewaffneter Hand o). — Man läßt ihn nicht aus den Augen p). —

a) je suis sensible b) les maux, (les peines) die Leiden c) on m'a dit d) la débauche die Ausschweifung (Lüderlichkeit) e) et qu'il entretient trois à quatre maitresses.. f) ne peut durer g) je sais à n'en point douter h) retirer alc. de l'université jemand von der Universität wegnehmen i) je l'entends k) à demi mot l) des bras ouverts offene Arme m) recevoir empfangen n) il entra dans la ville o) à main armée p) on le garde à vue.

## Ueber §. 95. 96. 97.

Seine Macht a) ist zu fürchten b). — Sie dürfen nur c) reden. — Sie haben länger als eine Stunde d) an diesem Brief geschrieben. — Es ist zu fürchten, daß er euch entwische. e) — Es wäre eine Thorheit f), nachtheilige Dinge g) von sich (soi) zu sagen. Es ist bisweilen ein größeres Verdienst h), sich geschickt aus einem schlimmen Schritt i) zu ziehen, als keinen Fehler zu machen k). — Ich bin nicht der Mann l), der den Schönen (belles) Verdruß macht m). — Seine Aufführung n) trägt dazu bey o), ihn verhaßt zu machen p), denn er befleißigt q) sich, jedermann zu mißfallen r) Er findet ein Vergnügen s), die Leute zu ärgern t) und ihnen Streiche zu spielen u). — Ich bin nicht aufgelegt v), seine Klagen anzuhören x). — Ich habe gute Ursachen y), zu glauben, daß man sich dawider aufhalten wird z). Nicht als

als ob ich es süß fände a), mir alles auf das ärgste vorzustellen b); aber ich weiß c), daß man daran arbeitet d), Ihrem Bruder üble Dienste zu leisten e), und daß es nicht wenig Mühe kosten wird f), die üblen Eindrücke zu verlöschen g), die sein Starrsinn hervorbringen kann h). — Wenn Friedrich darauf besteht (s'obstine) hinzugehen, so laßt ihn machen i). Aber er erkühne sich nicht k), uns Vorwürfe zu machen l), wenn die Sache nicht gelingt m).

a) sa puissance b) redouter, (craindre) c) vous n'avés... d) vous avés été plus d'une heure... e) qu'il ne vous échappe f) il y auroit de la folie.. g) des choses desavantageuses nachtheilige Dinge h) il y a quelquefois plus de mérite i) se tirer habilement d'un mauvais pas k) faire une faute einen Fehler machen l) je ne suis pas homme.. m) donner du chagrin Verdruß machen n) sa conduite o) contribuer beitragen p) rendre qlc. odieux jemand verhaßt machen q) s'étudier sich befleißigen r) déplaire à tout le monde jedermann mißfallen s) trouver du plaisir ein Vergnügen finden t) chagriner u) faire (jouer) des tours Streiche spielen v) être d'humeur aufgelegt seyn x) écouter ses lamentations seine Klagen anhören y) je suis fondé z) qu'on y trouvera à redire a) ce n'est pas que je trouve de la douceur b) mettre les choses au pis c) je sais d) travailler arbeiten e) déservir qlc. jemand üble Dienste leisten f) on n'aura pas peu de peine g) effacer les mauvaises impressions h) que son obstination peut produire i) laissés-le faire k) mais qu'il ne s'émancipe pas l) faire des reproches m) réussir gelingen.

## Ueber §. 98.

Er fängt an, gelinde Saiten aufzuziehen a) Er fing an, sich zu erzürnen b). Er willigt ein, zu schweigen c). Er fährt fort, Lärm zu machen d). Die Stadt ist genöthiget worden, sich zu ergeben e). Die Jugend labet sie f) ein, sich

sich zu vergnügen g). Es verlangt jemand mit Ihnen zu sprechen g). Zögert nicht länger h), ihn zu bezahlen (payer). Er bemüht sich i), ihn zu verdrängen k). Ich habe mir angelegen seyn lassen l) ihm Dienste zu leisten m), denn seine Bescheidenheit bewog mich n), mich seiner anzunehmen o). Suchen p) Sie, seinen Bedienten zu gewinnen q). Er hat mich ermahnt r), gut zu leben s). Ihr habt mich genöthiget (obligé), diesen Schritt zu thun t). Ich habe es gewagt u), ihm einige Vorstellungen zu machen v), indem ich mich erbot x), ihm zu beweisen (prouver), daß dieser Schritt ihn zu Grunde richtete y). Er hat für gut befunden z), diesen Umstand a) zu übergeben (omettre). Sein Mädchen b) ist es, welche ihm angelegen hat c) diese Handlung zu begehen d).

a) filer doux gelinde Saiten aufziehen b) s'emporter c) se taire schweigen d) tempeter, faire du bruit e) se rendre f) la jeunesse les convie g) se divertir g) parler h) ne tardés pas d'avantage i) il s'efforce k) supplanter l) je me suis empressé m) rendre service n) car sa modestie m'a engagé o) s'intéresser pour qlc. sich jemandes annehmen p) tâcher suchen q) un domestique, un valet ein Bedienter r) exhorter s) bien vivre t) faire une démarche einen Schritt thun u) je me suis hazardé v) faire des remontrances Vorstellungen machen x) offrir erbieten y) que cette démarche le ruinoit z) trouver bon für gut befinden a) une circonstance b) c'est sa maitresse c) solliciter anliegen d) commettre une action eine Handlung begehen.

## Ueber §. 99.

Das Gehen (marcher) wird mir sehr sauer a). Alles vereinigt sich b), mir Eckel an dem Leben zu machen c). Sie machen Sich mit laufen (courir) müde. Sind Sie des Laufens noch nicht müde d)? Er hat es unterlassen (manqué), mir dieses Vergnügen zu machen e). Er wird nicht unterlassen, Ihnen dieses Vergnügen zu machen. Erinnere dich f), mir diese Worte aufzuschreiben. Ich habe das Klavierspielen g) vergessen. Hüten Sie sich h) zu fallen (tomber). Suchen Sie, ihn zu schonen i). Ich habe ihn zum Abendessen k) gebeten. Ich habe ihn gebeten, mich zu besuchen.

    a) j'ai bien de la peine b) tout conspire c) dégoûter de la vie d) las müde e) faire un plaisir ein Vergnügen machen f) souviens-toi g) jouer du clavesin Clavier spielen h) prenés garde i) menager k) souper.

## Ueber §. 100.

Mein Bruder ist in England a) Ich glaubte b), er wäre in Indien c)? Nein, er ist (wohl) da gewesen, allein es ist schon lange d), daß er nach Spanien (Espagne) zurückkehrte (p. c.). Von da gieng er nach e) Frankreich und gegenwärtig f) ist er in England. Es scheint, er hat eine große Anhänglichkeit g), für Frankreich, warum hat er sich nicht da gesetzt r)? Ich weiß es nicht s), aber ich glaube, er hat noch mehr Anhänglichkeit für England. — Holland sollte sich nicht auf Frankreich verlassen t). Es wäre besser u), sich mit England zu verbinden v).

    a) L'Angleterre England b) j'ai cru c) les Indes, Indien d) il y a longtems e) de là il est allé f) actuellement g) il semble qu'il est fort attaché r) pourquoi ne s'y est il pas établi s) je n'en sais rien t) se fier u) elle feroit mieux v) s'allier.

## Von dem Verbo.

Konjugation der Hülfswörter Avoir und Être.

### Avoir, haben.

#### Indikativ Präsens.

Sing. J'ai, ich habe.　　Plur. Nous avons, wir haben.
Tu as, du hast.　　　　　　Vous avés, ihr habet.
Il a, er hat.　　　　　　　Ils ont, sie haben.

#### Imperfektum.

Sing. J'avois, ich hatte.　Plur. Nous avions, wir hatten.
Tu avois, du hattest.　　　Vous aviés, ihr hattet.
Il avoit, er hatte.　　　　Ils avoient, sie hatten.

#### Perfektum Simplex.

Sing. J'eus, ich hatte.　　Plur. Nous eûmes, wir hatten.
Tu eus, du hattest.　　　　Vous eûtes, ihr hattet.
Il eut, er hatte.　　　　　Ils eurent, sie hatten.

#### Perfektum Kompositum.

Sing. J'ai eu, ich habe gehabt. Plur. Nous avons eu, wir haben gehabt.
Tu as eu, du hast gehabt.　　　Vous avés eu, ihr habet gehabt.
Il a eu, er hat gehabt.　　　　Ils ont eu, sie haben gehabt.

#### Plusquamperfektum I.

Sing. J'avois eu, ich hatte gehabt. Plur. Nous avions eu, wir hatten gehabt.
Tu avois eu, du hattest gehabt.　　 Vous aviés eu, ihr hattet gehabt.
Il avoit eu, er hatte gehabt.　　　 Ils avoient eu, sie hatten gehabt.

### Plusquamperfektum II.

Sing. Jeus eû, ich hatte ge- Plur. Nous eumes eu, wir
habt. hatten gehabt.
Tu eus eû, du hatteſt Vous eutes eu, ihr hat-
gehabt. tet gehabt.
Il eut eû, er hatte ge- Ils eurent eu, ſie hat-
habt. ten gehabt.

### Futurum.

Sing. J'aurai, ich werde ha- Plur. Nous aurons, wir wer-
ben. den haben.
Tu auras, du wirſt ha- Vous aurés, ihr wer-
ben. det haben.
Il aura, er wird haben. Ils auront, ſie werden
haben.

### Imperativ.

Sing. Aye, habe du. Plur. Ayons, laßt uns haben.
Qu'il ait, er mag haben. Ayés, habet.
Qu'ils ayent, ſie mögen
haben.

---

### Konjunktiv.   Präſens.

Sing. J'aye, ich habe. Plur. Nous ayons, wir haben.
Tu ayes, du haſt. Vous ayés, ihr habet.
Il ait, er hat. Ils ayent, ſie haben.

### Imperfektum Optativi.

Sing. J'aurois, ich hätte, oder ich würde haben.
Tu aurois, du hätteſt, oder du würdeſt haben.
Il auroit, er hätte, oder er würde haben.
Plur. Nous aurions, wir hätten, oder wir würden haben.
Vous auriés, ihr hättet oder ihr würdet haben.
Ils auroient, ſie hätten, oder ſie würden haben.

### Imperfektum Konjunktivi.

Sing. J'euſſe, ich hätte. Plur. Nous euſſions, wir hätten.
Tu euſſes, du hät eſt. Vous euſſiés ihr hattet.
Il eût, er hätte. Ils euſſent, ſie hätten.

Per-

### Perfektum.

Sing. J'aye eu, ich habe gehabt.   Plur. Nous ayons eu, wir haben gehabt.
Tu ayes eu, du habest gehabt.   Vous ayés eu, ihr habet gehabt.
Il ait eû, er habe gehabt.   Ils ayent eu, sie haben gehabt.

### Plusquamperfektum Optativi.

Sing. J'aurois eu, ich hätte gehabt, oder ich würde gehabt hab.
Tu aurois eu, du hättest geh., oder du würdest geh. hab.
Il auroit eu, er hätte gehabt, oder er würde gehabt hab.
Plur. Nous aurions eu, wir hät. geh., oder wir würd. geh. hab.
Vous auriés eu, ihr hätt. geh., oder ihr würdet geh. hab.
Ils auroient eu, sie hätt. geh., oder sie würden geh. hab.

### Plusquamperfektum Konjunktivi.

Sing. J'eusse eu, ich hätte gehabt.   Plur. Nous eussions eu, wir hätten gehabt.
Tu eusses eu, du hätt. gehabt.   Vous eussiés eu, ihr hättet gehabt.
Il eût eu, er hätte gehabt.   Ils eussent eu, sie hätten gehabt.

### Futurum.

Sing. J'aurai eu, ich werde gehabt haben.
Tu auras eu, du wirst gehabt haben.
Il aura eu, er wird gehabt haben.
Plur. Nous aurons eu, wir werden gehabt haben.
Vous aurés eu, ihr werdet gehabt haben.
Ils auront eu, sie werden gehabt haben.

### Infinitiv.

Präsens,                    avoir, haben.
Perf. und Plusq.            avoir eu, gehabt haben.
Participium Präsens,        ayant, da man hat.
Prät.                       ayant eu, da man gehabt hat.
Supinum,                    eu, gehabt.
Gerundien.                  d'avoir oder à avoir, zu haben.
                            en ayant, im haben.
                            pour avoir, um zu haben.

Etre,

## Être, ſeyn.

### Indikativ.   Präſens.

Sing. Je ſuis, ich bin.      Plur. Nous ſommes, wir ſind.
      Tu es, du biſt.               Vous êtes, ihr ſeyd.
      Il eſt, er iſt.              Ils ſont, ſie ſind.

### Imperfektum.

Sing. J'étois, ich war.      Plur. Nous étions, wir waren.
      Tu étois, du wareſt.         Vous criés, ihr waret.
      Il étoit, er war.            Ils étoient, ſie waren.

### Perfektum Simplex.

Sing. Je fus, ich war.       Plur. Nous fumes, wir waren.
      Tu fus, du wareſt.           Vous futes, ihr waret.
      Il fut, er war.              Ils furent, ſie waren.

### Perfektum Kompoſitum.

Sing. J'ai été, ich bin geweſ.  Plur. Nous avons été, wir ſind
                                        geweſen.
      Tu as été, du biſt geweſ.       Vous aves été, ihr ſeyd
                                        geweſen.
      Il a été, er iſt geweſ.         Ils ont été, ſie ſind geweſ.

### Plusquamperfektum. I.

Sing. J'avois été, ich war geweſen.
      Tu avois été, du wareſt geweſen.
      Il avoit été, er war geweſen.
Plur. Nous avions été, wir waren geweſen.
      Vous aviés été, ihr waret geweſen.
      Ils avoient été, ſie waren geweſen.

### Plusquamperfektum. II.

Sing. J'eus été, ich war geweſen.
      Tu eus été, du wareſt geweſen.
      Il eut été, er war geweſen.
Plur. Nous eumes été, wir waren geweſen.
      Vous eutes été, ihr waret geweſen.
      Ils eurent été, ſie waren geweſen.

### Futurum.

Sing. Je serai, ich werde seyn.   Plur. Nous serons, wir werden seyn.

Tu seras, du wirst seyn.   Vous serés, ihr werdet seyn.

Il sera, er wird seyn.   Ils seront, sie werden seyn.

### Imperativ.

Sing. Sois, Sey.   Plur. Soyons, laßt uns seyn.
Qu'il soit, Er sey.   Soyés, seyd.
   Qu'ils soient, sie mög. seyn.

### Konjunktiv.   Präsens.

Sing. Je sois, ich sey.   Plur. Nous soyons, wir seyn.
Tu sois, du seyst.   Vous soyés, ihr seyd.
Il soit, er sey.   Ils soient, sie seyn.

### Imperfektum Optativ.

Sing. Je serois, ich wäre, oder würde seyn.
Tu serois, du wärest, oder würdest seyn.
Il seroit, er wäre, oder würde seyn.
Plur. Nous serions, wir wären, oder würden seyn.
Vous seriés, ihr wäret, oder würdet seyn.
Ils seroient, sie wären, oder würden seyn.

### Imperfektum Konjunktiv.

Sing. Je fusse, ich wäre.   Plur. Nous fussions, wir wären.
Tu fusses, du wärest.   Vous fussiés, ihr wäret.
Il fût, er wäre.   Ils fussent, sie wären.

### Perfektum.

Sing. J'aye été, ich sey gewesen.
Tu ayes été, du seyst gewesen.
Il ait été, er sey gewesen.
Plur. Nous ayons été, wir seyn gewesen.
Vous ayés été, ihr seyd gewesen.
Ils ayent été, sie seyn gewesen.

Plus-

### Plusquamperfektum Optativi.
#### Singular.
J'aurois été, ich wäre gewesen, oder ich würde gewesen seyn.
Tu aurois été, du wärest gewesen, oder würdest gewesen seyn.
Il auroit été, er wäre gewesen, oder würde gewesen seyn.

#### Plural.
Nous aurions été, wir wären gew., oder wir würden gew. seyn.
Vous auries été, ihr wäret gewesen, oder ihr würdet gew. seyn.
Ils auroient été, sie wären gewesen, oder sie würden gew. seyn.

### Plusquamperfektum Konjunktivi.
Sing. J'eusse été, ich wäre gewesen.
  Tu eusses été, du wärest gewesen.
  Il eût été, er wäre gewesen.
Plur. Nous eussions été, wir wären gewesen.
  Vous eussiés été, ihr wäret gewesen.
  Ils eussent été, sie wären gewesen.

### Futurum
Sing. J'aurai été, ich werde gewesen seyn.
  Tu auras été, du wirst gewesen seyn.
  Il aura été, er wird gewesen seyn.
Plur. Nous aurons été, wir werden gewesen seyn.
  Vous aurés été, ihr werdet gewesen seyn.
  Ils auront été, sie werden gewesen seyn.

### Infinitiv.
Präsens    être, seyn.
Prät. und Plusq.  avoir été, gewesen seyn.
Particip. Präsens  étant, da man ist.
Präteritum   ayant été, da man gewesen ist.
Supinum    été, gewesen.
Gerundia    d' être, oder à être, zu seyn.
      en étant, im seyn.
      pour être, um zu seyn.

## Regelmäßige Verba.
### Erste Konjugation.
Nach welcher alle Zeitwörter gehen, die sich auf er endigen.

#### Aimer, lieben
##### Indikativ.   Präsens.
Sing. J'aime, ich liebe.   Plur. Nous aimons, wir lieben.
Tu aimes, du liebest.   Vous aimés, ihr liebet.
Il aime, er liebet.   Ils aiment, sie lieben.

##### Imperfektum.
Sing. J'aimois, ich liebte.   Plur. Nous aimions, wir liebten.
Tu aimois, du liebtest.   Vous aimiés, ihr liebtet.
Il aimoit, er liebte.   Ils aimoient, sie liebten.

##### Perfektum Simplex.
Sing. J'aimai, ich liebte.   Plur. Nous aimâmes, wir liebten.
Tu aimas, du liebtest.   Vous aimâtes, ihr liebtet.
Il aima, er liebte.   Ils aimèrent, sie liebten.

##### Perfektum Kompositum.
Sing. J'ai aimé, ich habe geliebt.   Plur. Nous avons aimé, wir haben geliebet.
Tu as aimé, du hast geliebt.   Vous avés aimé, ihr habet geliebet.
Il a aimé, er hat geliebet.   Ils ont aimé, sie haben geliebet.

##### Plusquamperfektum I.
Sing. J'avois aimé, ich hatte geliebet.
Tu avois aimé, du hattest geliebet.
Il avoit aimé, er hatte geliebet.
Plur. Nous avions aimé, wir hatten geliebet.
Vous aviés aimé, ihr hattet geliebet.
Ils avoient aimé, sie hatten geliebet.

Plus.

### Plusquamperfektum II.

Sing. J' eus aimé, ich hatte geliebet.
Tu eus aimé, du hattest geliebet.
Il eut aimé, er hatte geliebet.
Plur. Nous eumes aimé, wir hatten geliebet.
Vous eutes aimé, ihr hattet geliebet.
Ils eurent aimé, sie hatten geliebet.

### Futurum.

Sing. J' aimerai, ich werde lieb.   Plur. Nous aimerons, wir werden lieben.
Tu aimeras, du wirst lieben.   Vous aimerés, ihr werdet lieben.
Il aimera, er wird lieben.   Ils aimeront, sie werden lieben.

### Imperativ.

Sing. Aime, liebe.   Plur. Aimons, laßt uns lieben.
Qu'il aime, er liebe.   Aimés, liebet.
Qu'ils aiment, sie mög. lieb.

---

### Konjunktiv. Präsens.

Sing. J' aime, ich liebe.   Plur. Nous aimions, wir lieben.
Tu aimes, du liebest.   Vous aimiés, ihr liebet.
Il aime, er liebe.   Ils aiment, sie lieben.

### Imperfektum Optativ.

Sing. J' aimerois, ich würde lieben.
Tu aimerois, du würdest lieben.
Il aimeroit, er würde lieben.
Plur. Nous aimerions, wir würden lieben.
Vous aimeriés, ihr würdet lieben.
Ils aimeroient, sie würden lieben.

### Imperfektum Konjunktiv.

Sing. J' aimasse, ich liebete.   Plur. Nous aimassions, wir lieb.
Tu aimasses, du liebet.   Vous aimassiés, ihr liebet.
Il aimât, er liebete.   Ils aimassent, sie liebeten.

Persek-

### Perfectum.

Sing. J'aye aimé, ich habe geliebet.
Tu ayes aimé, du habest geliebet.
Il ait aimé, er habe geliebet.
Plur. Nous ayons aimé, wir haben geliebet.
Vous ayés aimé, ihr habet geliebet.
Ils ayent aimé, sie haben geliebet.

### Plusquamperfektum Optat.
#### Singular.
J'aurois aimé, ich hätte geliebet, oder ich würde geliebet haben.
Tu aurois aimé, du hättest geliebet ob du würdest geliebet haben
Il auroit aimé, er hätte geliebet, oder er würde geliebet haben.
#### Plural.
Nous aurions aimé, wir hätten gel. oder wir würden gel. haben.
Vous auriés aimé, ihr hättet gel. oder ihr würdet gel. haben.
Ils auroient aimé, sie hätten gel. oder sie würden gel. haben.

### Plusquamperfektum Konjunkt.
Sing. J'eusse aimé, ich hätte geliebet.
Tu eusses aimé, du hättest geliebet.
Il eût aimé, er hätte geliebet.
Plur. Nous eussions aimé, wir hätten geliebet.
Vous eussiés aimé, ihr hättet geliebet.
Ils eussent aimé, sie hätten geliebet.

### Futurum.
Sing. J'aurai aimé, ich werde geliebet haben.
Tu auras aimé, du wirst geliebet haben.
Il aura aimé, er wird geliebet haben.
Plur. Nous aurons aimé, wir werden geliebet haben.
Vous aures aimé, ihr werdet geliebet haben.
Ils auront aimé, sie werden geliebet haben.

### Infinitiv.

Präsens. aimer lieben.
Perf. u. Plusq. avoir aimé, geliebet haben.
Particip. Präsens aimant, da man liebet.
Präteritum ayant aimé, da man geliebet hat.
Supinum aimé, geliebet.
Gerundia d'aimer oder à aimer, zu lieben.
en aimant, im lieben.
pour aimer, um zu lieben.

## Zweyte Konjugation.

Nach welcher, die Verba gehen, die sich auf ir endigen.

### Batir, bauen.

#### Indikativ. Präsens.
Sing. Je bâtis, ich baue. Plur. Nous bâtissons, wir bauen
Tu bâtis, du bauest. Vous bâtissés, ihr bauet.
Il bâtit, er baue. Ils bâtissent, sie bauen.

#### Imperfektum.
Sing. Je bâtissois, ich bauete. Pl. Nous bâtissions, wir baueten
Tu bâtissois, du bauetest. Vous bâtissiés, ihr bauetet.
Il bâtissoit, er bauete. Ils bâtissoient, sie baueten.

#### Perfektum Simplex.
Sing. Je bâtis, ich bauete. Plur. Nous bâtimes wir baueten
Tu bâtis, du bauetest. Vous bâtites, ihr bauetet.
Il bâtit, er bauete. Ils bâtirent, sie baueten.

#### Perfektum Kompositum.
Sing. J'ai bâti, ich habe gebauet.
Tu as bâti, du hast gebauet.
Il a bâti, er hat gebauet.
Plur. Nous avons bâti, wir haben gebauet.
Vous avés bâti, ihr habet gebauet.
Ils ont bâti, sie haben gebauet.

#### Plusquamperfektum I.
Sing. J'avois bâti, ich hatte gebauet.
Tu avois bâti, du hattest gebauet.
Il avoit bâti, er hatte gebauet.
Plur. Nous avions bâti, wir hatten gebauet.
Vous aviés bâti, ihr hattet gebauet.
Ils avoient bâti, sie hatten gebauet.

#### Plusquamperfektum II.
Sing. J'eus bâti, ich hatte gebauet.
Tu eus bâti, du hattest gebauet.
Il eut bâti, er hatte gebauet.

Plur.

Plur. Nous eûmes bâti, wir hatten gebauet.
Vous eûtes bâti, ihr hattet gebauet.
Ils eurent bâti, sie hatten gebauet.

### Futurum.
Sing. Je bâtirai, ich werde bauen.
Tu bâtiras, du wirst bauen.
Il bâtira, er wird bauen.
Plur. Nous bâtirons, wir werden bauen.
Vous bâtirés, ihr werdet bauen.
Ils bâtiront, sie werden bauen.

### Imperativ.
Sing. Bâtis, baue.
Qu'il bâtisse, er baue.
Plur. Bâtissons, lasset uns bauen.
Bâtissés, bauet.
Qu'ils bâtissent, sie mögen bauen. Laßt sie bauen.

---

### Konjunktiv.    Präsens.
Sing. Je bâtisse, ich baue.   Pl. Nous bâtissions, wir bauen.
Tu bâtisses, du bauest.   Vous bâtissiés, ihr bauet.
Il bâtisse, er baue.   Ils bâtissent, sie bauen.

### Imperfektum Optat.
Sing. Je bâtirois, ich würde bauen.
Tu bâtirois, du würdest bauen.
Il bâtiroit, er würde bauen.
Plur. Nous bâtirions, wir würden bauen
Vous bâtiriés, ihr würdet bauen.
Ils bâtiroient, sie würden bauen.

### Imperfektum Konjunkt.
Sing. Je bâtisse, ich bauete.   Pl. Nous bâtissions, wir baueten
Tu bâtisses, du bauetest.   Vous bâtissiés, ihr bauetet.
Il bâtit, er bauete.   Ils bâtissent, sie baueten.

### Perfektum.
Sing. J'aye bâti, ich habe gebauet.
Tu ayes bâti, du habest gebauet.
Il ait bâti, er habe gebauet.
Plur. Nous ayons bâti, wir haben gebauet.
Vous ayés bâti, ihr habet gebauet.
Ils ayent bâti, sie haben gebauet.

### Plusquamperfektum Optat.
#### Singular.
J'aurois bâti, ich hätte gebauet, oder ich würde gebauet haben.
Tu aurois bâti, du hätteſt gebauet, ob du würdeſt gebauet haben.
Il auroit bâti, er hätte gebauet, oder er würde gebauet haben.

#### Plural.
Nous aurions bâti, wir hätt. gebauet, ob wir würden gebauet ba.
Vous auriés bâti, ihr hättet gebauet, ob. ihr würdet gebauet hab.
Ils auroient bâti, ſie hätten gebauet, ob. ſie würden gebauet haben.

### Plusquamperfektum Konjunkt.
Sing. J'euſſe bâti, ich hätte gebauet.
    Tu euſſes bâti, du hätteſt gebauet.
    Il eût bâti, er hätte gebauet.
Plur. Nous euſſions bâti, wir hätten gebauet.
    Vous euſſiés bâti, ihr hättet gebauet.
    Ils euſſent bâti, ſie hätten gebauet.

### Futurum.
Sing. J'aurai bâti, ich werde gebauet haben.
    Tu auras bâti, du wirſt gebauet haben.
    Il aura bâti, er wird gebauet haben.
Plur. Nous aurons bâti, wir werden gebauet haben.
    Vous aurés bâti, ihr werdet gebauet haben.
    Ils auront bâti, ſie werden gebauet haben.

### Infinitiv.

| | |
|---|---|
| Präſens. | Bâtir, bauen. |
| Prät. und Plusquamp. | Avoir bâti, gebauet haben. |
| Participium Präſens. | Batiſſant, da man bauet. |
| Präteritum. | Avant bâti, da man gebauet hat. |
| Supinum. | Bâti, gebauet. |
| Gerundien. | De bâtir, oder à bâtir, zu bauen. |
| | En bâtiſſant, im bauen. |
| | Pour bâtir, um zu bauen. |

## Dritte Konjugation.

Nach welcher die Verba gehen, die sich auf oir endigen.

### Devoir, sollen.

#### Indikativ.    Präsens.

Sing. Je dois, ich soll, oder muß.
Tu dois, du sollst, oder mußt.
Il doit, er soll, oder muß.
Plur. Nous devons, wir sollen, oder müssen.
Vous devés, ihr sollet, oder müsset.
Ils doivent, sie sollen, oder müssen.

#### Imperfektum.

Sing. Je devois, ich sollte, oder mußte.
Tu devois, du solltest, oder mußtest.
Il devoit, er sollte, oder mußte.
Plur. Nous devions, wir sollten, oder mußten.
Vous deviés, ihr solltet, oder mußtet.
Ils devoient, sie sollten, oder mußten.

#### Perfektum Simplex.

Sing. Je dûs, ich sollte, oder mußte.
Tu dûs, du solltest, oder mußtest.
Il dût, er sollte, oder mußte.
Plur. Nous dûmes, wir sollten, oder mußten.
Vous dûtes, ihr solltet, oder mußtet.
Ils dûrent, sie sollten, oder mußten.

#### Perfektum Kompositum.

Sing. J'ai du, ich habe gesollt.
Tu as du, du hast gesollt.
Il a du, er hat gesollt.
Plur. Nous avons du, wir haben gesollt.
Vous avés du, ihr habet gesollt.
Ils ont du, sie haben gesollt.

#### Plusquamperfektum I.

Sing. J'avois du, ich hatte gesollt.
Tu avois du, du hattest gesollt.
Il avoit du, er hatte gesollt.

Plur. Nous avions du, wir hatten gesollt.
Vous aviés du, ihr hattet gesollt.
Ils avoient du, sie hatten gesollt.

### Plusquamperfektum II.

Sing. J'eus du, ich hatte gesollt.
Tu eus du, du hattest gesollt.
Il eut du, er hatte gesollt.
Plur. Nous eumes du, wir hatten gesollt.
Vous eutes du, ihr hattet gesollt.
Ils eurent du, sie hatten gesollt.

### Futurum.

Sing. Je devrai, ich werde sollen.
Tu devras, du wirst sollen.
Il devra, er wird sollen.
Plur. Nous devrons, wir werden sollen.
Vous devrés, ihr werdet sollen.
Ils devront, sie werden sollen.

### Imperativ.

Sing. Dois, solle du.   Plur. Nous devions, wir sollen.
Qu'il doive, er solle.   Vous devés, ihr sollet.
Ils doivent, sie sollen.

### Konjunktiv. Präsens.

Sing. Je doive, ich solle.   Plur. Devons, lasset uns sollen.
Tu doives, du sollest.   devés, sollet.
Il doive, er solle.   Qu'ils doivent, laßt sie sollen.

### Imperfektum Opat.

Sing. Je devrois, ich würde sollen.
Tu devrois, du würdest sollen.
Il devroit, er würde sollen.
Plur. Nous devrions, wir würden sollen.
Vous devriés, ihr würdet sollen.
Ils devroient, sie würden sollen.

### Imperfektum Konjunkt.

Sing. Je dusse, ich sollte.   Plur. Nous dussions, wir sollen
Tu dusses, du solltest.   Vous dussiés, ihr solltet.
Il dut, er sollte.   Ils dussent, sie sollten.

### Perfektum.

Sing. J'aye du, ich habe gesollt.
Tu ayes du, du habest gesollt.
Il ait du, er habe gesollt.
Plur. Nous ayons du, wir haben gesollt.
Vous ayés du, ihr habet gesollt.
Ils ayent du, sie haben gesollt.

### Plusquamperfektum Optat.
#### Singular.

J'aurois du, ich hätte gesollt, oder ich würde gesollt haben.
Tu aurois du, du hättest gesollt, oder du würdest gesollt haben.
Il auroit du, er hätte gesollt, oder er würde gesollt haben.

#### Plural.

Nous aurions du, wir hätten gesollt, ob. wir würden gesollt haben
Vous auriés du, ihr hättet gesollt, oder ihr würdet gesollt haben.
Ils auroient du, sie hätten gesollt, ob. sie würden gesollt haben.

### Plusquamperfektum Konjunkt.

Sing. J'eusse du, ich hätte gesollt.
Tu eusses du, du hättest gesollt.
Il eût du, er hätte gesollt.
Plur. Nous eussions du, wir hätten gesollt.
Vous eussiés du, ihr hättet gesollt.
Ils eussent du, sie hätten gesollt.

### Futurum.

Sing. J'aurai du, ich werde gesollt haben.
Vous auras du, du werdest gesollt haben.
Il aura du, er wird gesollt haben.
Plur. Nous aurons du, wir werden gesollt haben.
Tu aurés du, ihr werdet gesollt haben.
Ils auront du, sie werden gesollt haben.

### Infinitiv.

Präsens. Devoir, sollen.
Perf. und Plusq. Avoir du, gesollt haben.
Particip. Präsens. Devant, da man soll.
Präteritum. Ayant du, da man gesollt hat.
Supinum. Du, gesollt.
Gerundien. De devoir, oder à devoir, zu sollen.
En devant, im sollen.
Pour devoir, um zu sollen.

### Vierte Konjugation.

Nach welcher die Verba abgeändert werden, die sich auf re endigen.

## Vendre, verkaufen.

### Indikativ. Präsens.
Sing. Je vends, ich verkaufe. Pl. Nous vendons, wir verkaufen
Tu vends, du verkaufest. Vous vendés, ihr verkaufet.
Il vend, er verkaufe. Ils vendent, sie verkaufen.

### Imperfektum.
S. Je vendois, ich verkaufte Pl. Nous vendions, wir verkauften.
Tu vendois, du verkauftest. Vous vendiés, ihr verkauftet.
Il vendoit, er verkaufte. Ils vendoient, sie verkauften.

### Perfektum Simplex.
Sing. Je vendis, ich verkaufte.
Tu vendis, du verkauftest.
Il vendit, er verkaufte.
Plur. Nous vendimes, wir verkauften.
Vous vendites, ihr verkauftet.
Ils vendirent, sie verkauften.

### Perfektum Kompositum.
Sing. J'ai vendu, ich habe verkauft.
Tu as vendu, du hast verkauft.
Il a vendu, er hat verkauft.
Plur. Nous avons vendu, wir haben verkauft.
Vous avés vendu, ihr habet verkauft.
Ils ont vendu, sie haben verkauft.

### Plusquamperfektum I.
Sing. J'avois vendu, ich hatte verkauft.
Tu avois vendu, du hattest verkauft.
Il avoit vendu, er hatte verkauft.
Plur. Nous avions vendu, wir hatten verkauft.
Vous aviés vendu, ihr hattet verkauft.
Ils avoient vendu, sie hatten verkauft.

Plus-

#### Plusquamperfektum II.
Sing. J'eus vendu, ich hatte verkauft.
Tu eus vendu, du hattest verkauft.
Il eut vendu, er hatte verkauft.
Plur. Nous eûmes vendu, wir hatten verkauft.
Vous eûtes vendu, ihr hattet verkauft.
Ils eurent vendu, sie hatten verkauft.

#### Futurum.
Sing. Je vendrai, ich werde verkaufen.
Tu vendras, du wirst verkaufen.
Il vendra, er wird verkaufen.
Plur. Nous vendrons, wir werden verkaufen.
Vous vendrés, ihr werdet verkaufen.
Ils vendront, sie werden verkaufen.

#### Imperativ.
Sing. Vends, verkaufe.   Pl. Vendons, lasset uns verkaufen
Qu'il vende, er verkaufe.   Vendés, verkaufet.
Qu'ils vendent, sie mögen
verkaufen. Laßt sie verkaufen

### Konjunktiv.   Präsens.
Sing. Je vende, ich verkaufe.
Tu vendes, du verkaufest.
Il vende, er verkaufe.
Plur. Nous vendions, wir verkaufen.
Vous vendiés, ihr verkaufet.
Ils vendent, sie verkaufen.

#### Imperfektum Optat.
Sing. Je vendrois, ich würde verkaufen.
Tu vendrois, du würdest verkaufen.
Il vendroit, er würde verkaufen.
Plur. Nous vendrions, wir würden verkaufen.
Vous vendriés, ihr würdet verkaufen.
Ils vendroient, sie würden verkaufen.

#### Imperfektum Konjunkt.
Sing. Je vendisse, ich verkaufte.
Tu vendisses, du verkauftest.
Il vendît, er verkaufte.
Plur. Nous vendissions, wir verkauften.
Vous vendissiés, ihr verkauftet.
Ils vendissent, sie verkauften.

### Perfektum.

**Sing.** J'aye vendu, ich habe verkauft.
Tu ayes vendu, du habest verkauft.
Il ait vendu, er habe verkauft.
**Plur.** Nous ayons vendu, wir haben verkauft.
Vous ayés vendu, ihr habet verkauft.
Ls ayent vendu, sie haben verkauft.

### Plusquamperfektum Optat.
#### Singular.

J'aurois vendu, ich hätte verkauft, ob. ich würde verkauft haben.
Tu aurois vendu, du hättest verkauft, ob. du würd. verkauft hab.
Il auroit vendu, er hätte verkauft, ob. er würde verkauft haben.

#### Plural.

Nous aurions vendu, wir hätten verk. ob. wir würden verk. haben
Vous auriés vendu, ihr hättet verk. ob. ihr würdet verk. haben.
Ils auroient vendu, sie hätten verkauft, ob. sie würden verk. haben

### Plusquamperfektum Konjunkt.

**Sing.** J'eusse vendu, ich hätte verkauft.
Tu eusses vendu, du hättest verkauft.
Il eut vendu, er hätte verkauft.
**Plur.** Nous eussions vendu, wir hätten verkauft.
Vous eussiés vendu, ihr hättet verkauft.
Ils eussent vendu, sie hätten verkauft.

### Futurum.

**Sing.** J'aurai vendu, ich werde verkauft haben.
Tu auras vendu, du wirst verkauft haben.
Il aura vendu, er wird verkauft haben.
**Plur.** Nous aurons vendu, wir werden verkauft haben.
Vous aurés vendu, ihr werdet verkauft haben.
Ils auront vendu. sie werden verkauft haben.

### Infinitiv.

Präsens.    Vendre, verkaufen.
Perf. und Plusq.    Avoir vendu, verkauft haben.
Particip. Präsens.    Vendant, da man verkauft.
Präteritum.    Ayant vendu, da man verkauft hat.
Supinum.    Vendu, verkauft.
Gerundien.    De vendre, oder à vendre, zu verkaufen.
     En vendant, im verkaufen.
     Pour vendre, um zu verkaufen.

Ver-

### Verbum Reciprokum.
### Se coucher, sich niederlegen.

Nach welchem alle Verba konjugirt werden, welche im Infinitiv das Wörtchen se vor sich haben.

#### Indikativ.  Präsens.
Sing. Je me couche, ich lege mich nieder.
      Tu te couches, du legest dich nieder.
      Il (elle) se couche, er, sie, leget sich nieder.
Plur. Nous vous couchons, wir legen uns nieder.
      Vous nous couchés, ihr leget euch nieder.
      Ils (elles) se couchent, sie legen sich nieder.

#### Imperfektum.
Sing. Je me couchois, ich legte mich nieder.
      Tu te couchois, du legtest dich nieder.
      Il se couchoit, er legte sich nieder.
Plur. Nous nous couchions, wir legten uns nieder.
      Vous vous couchiés, ihr legtet euch nieder.
      Ils se couchoient, sie legten sich nieder.

#### Perfektum Simpler.
Sing. Je me couchai, ich legte mich nieder.
      Tu te couchas, du legtest dich nieder.
      Il se coucha, er legte sich nieder.
Plur. Nous nous couchâmes, wir legten uns nieder.
      Vous vous couchâtes, ihr legtet euch nieder.
      Ils se coucherent, sie legten sich nieder.

#### Perfektum Kompositum.
##### Singular.
Je me suis couché, m. (couchée f), ich habe mich niedergelegt.
Tu t'és couché, (couchée,) du hast dich niedergelegt.
Il (elle) s'est couché, (couchée,) er (sie) hat sich niedergelegt.
##### Plural.
Nous nous sommes couchés, (couchées) wir haben uns niederg.
Vous vous êtes couchés, (couchées,) ihr habet euch niedergelegt
Ils (elles) se sont couchés, (couchées,) sie haben sich niedergelegt

### Plusquamperfektum I.

Sing. Je m'étois couché, ich hatte mich niedergelegt.
Tu t'étois couché, du hattest dich niedergelegt.
Il s' étoit couché, er hatte sich niedergelegt.
Plur. Nous nous étions couchés, wir hatten uns niedergelegt.
Vous vous éties couchés, ihr hattet euch niedergelegt.
Ils s' étoient couchés, sie hatten sich niedergelegt.

### Plusquamperfektum II.

Sing. Je me fus couché, ich hatte mich niedergelegt.
Tu te fus couché, du hattest dich niedergelegt.
Il se fut couché, er hatte sich niedergelegt.
Plur. Nous nous fumes couchés, wir hatten uns niedergelegt.
Vous vous futes couchés, ihr hattet euch niedergelegt.
Il se furent couchés, sie hatten sich niedergelegt.

### Futurum.

Sing. Je me coucherai, ich werde mich niederlegen.
Tu te coucheras, du wirst dich niederlegen.
Il se couchera, er wird sich niederlegen.
Plur. Nous nous coucherons, wir werden uns niederlegen.
Vous vous coucherés, ihr werdet euch niederlegen.
Il se coucheront, sie werden sich niederlegen.

### Imperativ.

Sing. Couche toi, lege dich nieder.
Qu'il se couche, er lege sich nieder.
Plur. Couchons - nous, lasset uns niederlegen.
Couchés - vous, leget euch nieder.
Qu'ils se couchent, sie mögen sich niederlegen.

---

### Konjunktiv. Präsens.

Sing. Je me couche, ich lege mich nieder.
Tu te couches, du legest dich nieder.
Il se couche, er lege sich nieder.
Plur. Nous nous couchions, wir legen uns nieder.
Vous vous couchiés, ihr leget euch nieder.
Ils se couchent, sie legen sich nieder.

### Imperfektum I.

Sing. Je me coucherois, ich würde mich niederlegen.
Tu te coucherois, du würdest dich niederlegen.
Il se coucheroit, er würde sich niederlegen.
Plur. Nous nous coucherions, wir würden uns niederlegen.
Vous vous coucheriés, ihr würdet euch niederlegen.
Ils se coucheroient, sie würden sich niederlegen.

### Imperfektum II.

Sing. Je me couchasse, ich legte mich nieder.
Tu te couchasses, du legtest dich nieder.
Il se couchât, er legte sich nieder.
Plur. Nous nous couchassions, wir legten uns nieder.
Vous vous couchassiés, ihr legtet euch nieder.
Ils se couchassent, sie legten sich nieder.

### Perfektum.

Sing. Je me sois couché, ich habe mich niedergelegt.
Tu te sois couché, du habest dich niedergelegt.
Il se soit couché, er habe sich niedergelegt.
Plur. Nous nous soyons couchés, wir haben uns niedergelegt.
Vous vous soyés couchés, ihr habet euch niedergelegt.
Il se soient couchés, sie haben sich niedergelegt.

### Plusquamperfektum I.

Sing. Je me serois couché, ich würde mich niedergelegt haben
Tu te serois couché, du würdest dich niedergelegt haben.
Il se seroit couché, er würde sich niedergelegt haben.
Plur. Nous nous serions couchés, wir würden uns niedergelegt haben.
Vous vous seriés couchés, ihr würdet euch niedergelegt haben.
Ils se seroient couchés, sie würden sich niedergel. haben.

### Plusquamperfektum II.

Sing. Je me fusse couché, ich hätte mich niedergelegt.
Tu te fusses couché, du hättest dich niedergelegt.
Il se fût couché, er hätte sich niedergelegt.
Plur. Nous nous fussions couchés, wir hätten uns niedergelegt
Vous vous fussiés couchés, ihr hättet euch niedergelegt.
Ils se fussent couchés, sie hätten sich niedergelegt.

### Futurum.

**Sing.** Je me serai couché, ich werde mich niedergelegt haben.
Tu te seras couché, du werdest dich niedergelegt haben.
Il se sera couché, er wird sich niedergelegt haben.
**Pl.** Nous nous serons couchés, wir werden uns niedergel. haben.
Vous vous serés couchés, ihr werdet euch niedergelegt haben
Ils se seront couchés, sie werden sich niedergelegt haben.

### Infinitiv.

| | |
|---|---|
| Präsens. | Se coucher, sich niederlegen. |
| Perf. und Plusquamp. | S'être couché, sich niedergelegt haben |
| Particip. Präsens. | Se couchant, da man sich niederleget. |
| Präteritum. | S'étant couché, da man sich niedergelegt hat. |
| Supinum. | Couché, niedergelegt. |
| Gerundien. | De se coucher, oder à se coucher, sich niederzulegen. |
| | En se couchant, indem man sich niederlegt |
| | Pour se coucher, um sich niederzulegen. |

## Verbum Passivum.

Etre aimé, geliebet werden, oder geliebet seyn.

In beyden Generibus und Numeris.

### Indikativ. Präsens.

**Sing.** Je suis aimé, m. aimée f. Ich werde geliebet.
Tu es aimé, aimée, Du wirst geliebet.
Il (elle) est aimé, aimée, Er (Sie) wird geliebet.
**Plur.** Nous sommes aimés, m. aimées, f. wir werden geliebet.
Vous êtes aimés, aimées, ihr werdet geliebet.
Ils (elles) sont aimés, aimées, sie werden geliebet.

### Imperfektum.

**Sing.** J'etois aimé, ich wurde geliebet.
Tu étois aimé, du wurdest geliebet.
Il étoit aimé, er wurde geliebet.

Plu-

Plur. Nous étions aimés, wir wurden geliebet.
Vous éties aimés, ihr wurdet geliebet.
Ils étoient aimés, sie wurden geliebet.

### Perfektum I.
Sing. Je fus aimé, ich wurde geliebet.
Tu fus aimé, du wurdest geliebet.
Il fut aimé, er wurde geliebet.
Plur. Nous fumes aimés, ihr wurdet geliebet.
Vous futes aimés, ihr wurdet geliebet.
Ils furent aimés, sie wurden geliebet.

### Perfektum II.
Sing. J'ai été aimé, ich bin geliebet worden.
Tu as été aimé, du bist geliebet worden.
Il a été aimé, er ist geliebet worden.
Plur. Nous avons été aimés, wir sind geliebet worden.
Vous avés été aimés, ihr seid geliebet worden.
Ils ont été aimés, sie sind geliebet worden.

### Plusquamperfektum I.
Sing. J'avois été aimé, ich war geliebet worden.
Tu avois été aimé, du warest geliebet worden.
Il avoit été aimé, er war geliebet worden.
Plur. Nous avions été aimés, wir waren geliebet worden.
Vous aviés été aimés, ihr waret geliebet worden.
Ils avoient été aimés, sie waren geliebet worden.

### Plusquamperfektum II.
Sing. J'eus été aimé, ich war geliebet worden.
Tu eus été aimé, du warest geliebet worden.
Il eut été aimé, er war geliebet worden.
Plur. Nous eumes été aimés, wir waren geliebet worden.
Vous eutes été aimés, ihr waret geliebet worden.
Ils eurent été aimé, sie waren geliebet worden.

### Futurum.
Sing. Je serai aimé, ich werde geliebet werden.
Tu seras aimé, du wirst geliebet werden.
Il sera aimé, er wird geliebet werden.
Plur. Nous serons aimés, wir werden geliebet werden.
Vous serés aimés, ihr werdet geliebet werden.
Ils seront aimés, sie werden gelibet werden.

### Imperativ.

**Sing.** Sois aimé, werde geliebet.
Qu'il soit aimé, er werde geliebet.
**Plur.** Soyons aimés, laſſet uns geliebet werden.
Soyés aimés, werdet geliebet.
Qu'ils soient aimés, laſſet ſie geliebet werden.

### Konjunktiv.    Präsens.

**Sing.** Je sois aimé, m. aimée, f. ich werde geliebet.
Tu sois aimé, aimée, du werdeſt geliebet.
Il (elle) soit aimé, aimée, er (ſie) werde geliebet.
**Plur.** Nous soyons aimés m. aimées f. wir werden geliebet.
Vous soyés aimés aimées, ihr werdet geliebet.
Ils (elles) soient aimés, aimées, ſie werden geliebet.

### Imperfektum Optativ.

**Sing.** Je serois aimé, ich würde geliebet werden.
Tu serois aimé, du würdeſt geliebet werden.
Il seroit aimé, er würde geliebet werden.
**Plur.** Nous serions aimés, wir würden geliebet werden.
Vous seriés aimés, ihr würdet geliebet werden.
Ils seroient aimés, ſie würden geliebet werden.

### Imperfektum Konjunktiv.

**Sing.** Je fuſſe aimé, ich wäre geliebet.
Tu fuſſes aimé, du wäreſt geliebet.
Il fût aimé, er wäre geliebet
**Plur.** Nous fuſſions aimés, wir wären geliebet.
Vous fuſſiés aimés, ihr wäret geliebet.
Ils fuſſent aimés, ſie wären geliebet.

### Perfektum.

**Sing.** J'aye été aimé, ich ſey geliebet worden.
Tu ayes été aimé, du ſeyſt geliebet worden.
Il ait été aimé, er ſey geliebet worden.
**Plur.** Nous ayons été aimés, wir ſeyen geliebet worden.
Vous ayés été aimés, ihr ſeyt geliebet worden.
Ils ayent été aimés, ſie ſeyen geliebet worden.

### Plusquamperfektum Optat.

Sing. J'aurois été aimé, ich würde geliebet worden seyn.
Tu aurois été aimé, du würdest geliebet worden seyn.
Il auroit été aimé, er würde geliebet worden seyn.
Plur. Nous aurions été aimés, wir würden geliebet worden seyn.
Vous auriés été aimés, ihr würdet geliebt worden seyn.
Ils auroient été aimés, sie würden geliebet worden seyn.

### Plusquamperfektum Konjunkt.

Sing. J'eusse été aimé, ich wäre geliebet worden.
Tu eusses été aimé, du wärest geliebet worden.
Il eût été aimé, er wäre geliebet worden.
Plur. Nous eussions été aimés, wir wären geliebet worden.
Vous eussiés été aimés, ihr wäret geliebet worden.
Ils eussent été aimés, sie wären geliebet worden.

### Futurum.

Sing. J'aurai été aimé, ich werde geliebet worden seyn.
Tu auras été aimé, du wirst geliebet worden seyn.
Il aura été aimé, er wird geliebet worden seyn.
Plur. Nous aurons été aimés, wir werden geliebet worden seyn.
Vous aurés été aimés, ihr werdet geliebet worden seyn.
Ils auront été aimés, sie werden geliebet worden seyn.

### Infinitiv.

Präsens. Etre aimé, geliebet werden.
Perf. und Plusq. Avoir été aimé, geliebet worden seyn.
Particip. Präsens. Etant aimé, da man geliebet wird.
Präteritum. Ayant été aimé, da man geliebet worden ist.
Supinum. Eté aimé, geliebet worden.
Gerundien. d'être aimé, oder à être aimé, geliebet zu werden.
étant aimé, indem man geliebet wird.
pour être aimé, um geliebet zu werden.

## Unperſönliche Verba.
### I. Faloir, müſſen.

#### Präſens.
Sing. Il faut que j'aime, ich muß lieben.
Il faut que tu aimes, du mußt lieben.
Il faut qu'il aime, er muß lieben.
Plur. Il faut que nous aimions, wir müſſen lieben.
Il faut que vous aimiés, ihr müſſet lieben.
Il faut qu'ils aiment, ſie müſſen lieben.
 Oder: Il me faut aimer, il te faut aimer, il lui faut aimer, il nous faut aimer, il vous faut aimer, il leur faut aimer.

#### Imperfektum.
Sing. Il falloit que j'aimaſſe, ich mußte lieben.
Il falloit que tu aimaſſes, du mußteſt lieben.
Il falloit qu'il aimât, er mußte lieben.
Plur. Il falloit que nous aimaſſions, wir mußten lieben.
Il falloit que vous aimaſſiés, ihr mußtet lieben.
Il falloit qu'ils aimaſſent, ſie mußten lieben.
 Oder: Il me falloit aimer, il te falloit aimer, il lui falloit aimer, il nous falloit aimer, il vous falloit aimer, il leur falloit aimer.

#### Perfektum I.
Sing. Il fallut que j'aimaſſe, ich mußte lieben.
Il fallut que tu aimaſſes, du mußteſt lieben.
Il fallut qu'il aimât, er mußte lieben.
Plur. Il fallut que nous aimaſſions, wir mußten lieben.
Il fallut que vous aimaſſiés, ihr mußtet lieben.
Il fallut qu'ils aimaſſent, ſie mußten lieben.
 Oder: Il me fallut aimer, il te fallut aimer, il lui fallut aimer, il nous fallut aimer, il vous fallut aimer, il leur fallut aimer.

#### Perfektum II.
Sing. Il a fallu que j'aye aimé, ich habe lieben müſſen.
Il a fallu que tu ayes aimé, du haſt lieben müſſen.
Il a fallu qu'il ait aimé, er hat lieben müſſen.
Plur.

Plur. Il a fallu que nous ayons aimé, wir haben lieben müſſen.
Il a fallu que vous ayés aimé, ihr habet lieben müſſen.
Il a fallu qu'ils ayent aimé, ſie haben lieben müſſen.
Oder: Il m'a fallu aimer, il t'a fallu aimer, il lui a fallu aimer, il nous a fallu aimer, il vous a fallu aimer, il leur a fallu aimer.

### Plusquamperfektum I.

Sing. Il avoit fallu que j'euſſe aimé, ich hatte lieben müſſen.
Il avoit fallu que tu euſſes aimé, du hatteſt lieben müſſen.
Il avoit fallu qu'il eût aimé, er hatte lieben müſſen.
Plur. Il avoit fallu que nous euſſions aimé, wir hatten lieben müſſen.
Il avoit fallu que vous euſſiés aimé, ihr hattet lieben müſſen.
Il avoit fallu qu'ils euſſent aimé, ſie hatten lieben müſſen.
Oder: Il m'avoit fallu aimer, il t'avoit fallu aimer, il lui avoit fallu aimer, il nous avoit fallu aimer, il vous avoit fallu aimer, il leur avoit fallu aimer.

### Plusquamperfektum II.

Sing. Il eut fallu que j'euſſe aimé, ich hatte lieben müſſen.
Il eut fallu que tu euſſes aimé, du hatteſt lieben müſſen.
Il eut fallu qu'il eût aimé, er hatte lieben müſſen.
Pl. Il eut fallu que nous euſſions aimé, wir hatten lieben müſſen.
Il eut fallu que vous euſſiés aimé, ihr hattet lieben müſſen.
Il eut fallu qu'ils euſſent aimé, ſie hatten lieben müſſen.
Oder: Il m'eut fallu aimer, il t'eut fallu aimer, il lui eut fallu aimer, il nous eut fallu aimer, il vous eut fallu aimer, il leur eut fallu aimer.

### Futurum.

Sing. Il faudra que j'aime, ich werde lieben müſſen.
Il faudra que tu aimes, du wirſt lieben müſſen.
Il faudra qu'il aime, er wird lieben müſſen.
Plur. Il faudra que nous aimions, wir werden lieben müſſen.
Il faudra que vous aimiés, ihr werdet lieben müſſen.
Il faudra qu'ils aiment, ſie werden lieben müſſen.
Oder: Il me faudra aimer, il te faudra aimer, il lui faudra aimer, il nous faudra aimer, il vous faudra aimer, il leur faudra aimer.

### Imperativus.

Qu'il faille aimer, daß man lieben müſſe.

### Konjunktivus.

Der Konjunktivus braucht nicht ganz ausgesetzt zu werden; es ist genug, wenn man die erste Person von jedem Tempus weiß, denn sonst geht alles, wie im Indicativ.

| | |
|---|---|
| Präsens. | Il faille que j'aime, ich müsse lieben. |
| Imperf. I. | Il faudroit que j'aimasse, ich müßte lieben. |
| Imperf. II. | Il fallût que j'aimasse, ich müßte lieben. |
| Perfektum. | Il ait fallu que j'aye aimé, ich habe lieben müssen. |
| Plusquamperf. I. | Il auroit fallu que j'eusse aimé, ich hätte lieben müssen. |
| Plusquamperf. II. | Il eût fallu que j'eusse aimé, ich hätte lieben müssen. |
| Futurum. | Il aura fallu que j'aye aimé, ich werde haben lieben müssen. |

## Y avoir, seyn, sich befinden, (geben.)

### Indikativus.

| | |
|---|---|
| Präsens. | Il y a, \*) es ist, es gibt. |
| Imperf. | Il y avoit, es war, es gab. |
| Perf. I. | Il y eut, es war, es gab. |
| Perf. II. | Il y a eu, es sind gewesen, es hat gegeben. |
| Plusquamperf. I. | Il y avoit eu, es war gewesen, es hatte gegeben |
| Plusquamperf. II. | Il y eut eu, es war gewesen, es hatte gegeben |
| Futurum. | Il y aura, es wird seyn, es wird geben. |
| Imperativus. | Qu'il y ait. |

### Konjunktivus.

| | |
|---|---|
| Präsens. | Il y ait, es sey, es gebe. |
| Imperf. I. | Il y auroit, es würde seyn, es würde geben. |
| Imperf. II. | Il y eut, es wäre, es würde geben. |
| Perfektum. | Il y ait eu, es sey, es habe gegeben. |
| Plusquamperf. I. | Il y auroit eu, es würde gewesen seyn ꝛc. |
| Plusquamperf. II. | Il y eût eu, es wäre gewesen ꝛc. |
| Futurum. | Il y aura eu, es wird gewesen seyn ꝛc. |
| Infinitiv. Pr. | Y avoir, seyn, sich befinden, (geben.) |
| Perf. u. Plusqperf | Y avoir eu, gewesen seyn. |

Un-

---

\*) Beyspiele: Il y a une heure, es ist eine Stunde. Il y a du monde, es sind Leute da. Il y a des hommes qui &. es gibt Menschen, welche ꝛc.

## Unregelmäßige Verba.

Dabey ist aber zu erinnern, 1) daß, wenn die erste Person ein e am Ende hat, so gehet es nach der ersten Konjugation; hat sie aber ein s oder x, so gehet's nach der vierten. 2) Daß, wo bey dem Supino ein † stehet, das Auxiliare être muß genommen werden. 3) Daß das Sup. von der ersten Person Perf. simpl. derivirct, und das s am Ende weggelassen wird. 4) Daß kein Imperf. Indicativi noch conjunctivi da ist, weil sie nach den Derivationsregeln alle regulär sind; und so auch der Imperativus.

### Erste Konjugation.

| Infinitivus. | Präsens Indikativi. | Perf. Simpl. | Supinum. | Futur. absol. | Präsens Optativ. |
|---|---|---|---|---|---|
| Aler, gehen. | S. Je vais (vas), tu vas, il va. Pl. nous allons, vous allés, ils vont. | reg. | reg.† | j'irai | S. j'aille, tu ailles, il aille. P.n. allions, v. alliés, ils aillent. |
| Envoyer, senden. | regulair. | reg. | reg. | j'enverrai. | reg. |
| Puër (puïr) stinken. | S. Je pus. Pl. nous puons. | reg. | reg. | regul. | reg. |
| Tisser, weben | regulair. | reg. | tissu. | regul. | reg. |

### Zwente Konjugation.

| Infinitivus | Präsens Indikativi. | Perf. Simp. | Supinum. | Futur. absol. | Präsens Optativ. |
|---|---|---|---|---|---|
| Bouillir, sieden. | S. Je bous, Pl. nous bouillons. | reg. | reg. | regul. | regul. |
| Courir, laufen | S. Je cours. P. nous courons. | je courus. | reg. | je courrai | regul. |
| Couvrir, decken. | S. Je couvre P n. couvrons. u. also auch ouvrir, ofrir, soufrir | reg. | couvert. | regul. | regul. |
| Cueillir, pflücken. | S. Je cueille. P. nous cueillons. | reg. | reg. | je cueillerai. | regul. |
| Dormir, schlaffen. | S. Je dors. P. nous dormons | reg. | reg. | regul. | regul. |
| Faillir, fehlen. | S. Je fehlet. P. nous faillons. | reg. | reg. | regul. | regul. |
| Défaillir, abnehmen. | S. Je detaus. P. nous détaillons. (alt) | reg | reg. | je défaudrai. | reg. |

| Infinitivus | Präsens Indicativi. | Perf. simpl. | Supinum. | Futur. absolut. | Präsens optativ. |
|---|---|---|---|---|---|
| Fuir, fliehen | S. Je fuis. P. nous fuyons. | reg. | reg. | reg. | reg. |
| Gesir, liegen | S. Il git. gisoit, gisant. | fehlt. | fehlt. | fehlt. | fehlt. |
| Haïr, haſſen | S. Je hai oder hais, iſt ſonſt ganz regulair. | reg. | reg. | reg. | reg. |
| Mentir, lügen. | S. Je ments. Pl. nous mentons, u. alſo auch ſentir u. ſe repentir. | reg. | reg. | reg. | reg. |
| Mourir, ſterben. | S. Je meurs. Pl. nous mourons, vons mourés, ils meurent. | Je mourus. | mort. † | Je mourrai. | S. je meure P. n. mourions, vous mouriés, ils meurent. |
| Ouïr, hören. | S. J' ois. P. n. oyons iſt veraltet, wie auch das Präſens Optat. | J'ouïs. | ouï. | J' ouirai. | reg. |
| Partir, abreiſen. | S. Je pars. Pl. nous partons. | reg. | reg. † | reg. | reg. |
| Puïr, ſiehe oben Puër. | | | | | |
| Querir, holen. | wird nur im Infinit. gebraucht mit aller, venir, envoyer. | | | | |
| Aquerir, erwerben. | S. J'aquiers, Pl. nous aquerons, v. aquerés, ils aquièrent. | J'aquis | aquis. | J'aquerrai. | S. j'aquière ꝛc. P. n. aquerions, v. aqueriés ils aquièrent. |
| Saillir, vorragen. | S. nur in ztia, il ſaille, il ſaillit. P. ils ſaillent | reg. | reg. | reg. | reg. |
| Aſſaillir, anfallen. | S. fehlet. P. nous aſſaillons. | reg. | reg. | reg. | reg. |
| Treſſaillir, hüpfen (für Freude.) | S. Je treſſaille. Pl. n. treſſaillons. | reg. | reg. | je treſſaillerai, oder auch treſſaillirai. | reg. |
| Servir, dienen. | S. Je ſers. Pl. nous ſervons. | reg. | reg. | reg. | reg. |
| Tenir, halten. | S. Je tiens. Pl. nous tenons, vous tenés, ils tiennent. und alſo auch Venir. † | Je tins. | tenu. | Je tiendrai. | S. reg. Pl. n. tenions, v. teniés ils tiennent. |
| Vetir, kleid. | S. Je vêts. P. n. vetons. | reg. | vêtu. | reg. | reg. |

## Dritte Conjugation.

| Infinitivus. | Präsens Indikativi. | Perf. simpl. | Supinum. | Futur. absolut. | Präsens optativ. |
|---|---|---|---|---|---|
| Choir oder cheoir, fallen. | fehlet. | Je cheus. | reg. † | Je cheoirai oder cherrai. | fehlt. |
| Déchoir, abfallen, abnehmen. | S. Je décheois. Pl. n. décheoyons ou déchéons. | Je decheus. | reg. † | Je decherrai. | alt. |
| Echeoir, verfallen. | S. il échet ou écheoit. Pl. ils échéent. (das übrige ist alt.) | J'écheus. | reg. † | Il écherra. | S. il échéa Plur. ils échéent. |
| Faloir, müssen. | S. il faut. Imperf. il falloit. | Il falut | falu. | Il faudra. | S. il faille Imperf. il falut. |
| Mouvoir, bewegen. | S. Je meus. P. n. mouvons, vous mouvés, ils meuvent. | Je meus | reg. | reg. | S. reg. P. n. mouvions v. mouviés ils meuvent. |
| Pleuvoir, regnen. | S. il pleut. Imperf. il pleuvoit. | Il plut | il a plu. | Il pleuvra. | Il pleuve. Imperf. il plût. |
| Pouvoir, können. | S. Je puis (peux), tu peux &c. Pl. n. pouvons, vous pouvés, ils peuvent. | Je pûs. | reg. | Je pourrai. | il puisse. |
| Savoir, wissen. | S. Je sais. Pl. nous savons &c. | Je sûs. | reg. | Je saurai. | Je sache. |
| Seoir, sitzen. | S. Je sieds. Pl. n. seyons, ils seyent ou séent alt. | fehlt. | fehlt. | Je siérai. (alt.) | reg. |
| S'asseoir, sich setzen. | S. Je m'assieds auch je m'asseois. P. n. n. asseyons on asseoyons | Je m'assis. | assis. † | Je m'asseoirai oder assiérai. | reg. |
| Surseoir auf schieben, einen Termin. | S Je surseois. P. nous surseoyons. | Je sursis | sursis. | Je surseoirai. | reg. |
| Valoir, gelten. | S. Je vaux. Pl. nous valons. | Je valus | reg. | Je vaudrai. | S. Je vaille &c. |
| Voir, sehen. | S. Je vois. P. n. voyons. | Je vis. | vû | Je verrai. | reg. |
| Pourvoir, versehen. | S. Je pourvois. Pl. n. pourvoyons. | je pourvus. | reg. | Je pourvoirai. | reg. |
| Prévoir, vorausssehen. | S. prévois. Pl. nous prévoyons. | Je prévis. | prévu. | Je prévoirai. | reg. |
| Vouloir, wollen. | S. Je veux. Pl. nous voulons, vous voulés ils veulent. | Je voulus. | reg. | Je voudrai. | S Je veuille. Pl. n. voulions, v. vouliés, ils veuillent. |

## Vierte Konjugation.

| Infinitivus. | Präsens Indicativ. | Perf. simpl. | Supinum. | Futur. absolut. | Präsens optativ. |
|---|---|---|---|---|---|
| Boire, trinken. | S. Je bois P. n. buvons v. buvés, ils boivent. | Je bûs. | bû. | reg. | S. regul. P. n. buvions, v. buviés, ils boivent. |
| Braire, schreyen, wie ein Esel | S. Je brais. P. nous brayons. | fehlt. | fehlt. | reg. | reg. |
| Bruire, rauschen. | S. obsol P. bruyons. Impert. S. il bruyoit oder bruissoit. | fehlt. | fehlt. | fehlt. | S. il bruye. P. ils bruyent. |
| Ceindre, gürten. | S. Je ceins. P. nous ceignons, und so alle in indre | je ceignis. | ceint. | reg. | reg. |
| Circoncire, beschneiden | S. Je circoncis. P. n. circoncisons. | je corconcis. | reg. | reg. | reg. |
| Clore, schliessen. | S. Je clos (alt). Pl. fehlet. | fehlt. | clos. | reg. | fehlt. |
| Eclore, aufgehen. | S. il éclot. Pl. ils éclosent. | fehlt. | éclos | reg. | reg. |
| Conclure, beschließen. | S Je conclus Pl n. concluons Und so alle in cluré. | je conclus. | reg. | reg. | reg. |
| Conduire, geleiten. | S. Je conduis. Pl. n. conduisons. Und so alle in uire. | Je conduisis. | conduit. | reg. | reg. |
| Confire, einmachen | S Je confis. P. n. confisons. | Je confis. | confit. | reg. | reg. |
| Connoitre, kennen. | S. Je connois Pl. n. connoissons, u. also croitre, paroitre. | Je connus. | reg. | reg. | reg. |
| Coudre, nähen. | S. Je cous, P. n. cousons. | Je coucus ob. sousis. | confu. | reg. | reg. |
| Croire, glauben | S. Je crois, Pl. nous croyons. | Je crus. | reg. | reg. | reg. |
| Dire, sagen. | S. Je dis. P. n. disons. v. dites, ils disent. | Je dis. | dit. | reg. | reg. |
| Contredire, widersprechen. | S. Je contredis. Pl. n. contredisons, vous contredisés, ils contredisent. | Je contredis. | contredit. | reg. | reg. |
| Maudire, verfluchen. | S. Je maudis Pl. nous maudissons, vous maudissés, ils maudissent. | Je maudis. | maudit. | reg. | reg. |

| Infinitivus. | Präsens Indicativ. | Perf. simpl. | Supinum. absolut. | Futur. | Präsens optativ. |
|---|---|---|---|---|---|
| Ecrire, schreiben. | S. J'écris. Pl. nous écrivons. | J'écrivis. | écrit. | j'écrirai. | reg. |
| Faire, thun, machen. | S. Je fais. P. n. faisons, v. faites, ils font. | Je fis. | fait. | je ferai. | je fasse &c. |
| Frire, backen in Schmalz. | S. Je fris. P. fehlt. | fehlt. | frit. | reg. | fehlt. |
| Lire, lesen. | S. Je lis. Pl. n. lisons. | Je lus. | reg. | reg. | reg. |
| Mettre, setzen, hinthun, hinlegen. | S. Je mets. P. n. mettons. | Je mis. | mis. | reg. | reg. |
| Moudre, mahlen, auf der Mühle. | S. Je mous. Pl. nous moulons. | Je moulus. | moulu. | reg. | reg. |
| Naitre, gebohren werden. | S. Je nais, Pl. n. naissons. | Je naquis. | né. † | reg. | reg. |
| Paitre, weiden. | S. Je pais. Pl. nous paissons. | Je pûs. | reg. | reg. | reg. |
| Paroitre scheinen. | S. Je parais Pl. n paroissons. | Je parus. | reg. | reg. | reg. |
| Plaire, gefallen. | S. Je plais. Pl. nous plaisons. | Je plûs. | reg. | reg. | reg. |
| Taire, schweigen, wie Plaire. | | | | | |
| Prendre, nehmen. | S. Je prens. Pl. nous prenons. | Je pris. | pris. | reg. | reg. |
| Soudre, schließen. | — fehlt. | — fehlt. | fehlt. | fehlt. | fehlt. |
| Absoudre, freysprechen. | S. J'absous. Pl. nous absolvons. | fehlt. | absous. | reg. | reg. |
| Resoudre, auflösen. | S. Je resous Pl. nous resolvons. | Je resolus. | resous. | reg. | reg. |
| Ressudre, beschließen. | S. Je resous. Pl. nous resolvons. | Je resolus. | reb. | reg | reg. |
| Dissoudre, zertheilen. | S Je dissous. Pl. nous dissoudons oder dissolvons. | fehlt. | dissous | reg. | reg. |
| Rire, lachen. | S. Je ris. P. n. rions. | Je ris. | reg. | reg. | reg. |
| Suffire, genug seyn. | S. Je suffis, P. n. suffisons. | Je suffis | reg. | reg. | reg. |
| Traire, Vieh melken. | S. Je trais. Pl. nous trayons. | fehlt. | trait. | reg. | reg. |
| Suivre, folgen. | S. Je suis oder suis. Pl. nous suivons. | reg. | reg. | reg. | reg. |
| Vaincre, überwinden. | S Je vaincs, tu vaincs il vainc. Pl. nous vainquons &c | Je vainquis. | vaincu. | reg. | reg. |
| Vivre, leben. | S. Je vis. Pl. n. vivons. | Je vécus on vécuquis. | reg. | reg. | reg. |

### Anmerkungen über die unregelmässigen Verba.

Wann die Abstammer von ihrem Stammort in etwas abweichen; so stehen sie unter demselben mit ihren Abwelchungen.

Das Präsens Konjunktivi behält seine Analogie mit dem Präsens Indikativi in der ersten und zweiten Person Pluralis, sowohl in der dritten regulairen Konjugation, als auch in folgenden unreg. Verbis: mourir, aquerir, tenir, venir, mouvoir, vouloir, boire.

Weil die grösste Irregularität sich im Präsenti, Perfekto und Supino befindet; so soll man diese fleißig lernen.

Wenn ein Verbum defect ist, das ist: wenn ihm ein Tempus, oder eine Person mangelt; so kann die Person oder das Tempus keinen Abstammer haben.

Man merke ferner, daß, wer ceindre wohl konjugiren kann, auch alle Verba in indre, deren etwa funfzehn sind, zu konjugiren weiß. Sie können als eine regulaire Konjugation angesehen werden.

Und eben so verhält es sich auch mit denen in uire, die wie conduire gehen. Doch haben die Supina von luire, reluire und nuire kein t.

Auch haben luire und reluire kein Perf. simplex und also kein Imperf. Konjunktivi.

Den Gebrauch des Verbi aller und s'en aller soll man recht lernen. Man merke, daß seine Perfekta oft mit denen von être gegeben werden. Je le fus (je l'allui) querir hier, je l'ai été (je le suis allé) voir aujourd'hui.

Benir hat zwey Supina béni und benit; das erste aber ist das wahre Supinum, und das andere ein pures Adjektivum.

Ouïr, ist nur gut im Infinitivo, Perf. Simpl. und Supino: ouïr dire, je l'ouïs dire alors, je l'ai ouï dire &c.

Querir wird nur im Infinitivo mit aller, venir, envoyer gebraucht: allés moi querir holet mir, venés querir, kommet und holet, envoyés querir, laffet holen.

Ref-

Ressortir (von sortir) ist regulär, wenn es heißt: zu einem gewißen *foro* gehören.

Wegen savoir ist zu merken: 1.) daß der ganze Imperativus aus dem Opt. v. Konjunktivo muß genommen werden. 2) daß das Particip. sachant auch daher kommt; savant aber ein Adjekt. ist. 3) daß das Futur. condition. mit der Negation ne, *hypothetice* aber anstatt je ne puis pas, welches *absolute* verneinet, kann gebraucht werden.

Vouloir nimmt auch seinen Imperativum aus dem Konjunktivo.

Die Supina von exclure, inclure, perclûre, haben ein s am Ende, conclure aber nicht.

Keine Komposita habe ich nicht daher setzen wollen.

### 101.

## Beyspiele über die Hülfswörter (verba auxiliaria,) avoir und être.

| | |
|---|---|
| Avés-vous le tems de venir? | Haben Sie Zeit zu kommen. |
| Oui: je l' ai. | Ja, ich habe sie. |
| A-t-il appris sa léçon? | Hat er seine Lection gelernt? |
| Oui: il l'a apprise. | Ja, er hat sie gelernt. |
| A-t-elle le loisir de venir? | Hat sie Zeit zu kommen? |
| Oui: elle l' a. | Ja, sie hat sie. |
| Ces enfans ont-ils leurs livres? | Haben diese Kinder ihre Bücher? |
| Non: ils ne les ont pas. | Nein: sie haben sie nicht. |
| N'ont-ils pas leurs plumes? | Haben sie ihre Federn nicht? |
| Si fait (pardonnés moi) ils les ont. | Ja, sie haben sie. |
| Etes-vous malade? | Sind Sie krank? |
| Non: je ne suis pas malade. | Nein: ich bin nicht krank. |
| Est-elle bien sage? | Ist sie recht fromm? |
| Oui, elle l'est. | Ja: sie ist es. |
| Sommes-nous tous ici? | Sind wir alle hier? |
| Oui: nous le sommes. | Ja: wir sind es. |

| | |
|---|---|
| Vos sœurs, sont elles bien contentes de vous? | Sind Ihre Schwestern wohl mit Ihnen zufrieden? |
| Oui: elles le sont. | Ja: sie sind es. |
| Non: elles ne le sont pas. | Nein: sie sind es nicht. |
| Si j'avois votre bien, je serois riche. | Wenn ich Ihr Vermögen hätte, so wäre ich reich. |
| Si tu avois mon mal, tu serois malade. | Wenn du mein Uebel hättest, so wärest du krank. |
| Si nous avions le temps, nous serions de la partie. | Wenn wir Zeit hätten, so würden wir auch dabey seyn. |
| Si Vous aviés la permission de venir, Vous seriés bien aise. | Wenn Sie die Erlaubniß hätten zu kommen, so würden Sie froh seyn. |
| S'ils avoient osé, ils seroient venus. | Wenn sie gedürft hätten, würden sie gekommen seyn. |
| Avant hier j'eus la visite de Mr. le Grand, et vous l'avés euë aujourd'hui. | Voraestern hatte ich den Besuch von Hr. le Grand und Sie haben ihn heute gehabt. |
| Cette semaine ils ont eu beaucoup à faire, et vous l'eutes la semaine passée. | Diese Woche haben Sie viel zu thun gehabt und Sie hatten es die vorige Woche. |
| S'il venoit, j'aurois patience avec lui, et je serois tranquille. | Wenn er käme, so wollte ich Geduld mit ihm haben und ruhig seyn. |
| Il faut bien que j'aye patience avec lui, et que je sois tranquille. | Ich muß wohl Geduld mit ihm haben, und ruhig seyn. |
| Il falloit bien, que nous eussions patience, et que nous fussions tranquilles. | Wir müssen wohl Geduld haben, und ruhig seyn. |
| Il faut avoir patience, avec lui, et être modéré. | Man muß mit ihm Geduld haben und gelassen seyn. |
| Je viens, afin d'avoir le plaisir de vous voir et d'être avec vous. | Ich komme damit ich das Vergnügen habe, Sie zu sehen und bey Ihnen zu seyn. |
| Nous venons pour avoir l'honneur de vous parler, et pour être des vôtres. | Wir kommen, damit wir die Ehre haben, mit Ihnen zu sprechen, und in Ihrer Gesellschaft zu seyn. |
| Je l'ai, sans l'avoir demandé et sans être allé le solliciter. | Ich habe es, ohne es verlangt zu haben und ohne hingegangen zu seyn es zu erbitten |

Vous-

| | |
|---|---|
| Pourquoi avoir tant de patience et être si tranquille? | Warum iſt er (ſind Sie) ſo geduldig und ſo ruhig? |
| Au lieu d'avoir patience et d'être tranquille, il fait un bruit effroyable. | Anſtatt geduldig und ruhig zu ſeyn, macht er einen ſchrecklichen Lermen. |
| Nous allons avoir un bon repas. Nous allons être bien regalés. | Wir werden itzt eine gute Mahlzeit bekommen. Wir werden gut bewirthet werden. |
| Cela eſt difficile à avoir. | Es iſt ſchwer, dieſes zu bekommen. |
| Ay' patience, et ſois tranquille | Habe Geduld und ſey ruhig. |
| Ayons patience et ſoyons tranquilles. | Wir wollen Geduld haben und ruhig ſeyn. |
| Ayés patiencé, et ſoyés tranquilles. | Habet Geduld und ſeyd ruhig. |
| Qu'il ait patience, et qu'il ſoit tranquille. | Er ſoll Geduld haben und ruhig ſeyn. |
| Ayant patience et étant tranquille, on obtient tout. | Wenn man Geduld hat und ruhig iſt, ſo erhält man alles. |

## Andere Verba.

### 102.
### Erſte Konjugation.

| | |
|---|---|
| J'aime la tranquillité et le repos. | Ich liebe die Stille und die Ruhe. |
| Et Vous n'aimés ni l'un ni l'autre. | Und Sie lieben weder die eine, noch die andere. |
| Si je ne les aimois pas, n' aimerois pas la retraite. | Wenn ich ſie nicht liebte, ſo würde ich die Einſamkeit nicht lieben. |
| Hier, nous lui donnâmes ſon congé, et aujourd'hui nous lui avons donné ſes hardes. | Geſtern gaben wir ihm ſeinen Abſchied, und heute haben wir ihm ſeine Kleider gegeben. |
| Je Vous le donnerai demain, ne pouvant pas Vous le donner aujourd'hui. | Ich will es Ihnen morgen geben, weil ich es Ihnen heute nicht geben kann. |

| | |
|---|---|
| Nous Vous en donnerions bien, si nous en avions. | Wir wollten Ihnen gern welches geben, wenn wir es hätten. |
| Il faut, que vous nous en donniés un peu. | Sie müssen uns ein wenig davon geben. |
| Il vouloit, que je Vous en donnasse, et je ne pouvois pas. | Er wollte haben, ich sollte Ihnen davon geben, und ich konnte nicht. |
| Parle lui en un peu. Donnons le lui à présent. | Rede ein wenig mit ihm davon. Wir wollen es ihm itzt geben. |
| Ne lui en donnés pas tant. | Gebet ihm nicht soviel davon. |
| Qu'ils lui en donnent, ou qu'ils ne lui en donnent pas, c'est égal. | Sie mögen ihm davon geben, oder nicht, so ist es einerley. |
| Aimés-moi, ou ne m'aimés pas, cela m'est indifférent. (égal) | Lieben Sie mich oder nicht, es ist mir gleichgültig. |

## 103.

## Zweyte Konjugation.

| | |
|---|---|
| Il batit une maison, qui lui coutera beaucoup. | Er bauet ein Haus, das ihm viel kosten wird. |
| Vos fleurs ne fleurissent-elles pas encore? | Blühen Ihre Blumen noch nicht? |
| Si elles fleurissoient, je les irois voir. | Wenn sie blüheten, so wollte ich hingehen und sie besehen. |
| Cet arbre fleurit bien l'année dernière, et celle ci il n'a pas fleuri. | Dieser Baum blühete voriges Jahr ganz hübsch und dieses Jahr hat er nicht geblühet. |
| Quand il fleurira, je le viendrai voir. | Wenn er blühet, so will ich kommen, um ihn zu sehen. |
| Je batirois bien une maison, si j'avois de quoi. | Ich wollte gerne ein Haus bauen, wenn ich nur Geld hätte. |
| Il falloit, qu'il batît une maison, car la place lui manquoit dans la sienne. | Er mußte ein Haus bauen, denn der Platz mangelte ihm in dem seinigen. |
| Si mon poirier avoit bien fleuri, nous aurions eu des poires. | Wenn mein Birnbaum wohl geblühet hätte; so würden wir Birn bekommen haben. |

Quand

| | |
|---|---|
| Quand il aura bâti ſa maiſon; j'irai le voir. | Wenn er ſein Haus wird gebauet haben; ſo will ich ihn beſuchen. |
| Batisſés votre maiſon, ou ne la batisſés pas, c'eſt la même choſe pour moi. | Bauen Sie Ihr Haus oder bauen Sie es nicht; es iſt für mich einerley. |
| Pourquoi ne rougisſés Vous pas, quand Vous voyés une choſe ſi honteuſe? | Warum erröthen Sie nicht, wenn Sie was ſo ſchändliches ſehen? |

104.

## Dritte Konjugation.

| | |
|---|---|
| Je reçois avec plaiſir l'offre, que Vous me faites. | Ich nehme mit Vergnügen das Anerbieten an, das Sie mir machen. |
| Nous ne devons pas faire ce qui eſt défendu. | Wir ſollen nicht thun, was verbotten iſt. |
| Vous n'apercevés pas, ce qui Vous arrive. | Sie werden nicht gewahr, was Ihnen begegnet. |
| Je devois lui parler, et je n'ai pas pû. | Ich ſollte mit ihm ſprechen, und ich habe nicht gekonnt. |
| Je reçus hier une lettre de lui, et aujourd'hui j'ai du partir. | Ich erhielt geſtern einen Brief von ihm, und heute ſollte ich abgeben. |
| Quand je Vous devrai quelque choſe, Vous me le dirés. | Wann ich euch etwas ſchuldig bin, ſo ſagen Sie mir es. |
| Il faut que nous recevions des lettres aujourd'hui, ou il faut qu'ils en reçoivent eux mêmes. | Wir müſſen heute Briefe erhalten, oder ſie müſſen ſelbſt welche bekommen. |
| Il étoit bon, que j'euſſe reçu cet argent. | Es iſt gut, daß ich dieſes Geld erhalten hatte. |
| En recevant cet argent, j'ai auſſi reçu une lettre. | Da ich dieſes Geld erhielt, ſo bekam ich auch einen Brief. |
| Il eſt bon de recevoir quelque fois un tel ſecours. | Es iſt gut, wenn man bisweilen eine ſolche Hülfe erhält. |

## 105.
### Vierte Konjugation.

| | |
|---|---|
| Je ne vends pas bien mes marchandises ici. | Ich verkaufe meine Waaren nicht wohl hier. |
| Nous vendons moins que Vous ne vendés. | Wir verkaufen wenigec, als ihr verkaufet. |
| Si je vendois bien mes marchandises, je Vous ferois un préfent. | Wenn ich meine Waaren gut verkaufte; so wollte ich Ihnen etwas verehren. |
| Hier je vendis beaucoup, et aujourd'hui je n'ai encore rien vendu. | Gestern verkaufte ich viel, und heute habe ich noch nichts verkauft. |
| On pendra bientôt un voleur ici. On en a aussi pendu un à Nuremberg. | Man wird bald einen Dieb hier henken. Man hat auch einen in Nürnberg gehenkt. |
| Madame, votre chien mord-il? | Beißt Ihr Hund, Madam? |
| Je ne veux pas qu'il Vous morde. | Ich will nicht haben, daß er Sie beissen soll. |
| Ce chien, quoi qu'il morde tout le monde, ne m'a jamais mordu. | Obschon dieser Hund einen jeden beißt, so hat er mich doch niemahls gebissen. |
| Je ne jouerai plus, parce que je perds toujours. | Ich will niemahls mehr spielen, weil ich allezeit verliehre. |

## 106.
### Reciprokum.

| | |
|---|---|
| Je me contente de peu. | Ich begnüge mich mit wenigem. |
| Il ne s'est pas contenté de cela, il en a voulu davantage. | Er ist damit nicht zufrieden gewesen, er hat mehr gewollt. |
| Nous nous sommes couchés bien tard. | Wir sind sehr spät zu Bette gegangen. |
| Pour quoi Vous êtes Vous couché si tard? | Warum haben Sie sich so spät niedergelegt? |
| Si je m'étois couché plûtôt; je me ferois lévé plûtôt. | Wenn ich eher zu Bette gegangen wäre; so wäre ich eher aufgestanden. |

Quand

| | |
|---|---|
| Quand Vous Vous serés couchés, nous nous leverons. | Wann Sie werden zu Bette gegangen seyn, so werden wir aufstehen. |
| Il faut qu'il se soit couché bien tard, car il ne s'est pas encore levé. | Er muß sehr spät zu Bette gegangen seyn, denn er ist noch nicht aufgestanden. |
| Je me serois bien contenté de cela, sans en avoir voulu d'avantage. | Ich wäre wohl mit dem zufrieden gewesen, ohne mehr zu verlangen. |
| Il faut que je me divertisse bien aujourd'hui. | Ich muß mich heute recht lustig machen. |
| Vous Vous êtes bien diverti cette semaine. | Ihr habt euch diese Woche recht lustig gemacht. |

## 107.

### Passivum.

| | |
|---|---|
| Il est aimé, et Vous êtes haï de tous: pourquoi cela? | Er wird von allen geliebet und Sie gehasset: warum das? |
| Si Vous étiés plus aimé et moins haï Vous seriés heureux. | Wenn Sie mehr geliebet und weniger gehaßt würden, so würden Sie glücklich seyn. |
| J'ai toujours été aimé, et jamais haï de mes parens. | Ich bin von meinen Eltern allezeit geliebt, und niemahls gehasset worden. |
| Il faut, qu'il soit chatié, car il l'a mérité. | Er muß gestraft werden, denn er hat es verdient. |
| S'il avoit été mieux morigéné, il seroit meilleur. | Wenn er besser wäre gezogen worden, so würde er besser seyn. |
| Si Vous eussiés été affligé comme moi, Vous n'auriés pas parlé comme Vous avés fait. | Wenn Sie, so wie ich, wären betrübt gewesen; so würden Sie nicht so geredet haben. |
| Après avoir été aimé longtemps d'elle, il en est haï. | Nachdem er so lange von ihr ist geliebet worden; so wird er izt von ihr gehasset. |

108.

## 108.

### Neutra activa.

Die Verba neutra sind entweder mehr *activ* oder mehr *passiv*, das heißt, sie zeigen entweder mehr ein Thun oder mehr ein Leiden an. Die neutra activa werden mit dem Verbo avoir conjugirt. Gram. pag. 138.

| | |
|---|---|
| Il a rougi en me voyant. | Er ist roth worden, als er mich sah. |
| Cet officier a blanchi sous les armes (le harnois). | Dieser Officier ist unter den Waffen grau geworden. |
| Cela n'a pas encore éclaté. | Das ist noch nicht stattkundig geworden. |
| J'ai crû de deux pouces depuis un an. | Ich bin um zwey Zoll gewachsen, seit einem Jahre. |
| Il a bien grossi. | Er ist sehr dick geworden. |
| Le blé a bien jauni depuis huit jours. | Das Korn ist seit acht Tagen recht gelb geworden. |
| Le fruit n'a pas bien mûri cette année. | Das Obst ist dieses Jahr nicht recht reif geworden. |
| Les mirtilles n'ont pas encore noirci. | Die Heidelbeere sind noch nicht schwarz worden. |

## 109.

### Neutra pasisva.

Die neutra passiva werden mit dem Verbo être konjugirt Gram. pag. 139

| | |
|---|---|
| Cette femme est accouchée d'un fils. | Diese Frau ist mit einem Sohn niedergekommen. |
| Mon père est mort ce matin. | Mein Vater ist diesen Morgen gestorben. |
| Il est arrivé un grand malheur. | Es ist ein großes Unglück geschehen. |
| Il est accouru bien vite. | Er ist geschwind herbeygelaufen. |
| Il est né dans cette ville. | Er ist in dieser Stadt geboren worden. |
| Elle est décédée depuis hier. | Sie ist seit gestern todt. |

Vous

| | |
|---|---|
| Vous étes devenu bien belle | Sie sind sehr schön geworden. |
| Est-il déja entré? | Ist er schon hineingegangen. |
| Elle n'est pas encore entrée. | Sie ist noch nicht herein. |
| Il est déja descendu. | Er ist schon heruntergegangen |

Manche Verba neutra werden bald als activa, bald als passiva konjugirt. Gram. pag. 139.

| | |
|---|---|
| Cela ne m'a pas convenu. | Das ist mir nicht anständig gewesen. |
| Nous en sommes convenus aujourd'hui. | Wir sind heute deswegen übereingekommen. |
| Il a délogé ce matin. | Er ist heute früh ausgezogen. |
| Les troupes sont délogées. | Die Völker sind aus ihren Standquartieren. |
| Il a demeuré chés moi. | Er hat bey mir gewohnt. |

## Uebungen über § 101.

Ich habe Lust a) spazieren zu geben b), wenn ihr nicht beschäftiget seyd c), so kommet mit mir d). Wir stecken in der Arbeit bis über e) die Ohren, und unser Vater ist nicht zu Haus. Wir werden also ein andersmal das Vergnügen f) haben, Ihnen Gesellschaft zu leisten g). Wenn ich das gewust hätte, so würde ich eher fortgegangen seyn h). Herr B. und Herr C. hatten mich gebetten i), mit ihnen einen Gang nach Bruck k) zu machen, und wenn ich mich nicht irre l), so habt ihr die Absicht gehabt m), gleichfalls hinzugeben n). Es ist uns leid o), daß wir nicht Wort halten können. p) — Wir hatten gestern (p. s.) Ball und Comödie. Heute haben wir eine Oper (opera) gehabt (p. c.) und morgen bekommen wir ein Concert. Meine Eltern waren (p. s.) gestern in Nürnberg, sie sind aber schon wieder zurückgekommen q).

a) avoir envie Lust haben b) aller promener spazieren gehen c) être occupé beschäftiget seyn. d) venés avec moi e) avoir des affaires par dessus les oreilles in der Arbeit bis über die Ohren stecken. f) avoir le plaisir g) tenir compagnie h) parti fortgegangen i) prié k) de faire avec eux un tour à Bruk l) si je ne me trompe. m) avoir dessein Absicht haben n) d'y aller aussi

228

auffi o) être fâché leid ſeyn. p) de ne pouvoir tenir parole. q) être de retour zurückgekommen ſeyn.

Haben Sie meinen Brief erhalten a)? Ich werde dieſen Nachmittag b) das Vergnügen haben, Sie zu ſehen c). Ich hatte dieſe Freude nie gehabt d). Sie werden morgen bezahlt ſeyn e). Ich werde den Augenblick wieder bey Ihnen (à vous) ſeyn f). Es iſt mir leid geweſen, g) ihn krank zu finden h). Er war von allen ſeinen Freunden verlaſſen i) worden. Hat er die Blattern k) gehabt? Haben Sie ihn geſehen (vu)? Hatten Sie nicht mit ihm geſprochen l)? Ich will m), daß Sie von der Parthie ſeyen n). Er wollte, daß ich von der Parthie wäre. Ich wollte Sie wären zugegen geweſen o). Wir ſind heute in Nürnberg geweſen. Sind Sie im Thiergarten (parc) geweſen? Wird er im Stande ſeyn p) zu reiſen q)? Werden Sie bald wieder da ſeyn?

 a) recevoir une lettre einen Brief erhalten.  b) cet après midi c) le plaiſir de vous voir d) avoir cette ſatisfaction dieſe Freude haben.  e) être payé bezahlt ſeyn f) dans le moment in einem Augenblick.  g) je ſuis fâché es iſt mir leid h) trouver qlc. malade jemand krank finden.  i) être abandonné de tous ſes amis von allen ſeinen Freunden verlaſſen werden k) la petite vérole die Blattern  l) lui parlés vous ſprechen Sie mit ihm? m) je veux n) de la partie.  o) être préſent zugegen ſeyn.  p) être en état im Stande ſeyn.  q) voyager r) être de retour wieder da ſeyn.

## Ueber §. 102.

Ich bete deine Schweſter an a) und ich weiß wohl b), daß ſie mich liebt. Wenn ſie Sie liebte, ſo würde ſie Sie nicht mißhandeln b), wie ſie thut. Ich ſang geſtern (p. f.) unter ihrem Fenſter c) und ſie hat mich mit Vergnügen angehört d). Wenn Ihre Brüder zu Hauſe blieben e) ſo könnten wir ſpazieren gehen f). Wenn Sie mir Nachricht davon gegeben hätten g), ſo würde ich gekommen ſeyn. Ich werde mit deinem Vetter (couſin) ſprechen, und ihm erzählen h), was ich ſo eben vernommen habe i). Er wird damit anfangen k), Ihnen die Bücher an den Kopf zu werfen l). Ich werde ihn wohl verhindern m), mich ſo zu behandeln n).

         a) adorer

a) adorer anbeten b) je n'ignore pas b) maltraiter c) sous sa fenêtre, d) écouter avec plaisir mit Vergnügen anhören. e) demeurer au logis zu Hause bleiben f) aller promener g) donner avis Nachricht geben h) raconter erzählen i) ce que je viens d'apprendre. k) commencer par qleh. mit etwas anfangen l) jetter les livres à la tête m) empêcher n) de me traiter de la sorte.

## Ueber §. 103.

Wissen Sie a), daß mein Bruder Blut gespieen hat b)? Dieser junge Mensch speyet Blut. Wenn der Handel noch in dieser Stadt blühete c), wie ehedem d), wenn die Bürger nicht weichlich würden e) im Müßiggang f), so würde sie noch ihres alten Ansehens genießen g). — Sie ergriffen sich einander h) und warfen sich zur Erde (p. f.) i); aber sie sind alle beide bestrafet k) worden, für ihre Hitze l). — Wenn Dein Bruder sich hier niederließe m), so könnte er sein Glück machen n); aber so, wie er mir sagte o), wird er sich in Hamburg setzen (établir). Er würde sich hier niedergelassen haben, wenn unser Vater noch am Leben (en vie) wäre. Du weißt, daß der Verdruß, den er ausgestanden hat p), ihm das Leben abkürzte (p. c) q).

a) savoir, wissen b) vomir du sang Blut speyen. c) le commerce fleurit der Handel blühet d) autrefois ehedem e) s'amolir weichlich werden f) l'oisiveté der Müßiggang. g) jouïr de son ancienne reputation seines alten Ansehens genießen. h) se saisir i) se jetter à terre sich zur Erde werfen. k) punir bestrafen. l) t'emportement die Hitze. m) s'établir sich niederlassen n) faire sa fortune, o) à ce qu'il m'a dit p) les chagrins qu'il a essuyés q) accourcir (abréger) la vie.

## Ueber §. 104.

Meine Brüder a) sollen heute ankommen b). Ich habe diesen Morgen (matin) Briefe von ihnen bekommen c), nach welchen d) sie gestern abreiseten. (p. f.). Ich bat te das Vorhaben gefaßt e) ihnen entgegen zu gehen f), aber mein Vater glaubt (croit), es sey besser g), sie hier zu empfan

230

pfangen. Meine Schweſtern empfingen geſtern auch (p. ſ.) ein Schreiben (lettre) von meinem Oheim (oncle), welcher meldet h), daß er uns morgen ſehen wird (verra), aber wir begreifen i) nicht, wie das möglich iſt. — Ich würde ihn mit Vergnügen aufnehmen, wenn er allein käme k). Sie glaubten nicht, daß ihre Eltern ſobald kommen ſollten. Ich wollte nicht, daß das geſchehen ſollte l). Wenn ich heute noch Briefe bekäme, ſo würde ich morgen abreiſen m).

a) mes frères b) arriver c) de leurs lettres d) ſuivant lesquelles e) concevoir un deſſein ein Vorhaben faſſen. f) d'aller à leur rencontre g) qu'il vaut mieux h) mander melden i), concevoir begreifen k) venir ſeul allein kommen. l) arriver geſchehen m) partir abreiſen.

## Ueber §. 105.

Gebe mir wieder a), was du mir genommen haſt b). Ich habe dir es ſchon (déja) wiedergegeben. Es iſt nicht wahr c) ich glaube (crois) du haſt es verkauft. Nein, in der That; Herr D. wollte d), daß ich es verkaufte, aber ich habe ihn nicht angehört e). — Wenn ich meine Briefe verlöhren f) hätte, ſo würden Sie Schuld daran geweſen ſeyn g). Ich ſahe wohl h), daß Sie ſie nicht verliehren würden, denn ich gieng hinter Ihnen i). Ihre Brüder ſpielen k) ſchon wieder (encore). Ich wollte, Sie verlöhren all ihr Geld l). Wenn Sie das gehört hätten m), ſo würden ſie Sie für Ihren guten Wunſch bezahlt haben n). — Sie könnten ihm ſchon dieſes Vergnügen machen o), Sie würden nichts dabei (y) verliehren, denn er wird aufs eheſte p) ſein Haus q) verkaufen.

a) rendre wiedergeben b) prendre nehmen. c) il n'eſt pas vrai. d) il a voulu er hat gewollt. e) écouter anhören. f) perdre verliehren. g) être cauſe de qlch. an etwas Schuld ſeyn h) j'ai bien vu i) car j'allois derrière vous. k) jouer ſpielen l) tout leur argent m) entendre hören. n) payer qlc. de ſes bons ſouhaits jemand für ſeinen guten Wunſch bezahlen. o) vous pourrés bien lui faire ce plaiſir p) au plutôt. q) la maiſon das Haus.

## Ueber §. 106.

Er hält sich für verlohren a); ich zweifle aber, daß man seine Ränke wahrgenommen habe b). Er hat sich zu gut auf seiner Hut gehalten c) und seine Feinde sind nicht so scharfsichtig d), als er glaubt. - Wissen Sie, daß Ihre Uhr (montre) stehen geblieben ist e)? Ach ich vermuthete (p. c.) es wohl f), denn ich zog (p. c.) sie gestern Abend nicht auf g) — Mein Bruder hat sich niedergelegt, ohne sich zu entkleiden h) Meine Eltern haben sich auch nicht (non plus) entkleidet, und doch sind sie vor Müdigkeit bald eingeschlafen i) — Herr D., welcher so lang verfolgt k) wurde (p. c.), wird itzt von jedermann geliebt und gesucht l). — Wenn ich von meinen Richtern begünstigt würde m), wie Sie, so würde ich nicht fürchten n) meinen Proceß zu verliehren o) - Schreiben (mandé) Sie Ihrem Bruder, er soll uns besuchen. Er wird mit offenen Armen p) empfangen (reçu) werden.

a) se croire perdu sich für verlohren halten. b) s'apercevoir wahrnehmen, les artifices die Ränke. c) se tenir sur ses gardes sich auf seiner Hut halten. d) clairvoyant scharfsichtig e) s'arreter stehen bleiben. f) se douter de qlch. etwas vermuthen g) monter aufziehen h) se deshabiller sich entkleiden. i) s'endormir de fatigue. k) persécuté verfolgt l) recherché m) favorisé begünstiget. n) craindre o) perdre son procès seinen Proceß verliehren. p) à bras ouverts mit offenen Armen.

## Ueber §. 108. 109.

Diese Frau hat sich seit einiger Zeit sehr alt gemacht a); ihre Töchter hingegen b) scheinen mir jünger geworden zu seyn c). Sie hat immer älter geschienen ), als sie war. — Mir deucht e), Sie sind gelaufen f)? Sie haben recht g), und zum Unglück h), bin ich zweymal hingefallen i). Ich bin gekommen (venu) Ihnen zu sagen, daß Herr D. vom Fenster herabgefallen k) und tod ist. Mein Gott, wen ist denn dieses Unglück (malheur) passirt l)? Sind denn die Wundärzte m) nicht gleich herbeygelaufen n), um ihn zu retten o)? Ja freylich p), aber alle ihre Be-

232

mühungen (soins) waren vergeblich q). — Wir find eins
geworden, diesen Nachmittag einen Spaziergang zu ma‍
chen r) — Dieses Lob hat sich nicht für ihn geschickt
(convenu). Ihr Bruder ist verschwunden s), wo mag er
wohl seyn t)? Verzeihen Sie, er ist nicht hier gewesen,
er ist zu Hause (au logis) geblieben. Wo haben Sie ehe‍
dem (autrefois) gewohnt? Bey Herrn R.

a) vieillir sich alt machen b) au contraire c) me parois‍
sent rajeunies d) paru geschienen e) il me semble mir
deucht f) courir laufen g) raison h) par malheur,
malheureusement i) culbuter hinfallen k) tomber de la
fenêtre vom Fenster herabfallen l) arrivé m) les chi‍
rurgiens n) accourir herbeylaufen o) sauver p) sans
doute q) inutile vergeblich r) faire un tour de pro‍
menade s) disparoitre verschwinden t) où peut il
bien être.

## Ueber §. 109.

Warum weinen a) Sie? Ach ich beweine meinen
Vater. Trocknen Sie Ihre Thränen ab b) und vermeh‍
ren c) Sie nicht Ihren Schmerz (douleur), Sie wissen, daß
die schmerzlichen Gefühle d) sich vermehren, wenn man sich
ihnen überläßt e) — Weichen Sie nicht zurück f) oder sie
werden machen, daß auch die andern zurückweichen g). —
Meine Schwester tanzt (danse) ein wenig, aber sie tanzt
keine Menuets h).

a) pleurer weinen b) essuyés vos larmes c) augmenter
vermehren. d) les sensations douloureuses e) quand
on s'y laisse aller, quand on s'y abandonne. f) re‍
culer zurückweichen g) vous serés reculer. h) un
menuet ein Menuet.

110.

Andere Verba sind activa und neutra zugleich. Gram.
Pag. 139.

| | |
|---|---|
| Son crédit a (est) fort baiſ‍ſé. | Sein Credit ist sehr gefal‍len. |
| On a baiſſé ce mur. | Man hat diese Mauer nie‍driger gemacht. |

Ils

| | |
|---|---|
| Ils ont abordé dans l'île. | Sie sind auf der Insel gelandet. |
| Il n'ose pas aborder son père. | Er darf nicht vor seinem Vater. |
| Sa douleur augmente. | Sein Schmerz vermehret sich. |
| Cela a augmenté sa douleur. | Dieß hat seinen Schmerz vermehret. |
| Ce bois a brulé deux heures. | Dieses Holz hat zwey Stunden gebrannt. |
| La chaleur diminue. | Die Hitze nimmt ab. |
| On a diminué sa puissance. | Man hat seine Macht gemindert. |
| Cela est fini. | Das hat ein Ende (ist fertig). |
| J'ai fini mon ouvrage. | Ich habe meine Arbeit vollendet. |
| L' ennemi a fui. | Der Feind ist geflohen. |
| Il faut fuir les vices. | Man soll die Laster fliehen. |
| J'ai logé chés lui. | Ich habe bey ihm logirt. |
| Il loge tous les étrangers. | Er nimmt alle Fremde auf. |
| Il pleure à chaudes larmes. | Er weint heisse Thränen. |
| Il pleure son meilleur ami. | Er beweint seinen besten Freund. |
| La vigne pleure. | Der Weinstock triefet (weinet). |
| Le ladre pleure le pain, qu'il mange. | Der Filz beweint das Brod, welches er isset. |

## Irregularia.

### III.

Man hat im Französischen nicht so viel Irregularia, als in manchen andern Sprachen, und von denselben sind noch dazu mehrere nicht sehr üblich. Das Imperfektum und die zwey Plusquamperfekta Indikativi und der ganze Konjunktiv, das Präsens ausgenommen, sind regulär.

### Aller.

Je vais vite et il va lentement. Ich gehe geschwind und er geht langsam.

| | |
|---|---|
| Nous allons doucement et Vous n'allés pas vite. | Wir gehen langsam, und ihr gehet nicht geschwind. |
| Ces Messieurs vont à leur aise. | Diese Herren gehen nach ihrer Bequemlichkeit. |
| N'allés pas contre mon ordre. | Handelt nicht wider meinen Befehl. |
| S'ils alloient plus vite, nous ne pourrions pas les suivre. | Wenn sie geschwinder giengen, so könnten wir ihnen nicht folgen. |
| J'allois hier le voir, et puis nous fûmes ensemble au parc. | Ich besuchte ihn gestern, und hernach giengen wir miteinander in den Thiergarten. |
| Aujourd'hui je suis allé, (besser j'ai été,) à la comedie, et demain nous irons ensemble à la promenade. | Heute bin ich in die Komödie gegangen, und morgen gehen wir miteinander spazieren |
| Il faut, que je m'en aille, il est tard. | Ich muß gehen, es ist spät. |
| Etant hier chés lui, je lui parlai de votre frère. | Da ich gestern bey ihm war; so sprach ich mit ihm von Ihrem Bruder. |
| Qu'il aille vite chés lui. | Er soll geschwind nach Haus gehen. |
| Va me querir mon livre. | Gehe und hole mein Buch. |
| Allons le voir. | Wir wollen ihn besuchen. |
| Allons nous-en. | Wir wollen fort gehen. |
| Vas-y, ou n'y vas pas, c'est la même chose. | Gehe hin oder gehe nicht hin, es ist einerley. |
| Qu'ils aillent vite me querir mon coffre. | Sie sollen mir geschwind meinen Koffer holen. |
| Voulés-Vous que nous allions promener ensemble? | Wollen wir mit einander spazieren gehen? |
| Je l'ai rencontré en allant Vous voir. | Er ist mir begegnet, wie ich Sie besuchen wollte. |
| Je vais demain à Nuremberg. | Ich gehe Morgen nach Nürnberg. |
| Je vais le voir. | Ich werde es gleich sehen. |
| Tu vas bien rire. | Du wirst recht lachen. |
| Il va venir. | Er wird gleich kommen. |

## 112. Envoyer.

| | |
|---|---|
| Demain je Vous envoyerai mon livre. | Morgen sende ich Ihnen mein Buch. |
| Je Vous l'enverrois (besser envoyeroie) aujourd'hui, si je pouvois. | Ich würde es Ihnen heute schicken, wenn ich könnte. |

## 113. Tisser.

| | |
|---|---|
| Cette toile est bien tissue. | Diese Leinwand ist fest gewebt. |
| Ce gallon est bien tissu. | Dieses Gallone ist fest gewebt. |
| Faites en le tissu de votre roman. | Machen Sie daraus das Gewebe Ihres Romans. |

### Ueber §. 110. 112.

Es versteht sich das von selbst a), denn alle Wege gehen nach Rom. — Ihr greifet die Sache ein wenig hitzig an b). Wo gehen diese Leute (gens) hin? Ich glaube, sie gehen spazieren. — Ich werde Ihren Vetter morgen besuchen c), denn ich muß itzt gehen (Conj.) Sagen Sie diesen Mägden d), sie sollen Wein holen e) (Conj.). Sie werden den Augenblick welchen holen. Ich werde Ihnen morgen meine Magd schicken. Haben Sie die Güte, ihr das Buch zuzustellen (remettre) welches Sie mir versprochen haben f) — Er bildet sich ein g), daß das Leben, welches er führen wird h), aus Gold i) und Seide k) gewebt ist. Seine Erzählung l) war sehr schlecht gewebt.

a) s'en aller sans dire sich von selbst verstehen b) aller vite en besogne die Sache hitzig angreifen. c) aller voir besuchen d) dites à ces servantes e) aller chercher (querir) du vin Wein holen. f) que vous m'avés promis g) s'imaginer sich einbilden. h) qu'il va mener i) l'or das Gold k) la soye die Seide l) la narration die Erzählung.

## Zweyte Konjugation.

### 113. Benir.

| | |
|---|---|
| Il a été beni de Dieu. | Er ist von Gott gesegnet worden. |
| Voilà du pain benit (nicht beni,) et de l'eau benite. | Da ist geweyhtes Brod und geweyhtes Wasser. |

### 114. Bouillir *) Barbouillir.

| | |
|---|---|
| Puisque l'eau bout, otés-la du feu. | Weil das Wasser siedet, so thut es von dem Feuer weg. |
| Ces boudins bouillent bien. | Diese Würste sieden recht. |
| Le pot bouilloit, quand je fuis forti | Der Topf hat gesotten, als ich hinausging. |
| L'eau bouillira bientôt. | Es wird das Wasser bald sieden. |
| Il faut que l'eau bouille bientôt: elle bouilliroit déja s'il y avoit assès de feu. | Es muß das Wasser bald sieden: Es würde schon sieden, wenn Feuer genug da wäre. |
| Je fais bouillir mes herbes. Le pot commence à bouillir. | Ich lasse meine Kräuter absieden, der Topf fängt schon an zu sieden. |
| Le sang lui bout dans les veines. | Das Blut wallet in seinen Adern. |
| J'ai de quoi faire bouillir la marmite. | Ich habe Mittel meine Familie zu ernähren. |

### 115. Courir **) accourir, discourir, encourir, parcourir, recourir, secourir.

| | |
|---|---|
| Je cours vite, mais il court plus vite que moi. | Ich laufe geschwind, allein er läuft geschwinder, als ich. |

Vous

---

*) Bouillir ist ein Neutrum, Fleisch sieden, heißt also nicht bouillir de la viande, sondern faire bouillir de la viande.

**) Man sagt courre le cerf, le lievre, Hirschen, Hasen jagen. Courre la poste, mit der Post fahren, courre la bague nach dem Ring rennen. In allen andern Fällen ist courre nicht zu gebrauchen. Am sichersten ist es, man nimmt durchaus courir anstatt courre.

| | |
|---|---|
| Vous courés à votre perte. | Sie rennen in ihr Verderben. |
| Il accourut hier, quand-il me vit. | Er lief gestern herben, als er mich sahe. |
| Je concourrai à votre bonheur, si vous êtes sage. | Ich will zu Ihrem Glück beytragen, wenn Sie sich gut aufführen. |
| J'ai discouru avec lui une heure. | Ich habe eine Stunde lang mit ihm geredet. |
| Il encourroit la peine de mort, s'il faisoit cela. | Er würde die Todesstrafe verdienen, wenn er das thäte. |
| J'ai parcouru ce livre, il est beau. | Ich habe dieß Buch durchgesehen, es ist schön. |
| On le secourroit, s'il le méritoit. | Man würde ihm zu Hülfe kommen wenn er es verdiente |
| Voulés-Vous courre le cerf ou le lievre avec nous? | Wollen Sie mit uns einen Hirschen oder Hasen jagen. |

### 116. Couvrir, ouvrir, offrir, souffrir.

| | |
|---|---|
| Je couvre vos défauts, couvrés aussi les miens. | Ich decke Ihre Fehler zu; bedecken Sie auch die meinigen. |
| Le ciel est couvert. | Der Himmel ist trübe, (bedeckt). |
| Il a toujours la tête découverte. | Er steht immer da mit blossenm Kopfe. |
| Avés-vous recouvert *) le pot? | Haben Sie den Topf wieder zugedeckt. |
| Avés vous recouvré votre santé? | Haben Sie Ihre Gesundheit wieder? |
| Ils vous offrent leurs services. | Sie bieten Ihnen ihre Dienste an. |
| Il m'a offert de l'argent. | Er hat mir Geld angeboten. |
| L'offre, que vous me faites, m'est agréable. | Das Anerbieten, das Sie mir machen, ist mir angenehm. |
| Ouvrés la porte. | Machen Sie die Thür auf. |
| Elle est déja ouverte. | Sie ist schon offen. |
| Il faut, que je souffre beaucoup à cause de Vous. | Ich muß Ihretwegen viel leiden. |

J'ai

---

*) Recouvrer heißt wiedererlangen und ist regulär.

J'ai déja beaucoup souffert à cause de lui. — Ich habe seinetwegen schon viel gelitten.

### 117. Cueillir, accueillir, recueillir.

Je cueille mes fleurs, et vous cueillés les vôtres. — Ich pflücke meine Blumen ab, und Sie pflücken die Ihrigen ab.

Hier je cueillis mes pommes et mes raisins. — Gestern pflückte ich meine Aepfel und meine Trauben ab.

Il m'a fort bien acueilli. — Er hat mich sehr wohl aufgenommen.

Il faut, que je recueille mon blé — Ich muß mein Korn sammeln.

### 118. Dormir.

Je ne dors guères, et vous dormés, comme une marmotte. — Ich schlafe wenig und Sie schlaffen, wie ein Murmelthier.

Je me suis endormi, et j'ai dormi deux heures de suite. — Ich bin eingeschlafen und habe zwey Stunden fortgeschlafen.

### 119. Faillir. *)

Nous faillons tous en diverses manières. — Wir fehlen alle mannigfaltig.

On les punit, quand ils faillent. — Man strafet sie, wenn sie fehlen.

Je faillis hier à tomber de mon haut. — Ich wäre gestern beynahe hingefallen.

### 120. Défaillir.

(Beynahe ganz veraltet.)

Rien ne lui défaut (besser manque) que cela. — Nichts fehlt ihm, als das.

Les forces me défaillent. — Die Kräfte fehlen mir.

121.

*) Das Präsens und Futurum von Faillir wird selten, und das erste Imperfektum Indikativi und Konjunktivi nie gebraucht. Man nimmt dafür manquer.

### 121. Fleurir. *)

| | |
|---|---|
| Alors mes fleurs fleuris soient, et le commerce florissoit. | Damahls blühten meine Blumen, und der Handel blühte. |
| Ce pays est dans un état bien florisfant, le commerce y fleurit par tout. | Dieses Land befindet sich in einem guten Zustand, die Handlung darinn blühet überall. |

### 122. Gésir.

| | |
|---|---|
| Ici git votre ami. | Hier liegt Ihr Freund begraben. |
| C'est ici, que git le lièvre. | Hier liegt der Hund, (Hase) begraben. |

### 123. Fuir.

| | |
|---|---|
| Je fuis le vice. | Ich fliehe das Laster. |
| J'ai toujours fui sa compagnie. | Ich habe stets seine Gesellschaft geflohen. |
| Vous ne fuyés pas ces gens. | Sie fliehen nicht diese Leute? |
| Pourquoi Vous enfuyés-Vous? | Warum laufen Sie davon. |
| Pourquoi s'en est-il enfui? | Warum ist er davon gelaufen. |
| Il s'enfuit, quand on l'apelle. | Er läuft davon, wenn man ihn ruft. |

### 124. Haïr.

| | |
|---|---|
| Je haïs les flatteurs, Vous ne les haïsés pas assés. | Ich hasse die Schmeichler, Sie hassen sie nicht genug. |
| Il ne haïssoit jamais les belles sages et spirituelles. | Er hassete niemahls die Schönen die klug und geistreich waren. |
| Il a toujours haï cet homme. | Er hat diesen Mann allezeit gehasset. |

### 125. Issir ist nur im Perfekto gebräuchlich).

| | |
|---|---|
| Cet homme est issu de bonne maison, d'un sang noble et illustre. | Dieser Mann stammet vom gutem Hauß, von einen edeln und vornehmen Geblüte. |

Cette

---

*) Wenn man figürlich redet, so muß man im Imperfekto und Participio die erste Sylbe fleu in flo verwandeln. Alors la poëse florissoit (nicht fleurissoit). Un Royaume florisant.

| | |
|---|---|
| Cette demoiselle est issuë de bonne famille. | Dieses Frauenzimmer stammt aus einem guten Hause ab. |

## 126. Mentir, Démentir, Sentir, Se répentir.

| | |
|---|---|
| Il ne ment pas, il dit la vérité. | Er lüget nicht, er sagt die Wahrheit. |
| Ne mentés pas, dites la vérité. | Lügen Sie nicht, sagen Sie die Wahrheit. |
| Je ne souffrirai pas qu'il mente. | Ich leide nicht, daß er lüge. |
| Je mentirois, si je disois cela. | Ich würde lügen, wenn ich das sagte. |
| Il vouloit, que je mentisse, mais je ne voulois pas. | Er wollte haben, ich sollte lügen, allein ich wollte nicht. |
| Il a démenti tous ses énnemis. | Er hat alle seine Feinde zu Lügner gemacht. |
| Il veut, que je démente mon seing et mon écriture. | Er will haben, ich soll meine Unterschrift und meine Handschrift läugnen. |
| Ne démentés pas la bonne opinion qu'on a conçue de Vous. | Widerlegen Sie nicht die gute Meinung, die man von Ihnen gefaßt hat. |

## 127. Sentir, ressentir, se repentir.

| | |
|---|---|
| Cela sent bon et non pas mauvais. | Das riecht gut, und nicht übel. |
| Cela sent-il bon ou non? | Riechet das gut, oder nicht? |
| Je ressens Votre affliction autant que la mienne. | Ich empfinde Ihre Betrübniß so sehr, als die meinige. |
| Il se resentira du tort, que Vous lui faites. | Er wird das Unrecht ahnden, das Sie ihm thun. |
| Je me repens de cela. | Es reuet mich dieses. |
| Repentés-Vous en, aussi. | Lassen Sie sich es auch gereuen. |
| Je crains, qu'il ne s'en repente bientôt. | Ich fürchte, es wird ihn bald gereuen. |

## 128. Mourir.

| | |
|---|---|
| Je meurs de chagrin. | Ich sterbe vor Verdruß. |
| Mourons au monde et à ses convoitises. | Wir wollen der Welt und ihren Lüsten absterben. |
| Vous mourés de peur. | Sie sterben vor Furcht. |

| | |
|---|---|
| Ces gens meurent tous misérables. | Diese Leute sterben alle elend. |
| Les envieux mourront, mais non jamais l'envie. | Die Neider sterben zwar, der Neid aber niemals. |
| Il mourra en sa peau. | Er wird sich nie bessern. (In seiner Haut sterben.) |
| L'année dernière il mourut beaucoup de monde, et celle-ci il en est mort fort peu. | Im vorigen Jahr starben viele Leute, und in diesem sehr wenig. |
| Pendant la dernière disette il mouroit beaucoup de monde | Während letzterer Hungersnoth starben viele Leute. |
| Il en mourroit tout autant à présent, si nous avions le même malheur. | Es würden itzt eben soviel sterben wann wir das nehmliche Unglück hätten. |
| Il faut, qu'il meure beaucoup de monde, car il court beaucoup de maladies. | Es müssen viele Leute sterben, dann es regieren viele Krankheiten. |
| Le feu est mort. | Das Feuer ist tod. (ausgegangen.) |
| La chandelle est morte. | Das Licht ist ausgebrannt. |

### 129. Ouir. *)

| | |
|---|---|
| J'ouïs alors une voix, qui me dit: fais cela. | Ich hörte damals eine Stimme, die zu mir sagte: thue das. |
| Avés Vous oui dire cela? | Habt ihr das sagen hören? |

### 130. Partir, départir. **)

| | |
|---|---|
| Je pars demain pour Paris. | Ich reise morgen nach Paris. |
| Nous partons tous ensemble. | Wir reisen alle insgesamt ab. |
| Jean partit hier au matin, et Jaques est parti ce soir. | Johann reisete gestern früh ab, und Jacob heute abends. |
| Il veut que je parte tout de suite. | Er will, ich soll gleich abreisen. |
| Il vouloit que je partisse avec lui. | Er wollte, ich solle mit ihm abreisen. |

*) Ouir, ist nur in dem Perfekto simplici und den Temporibus kompositis gebräuchlich, sonst nimmt man entendre.
**) Partir ist regulär, wenn es theilen heißt. In diesem Sinn wird es aber bloß in der Wappenkunst gebraucht.

| | |
|---|---|
| Je craignois, que Vous ne partisiés trop-tôt. | Ich war besorget, Sie möchten zu bald abreisen. |
| Quand il s'est coiffé d'une opinion; il s'en depart rarement. | Wann er sich einmal etwas in den Kopf gesetzt hat, so geht er selten davon ab. |
| Quand on lui eut dit cela il repartít que non. | Als man ihm das gesagt hatte, versetzte er: Nein. |

### 131. Querir. *)

| | |
|---|---|
| Allés querir du pain. | Holet Brod. |
| Je m'en vais Vous en querir. | Ich gehe, und hole Ihnen welches. |
| Envoyés-moi querir cela. | Lassen Sie mir das holen. |

### 132. Acquerir, Enquerir, Conquerir.

| | |
|---|---|
| Ce Savant acquiert une grande reputation, et avec cela beaucoup de bien. | Dieser Gelehrte erwirbt sich großen Ruhm und dabey viel Vermögen. |
| Vous acquerés beaucoup de reputation dans ce collège. | Sie erlangen vielen Ruhm in diesem Gymnasio. |
| Ils acqueront par là peu de gloire. | Sie erlangen dadurch wenig Ehre. |
| Alexandre acquit une grande gloire en conquerant l'Asie. | Alexander erwarb sich großen Ruhm, indem er Asien eroberte. |
| Cet homme s'est acquis de la gloire. | Dieser Mann hat sich Ruhm erworben. |
| Il faut, qu'il acquière de la gloire dans ce noble métier | Er muß Ehre in diesem edlen Gewerb erlangen. |
| Il falloit, que Vous acquisiés beaucoup de bien alors. | Ihr müsset damals viel Vermögen erworben haben. |
| Enquerés Vous diligemment des écritures. | Forschet fleißig in der Schrift. |
| Je me suis enquis soigneusement de cette affaire. | Ich habe mich fleißig um diese Sache erkundigt. |
| Il faut, que Vous Vous en queriés bien aussi. | Sie müssen Sich auch fleißig darnach umthun. |

*) Querir wird bloß im Infinitiv mit den Verbis, aller, envoyer, venir, gebraucht. Ich hole heißt: Je vais querir.

### 133. Saillir. *)

| | |
|---|---|
| Un membre saillant. | Ein vorragendes Glied. |
| Un angle saillant. | Ein vorragender Winkel. |
| Mon sang a sailli à dix pas de moi. | Mein Blut ist zehen Schritte weit von mir gesprungen. |

### 134. Assaillir.

| | |
|---|---|
| Mille ennemis l'assaillent de tous cotés. | Tausend Feinde fallen ihn auf allen Seiten an. |
| La fièvre m'assaillit hier au soir. | Das Fieber überfiel mich gestern Abend. |

### 135. Tressaillir.

| | |
|---|---|
| Nous tressaillons de joye, quand nous vous voyons. | Wir hüpfen vor Freude, wenn wir Sie sehen. |
| L'enfant a tressailli de joye. | Das Kind hüpfte vor Freude. |

### 136. Servir.

| | |
|---|---|
| Je sers Dieu et Vous servés les idoles. | Ich diene Gott, und ihr dienet den Götzen. |
| On avoit servi et desservi la table, qu'il n'étoit pas encore venu. | Man hatte das Essen aufs und abgetragen und er war noch nicht gekommen. |
| Le peuple Juif a été long-temps asservi**) à ses vainqueurs. | Das Jüdische Volk ist lange seinen Ueberwindern dienstbar gewesen. |

### 137. Sortir.

| | |
|---|---|
| Il sort à tout moment. | Er gehet alle Augenblick aus. |
| Pourquoi ne sortés Vous pas. | Warum gehen Sie nicht aus. |
| Que ne sort-il pas d'abord? | Warum gehet er nicht gleich aus? |
| Il faut, que Vous sortiés d'abord. | Ihr müsset gleich heraus gehen. |
| Il vouloit, que nous sortissions ensemble. | Er wollte, wir sollten miteinander ausgehen. |

*) In der Bedeutung hüpfen, ist sauter besser als saillir. Wird saillir von flüssigen Sachen gebraucht, so hat es im Präsenti, il saillit, ils saillissent, und im Futuro, il saillira, ils sailliront.

**) Asservir, unterjochen, ist regulär.

Aſſortir und reſſortir ſind regulär.

| | |
|---|---|
| J'aſſortis mes marchandiſes aſſortiſſés les Vôtres. | Ich ordne meine Waaren zuſammen, ordnen Sie die Ihrigen. |
| Toutes nos appellations reſſortiſſent à un même préſidial. | Alle unſere Appellationen gehören vor das nemliche Landgericht. |

### 138. Tenir, abſtenir, contenir, détenir, maintenir, retenir.

| | |
|---|---|
| Je tiens ma parole, pourquoi ne tiennent-ils pas la leur? | Ich halte mein Wort, warum halten ſie das ihrige nicht? |
| Nous tinmes alors un conſeil qui dura jusqu'au ſoir. | Wir hielten alsdann einen Rath, der bis Abends dauerte. |
| Cet homme a tenu ſa parole, il faut que Vous teniés auſſi la Vôtre. | Dieſer Mann hat ſein Wort gehalten, Sie müſſen auch das Ihrige halten. |
| Il ne vouloit pas ſouffrir, que je tinſſe mon aſſemblée. | Er wollte nicht leiden, daß ich meine Verſammlung hielte. |
| Abſtenés-Vous de faire le mal. | Enthaltet euch, Böſes zu thun. |
| Il n'a pas vu, que je m'en ſois abſtenu. | Er hat nicht geſehen, daß ich mich deſſen enthielte. |
| Cela appartient à moi, et non pas à Vous. | Dieſes gehört mir zu, und nicht Ihnen. |
| Il ne Vous apartenoit pas de faire cela. | Es gehörte Ihnen nicht, das zu thun. |
| Ce livre contient de belles choſes. | Dieſes Buch enthält ſchöne Sachen. |
| La toiſe contient ſix piés, et l'arpent contient cent perches. | Die Klafter enthält ſechs Schuh, und ein Juchart hält hundert Ruthen. |
| Le monde, et tout ce qu'il contient eſt l'ouvrage de Dieu. | Die Welt und alles, was darinnen iſt, iſt das Werk Gottes. |
| Il a été détenu priſonnier une année entière. | Er iſt ein ganzes Jahr gefangen gehalten worden. |
| Il faut, que nous maintenions l'ordre, ou tout ira mal. | Wir müſſen die Ordnung erhalten, ſonſten wird alles übel gehen. |

Re-

| | |
|---|---|
| Retenés Votre langue, mais soutenés vos droits. | Halten Sie Ihre Zunge im Zaum, jedoch behaupten Sie Ihre Rechte. |
| Il a retenu mon bien. | Er hat mir mein Vermögen zurückgehalten. |

### 139. Venir, revenir, convenir, devenir.

| | |
|---|---|
| Je viens, et il ne vient pas encore. | Ich komme, und er kommt noch nicht. |
| Venés avec nous. | Kommet mit uns. |
| Deux vinrent hier chés nous, et aujourd'hui il en est venu trois. | Zwey kamen gestern zu uns, und heute sind ihrer drey gekommen. |
| Tu viens de lui parler. | Du hast ihn erst gesprochen. |
| Il vient d'arriver. | Er ist erst angekommen. |
| Nous venons de les voir. | Wir haben sie erst gesehen. |
| Vous venés de lui parler. | Ihr habt erst mit ihm gesprochen. |
| Quoique je vinsse de lui parler, je ne pus me le remettre d'abord. | Obwohl ich ihn gleich erst gesprochen, so konnte ich mich doch nicht gleich an ihn erinnern. |
| Venés-Vous en avec moi. | Kommen Sie mit mir. |
| Qu'il vienne avec nous. | Er soll mit uns kommen. |
| S'il n'est pas encore parvenu dans le monde, il y parviendra. | Hat er in der Welt noch nicht sein Glück gemacht, so wird er es noch machen. |
| Revenés bien vite. | Kommet geschwind wieder. |
| Il faut qu'il revienne tout de suite. | Er muß gleich wiederkommen. |
| Je suis convenu avec lui de partir demain. | Ich bin mit ihm übereingekommen, daß wir morgen abreisen wollen. |
| Qu'est ce qu'est devenu votre frére? | Was ist aus Ihrem Bruder geworden. |

### 140. Vetir, revetir. *)

| | |
|---|---|
| Me voilà bien vêtu à présent. | Nun bin ich wohl gekleidet. |
| Il a eté revêtu d'un emploi important. | Er ist mit einem wichtigen Amt versehen (bekleidet) worden. |

*) Investir, eine Vestung berennen, und Travestir, verkleiden, sind ganz regulär. Vetir wird selten anders, als im Perfekto simplici und in den temporibus kompos. gebraucht. Habiller, ist besser.

## Uebungen über §. 113.—114.

Ehret a) diese Leute, sie sind von Gott gesegnet. Er zündet b) alle Nacht eine geweihte Kerze an, um die Gespenster zu verscheuchen c). — Sehet nach d), ob das Wasser siedet. Es sollte schon, als ich hereinkam e). Nehmet euch also in acht f), daß der Topf nicht zu sehr einsiede. Lassen Sie sich nicht leid seyn g), es wird nicht zu stark (trop) sieden. — Wissen Sie, daß wieder eine neue Mode im Gang ist h)? Wie viel (combien) sind wohl schon dieses Jahr im Gange gewesen? Gott weiß es. — Kennet ihr dieses Mädchen i)? Sie lauft auf alle Bälle k) und in alle Concerte. — Reichen Sie mir l) dieses Buch, ich werde es ein wenig durchblättern m), und will Ihnen alsdann meine Meynung n) davon sagen.

a) honorer, respecter ehren.  b) allumer  c) écarter. d) aller voir nachsehen. e) quand je suis entré f) prendre garde sich in Acht nehmen. g) ne soyés pas en peine.  h) courir im Gang seyn.  i) connoissés-vous. k) courir les bals auf den Bällen herumlaufen. l) donnés moi  m) parcourir durchblättern. n) mon sentiment

## Ueber §. 115.—117.

Es wird regnen a). Der Himmel überzieht b) sich mit Wolken. — (nuage) Decket diesen Topf c) zu — Er ist schon zugedeckt. — Lasset nicht die Thüre d) offen. — Ich habe sie mit Fleiß e) geöffnet. — Wo ist mein Sohn? Er pflückt Blumen f) im Garten. Schon wieder? (encore) Pflückte er denn nicht gestern einen ganzen Korb voll h). — Wie sind Sie von Herrn G. aufgenommen worden i)? Sehr gut. Ich wollte, ich würde von seinem Sohn wie von ihm aufgenommen. Schläft Ihr Herr Bruder noch? Ich weiß es nicht, aber ich will sehen. — Sie schlafen noch alle. Der Bediente k) sagt, sie haben diese Nacht wenig geschlafen.

a) il pleuvra  b) se couvrir sich überziehen  c) un pot ein Topf.  d) la porte  e) exprès mit Fleiß.  f) cueillir des fleurs Blumen pflücken.  h) tout une pannerée i) accueillir aufnehmen.  k) le valet, le domestique.

## Ueber §. 118.—122.

Euer Bruder wurde gestern beynahe getödet a) — Das Gedächtniß verläßt ihn b). — Er hat seinen Streich verfehlt c). — Dieser Autor hat an (en) vielen Orten gefehlt. — Er fühlt, daß ihm die Kräfte fehlen d). Die Kirschen und Weichselbäume e) blühen am ersten (des premiers). Die Wissenschaften blühten unter Franz f) dem Ersten, aber zweyhundert Jahre vor ihm, lag g) noch das Volk in der Unwissenheit h) — In unserer Kirche liegt der Leichnam i) ihres Stifters k). — Laßt uns die Laster l) und die Gelegenheit zur Sünde m) fliehen. — Warum flieht ihr uns? Wir haben euch nie geflohen.

 a) faillir à être tué beynahe getödet werden. b) la mémoire das Gedächtniß. Mit faillir wird hier verlassen gegeben. c) faillir son coup seinen Streich verfehlen. d) il se sent d. faillir. e) les cérisiers die Kirschenbäume, les griottiers die Weichselbäume. f) François Franz g) gisir liegen h) l'ignorance i) le corps k) le fondateur der Stifter. l) les vices m) les occasions du peché.

## Ueber §. 123.—126.

Ich hasse die Undankbarkeit a), so wie Sie die Arbeit b) hassen. — Glaubet ihr c), er habe sie jemals gehasset, und habe nicht gewußt d), aus welchem Hause sie entsprungen ist? Ihr wißt e), daß er wie ein Buch lügt und doch (pourtant) glaubet ihr ihm. — Wie könnt ihr so unverschämt f) lügen. Glauben Sie denn ich lüge? Wenn ich lüge, so würde ich in Gefahr kommen g), von diesem Herrn da Lügen gestraft zu werden h). — Diese Blumen i) riechen gut Wo haben Sie sie gepflückt? Rochen Sie gestern nicht dieses Cadaver? Allerdings k), es reuet mich, es gesehen zu haben. — Dieser Mann da war gefährlich krank l), man merkt ihm aber nichts mehr an m)

 a) l'ingratitude b) le travail c) croyés-vous, d) et qu'il ait ignoré e) vous savés f) effrontément g) je risquerois h) démentir Lügen strafen i) ces fleurs k) oui sans doute l) dan-

dangereusement (griévement) malade m) mais il ne s'en
ressent plus.

## Ueber §. 128. — 130.

Ich sterbe vor Freude a), indeß meine Feinde vor Verdruß b) sterben. Herr M. starb gestern Abends um acht Uhr. Wie, Herr M. ist gestorben? Guter Gott, wer hätte geglaubt daß er so bald c) sterben würde! Diese Jahreszeit d) ist allen Leuten gefährlich e), es werden dieses Jahr noch viele sterben. — Wir müssen alle sterben, und wir leben (vivons), als würden wir nie sterben. — Ich habe sagen hören, daß Herr B. morgen nach Leipzig reiset (praet.) Verzeihen Sie, er ist schon abgereiset, seine Waaren aber gehen morgen ab f). — Ich reise ab. Leben Sie wohl (adieu), mein Freund. Wie, Sie reisen ab? Ich glaubte nicht, daß Sie so bald abreisen würden. — Hüten Sie sich g), mit meinem Bruder zu disputiren er geht nie von seiner Meinung ab h).

a) mourir de joye vor Freude sterben. b) le chagrin der Verdruß c) sitôt d) cette saison e) bier funeste sonst aber dangereux. f) partir abgeben g) gardés-vous h) se départir de son opinion von seiner Meynung abgeben.

## Ueber §. 130. — 133.

Holet das Buch, welches auf meinem Tische liegt a). — Nein, bleibt b), ich will es selbst holen. — Wollen wir eine Bouteille Wein holen lassen. — Ich komme, mein Herr, das Buch abzuholen, welches Sie mir versprochen haben c). Man erwirbt sich schwer d) Freunde und verliebrt sie leicht e). Wir erlangen genug Weisheit f) um dem Glücke zu trozen g). Man sagt, er habe sich ein bequemes Haus h) erworben. Erkundigen Sie sich doch welches. Ich habe mich schon fleißig darnach erkundigt. Sagen Sie ihrem Bruder i), er soll sich darnach erkundigen. — Sehen Sie (regardés) diesen Balcon. Mir deucht, er springt zuweit vor. Sehen Sie (voyés), wie mein Blut k) springt!

a) qui est sur ma table b) demeurer bleiben c) que vous m'avés promis d) difficilement e) perdre facilement ses amis seine Freunde leicht verliebren. f) la sagesse

se die Weisheit g) braver la fortune. h) une maison commode i) dites à votre frère regiert den *Conj.* k) le sang.

## Ueber §. 134. — 137.

Ich glaube, die Gewissensbisse a) griffen ihn an b). Glauben Sie es nicht, ich denke vielmehr c), er wird von neuen Versuchungen d) ergriffen. — Man hüpft vor Freuden, ich zweifle e) aber, daß man je vor Schmerzen gehüpft hat. — Wie er hüpfen wird, wenn er das erfahren wird. Alle eure Entschuldigungen f) helfen euch nichts. — Meine Schwester wartet meiner Mutter auf. — Wer hat beim Essen aufgewartet g)? Der Bediente h) meines Vaters. Ist Ihr Herr Vater zu Hause i)? Nein, er ist ausgegangen. Geht er täglich um diese Stunde k) aus? Nein. Er muste l) heute ausgehen, weil ihn der Minister hatte rufen lassen m). Sonst n) will meine Mutter nicht o), daß er so frühe p) ausgehe.

a) les remords b) assaillir angreifen c) plutôt d) les tentations Versuchungen. e) douter zweifeln, regiert den *Conj.* f) toutes vos excuses g) à table, pendant le repas. h) le valet, le laquais i) au logis. k) à cette heure l) il falloit reg. den *Conj.* m) faire appeller rufen lassen. n) d'ailleurs o) ma mère ne veut pas p) si matin so frühe.

## Ueber §. 138.

Meine Schwester hebt morgen ein Kind aus der Taufe a). Haltet euch recht ruhig b) während der Predigt c). Wer führte gestern die Feder d) beym Verhör e)? Mein Bruder führte sie gestern (p. s.) aber Herr M. hat sie heute geführt (p. c.) und Herr G. wird sie morgen führen. Man wollte, ich sollte die Kasse führen f), ich habe mich aber entschuldigt g). — Ich habe mich heute des Weins enthalten h), enthalten Sie sich des Biers (biére) wenn Sie können (pouvés). Wem gehört dieses Buch? Es gehörte (p.c.) meinem Schwager i), welcher es dem Sohn des Herrn D. gegeben hat. Es enthält, wie man sagt k), ziemlich (assés) schöne Sachen. Diese Arten von Werken l) enthalten selten interessante Sachen. — Wissen Sie, daß Ihr Vet-

250

ter lange gefangen m) gehalten wurde (p. c.)? — Haben Sie einen Platz auf der Kutsche bestellt n)? Ja, ich habe so eben o) einen bestellt.

a) tenir un enfant (sur les fonts de batême) ein Kind aus der Taufe heben. b) se tenir coi sich ruhig halten. c) le sermon. d) tenir la plume die Feder führen. e) l'interrogatoire das Verhör. f) tenir la caisse die Kasse führen. g) s'excuser sich entschuldigen. h) s'abstenir sich enthalten. i) le beaufrère der Schwager. k) dit on l) ces sortes d'ouvrages m) prisonnier n) retenir une place au coche einen Platz auf der Kutsche bestellen. o) oui, je viens de.

## Ueber §. 139. — 140.

Woher (d'où) kommen Sie? Ich komme von (de chés) Ihrem Herrn Vater. Sein Bedienter kam (p. c.) gestern Abends, mich zu bitten, mich zu ihm zu begeben a). Wissen Sie, daß Herr D. erst angekommen ist b)? Ja, ich habe erst mit ihm gesprochen c). Er wird diesen Abend kommen und uns besuchen d). Ist sein Bruder auch wieder gekommen? Nein, er wird nicht mehr wieder kommen e), und ich wünschte auch nicht f), daß er wieder käme. Gehörte es sich nicht g) Herrn D. die Aufwartung zu machen h)? — Wer ist dieses weißgekleidete Frauenzimmer i)? Es ist die Schwester des Herrn, der kürzlich die Stelle eines Geheimderaths erhalten hat k).

a) se rendre chés qlc. b) venir d'arriver erst angekommen. c) parler d) nous voir e) ne plus revenir nicht mehr wiederkommen. f) je ne voudrois pas reg. den *Conj.* g) il convient es gehört sich h) faire la visite la révérence à qlc. i) se vêtir de blanc sich weiß kleiden. k) revêtir qlc. d'une place jemand ein Amt ertheilen.

Drit-

## Dritte Konjugation.

### 141. Cheoir, décheoir, écheoir. *)

| | |
|---|---|
| On ne les élève tant, que pour les faire cheoir de plus haut. | Man erhebet sie nur so sehr, damit sie tiefer fallen. |
| Il est déchu de sa premiere grandeur; Vous décherrés bientôt de la vôtre. | Er ist von seiner ersten Höhe herabgefallen; ihr werdet auch von der eurigen herabsinken. |
| Si ce bien lui écheoit en partage, Vous en aurés Votre part. | Wenn ihm dieses Gut zu Theil wird, so bekommen Sie auch Ihren Theil davon. |
| Le terme de ce contract écherra demain, s'il n'est pas encore échu. | Der Termin dieses Contrakts wird verfallen, wenn er noch nicht verfallen ist. |

### 142. Faloir.

| | |
|---|---|
| Il me faut parler, oder, il faut que je parle. | Ich muß reden. |
| Il ne me falloit plus, que cent écus. | Ich brauchte nicht mehr, als noch hundert Thaler. |
| Alors il nous fallut partir. | Damals mußten wir abreisen. |
| Il a fallu, que je lui parlasse. | Ich habe mit ihm reden müssen. |
| Il vous faudra encore vingt pistoles. | Sie werden noch zwanzig Pistolen (Louisd'or) haben müssen. |
| Il m'en faudroit d'avantage à moi. | Ich brauchte mehr. |
| Bien qu'il me faille partir, je le verrai encore demain. | Obwohl ich abreisen muß, so werde ich ihn doch morgen noch sehen. |
| Quoiqu'il ne me fallût que dix écus, il ne me les a pas donnés. | Obwohl ich nur zehn Thaler brauchte so hat er mir sie doch nicht gegeben. |

Peu

*) Cheoir, wird gewöhnlich nur in Infinitivo gebraucht. Von Déchoir sind alle tempora üblich. Anstatt Echeoir nimmt man von Terminen besser expirer und anstatt Cheoir, gewöhnlich Tomber.

| | |
|---|---|
| Peu s'en est fallu, que je ne fois tombé. | Es hat wenig gefehlt, so wäre ich gefallen. |
| Il lui faut aller là, besser, il faut, qu'il aille là. | Er muß dahin gehen. |

### 143. Mouvoir, émouvoir, démouvoir, promouvoir.

| | |
|---|---|
| Il meut un poids de mille livre. | Er bewegt ein Gewicht von tausend Pfund. |
| Il faut, qu'on l'émeuve à pitié. | Man muß ihn zum Mitleiden bewegen. |
| Il a été ému de compassion envers lui. | Er ist zum Mitleid gegen ihn bewogen worden. |
| Cet orateur sait émouvoir les passions. | Dieser Redner weiß die Leidenschaften zu erregen. |
| Il ne s'émeut de rien. | Nichts bewegt ihn. |
| On ne peut le démouvoir (le détourner) de ce dessein. | Man kann ihn von diesem Vorhaben nicht abbringen. |
| Il a été promu au cardinalat. | Er ist zur Cardinals-Würde erhoben worden. |

### 144. Pleuvoir.

| | |
|---|---|
| Il pleut à vers. | Es regnet stromweis. |
| Il pleuvoit, quand je suis venu. | Es regnete, als ich kam. |
| Il plut hier au soir, mais aujourd'hui il n'a pas plu. | Es regnete gestern Abends, aber heute hat es nicht geregnet. |
| Il pleuvroit, s'il ne faisoit pas si froid. | Es würde regnen, wenn es nicht so kalt wäre. |
| Il falloit, qu'il plût bientôt, car le ciel étoit bien couvert. | Es mußte bald regnen, denn der Himmel war sehr trübe. |
| L'ennemi a fait pleuvoir sur nous une grèle de dards et de flèches. | Der Feind hat auf uns einen Hagel von Wurfspießen und Pfeilen regnen lassen. |

### 145. Pouvoir.

| | |
|---|---|
| Si je puis (si je peux) j'y irai, et toi aussi, si tu peux. | Wenn ich hingehen kann, so gehe ich hin, und du auch, wenn du kannst. |
| Il ne peut pas venir. | Er kann nicht kommen. |
| Si je pouvois, je le ferois. | Wenn ich könnte, so thäte ich es |

Je

| | |
|---|---|
| Je ne pus pas venir hier à cause de la pluye. | Ich konnte gestern nicht kommen, wegen des Regens. |
| Je voulois le faire, mais je n'ai pas pu. | Ich wollte es thun, aber ich konnte nicht. |
| Je viendrai, quand je pourrai. | Ich werde kommen, wann ich kann. |
| Vous pourriés bien le faire, si Vous vouliés. | Sie könnten es wohl thun, wenn Sie wollten. |
| Je ne crois pas, qu'il puisse venir. | Ich glaube nicht, daß er kommen kann. |

### 146. Savoir.

| | |
|---|---|
| Je ne sais ce, que Vous voulés. | Ich weiß nicht, was Sie wollen. |
| Il sait ma maison, il Vous la montrera. | Er weiß mein Haus, er wird es Ihnen zeigen. |
| Si Vous savés cela pourquoi ne le dites Vous pas? | Wenn Sie das wissen, warum sagen Sie es nicht? |
| Nous le savons bien. | Wir wissen es wohl. |
| Ils n'en savent rien. | Sie wissen es nicht. |
| Si nous le savions, nous le dirions. | Wenn wir es wüßten, so würden wir es sagen. |
| Que savés-Vous, s'il ne viendra pas? | Was wissen Sie, ob er nicht kommt? |
| Quand Vous le saurés, Vous me le dirés. | Wenn Sie es erfahren, so sagen Sie mir es. |
| Je ne saurois parler si vite. | Ich kann nicht so geschwind reden. |
| Il ne sauroit faire cela aujourd'hui. | Er kann es heute nicht thun. |
| Il faut que je sache cela au plutôt. | Ich muß das aufs eheste wissen. |
| Sache, que je suis ton maître. | Wisse, daß ich dein Herr bin. |
| Sachés, que j'ai à Vous commander. | Wisset, daß ich euch zu befehlen habe. |
| Il n'est pas encore arrivé que je sache. | Er ist noch nicht angekommen, so viel ich weiß. |
| Ne sachant, que faire, je me suis amusé à lire. | Da ich nicht wußte was ich thun sollte, vertrieb ich mir die Zeit mit lesen. |
| Cet homme est fort savant, dans les langues scientifiques. | Dieser Mann ist sehr bewandert in den gelehrten Sprachen. |

## 147. Seoir

| | |
|---|---|
| Cet habit me sied bien, et le vôtre Vous sied (nicht assied) mal. Celui-là Vous siéra mieux. | Dieses Kleid stehet mir wohl, und das Ihrige stehet Ihnen nicht wohl. Dieses wird Ihnen besser stehen. |
| Votre coife Vous siéroit mieux, si elle étoit neuve. | Ihre Haube würde Ihnen besser stehen, wenn sie neu wäre. |
| Cela est bien séant. | Das ist wohlanständig. |

## 148. Asseoir.

| | |
|---|---|
| Asseyez cet enfant sur une chaise. | Setzen Sie dieses Kind auf einen Stuhl. |
| Cet enfant est assis sur un banc. | Das Kind sitzet auf einer Bank. |
| Il faut s'asseoir, quand on est las. | Man muß sich niedersetzen, wenn man müde ist. |
| Assied-toi, et qu'il s'asseye aussi. | Setze dich, und er soll sich auch niederlassen. |
| Asseoyons (asseyons) nous, nous sommes las. | Wir wollen uns niederlassen, wir sind müde. |
| Asseoyés-Vous à coté de moi. | Setzen Sie Sich neben mich hin. |
| Il faut, que je m'asseoye, car je suis las. | Ich muß mich niedersetzen, denn ich bin müde. |

## 149. Surseoir. *)

| | |
|---|---|
| On a sursis le jugement de Votre cause. | Man hat die Aburtheilung Ihres Rechtshandels aufgeschoben. |
| On sursit le suplice, et on lui pardonna son crime. | Die Execution wurde aufgeschoben, und sein Verbrechen ihm vergeben. |
| L'assemblée est sursise. | Die Rathsversammlung ist verlegt. |

## 150. Valoir, prévaloir.

| | |
|---|---|
| Je vaux plus que toi; car tu ne vaux rien. | Ich bin mehr werth, als du, denn du taugest nichts. |
| Il ne vaut rien - du tout. | Er tauget gar nichts. |

Nous

*) Gilt nur im Gerichts-Stil.

| | |
|---|---|
| Nous valons plus que Vous; car Vous ne valés rien. | Wir ſind mehr werth, als ihr, denn ihr tauget nichts. |
| Ils ne valent pas un liard. | Sie ſind nicht einen Heller werth. |
| Cela valoit mieux alors. | Das war damals beſſer. |
| Bien lui valut alors, cu'il fut botté, autrement il ſe ſeroit rompu la jambe. | Es war damals ein Glück für ihn, daß er geſtiefelt war, ſonſten würde er ſein Bein gebrochen haben. |
| Cet argent a valu, mais il ne vaut plus. | Dieſes Geld hat gegolten, allein es gilt nicht mehr. |
| Aujourd'hui il eſt bon, et demain il ne vaudra plus rien. | Heute iſt er gut, und morgen wird er nichts mehr taugen. |
| Ce drap vaudroit d'avantage, s'il étoit plus fort. | Dieſes Tuch würde mehr gelten, wenn es ſtärker wäre. |
| Je ne crois pas, qu'il vaille beaucoup. | Ich glaube nicht, daß es viel gelte. |
| Il faut bien, que nous vaillons plus que Vous. | Wir müſſen wohl mehr werth ſeyn, als Sie. |
| Il faut, que ces filles vaillent peu, puisqu'on en parle ſi mal. | Dieſe Mädchen müſſen nicht viel taugen, weil man ſo übel von ihnen redet. |
| Il n'a pas le ſou vaillant. *) | Er hat nicht einen Heller werth. |
| C'eſt un rien qui - vaille. | Er iſt ein Taugenichts. |
| Il a reçu une médaille valant vingt ducats. | Er hat eine Schaumünze erhalten, welche 20 Ducaten werth iſt. |
| Mon ſentiment a prévalu. | Meine Meinung iſt vorgezogen worden. |
| Aujourd'hui l'erreur et l'impiété prévalent par-tout. | Heut zu Tag erhalten Irrthum und Gottloſigkeit überall die Oberhand. |
| Il s'eſt prévalu de la foibleſſe de cette perſonne pour l'abuſer. | Er hat ſich der Schwachheit dieſer Perſon zu Nutze gemacht, um ſie zu betrügen. |

*) Valoir hat zwey Participia, valant und vaillant. Letzteres wird nur vom Vermögen gebraucht. Sonſt ſagt man: Il a acheté une maiſon valant (nicht vaillant) mille écus.

| | |
|---|---|
| Vous Vous prévaudrés de cette somme pour le payement en question. | Sie werden sich dieser Summe zur bewusten Bezahlung bedienen. |
| Il faut, que je me prévale *) de cela. | Ich muß mir dieses zu Nuzen machen. |

## 151. Voir, entrevoir, pourvoir, dépourvoir, prévoir.

| | |
|---|---|
| Je Vous vois, et Vous ne me voyés pas. | Ich sehe Sie, und Sie sehen mich nicht. |
| Si je voyois cela, je ne le souffrirois pas. | Wenn ich dieses sähe, so würde ich es nicht dulden. |
| Nous le vîmes la semaine passée à Nuremberg. | Wir sahen ihn die vorige Woche in Nürnberg. |
| On ne l'a pas vû de toute la semaine. | Man hat ihn die ganze Woche nicht gesehen. |
| Je l'entrevis hier à la Comédie. | Ich erblickte ihn gestern in der Komödie. |
| Nous nous verrons demain à l'assemblée. | Wir sehen morgen einander bey der Versammlung. |
| Quand je l'aurai vu, je le croirai. | Wenn ich es werde gesehen haben, so will ich es glauben. |
| S'il étoit ici, on le verroit. | Wenn er hier wäre, so würde man ihn sehen. |
| Il faut, que je voye ce que Vous faites. | Ich muß sehen, was Sie thun. |
| Il falloit bien, que je le visse, puisqu'il étoit devant moi. | Ich mußte ihn wohl sehen, weil er vor mir war. |
| Voyant cela, je me suis retiré, pour voir ce qu'on en diroit ailleurs. | Da ich dieses sahe, so entfernte ich mich, um zu sehen, was man anderswo davon sagen würde. |
| Je le pourvois de tout, et Vous ne me pourvoyés de rien. | Ich versehe ihn mit allem, und Sie versehen mich mit nichts. |
| Je le pourvoyois de tout, quand il étoit chés moi. | Ich versahe ihn mit allem, da er bei mir war. |

*) Prévaloir hat also im Præs. Conj. nicht prévaille wie valoir vaille sondern prévale.

| | |
|---|---|
| année paſſée nous pourvumes à tous ſes beſoins. | Im vorigen Jahr ſorgten wir für alle ſeine Bedürfniſſe. |
| Il vouloit, que nous pourviſſions auſſi à ceux de ſon frère. | Er wollte, wir ſollten auch für ſeines Bruders Bedürfniſſe ſorgen. |
| Nous nous ſommes pourvus de toutes les choſes néceſſaires. | Wir haben uns mit allen nöthigen Dingen verſehen. |
| Je prévois, que Vous ne ſerés pas bien pourvu. | Ich ſehe voraus, daß Sie nicht wohl verſorgt ſeyn werden. |
| Quand même je l'aurois prévu, je n'aurois pas pu l'empêcher. | Wenn ich es gleich zum voraus geſehen hätte; ſo hätte ich es doch nicht verhindern können. |
| Cet homme eſt prévoyant. | Dieſer Mann iſt vorſichtig. |
| Je prévis dès lors, que vous ne réuſſiriés pas. | Ich ſahe damals zum voraus, daß es Ihnen nicht gelingen würde. |

## 152. Vouloir.

| | |
|---|---|
| Je veux y-aller, et il ne veut pas. | Ich will hingehen und er will nicht. |
| Voulons-nous y aller? | Wollen wir hingehen? |
| Que voulés-Vous? | Was wollet Ihr? |
| Que veulent-ils voir là? | Was wollen ſie da ſehen? |
| Nous voulions le voir, et il ne vouloit pas. | Wir wollten ihn ſehen, und er wollte nicht. |
| Nous voudrions partir, et ils ne veulent pas. | Wir möchten gerne abreiſen und ſie wollten nicht. |
| Quand Vous voudrés cela, Vous me le dirés. | Wann Sie das haben wollen, ſo ſagen Sie mir es. |
| Qu'il veuille ou qu'il ne veuille pas, c'eſt la même choſe. | Er mag wollen oder nicht, ſo iſt es einerley. |
| Dieu le veuille! | Gott wolle es. |
| Veuillés m'écouter, je Vous prie? | Hören Sie mich doch, ich bitte. |
| Il vous en veut, prenés garde à Vous. | Er hat es auf Sie abgeſehen, nehmen Sie Sich in acht. |
| A qui en voulés-Vous? | Wem gilt es? |
| Si vous voulés, je le veux bien. | Wenn Sie es wollen, ſo bin ich es zufrieden. |

| Voulant le voir, je me rendis au marché. | Da ich ihn sehen wollte, ging ich auf den Markt. |

## Uebungen über §. 141. — 143.

Dieses Mädchen fiel (p. c.) auf öffentlicher Straße a). Pfingsten b) fällt heuer spät c). Das Haus ist dem ältesten Sohn d) zugefallen e). Dieser Arzt f) ist sehr in seinem Ruf gesunken g). Ich muß gehen h). Ich muß offenherzig i) reden. Sie mußten sich zurückziehen k). Sie haben nachgeben l) müssen, wie man mir gesagt hat ll). Ja, aber er wird mir bald auch seines Orts m) weichen (ceder) müssen. Ob ich gleich (quoique) bezahlen n) muß, so hat er doch nicht seinen Proceß gewonnen o). Dieses Pferd p) bewegt sich nicht. Die Winde q) bewegen das Meer (mer). Sie scheinen mir r) ganz bewegt. Mein Bruder soll Morgen zum Doktor promovirt werden s).

    a) se laisser cheoir en pleine rue auf öffentlicher Straße fallen. b) Pentecôte c) écheoir fallen d) le fils ainé der älteste Sohn. e) échoir zufallen. f) ce medecin g) décheoir de reputation in seinem Ruf sinken. h) s'en aller gehen i) à coeur ouvert k) se retirer sich zurückziehen. l) ceder. ll) à ce qu'on m'a dit. m) à son tour n) payer o) gagner son procès seinen Proceß gewinnen p) ce cheval q) les vents r) vous me paroissés s) promouvoir qlc. au doctorat jemand zum Doctor promoviren.

## Ueber §. 144. — 145.

Es regnet, nehmet den Regenschirm a). Es regnete, als wir abreiseten b) Es regnete (p. f.) gestern lange, heute aber hat es nicht geregnet. Ich will gehen, ob es gleich (quoique) regnet. Ich wollte, es regnete in Strömen (à vers). Euer Wunsch c) kann erfüllt d) werden. — Ich kann nicht gehen; können Sie mir nicht Ihren Wagen e) leihen? Nein, er ist zerbrochen f); aber Sie könnten fallen, ich will Ihnen einen kommen lassen g). Ich glaube nicht, daß man einen haben (avoir) kann. Wenn Sie es eher gesagt hätten, so hätte ich Ihnen Herrn S. seinen h) verschaffen i) können.

a) le

a) le parapluie  b) partir, abreisen.  c) le souhait der Wunsch  d) accomplir erfüllen.  e) votre carosse  f) cassé.  g) faire venir kommen lassen.  h) celui de Mr. S.  i) procurer.

## Ueber §. 146. — 147.

Ich weiß, daß ihr mich verrathen habt a). Ich würde euch nicht getraut haben b) wenn ich gewußt hätte, daß ihr ein Verräther c) seyd, und wenn mein Bruder es wüßte, er würde gewiß sich wegen eurer Treulosigkeit rächen d). Aber Geduld, er soll es erfahren e), und ihr sollt eurer Strafe nicht entgehen f). — Ich kann heute nicht kommen, Ihr Herr Vater weiß die Ursache g) davon. Ich zweifle h) daß Sie wissen, daß Herr D. Doktor worden ist i). Es ist das ein ziemlich gelehrter junger Mann. — Dieses Kleid k) steht l) Ihnen nicht übel. Es ist aber unanständig den den Hals so zu entblößen m). Sie haben Recht (raison). Mein neuer Ueberrock n) wird noch besser stehen.

a) trahir verrathen  b) se fier à qlc. jemand trauen  c) un traitre  d) se venger de qlch. tirer vengeance de qlch. sich wegen etwas rächen.  e) savoir erfahren.  f) échapper à sa punition seiner Strafe entgehen.  g) la raison.  h) je doute reg. den *Conj.*  i) prendre ses degrés Doktor werden.  k) cet habit  l) seoir stehen  m) se débrailler den Hals entblößen.  n) mon surtout.

## Ueber §. 148. — 150.

Setzen Sie sich, wenn es Ihnen beliebt a) Ich setze mich selten b), mein Bruder aber sitzt den ganzen Tag c). Der Vogel, der Ihnen fortgeflogen ist d), hat sich auf diesen Baum e) gesetzt. Geben Sie ihm einen Stuhl f), aber er wird sich nicht setzen. Wissen Sie, daß alle Geschäfte g) verlegt worden sind? Die Execution dieses Verbrechers h) soll aufgeschoben werden. Ich glaube es wäre besser ihn zu hängen i), als ihn zu begnadigen k) denn es ist ein Taugenichts. Wie viel gelten die Louisd'or? Sie werden nicht mehr gelten, als sie voriges Jahr l) gegolten haben. Verzeihen Sie m), sie müssen mehr gelten. — Diese Feder n) taugt nichts, man muß sie schneiden o). Die väterliche Zärtlichkeit p) hat über alle andere

Rücksichten q) die Oberhand behalten (prévaloir). Die Gewohnheit r) muß nicht vor der Vernunft s) den Vorzug behalten.

    a) s'il vous plait b) rarement c) toute la journée d) l'oiseau qui vous est échappé e) un arbre f) une chaise g) toutes les affaires h) de ce criminel i) pendre k) accorder sa grace l) l'année passée m) pardonnés moi n) cette plume o) tailler p) la tendresse paternelle q) sur toutes les autres considérations r) la coutume s) la raison.

### Ueber §. 151.

Sehen Sie nicht, daß er über Sie spottet a)? Ich sehe wohl, daß Sie es nicht sehen wollen. Ich werde morgen Ihren Herrn Bruder sehen. Sind Sie mit Geld versehen? Nein, aber ich will mich gleich b) damit versehen. Wenn die Menschen nicht dafür (y) sorgen c), so wird Gott sorgen. Ich wollte, daß ich den Mann d) dieses Frauenzimmers e) sähe; aber ich sehe voraus, daß ich nicht dieses Vergnügen f) haben werde. Wenn ich ihn diesesmal nicht spreche g) so zweifle ich h), daß ich ihn in meinem Leben i) mehr sehe. — Diese arme Frau k) hat Mangel l) an Freunden, man muß ihr einige Unterstützung m) geben.

    a) se moquer de qlc. über jemand spotten b) tout à l'heure c) pourvoir à qlch. für etwas sorgen. d) le mari e) de cette dame f) cette satisfaction g) si je ne lui parle pas (si je ne l'entretiens pas) h) je doute i) de ma vie k) cette pauvre femme l) manquer de qlch. Mangel an etwas haben m) quelque secours.

### Ueber §. 152.

Man sagte mir (p. c.) daß Ihr Herr Bruder nach Frankreich gehen will. Wollten Sie mir nicht das Vergnügen machen a) ihn zu fragen, welchen Weg er nehmen wird b)? Glauben Sie nicht c) daß er ein kleines Paket für Herrn D. übernehmen d) wollte (Conj.)? Recht gerne e) wird er es übernehmen, aber er wird sich in Straßburg nicht aufhalten f) wollen. Ich will nicht, daß er sich aufhalte, er darf es nur irgend einem (quelque) Gastwirth

wirth g), zustellen h). Ich wollte ich könnte, Ihren Herrn Bruder begleiten i). Schon lange k) habe ich diese Reise l) machen wollen, aber man kann nicht alles, was (tout ce) man will.

a) me faire le plaisir  b) prendre une route einen Weg nehmen. c) ne croyés vous pas  d) se charger  e) très volontiers  f) s'arreter  g) un hotellier ein Gastwirth  h) remettre zustellen. i) accompagner  k) il y a long-tems.  l) ce tour.

## Vierte Konjugation.

### 153. Boire.

| | |
|---|---|
| Je ne bois point de biére; bûvons du vin. | Ich trinke kein Bier; lassen Sie uns Wein trinken. |
| Ces Messieurs ne boivent pas, et Vous bûvés très peu. | Diese Herren trinken nicht, und Sie trinken sehr wenig. |
| Buvés un coup, si Vous avés soif. | Trinken Sie einmal, wenn es Sie durstet. |
| Si je bûvois, cela me feroit mal; car j'ai trop chaud. | Wenn ich tränke, so würde es mir schaden, denn es ist zu warm. |
| Je bus hier une bouteille de vin, qui m'a fait mal. | Ich trank gestern eine Flasche Wein, welche mir schadete. |
| Je n'ai encore rien bû d'aujourd'hui. | Ich habe heute noch nicht getrunken. |
| Quand je boirai, je Vous ferai raison. | Wenn ich trinke so werde ich Ihnen Bescheid thun. |
| Je boirois bien un coup, si j'avois à boire. | Ich wollte gern einmal trinken, wenn ich zu trinken hätte. |
| Il faut, que je boive, car j'ai soif. | Ich muß trinken, denn es durstet mich. |
| Je veux, que Vous buviés ce verre de vin. | Ich will, daß Sie dieses Glas Wein austrinken. |
| Il faut, qu'ils boivent comme des éponges (Schwämme), car il n'y a plus de vin. | Sie müssen wie Bürstenbinder trinken, denn es ist kein Wein mehr da. |

| | |
|---|---|
| Votre papier boit, il ne vaut rien. | Ihr Pappier schlägt durch, es taugt nichts. |
| La terre boit l'humidité, qui vient d'en haut, et les plantes boivent celle de la terre. | Die Erde saugt die Feuchtigkeit in sich, die von oben herab kommt, und die Gewächse saugen der Erde ihre ein. |

### 154. Braire.

| | |
|---|---|
| Les ânes brayent. | Die Esel schreyen. |
| Il brait, comme un âne, quand il chante. | Er schreyt wie ein Esel, wenn er singt. |

### 155. Bruire.

| | |
|---|---|
| La mer est orageuse et bruïante, ob. bruïssante. | Das Meer ist stürmisch und rauschend. |
| Je n'aime pas les assemblées bruïantes (bruïssantes). | Ich liebe nicht die rauschende Gesellschaft. |
| Les eaux bruïssent, il pleuvra bientôt. | Das Wasser rauschet, es wird bald regnen. |

### 156. Atteindre.

NB. nach Atteindre gehen alle Verba auf indre.

| | |
|---|---|
| S'il atteint l'âge de dix ans, ce sera beaucoup. | Wenn er 10. Jahr alt wird, so wird es viel seyn. |
| Si nous atteignons notre but; vous atteindrés aussi le vôtre. | Wenn wir unsern Zweck erreichen; so werden Sie auch den Ihrigen erreichen. |
| Hier, nous l'atteignimes à Furth. | Gestern erreichten wir ihn in Fürth. |
| Je l'atteindrois, si je voulois courir. | Ich wollte ihn einholen, wenn ich laufen wollte. |
| Il est atteint et convaincu de crime capital. | Er ist der Todesstrafe schuldig und überführt. |
| Quelque vite qu'il aille, il faut que je l'atteigne. | Er mag so geschwind gehen, als er will, so muß ich ihn einholen. |
| Il vouloit, que je l'atteignisse; mais je ne pouvois pas. | Er wollte haben, ich sollte ihn erreichen, allein ich konnte nicht. |

| | |
|---|---|
| Il a ceint ſa tête du bandeau royal. | Er hat ſein Haupt mit der königl. Binde umwunden. |
| Il a été contraint de fuir. | Er iſt gezwungen worden, die Flucht zu ergreifen. |
| Nous ne contraignons perſonne. | Wir zwingen Niemand. |
| Vous ne craignés perſonne; et l'on Vous a toujours craint. | Ihr fürchtet Niemand, und man hat ſich allezeit vor euch gefürchtet. |
| Il a enfreint les ordonnances divines. | Er hat die göttlichen Befehle übertretten. |
| L'image de cette fille eſt empreinte dans mon coeur. | Das Bild dieſes Mädchens iſt meinem Herzen eingeprägt. |

### 157. Circoncire.

| | |
|---|---|
| L'enfant Jéſus fut circoncis le huitième jour. | Das Kind Jeſus wurde den achten Tag beſchnitten. |

### 158. Clorre. *)

| | |
|---|---|
| On veut ceindre et clorre cette ville d'une muraille. | Man will dieſe Stadt mit einer Mauer umgeben und zumachen. |

**159.** Eclorre iſt defect. Man verbindet gemeiniglich in den fehlenden Temporibus den Infinitiv mit faire. Je fis éclorre des cerfs. J'en ferai éclorre.

| | |
|---|---|
| Il éclot tous les jours mille fleurs daus ce pré. | Es gehen täglich 1000 Blumen in dieſer Wieſe auf. |
| Mes roſes ſont toutes écloſes | Meine Roſen ſind alle aufgebrochen. |

**160.** Conclurre, exclurre, perclurre, intrure.

| | |
|---|---|
| De tout cela je conclus, qu'il a tort. | Aus allen dieſen ſchließe ich, daß er Unrecht hat. |
| Vous concluès à la mort, Nous conclurons à la vie. | Sie ſprechen auf den Tod, und wir werden auf das Leben ſprechen. |

*) Clorre iſt defect wie aus dem Konjugations Schema zu ſehen iſt, die fehlenden Tempora werden mit termer ergänzt.

| | |
|---|---|
| Que diroit-on, si je concluois si mal? | Was würde man sagen, wenn ich einen so schlechten Schluß machte? |
| Il a mal conclu son discours. | Er hat seine Rede schlecht geschlossen. |
| Je conclurois bien cet acord, s'il étoit à conclure. | Ich wollte gern diesen Vertrag abschließen, wenn er zu schließen wäre. |
| Que voulés Vous, que j'en concluë. | Was wollen Sie, daß ich daraus schließen soll? |
| Que voulés Vous, que je concluße de tout cela? | Was wollten Sie, daß ich aus allem diesem schließen sollte? |
| Ce discours est concluant. | Das ist eine schließende Rede. |
| Il a été exclus de tous les emplois de la ville. | Er ist von allen Stadtämtern ausgeschlossen worden. |

### 161. Conduire, séduire, enduire, produire, cuire.

| | |
|---|---|
| Il se conduit bien, et Vous Vous conduisés mal. | Er führet sich wohl und Sie führten sich übel auf. |
| Il me conduisoit bien, Vous me conduisés mal. | Er führete mich recht, Sie führen mich übel. |
| Je le conduisis hier à l'Opéra. | Ich führete oder begleitete ihn gestern in die Oper. |
| Quelqu'un m'a conduit ici ce matin. | Es hat mich heute jemand daher geführt. |
| Quand Vous vous conduirés bien, Vous serés le bien venu. | Wenn Sie sich wohl aufführen, werden Sie willkommen seyn. |
| Je le conduirois à la cour, s'il étoit mieux mis. | Ich wollte ihn nach Hof führen, wenn er besser gekleidet wäre. |
| Il faut que nous le conduisions demain à la mascarade. | Wir müssen ihn morgen in den Maskenball führen. |
| Il vouloit, que je l'y conduisiße hier, mais je ne voulois pas. | Er wollte, ich sollte ihn gestern dahin führen, allein ich wollte nicht. |
| Conduisés-Vous bien, et vous en serés loué. | Führen Sie sich gut auf, so werden Sie gelobet werden. |
| Il a été conduit chés nous. | Er ist zu uns geführet worden. |

J'ai

265

| | |
|---|---|
| J'ai déduit cela de la somme totale. | Ich habe dieß von der Hauptsumme abgezogen. |
| Elle a été séduite par son amant, qui l'a induite en tentation. | Sie ist von ihrem Liebhaber verführet worden, der sie in Versuchung führte. |
| Il a été reduit à la mendicité. | Er ist zum Bettelstab gebracht worden. |
| Cette paroi est bien enduite. | Diese Wand ist wohl verworfen. |
| Mon jardin a produit peu de fruit cette année. | Mein Garten hat dieses Jahr wenig Obst gehabt. |
| Cette coutume a été introduite depuis peu. | Diese Gewohnheit ist seit kurzem eingeführt worden. |
| Cette viande n'est pas cuite. | Dieses Fleisch ist nicht gekocht. |
| Vous avés été mal instruit dans cette affaire. | Sie sind in dieser Sache übel unterrichtet worden. |
| Il vouloit, que l'on construisît une maison, et elle étoit déja construite. | Er wollte, man sollte ein Haus bauen, und es war schon gebauet. |
| Le soleil luit à présent, Il n'a pas lui de toute la journée. | Die Sonne scheinet itzt: Sie hat den ganzen Tag nicht geschienen. |
| Le soleil de justice a relui dans le coeur des fidèles. | Die Sonne der Gerechtigkeit hat in dem Herzen der Gläubigen geschienen. |

## 162. Confire.

| | |
|---|---|
| Aujourd'hui nous confisons des griotes et des noix, et demain nous confirons des coins. | Heute machen wir Weixeln und Nüsse und morgen Quitten ein. |

## 163. Connoitre, croitre, paroitre und ihre Komposita.

| | |
|---|---|
| Je le connois bien; nous le connoissons tous. | Ich kenne ihn wohl; wir kennen ihn alle. |
| Je connoissois bien votre père. Vous me méconnoissés. | Ich kannte Ihren Vater wohl. Sie verkennen mich. |
| Quel âge aviés vous, lorsque nous nous connûmes à Paris? | Wie alt waren Sie, da wir in Paris miteinander bekannt wurden? |

| | |
|---|---|
| Je vous ai connu, que vous étiés encore au berceau. | Ich habe Sie gekannt, wie Sie noch in der Wiege lagen. |
| Quand connoîtrés Vous une fois vos lettres? | Wann werden Sie einmal die Buchstaben kennen? |
| Quoique je ne le connoisse pas, je veux pourtant lui écrire. | Ob ich ihn gleich nicht kenne, so will ich doch an ihn schreiben. |
| Ne le connoissant pas, je n'ai pas voulu lui parler. | Weil ich ihn nicht kenne, wollte ich nicht mit ihm reden. |
| Pourquoi l'avés vous méconnu? Reconnoisfés votre faute. | Warum haben Sie ihm verkannt? Erkennen Sie Ihren Fehler. |
| Cette fille croit à vuë d'oeil, et fes foeurs, croissent de même. | Dieses Mädchen wächset augenscheinlich, und ihre Schwestern wachsen eben so. |
| Il a beaucoup cru cette année, et il croîtra encore. | Er ist dieses Jahr sehr gewachsen, und er wird noch wachsen. |
| Il faut qu'il croisse, et que je diminuë. | Er muß wachsen, und ich abnehmen. |
| Le nombre des spectateurs s'est beaucoup accru. | Die Zahl der Zuschauer hat sich sehr vermehrt. |
| La mer croît et decroît tous les jours, ce qui forme son flux et reflux. | Das Meer wächst und nimmt täglich ab, und dieß macht die Ebbe und Fluth. |
| Cela vous paroît étrange? il me l'a aussi paru. | Das kommt Ihnen befremdlich vor? es ist mir auch so vorgekommen. |
| Un ange lui apparut alors en songe. | Ein Engel erschien ihm damals im Traum. |
| Demain Vous comparoîtrés en justice. | Morgen werden Sie vor Gericht erscheinen. |
| Il a paru et disparu comme un éclair. | Er ist wie ein Blitz erschienen und verschwunden |

## 164. Coudre, découdre, recoudre.

| | |
|---|---|
| Je couds et décous tous les jours quelque chose. | Ich nähe und trenne täglich etwas. |
| Il cousoit, et décousoit tous les jours quelque chose, | Er nähete und trennete alle Tage etwas. |

| | |
|---|---|
| Je cousus et décousus hier une chemise. | Geſtern nähete und trennte ich ein Hemd. |
| Je coudrai cette chemiſe et découdrai cette juppe. | Ich will dieſes Hemd nähen und dieſen Rock trennen. |
| Il faut que je couſe ma coeffe et que je découſe ma camiſole. | Ich muß meine Haube nähen und mein Kamiſol auftrennen. |
| Il vouloit, que je décousuſſe ſa veſte, et que je la recousuſſe enſuite. | Er wollte, ich ſollte ſeine Weſte auftrennen, und hernach wieder zuſammen nähen. |
| Cela a été recouſu deux fois. | Das iſt zweymal zuſammen genäht worden. |

### 165. Croire.

| | |
|---|---|
| Je ne crois pas cela; le croyés-Vous? | Ich glaube das nicht: Glauben Sie es? |
| Nous ne le croyons pas, et ils le croient tous. | Wir glauben es nicht, und ſie glauben es alle. |
| Je croyois, que vous viendriés hier. | Ich glaubte, Sie würden geſtern kommen. |
| Nous crûmes alors périr dans la neige. | Damals glaubten wir, wir würden in dem Schnee umkommen. |
| J'ai toujours cru, que cela arriveroit. | Ich habe allezeit geglaubt, das würde geſchehen. |
| Je le croirai, quand je le verrai. | Ich glaube es erſt, wenn ich es ſehe. |
| Il veut, que nous le croiions, et nous ne voulons pas. | Er will, wir ſollen es glauben, und wir wollen nicht. |
| Il falloit bien que je le cruſſe, puisqu'il étoit vrai. | Ich mußte es wohl glauben, weil es die Wahrheit war. |

Accroire iſt nur im Infinitio mit faire gebräuchlich.

| | |
|---|---|
| Il vous en fait accroire. | Er macht euch etwas weiß. |

### 166. Dire.

| | |
|---|---|
| Je dis la vérité, et il ne la dit pas. | Ich ſage die Wahrheit und er ſagt ſie nicht. |
| Diſons la vérité, et ne mentons point. | Wir wollen die Wahrheit ſagen und nicht lügen. |

Dites

| | |
|---|---|
| Dites ce qu'il vous plaira. | Sagt, was ihr wollt! |
| Ils ne difent pas ce qu'ils penfent. | Sie sagen nicht, was sie denken. |
| Si je le difois, Vous feriés puni. | Wenn ich es sagen wollte, so würden Sie gestraft werden |
| Hier, nous lui dîmes tous notre fentiment. | Gestern sagten wir ihm alle unsere Meynung. |
| Je lui ai dit ce que j'en penfe. | Ich habe ihm gesagt, was ich davon denke. |
| Que lui dirés Vous, quand Vous le verrés? | Was werden Sie ihm sagen, wann Sie ihn sehen? |
| Je lui dirois bien fes vérités, s'il étoit là. | Ich wollte ihm die Meynung gut sagen, wenn er da wäre |
| Il faut que Vous lui difiés bien fon affaire. | Sie müssen ihm die Meynung recht sagen. |
| Il vouloit, que je lui diffe ce que je favois, et je ne voulois pas. | Er wollte, ich sollte ihm das, was ich wüßte, sagen; aber ich wollte nicht. |
| En difant cela, il eſt mort. | Indem er das sagte, starb er. |

### 167. Contredire, interdire, médire, prédire, maudire.

| | |
|---|---|
| Vous me contredifés, (nicht contredites) à tout propos: pourquoi cela? | Sie widersprechen mir alle Augenblick: warum das? |
| Vous ne lui interdifés rien: il fait ce qu'il veut. | Sie untersagen ihm nichts, er thut was er will. |
| Ne médifés point de votre prochain. | Reden Sie nicht übel von Ihrem Nächsten. |
| Vous ne nous predifés rien de bon. | Sie prophezeihen uns nichts gutes. |
| Ne maudiffés perfonne. | Verfluchet Niemand. |
| Je ne veux pas, que Vous le maudisfiés. | Ich will nicht, daß Sie ihn verfluchen. |

### 168. Ecrire, circonfcrire, décrire, infcrire, prefcrire, profcrire, fouscrire, transcrire.

| | |
|---|---|
| J'écris bien, tu écris mieux, et il écrit le mieux des trois. | Ich schreibe schön, du schreibeſt beſſer, und er ſchreibet am beſten unter den dreyen. |

Ecri-

| | |
|---|---|
| Ecrivons lui une lettre. | Wir wollen ihm einen Brief schreiben. |
| Ne lui écrivés rien de tout cela. | Schreiben Sie ihm nichts von diesem allen. |
| Ils ne nous écrivent pas souvent. | Sie schreiben nicht oft an uns. |
| Si vous lui écriviés, il vous répondroit. | Wenn Sie an ihn schrieben, so würde er Ihnen antworten. |
| Je lui écrivis hier mon sentiment. | Ich schrieb ihm gestern meine Meynung. |
| Ne lui avés-Vous pas encore écrit? | Haben Sie noch nicht an ihn geschrieben? |
| Quand vous lui écrirés, vous lui ferés mes complimens. | Wenn Sie an ihn schreiben, so machen Sie ihm meinen Gruß. |
| Il vouloit, que je lui écrivisse toutes les semaines. | Er wollte, ich sollte ihm alle Wochen schreiben. |
| J'ai circonscrit un cercle autour de ce triangle. | Ich habe einen Kreiß um dieses Dreyeck beschrieben. |
| Sa conduite a été bien décrite. | Seine Aufführung ist wohl beschrieben worden. |
| Il a été inscrit ce matin. | Er ist diesen Morgen eingeschrieben worden. |
| Je fais ce qui m'est préscrit | Ich thue was mir vorgeschrieben ist. |
| Cet auteur est un sot, il a été proscrit des terres du bon sens. | Dieser Autor ist ein Narr, er ist aus dem Lande der gesunden Vernunft verwiesen worden. |
| Avés-vous souscrit cette lettre? | Haben Sie diesen Brief unterschrieben? |
| N'a-t-il pas encore transcrit son cayer? | Hat er sein Heft noch nicht abgeschrieben. |

## 169. Faire, Contrefaire, défaire, surfaire, forfaire.

| | |
|---|---|
| Je fais mon devoir, et il ne fait pas le sien. | Ich thue meine Schuldigkeit und er thut die seinige nicht. |
| Nous faisons ce que nous pouvons, et vous ne le faites pas. | Wir thun, was wir können und Sie thun es nicht. |

| | |
|---|---|
| Ils font tout ce qu'ils peuvent. | Sie thun alles, was sie können. |
| Nous ne faisions pas alors ce que nous voulions. | Damals thaten wir nicht, was wir wollten. |
| La semaine passée je le fis venir chés moi. | Die vorige Woche ließ ich ihn zu mir kommen. |
| Je ne l'ai pas fait venir. | Ich habe ihn nicht kommen lassen. |
| Nous ne ferons pas ce que vous feriés, si vous étiés en notre place. | Wir würden das nicht thun, was Sie thun würden, wenn Sie an unserer Stelle wären. |
| Je veux qu'il le fasse. | Ich will, daß er es thue. |
| Il veut que nous fassions ce qu'il veut, mais nous ne voulons pas. | Er will haben wir sollen thun, was er will, allein wir wollen nicht. |
| Quoi qu'ils fissent pour nous persuader, ils n'ont pourtant rien fait. | Sie haben thun mögen was sie gewollt haben, uns zu überreden, so haben sie doch nichts ausgerichtet. |
| Il contrefait tout. | Er macht alles nach. |
| Je me suis défait de lui. | Ich habe mich seiner loß gemacht. |
| Vous avés satisfait à Votre devoir en cela. | Hierinnen haben Sie Ihre Schuldigkeit gethan. |
| Ce marchand surfait toutes ses marchandises. | Dieser Kaufmann überbietet alle seine Waaren. |
| Cette fille a forfait à son honneur. | Dieses Mädchen hat wider ihre Ehre gehandelt. |

### 170. Frire. *)

| | |
|---|---|
| J'ai mangé du poisson frit. | Ich habe gebackene Fische gegessen. |
| Faites moi frire cela. | Lassen Sie mir dieses backen. |
| Venés, je Vous frirai ce poisson. | Kommen Sie, ich will Ihnen diesen Fisch backen. |

### 171. Lire, élire.

| | |
|---|---|
| Je lis, et relis ce livre sans pouvoir m'en lasser. | Ich lese und lese abermal dieses Buch, und kann es nicht müde werden. |

Nous

*) In den fehlenden Temporibus nimmt man das Verbum fricasser, oder faire frire.

| | |
|---|---|
| Nous le lisons tons, et vous ne le lisés pas. | Wir lesen es alle und Sie lesen es nicht. |
| Ces enfans lisent bien. | Diese Kinder lesen gut. |
| Si je ne lisois pas, je serois malade. | Wenn ich nicht läse, so würde ich krank seyn. |
| Je lus hier la gazette, et aujourd'hui j'ai lû le supplément. | Ich las gestern die Zeitung und heute habe ich den Anhang gelesen. |
| Que lirons nous présentement? tout est lû. | Was lesen wir itzt? alles ist gelesen. |
| Il faut, que je lise ce livre. Il faut que vous le lisiés aussi, car il est beau. | Ich muß dieses Buch lesen. Sie müssen es auch lesen, denn es ist schön. |
| Il vouloit, que je lui en lûsse tous les soirs un chapitre. | Er wollte, ich sollte ihm alle Abend ein Kapitel davon lesen. |
| Nous élisons aujourd'hui un sindic; le sénateur est déja élu. | Wir wählen heute einen Sindicum; der Rathsherr ist schon gewählt. |

172. **Mettre, remettre, commetre, démettre, s'entremettre, omettre, permettre, promettre, compromettre, soumettre.**

| | |
|---|---|
| Si je mets tous mes habits, je n'aurai, pas froid. | Wenn ich alle meine Kleider anlege, so wird es mich nicht frieren. |
| Mettés cela où Vous voudrés, dans le poîle ou dans la chambre, sur la table ou sur une chaise. | Thun Sie das, wohin Sie wollen, in die Stube, oder in die Kammer, oder auf den Tisch oder auf den Stuhl. |
| Si vous mettiés cela dans la poche, vous ne feriés pas mal. | Wenn Sie das in die Tasche steckten, so würden Sie nicht übel thun. |
| Hier je mis mon habit neuf, et aujourd'hui j'ai mis le vieux. | Gestern legte ich mein neues Kleid an, und heute habe ich das alte angelegt. |
| Demain, je me remettrai à Votre ouvrage: Quand vous mettrés vous au mien? | Morgen mache ich mich wieder über Ihre Arbeit, wann wollen Sie sich denn über die meinige machen? |

| | |
|---|---|
| Il est temps, que Vous Vous y mettiés. | Es ist Zeit, daß Sie Sich darüber machten. |
| Il eût été temps alors, que Vous vous y fussiés mis. | Damals wäre es Zeit gewesen, daß Sie sich darüber gemacht hätten. |
| On ne vouloit pas, que je l'admisse. | Man wollte nicht haben, daß ich ihn zulassen sollte. |
| Il a commis une mauvaise action. | Er hat eine böse Handlung begangen. |
| On l'a démis de son emploi. | Man hat ihn von seinem Amte abgesetzt. |
| Lui, qui s'entremet de tout s'est aussi entremis du gouvernement de la ville, laquelle s'en trouve fort mal. | Er, der sich in alles mischet, hat sich auch der Verwaltung der Stadt angenommen, welche sich sehr übel dabey befindet. |
| Vous avés omis quelques lignes de cet écrit. | Sie haben einige Zeilen in dieser Schrift ausgelassen. |
| Cela n'est pas permis. | Das ist nicht erlaubt. |
| Quand il promet, et qu'il tient sa parole, la chose est certaine. | Wann er verspricht und hält sein Wort, so ist die Sache gewiß. |
| Il ne faut pas qu'un honnête homme se compromette avec des coquins s'il ne veut pas mettre son honneur en compromis. | Ein ehrlicher Mann soll sich nicht mit Schurken einlassen, wenn er seine Ehre nicht will in Gefahr setzen. |
| Je lui ai remis la lettre, que vous m'avés envoyée. | Ich habe ihm den Brief, den Sie mir gesandt haben, übermacht |
| Il s'est soumis à tout. | Er hat sich allem unterworfen. |
| Il a transmis son nom à la postérité. | Er hat seinen Namen auf die Nachwelt gebracht. |

### 173. Moudre, émoudre.

| | |
|---|---|
| Je mous mon blé; moulés le vôtre. | Ich mahle mein Korn, mahlet ihr das eurige. |
| Si vous mouliés votre froment; je moudrois aussi le mien. | Wenn ihr euren Waitzen mahlet, so würde ich auch meinen mahlen. |

Je

Je moulus mon bled la semaine passée, et aujourd'hui il faut que j'en moule encore. | Ich mahlte die vorige Woche mein Korn, und heute muß ich noch mehr mahlen.
Il sera bientôt tout moulu. | Es wird bald alles gemahlen seyn.
Quand ils seront émoulus, vous me les renverrés. | Wenn sie geschliffen sind, so schicket ihr mir sie zurück.

### 174. Naître.

Il naît tous les jours beaucoup d'enfans. | Es werden täglich viele Kinder gebohren.
Nous naissons tous fautifs. | Wir werden alle fehlerhaft gebohren.
Alors il naissoit moins d'enfans qu'à présent. | Damals wurden weniger Kinder gebohren, als itzt.
L'année passée il naquit moins d'enfans que celle-ci. | Im vorigen Jahr wurden weniger Kinder gebohren, als in diesem.
Les fruits naissent de la terre. | Die Früchte wachsen aus der Erde.
Cet homme est né d'un blanc et d'une négresse. | Dieser Mann ist von einem weissen Manne und einer Schwarzen gebohren.
Mille fleurs naîtront sous vos pas, quand vous serés à la campagne. | Tausend Blumen werden unter Ihren Füssen entstehen, wann Sie auf dem Lande seyn werden.
Il faut qu'il naisse bien des fleurs dans ce jardin, car il y a beaucoup de plantes de fleurs. | Es müssen viele Blumen in diesem Garten wachsen, denn es sind viele Blumenstöcke darinnen.
Quoiqu'ils naquissent tous blancs, ils devenoient tous basanés. | Obwohl sie alle weiß gebohren wurden, so wurden sie doch alle schwarzbraun.

### 175. Paître *) repaitre.

Je pais mes brébis. | Ich weide meine Schafe.
Pais mes agneaux. | Weide meine Lämmer.

*) Er hat seine Schafe geweidet heißt il a fait paître ses brebis. Man hilft sich also in den fehlenden Zeiten mit faire.

| | |
|---|---|
| Paiſſés mes moutons. | Weidet meine Hämmel. |
| Nos moutons paiſſent dans de gras pâturages. | Unſere Hämmel weiden auf fetten Weiden. |
| Les hommes et les bêtes ſe repaiſſent des alimens que la nature leur fournit. | Die Menſchen und das Vieh nähren ſich mit den Speiſen, die ihnen die Natur verſchaffet. |
| Il ſe repaît d'eſpérance. | Er nähret ſich mit Hoffnung. |
| Il vouloit que je me repuſſe de fumée. | Er wollte haben, ich ſollte mich mit leerem Durſt abſpeiſen laſſen. |

### 176. Paroître, apparoître, comparoître.

| | |
|---|---|
| Il me paroît mal-ſatisfait. | Er ſcheint mir ſchlecht zufrieden. |
| Vous me paroiſſés bien content. | Sie ſcheinen mir ſehr vergnügt. |
| Vous me paroiſſiés bien content alors. | Sie ſchienen mir damals ſehr vergnügt. |
| L'année dernière, il parut une nouvelle étoile. | Voriges Jahr erſchien ein neuer Stern. |
| Aujourd'hui il a paru bien content. | Heute ſchien er ſehr vergnügt. |
| Il paroîtra demain. | Er wird morgen erſcheinen. |
| Quoique cela paroiſſe certain, il ne l'eſt pourtant pas. | Ob das gleich gewiß ſcheint, ſo iſt es doch nicht. |
| Il falloit, que vous paruſſiés bien beau alors. | Sie mußten damals ſehr ſchön ausſehen. |
| Vous comparoîtrés demain en juſtice. | Sie müſſen morgen vor Gericht erſcheinen. |

### 177. Plaire, complaire, déplaire.

| | |
|---|---|
| Cela ne me plaît pas. | Das gefällt mir nicht. |
| Vous me plaiſés bien aujourd'hui avec votre habit neuf. | Sie gefallen mir heute ſehr mit Ihrem neuen Kleid. |
| Si je plaiſois un peu moins aux autres; je ne vous déplairois pas tant. | Wenn ich andern etwas weniger gefiele, ſo würde ich Ihnen nicht ſo ſehr mißfallen. |
| Cette comédie ne lui plut jamais. Elle a plû à tout le monde. | Dieſe Comödie gefiel ihm niemals. Sie hat jedermann gefallen. |

Ce sera, quand il vous plaira. Es soll geschehen, wann es Ihnen gefällt.

Qu'il vous plaise, ou qu'il ne vous plaise pas, il faut que vous le preniés. Es mag Ihnen gefallen oder nicht, so müssen Sie es nehmen.

Quand on veut lui complaire, on lui déplait infiniment. Wann man ihm gefallen will, so mißfällt man ihm sehr.

178. Taire. NB. Taire quelque chose heißt etwas verschweigen; se taire, aber schweigen.

Il ne sauroit taire ce, qu'on lui confie. Er kann das, was man ihm anvertraut hat, nicht verschweigen.

Taisés-vous, vous dis-je. Schweiget, sage ich euch.

Il faut que je me taise, puisque vous voulés parler. Ich muß schweigen, weil Sie reden wollen.

179. Prendre, apprendre, comprendre, déprendre.

Je prens patience, prenons tous patience avec lui. Ich habe Geduld, wir wollen alle Geduld mit ihm haben.

Si nous ne prenions point d'oiseaux aujourd'hui, nous serions bien malheureux. Wenn wir heute keine Vögel fingen, so wären wir sehr unglücklich.

Je pris hier six belles carpes dans la rivière; mais aujourd'hui je n'ai rien pris. Gestern fing ich 6. schöne Karpfen in den Fluß; allein heute habe ich nichts gefangen.

Quand prendrons nous des grives ensemble? Wann fangen wir Krametsvögel miteinander?

Il vouloit, que je prisse patience. Er wollte haben, ich sollte mich gedulden.

Apprenés bien votre leçon aujourd'hui. Lernen Sie ihre Lection heute wohl.

Cet enfant apprenoit bien alors. Damals lernte dieses Kind sehr gut.

Vous me surprenés: Vous vous méprenés dans tout ce que Vous entreprenés. Sie setzen mich in Verwunderung: Sie irren sich in allem, was Sie unternehmen.

Je lui appris alors l'arrivée de son cousin. — Ich machte ihm damals die Ankunft seines Vetters bekannt.
Comprenés-vous bien ce que l'on vous dit? — Begreifen Sie wohl, was man Ihnen sagt.
Il falloit bien que je le comprisse. — Ich muste es wohl begreifen.
Je l'ai d'abord compris. — Ich habe es gleich begriffen.
Déprenés-vous des choses du monde. — Stehet ab von den Dingen dieser Welt.

### 180. Soudre.

Il n'a pu soudre ce problème. — Er hat dieses Problem nicht auflösen können.

### 181. Dissoudre.

Dissoudés *) votre argent. — Lösen Sie Ihr Silber auf?
Ils dissoudent leurs métaux. — Sie lösen ihre Metalle auf.
Mon argent est dissout. — Mein Silber ist aufgelöst.
Cette société à été dissoute. — Diese Gesellschaft ist getrennt worden.

### 182. Resoudre.

Nous avons pris notre resolution; resolvés-vous aussi. — Wir haben unsern Entschluß gefaßt; entschliessen Sie Sich auch.
Je resolus alors de partir. — Ich beschloß damals abzureisen.
Qu'avés vous resolu? — Was haben Sie beschlossen.
La chose est resolue. — Die Sache ist beschlossen.
Faites qu'il se resolve. — Machen Sie, daß er sich entschließt.
Cette tumeur ne veut pas se resoudre. — Diese Geschwulst will sich nicht zertheilen.
Elle se resout à recevoir votre main. — Sie entschließt sich, Ihre Hand anzunehmen.
Je l'ai resolue à celà. — Ich habe sie dazu schlüssig gemacht.

*) Nous dissoudons, vous dissoudés, ils dissoudent, ist besser als nous dissolvons.

| | |
|---|---|
| Refous-toi d'aller chés eux, il faut que je m'y refolve auffi. | Entſchließe dich, zu ihnen zu gehen, ich muß mich auch dazu entſchließen. |
| L'eau ſe refout en vapeurs, et les vapeurs ſe refolvent, et ſe convertiſſent en eau. | Das Waſſer löſet ſich in Dünſte auf, und die Dünſte verwandeln ſich in Waſſer. |

### 183. Abſoudre.

| | |
|---|---|
| Abſoudre quelqu'un de quelque choſe. | Einen losſprechen von etwas. |
| Il a été abſout de ſon ſerment, mais non pas de ſon crime. | Er iſt ſeines Eides, aber nicht ſeines Verbrechens entbunden worden. |
| Nous les abſolvons tous, abſolvés-les auſſi. | Wir ſprechen ſie alle frey, ſprechet ſie auch frey. |
| Ils ont tous été abſouts. | Sie ſind alle abſolviret worden. |

### 184. Rire.

| | |
|---|---|
| Rire de quelque choſe. | Ueber etwas lachen. |
| Je ris de votre crédulité. | Ich lache über Ihre Leichtgläubigkeit. |
| Nous rions de votre folie. | Wir lachen über Ihre Thorheit. |
| Il rioit, dès qu'il la voyoit. | Er lachte, ſobald er ſie zu ſehen bekam. |
| Il a ri tout ſon ſou. | Er hat ſich ſatt gelacht. |
| Nous fumes hier à la comédie, où nous rîmes beaucoup. | Wir waren geſtern in der Comödie, wo wir ſehr lachten. |
| Qui de tout rit, a peu d'eſprit. | Wer über alles lacht, hat wenig Verſtand. |
| Nous ne ririons pas, ſi cela n'étoit pas riſible. | Wir würden nicht lachen, wenn es nicht lächerlich wäre. |
| Il faut que je rie, quand je vous entends parler ainſi. | Ich muß lachen, wenn ich Sie alſo reden höre. |
| Il vouloit, que nous riſſions et il n'y avoit pas de quoi rire. | Er wollte haben, wir ſollten lachen, und es war nicht zum lachen. |
| Elle m'a ri au nés | Sie lachte mir in's Geſicht. |

| | |
|---|---|
| Il rit, et il fait rire. | Er lacht, und macht, daß man lachen muß. |
| La fortune vous rit. | Das Glück lacht Ihnen zu. |

## 185. Suffire.

| | |
|---|---|
| Celà suffit. | Das ist genug. |
| Celà ne suffit pas. | Das ist nicht genug. |
| Celà ne suffisoit pas. | Das war nicht genug. |
| Celà n'a jamais suffi. | Das war nie genug. |
| Celà ne suffira pas. | Das wird nicht genug seyn. |
| Celà ne suffiroit pas. | Das wäre nicht genug. |
| Il faut bien, que cela suffise. | Das muß wohl hinlänglich seyn. |
| Il vouloit, que cela suffît. | Er wollte haben, es sollte hinlänglich seyn. |
| Cela n'est pas suffisant. | Das ist nicht hinlänglich. |

## 186. Suivre, poursuivre, ensuivre.

| | |
|---|---|
| Je suis mon penchant. | Ich folge meiner Neigung. |
| Suivons son conseil. | Wir wollen seinem Rath folgen. |
| Ne le suivés pas. | Folgen Sie ihm nicht. |
| Ils ne suivent pas un bon exemple. | Sie folgen keinem guten Beyspiel. |
| Si vous suiviés son exemple, vous feriés mal. | Wenn Sie seinem Beyspiele folgten, so würden Sie übel thun. |
| Je le suivis hier à la mascarade. | Ich folgte ihm gestern in die Maskarade. |
| Je l'ai suivi par-tout. | Ich bin ihm überall nachgefolgt. |
| Nous suivrons votre conseil, si vous suivés le nôtre. | Wir werden Ihrem Rath folgen, wenn Sie den unsrigen folgen wollen. |
| Il faut que nous le suivions à la piste. | Wir müssen ihm auf den Fuß nachfolgen. |
| Qui vous suit une fois vous suit toute sa vie. | Wer Ihnen einmal folgt, der folgt Ihnen lebenslänglich. |
| Pourfuivés votre chemin. | Setzen Sie Ihren Weg fort. |

| | |
|---|---|
| Il me poursuit à cor et à cri. | Er verfolgt mich mit dem grösten Geräusch (mit Blasen und Rufen.) |
| On l'a poursuivi en justice. | Man hat ihn vor Gericht belangt. |
| On vous poursuivra en justice, si vous faites cela, et puis que s'ensuivra-t-il? | Man wird Sie vor Gericht belangen, wenn Sie das thun, und was wird dann daraus entstehen? |
| De ce principe il s'ensuit une contradiction. | Aus diesem Grundsatz folget ein Widerspruch. |

### 187. Traire, distraire, extraire, rentraire, soustraire.

| | |
|---|---|
| Elle trait ses vaches, ses brébis et ses chèvres. | Sie melket ihre Kühe, ihre Schafe und ihre Ziegen. |
| Vous trayés votre anesse. | Ihr melket euer Eselinn. |
| J'ai trait mes vaches. | Ich habe meine Kühe gemolken. |
| Avés-vous trait vos brébis? | Habt ihr eure Schafe gemolken? |
| Il faut qu'elle traye encore sa chèvre. | Sie muß noch ihre Ziege melken. |
| Ce sont des choses abstruses. | Das sind dunkle Dinge. |
| C'est un esprit distrait. | Es ist ein zerstreuter Geist. |
| Cela à été distrait de la somme totale. | Das ist von der Haupt-Summe abgezogen worden. |
| On ne me distraira jamais de ce dessein. | Man wird mich niemals von diesem Vorhaben abwendig machen. |
| J'ai extrait cela d'un bon Auteur. | Ich habe dieses aus einem guten Autor ausgezogen. |
| Il faut vite rentraire cela. | Sie müssen dieses geschwind zusammen nähen. |
| Avés-vous rentrait ce qu'on vous a donné à rentraine? | Haben Sie zusammengenäht, was man Ihnen zu nähen gegeben hat? |
| Vous rentrairés ce manteau. | Sie werden diesen Mantel zusammennähen. |
| Il faut que vous les rentraifiés d'abord. | Sie müssen ihn gleich zusammen nähen. |

| | |
|---|---|
| Il veut se souſtraire à l'obéiſ- sance de ſon maître. | Er will ſich dem Gehorſam ſeines Herrn entziehen. |
| Il s'en eſt souſtrait. | Er hat ſich ihm entzogen. |

### 188. Vaincre, convaincre.

| | |
|---|---|
| Il faut me convaincre pour me vaincre. | Man muß mich überführen wenn man mich überwinden will. |
| Si vous vainquiés vos paſſions, vou ſeriés heureux. | Wenn Sie Ihre Leidenſchaften überwänden, ſo wäret Sie glücklich. |
| Si nous les vainquions, nous ſerions bien braves. | Wenn wir ſie überwänden, ſo wären wir ſehr tapfer. |
| Alexandre vainquit Darius avec une petite armée. | Alexander überwand den Darius mit einem kleinen Heer. |
| Il vaincroit, s'il avoit plus de monde. | Er würde ſiegen, wenn er mehr Leute hätte. |
| Il a été vaincu faute de ſecours. | Aus Mangel an Hülfe iſt er überwunden worden. |
| Il les a vaincus en libéralité. | Er hat ſie an Freygebigkeit übertroffen. |
| Il a été convaincu de larcin par des témoins. | Er iſt eines Diebſtahls mit Zeugen überführt worden. |

### 189. Vivre.

| | |
|---|---|
| Je vis content, comment vivés vous? | Ich lebe vergnügt, wie leben Sie? |
| Ils ne vivent pas comme il faut vivre. | Sie leben nicht, wie man leben ſoll. |
| A Paris je vivois content. | In Paris lebte ich vergnügt. |
| Nos premiers parens vivoient du travail de leurs mains. | Unſere erſten Aeltern lebten von ihrer Hände Arbeit. |
| Metuſalem véquit (vécut) ſelon l'hiſtoire ſainte, neuf cents ſoixante neuf ans. | Methuſalem lebte nach der heiligen Schrift 969 Jahr. |
| Il a vécu plus que tous ſes deſcendans. | Er hat länger gelebt, als alle ſeine Nachkömmlinge. |
| Son nom vivra éternellement dans l'hiſtoire. | Sein Name wird ewig in der Geſchichte leben. |
| Que le roi vive. | Der König ſoll leben. |
| En vivant bien, on vit long-temps. | Wenn man wohl lebt, ſo lebt man lange. |

Uebun-

## Uebungen über §. 153.—155.

Dieser junge Mensch a) trinkt, wie ein Tempelherr b). Er ist ein Deutscher c). Man spricht d), die Deutschen trinken wie Schwämme e) Lassen Sie uns auf die Gesundheit f) Ihres Herrn Vaters trinken. Trinken Sie, mein Herr, trinken Sie. Ich werde hernach g) trinken. Hat Herr Drey getrunken? Nein. Ach er muß trinken. Wenn wir so viel trinken müssen, so werden wir diesen Abend seelig genug seyn h). Ich mußte gestern zwey Bouteillen Champagner trinken, welchen mein Kopf noch spürt i). Ich war nie in einer so lärmenden k) Gesellschaft. Mir deucht, ich höre den Wind rauschen. Nein, es sind die Wasser, welche rauschen.

a) ce jeune homme   b) un Templier   c) un allemand   d) on dit   e) comme des éponges   f) à la santé   g) après   h) être gris seelig (berauscht, benebelt) seyn.   i) dont ma tête se ressent encore.   k) bruyant.

## Ueber §. 156.

Eure Poeten erreichen a) nicht die unsrigen. Sie würden Sie allerdings b) erreichen, wenn der Hof das Genie begünstigte c) — Ich glaube nicht, daß mein Bruder uns einhole. Verzeihen Sie, wenn wir nicht geschwinder gehen d), so wird er uns bald eingeholt haben. — Thun Sie sich, meinetwegen keinen Zwang an e). Es müssen sich Freunde f) nicht untereinander geniren. — Der Mayn und die Regniz g) vereinigen h) sich hinter Bamberg. Ich werde in einer halben Stunde wieder zu euch kommen i) — Haben Sie ihm recht genau Ihre Lage geschildert k)?

a) atteindre erreichen.   b) sans doute.   c) favoriser le génie das Genie begünstigen.   d) marcher plus vite geschwinder gehen.   e) se contraindre sich Zwang anthun, sich geniren.   f) il ne faut pas qu'entre amis on. —   g) le Mein et le Regniz.   h) se joindre sich vereinigen.   i) rejoindre qlc. wieder zu jemand kommen.   k) peindre bien exactement recht genau schildern.

## Ueber §. 157. — 161.

Die Thore a) sind schon geschlossen. Sind Ihre Nelken b) schon aufgebrochen? Ja, sie brachen schon gestern auf c). Sie werden morgen aufbrechen. — Hat er seine Rede schon geschlossen d)? Nein, er wird sie nicht so bald schließen. Was schließen Sie aus dem allen? Ich schließe, daß Sie Unrecht haben. Wissen Sie, daß Ihr Bruder ausgeschlossen worden e) ist? — Wer hat Sie hiehergeführt? Ein Mann, den ich nicht kenne. Erlauben Sie, daß ich Sie zurück führe f) Wer war der junge Mann g), der gestern Ihre Schwester in die (à la) Komödie führte? Es war Herr N. — Dieser Garten bringt allerhand Obst (fruits) hervor h). Die Leidenschaften bringen nichts als Unruhe i) hervor.

a) les portes b) les oeillets die Nelken c) Da das Verbum éclorre kein Perf. Simpl. hat, so muß man ein anders Verbum suchen, welches sich mit dem Infinitivo verbinden läßt. Z. E. commencer. Ils commencèrent dès hier à — Anstatt des Futuri kann man das Verbum aller mit dem Infinitivo nehmen. Ils vont. d) conclurre son discours seine Rede schließen. e) exclurre ausschließen. f) reconduire zurückführen. Conj. g) un jeune homme ein junger Mann h) produire hervorbringen. i) du trouble.

## Ueber §. 162. — 164.

Haben Sie schon Ihre Zwetschgen eingemacht a)? Wir machten ehedem b) eine Menge ein (imp.), itzt aber essen wir nicht mehr gern c) die eingemachten Früchte. Kennen Sie diesen Mann? Ich habe ihn an seinen Gang d) erkannt e). Aber kannten Sie (p. s.) auch ehedem seinen Bruder? Nein, mein Herr. Es ist Schade f), daß Sie ihn nicht kennen, denn er verdient g) gekannt zu seyn. — Wollen Sie sich nicht deutlicher erklären, ob Sie Recht oder Unrecht haben h)? — Es scheint i) nicht, daß wir heute Regen bekommen. — Was nähen Sie Madmosell? Ich nähe eine Haube k), wie Sie sehen. Mir deucht l), es ist diejenige (celle), welche Sie gestern trennten m)? Verzeihen Sie. Es scheint n), Sie haben viel in ihrem Leben o) genäht, und daß Sie noch viele (bien) Sachen nä-

nähen werden. Ich wollte, daß meine Schwester nähete, wie Sie. Sie muß p) alle Tage einige Stunden nähen, aber sie verdirbt q) alles, was sie macht.

a) confire des prunes Zwetschgen einmachen. b) autrefois c) nous n'aimons plus d) à sa demarche e) reconnoitre f) c'est dommage reg. den *Conj.* g) il mérite h) si vous avés raison ou si vous avés tort. i) paroître scheinen reg. den *Conj.* k) une coëffe l) il me semble m) découdre trennen. n) il semble o) pendant votre vie p) il faut qu'elle. q) gâter verderben.

## Ueber §. 165. — 167.

Ich glaube, ihr seyd nicht bey Sinnen a) Glauben Sie Ihm nicht, er bindet Ihnen etwas auf b). Denken Sie c), ich habe dieses ungereimte Zeug d) geglaubt? Sie haben wohl (bien) gethan. Ich wollte nicht, daß Sie ihm glaubten e). Nein, nein ich werde ihm nie (jamais) glauben. — Man sagt, der König von Frankreich sey arretirt worden. Nun gut f), sagte ich es Ihnen nicht? (p. c.). Ich glaube nicht, daß dieses Gerücht sich bestättige g). — Ich will, daß Sie mir die Wahrheit h) sagen. Ich werde gar nichts i) sagen, mit Ihrer Erlaubniß. Warum widersprechen Sie mir das (ce), was ich besser wissen muß, als Sie? Weil k) Sie bey jeder Gelegenheit l) über Leute lästern m), die Sie nicht kennen.

a) radoter nicht bey Sinnen seyn (wie alte kindische Leute reden) b) il vous en donne à garder c) pensés vous reg. den *Conj.* d) ces fadaises. e) croire qlc. nicht à qlc. f) eh bien. g) que ce bruit se confirme h) la vérité i) rien du tout k) c'est que l) à tout propos m) médire de —.

## Ueber §. 168. — 169.

Schreiben Sie Ihrem Herrn Vater um ihn zu bitten a), uns diese Feyertage b) zu besuchen c). Ich habe schon geschrieben, ich werde aber morgen noch einmal d) schreiben, denn ich muß ihm unfehlbar e) über den andern Tag schreiben f). Er wollte, ich sollte ihm alle Tage schreiben, das

das ist aber nicht möglich g), denn man verliehrt (perd) zu viel Zeit mit dem (en) Schreiben Wie dem nun sey h), melden i) Sie ihm, daß ich ihm selbst k) schreiben würde, wenn ich Zeit hätte, und machen Sie ihm viele (bien) Komplimenten von mir l). Was macht ihr da? Wir machen, was die andern machen, wir vergnügen uns m), so gut wir können. Ich wollte lieber, ihr thätet, was eure Brüder thaten (imp.), als sie auf der Universität waren, ohne das n) werdet ihr nie euer Glück machen o). — Meine Mutter will, daß ich thue, was mir gefällt p).

    a) prier   b) ces fêtes   c) de nous venir voir   d) encore e) sans faute   f) de deux jours l'un   g) cela n'est pas possible   h) quoiqu'il en soit   i) mander melden k) moi-même   l) de ma part   m) se divertir sich vergnügen   n) sans cela   o) faire fortune   p) ce qu'il plait.

## Ueber §. 170.

Backen Sie mir einige Fische. Hier sind schon a) gebackene, ich will Ihnen aber andere backen, wenn Sie wollen. Lesen Sie diesen Brief. Ich habe ihn schon gelesen. Geben Sie mir ihn, ich will ihn lesen. Lasen Sie gestern die Bayreuther Zeitung b)? Nein, mein Herr, ich habe eine andere gelesen. Ich wünschte c), Sie hätten einen gewissen Artikel davon gelesen, der Ihre Stadt betrift d). Wenn es was interessantes ist e) so muß ich sie noch lesen. — Setzen Sie sich an meine Stelle f), hätten Sie ihm wohl erlaubt, sich in anderer Leute Geschäfte zu mischen g)? Ich hätte nicht geglaubt, daß er ein solches Verbrechen begehen würde h); er hätte es aber nicht begangen, wenn gewisse Personen ihn nicht dazu (y) angereizt hätten i). Es war Zeit, daß ihr euch an diese Arbeit machtet k).

    a) en voila déja de. — b) la gazette   c) je voudrois.   d) concerner betreffen   e) quelquechose d'intéressant   f) en ma place.   g) s'entremettre (s'ingérer) des affaires d'autrui   h) commettre un crime ein Verbrechen begehen.   i) inciter qlc. à qlch. jemand zu etwas anreitzen.   k) se mettre à un ouvrage sich an eine Arbeit machen.

## Ueber §. 173. — 175.

Seine Mühle a) mahlt gut, meine Brüder mahlen daselbst all ihr Korn b). Habt ihr schon das Eurige gemahlen? Nein, wir werden es morgen mahlen. — Wo sind Sie gebohren worden c)? Ich bin in dieser Stadt gebohren. Alle Kinder, die in diesem Dorfe d) gebohren werden, bekommen Kröpfe e). Zum Glück f) werden nicht viele gebohren g). — Er wurde im Jahr 1709. gebohren (p. f.). Obgleich (bienque) alle eure Schwestern im Bayreuthischen h) gebohren wurden, so ist doch keine einzige (aucune) da verbeyrathet i) — Wem gehören die Schafe k), die in dieser Wiese l) weiden? Wer weidet sie? Euer Bruder. Nun gut m), er wird sie nicht mehr weiden. — Sie weiden sich mit schönen Hofnungen n). Ich möchte mich nicht an leerem Dunst weiden o).

a) son moulin b) le bled, les grains c) Nur nicht ou avés vous été né. d) un village ein Dorf e) prendre des goitres Kröpfe bekommen. f) heureusement, par bonheur g) Muß impersonaliter gegeben werden: Es wird da nicht viel gebohren. h) dans le pays de Bareit i) marié verbeyrathet. k) ces moutons (Schöpfe) Ein Schaf heißt une brebis; von ganzen Heerden nimmt man aber immer das Wort mouton. l) une prairie eine Wiese. m) eh bien n) de belles espérances o) se repaître de fumée sich an leerem Dunst weiden.

## Ueber §. 176. — 179.

Sie schienen mir ganz verstellt a). Ich wollte nicht, daß meine Muhme b) auf dem Ball erschiene. Fürchten Sie nichts c), sie wird nicht darauf (y) erscheinen. Sie ist doch gestern darauf erschienen. Ja, aber heute beliebt d) es ihr nicht. — Euer ganzes Betragen e) mißfällt mir sehr. Hat es Ihnen in dieser Stadt (ville) gefallen? Ich hätte nicht geglaubt f), daß es Ihnen da gefallen würde, und ich weiß, daß es Ihrem Bruder nicht daselbst gefallen wird. — Schweiget, ich bitte euch. Schweige, kleiner Unverschämter g). Werdet ihr nicht schweigen? Ich hätte nicht

nicht geglaubt, daß ihr schwieget, aber ihr habt geschwiegen, wie man mir gesagt hat h). — Schnupfen Sie Toback i)? Nein, ich schnupfe keinen. Ich würde keine Umstände machen k), wenn ich welchen schnupfte. Sie haben aber doch ehedem l) geschnupft? Ja, weil der Arzt m) wollte (p. c.), daß ich welchen schnupfte. — Wenn Sie meinen Bruder besuchen n) wollen, so wird er Ihnen eine Neuigkeit sagen o), die Sie wundern wird p).

a) tout contrefait  b) ma Tante  c) ne soyés pas en peine  d) plaire belleben  e) toutes vos manières.  f) je n'aurois pas cru  g) petit impertinent, petit infolent  h) à ce qu'on m'a dit  i) prendre du tabac Toback schnupfen.  k) faire des façons Umstände machen.  l) autrefois  m) le medecin.  n) aller voir.  o) apprendre une nouvelle à qlc. jemanden eine Neuigkeit sagen.  p) étonner wundern.

## Ueber §. 180. — 183.

Glauben Sie, er sey im Stande a), alle diese Schwierigkeiten b) zu lösen? — Das Salz c) löst d) sich im Wasser auf. Ist Ihr Gummi e) schon aufgelöst? Ich möchte wissen, warum sich diese Farben f) nicht auflösen. — Ich bin entschlossen, morgen abzureisen g) entschließen Sie sich auch. Wie wollen Sie, daß ich mich entschließe? Hänge ich denn h) von mir ab? — Mein Bruder wird sich nie dazu entschließen, ob ich gleich (quoique) wünschte, daß er sich dazu entschlöße. — Wissen Sie, daß Herr D. losgesprochen worden ist? Ich weiß es. Seine Richter i) sprechen alle diejenigen los, welche Mittel haben k), ihnen die Hände zu schmieren l). Es ist zu wünschen m), daß ihn Gott auch freyspreche. Sein Gewissen n) wird ihn nie (jamais) freysprechen.

a) qu'il soit capable.  b) toutes ces dificultés  c) le sel  d) se dissoudre sich auflößen.  e) votre gomme f.  f) ces couleurs  g) partir  h) est-ce que je dépends  i) ses juges  k) qui ont dequoi  l) graisser les pates  m) il est à souhaiter  n) sa conscience.

## Ueber §. 184. — 185.

Ich möchte wissen a), warum diese Närrinen b) aus vollem Hals lachen c). Sie würden nicht lachen, wenn sie wüsten, was ich weiß. Diesen Morgen d) habe ich auch recht gelacht. Ihr Bruder ist es e), der mich so lachen machte f). Ich muß lachen, so oft er mich ansieht g). — Es ist nicht genug, daß Sie mir goldene Berge versprechen h). Sie müssen Ihr Versprechen halten i). — Diese Gemüset k) sind nicht hinreichend für so viele Leute l). Geben Sie, sie werden schon hinreichend seyn. Was mich betrift ll), ich glaube nicht, daß dieser Braten m) hinreichend sey. Wie so m), ist denn der gestrige n) nicht hinlänglich gewesen?

a) je voudrois savoir   b) une folle eine Närrin.   c) rire à gorge déployée aus vollem Hals lachen.   d) ce matin   e) c'est votre frère   f) faire rire qlc. jemand lachen machen.   g) toutes les fois qu'il me regarde   h) promettre des monts d'or goldene Berge versprechen.   i) tenir sa promesse sein Versprechen halten.   k) ces legumes   l) pour tant de monde   ll) quant à moi   m) ce rôti   m) comment   n) celui d'hier.

## Ueber §. 186. — 189.

Folgen Sie seinem Rath a), wenn Sie mir glauben. b). Ich habe ihm immer gefolgt, mein Vater aber will, daß ich ihm diesmal c) nicht folge. Er glaubt, ich würde verlohren (perdü) seyn, wenn ich ihm folgte. — Wer zweyen Haasen nachjagt d), ertappt e) keinen. Warum haben Sie Ihr Studium nicht fortgesetzt f? Hat man die Kühe (vaches) schon gemolken? Sie sehen, daß die Mägde (servantes) sie melken. — Der Dieb, den man gestern auf der That ertappte g), hat sich der Straffe, die er verdiente h), entzogen. Er war schon des Diebstahls (vol) überwiesen, und bereit (prêt), hingerichtet zu werden i) ; als er Gelegenheit fand k), zu entweichen l) — Sie werden sehen m), daß er seine Feinde überwinden wird. Ich glaube nicht, daß er sie überwinden wird. Er wird nicht lange genug n) leben, um dieses Vergnügen zu genießen o). Sie leben in den

Tag

288

Tag bl**n p), ohne sich um die Zukunft zu bekümmern q), Wir haben genug für andere gelebt; wir wollen den Ueberrest unsers Lebens r) für uns leben. Ihr lebt nicht, wie ein rechtschaffener Mann leben muß s).

a) ses conseils. b) si vous m'en croyés c) cette fois d) poursuivre deux lievres zweyen Haasen nachjagen. e) attraper ertappen. f) poursuivre ses études sein Studium fortsetzen. g) attraper un voleur sur le fait h) mériter une peine (punition) i) être executé hingerichtet werden. k) trouver moyen l) échaper m) vous allés voir n) asses (longtems) o) avoir (goûter) une satisfaction p) vivre au jour la journée in den Tag leben. q) s'inquieter de l'avenir sich um die Zukunft bekümmern. r) le reste de notre vie s) comme il faut qu'un honnête homme.

Von

# Von der Wortfügung.

## 190.

Die Ordnung der französischen Konstruction ist folgende:

| 1. | 2. | 3. | 4. | 5. | 6. |
|---|---|---|---|---|---|
| Die Konjunktionen, Fragwörter und andere inflexible Partikeln. | Der Nominativ. | Die erste Negation | Die persönlichen Fürwörter in Casu obliquo. | Die relativ Partikel. | Das Verbum finitum oder das Auxiliar V. wenn es ein zusammen gesetztes Tempus ist. |
| 7. | 8. | 9. | 10. | 11. | 12. |
| Die zweite Negation, pas, point, &c | Das Adverbium. | Das Supinum als der andere Theil des Verbi in einem zusamengesetzten Tempus. | Der Infinitiv. | Der Casus Verbi. | Die Präposition mit ihrem Casu. |

Diese Redetheile finden sich selten alle in einem Satz beysammen. Man liest ganze Bücher durch, ohne sie sämtlich in der angegebenen Ordnung bey einander anzutreffen. Dem ungeachtet geht es in der Regel nach gegenwärtiger Tabelle. Fehlt irgend ein Membrum so bleibt seine Stelle leer und das folgende behält seinen Rang. Beyspiele werden das am besten erläutern.

    2    6    9
Les tems ont changé.    Die Zeiten haben sich geändert.

2 4  6   10    11
Il se vante d'être né Gentilhomme.    Er rühmt sich, ein Edelmann von Geburt zu seyn.

| | |
|---|---|
| On n'est pas plus estimable pour faire une grande dépense. | Man wird nicht schätzbarer wenn man einen großen Aufwand macht. |
| Comme il ne vous en a rien dit. | Da er euch nichts davon gesagt hat. |
| Vous vous plaignés partout de son procédé des obligeant | Ihr beklaget Euch überall über sein unhöfliches Betragen. |

**191. Beyspiele zur Uebung über Num. 1.**

| | |
|---|---|
| Mais pourquoi *) doutés vous de ma tendresse? | Aber warum zweifelt ihr an meiner Zärtlichkeit. |
| Si je l'avois su, je ne l'aurois pas fait. | Wenn ich es gewußt hätte, so würde ich es nicht gethan haben. |
| Que vous seriés content de moi, si vous saviés ce qui se passe dans mon coeur! | Wie würdet ihr so zufrieden mit mir seyn, wenn ihr wüßtet was in meinem Herzen vorgeht. |

**192.** Die Versetzung einiger solcher Bindungswörter ändert, wie auf deutsch, ihre Bedeutung.

| | |
|---|---|
| Ainsi vous ne l'avés pas vu. | Also habt ihr ihn nicht gesehen |
| Vous l'avés voulu ainsi. | Ihr habet es so gewollt. |
| Parlés donc. | Reden Sie doch. |
| Je suis homme, donc je suis mortel. | Ich bin ein Mensch, mithin bin ich sterblich. |
| Que veut il donc? | Was will er denn? |

**Zu Num. 2. von dem Nominativ.**

193.

Das Nomen hat im Französischen, wie auf deutsch, seine Artikel vor sich **) bisweilen steht an dessen Stelle ein Pronomen, welches dann ebenfalls vorgesetzt wird. Gram. p. 157.

Le

*) Die Konjunktionen stehen also vor den Fragwörtern. Man darf nicht sagen, wie auf deutsch pourquoi mais, warum aber.

**) Man sagt: Toute la terre, nicht la toute terre, denn tout nimmt den Artikel hinter sich, und macht also eine Ausnahme von der Regel.

| | |
|---|---|
| Le Roi est parti. | Der König ist abgereiset. |
| L'orage est passé. | Das Ungewitter ist vorbey. |
| La lune éclaire. | Der Mond scheint. |
| Sa vanité est grande. | Seine Eitelkeit ist groß. |
| Tes manières me déplaisent fort. | Sein Betragen mißfällt mir sehr. |

## 194.
Der Nominativ wird öfters wider die in der Tabelle angegebenen Ordnung versetzt und zwar

1) Im Wünschen.

| | |
|---|---|
| Puissent les Dieux vous conserver à vos enfans (nicht les Dieux puissent.) | Möchten die Götter Euch Eure Kinder erhalten. |
| Périsse toute la Nature plutôt que je me noircisse d'une telle ingratitude. | Ehe mag lieber die ganze Natur zu Grunde gehen, als daß ich mich durch eine solche Undankbarkeit befleckte. (schwärzte.) |

## 195.
2) Wenn gewisse in den nachstehenden Beispielen vorkommende Adverbia den Anfang des Satzes machen.

| | |
|---|---|
| A peine fus-je éloigné de mes gens que je me mis à courir. | Kaum hatte ich mich von meinen Leuten entfernt, so fing ich an zu laufen. |
| Aussi veut-il faire le bel-esprit. | Auch will er den schönen Geist spielen. |
| Apparemment croit-il avoir de l'esprit. | Vermuthlich glaubt er Verstand zu haben. |
| Du moins ne manque-t-il pas de courage. | Wenigstens fehlt es ihm nicht an Muth. |
| Encore passe-t-il pour un malhonnête homme. | Und doch wird er für einen schlechten Mann gehalten. |
| Peut-être ne sait-il pas que vous êtes arrivé. | Vielleicht weiß er nicht, daß Sie angekommen sind. |
| Tout de même ne fera-t-il pas fortune. | Ohnehin wird er sein Glück nicht machen. |
| Envain le flattés-vous. | Umsonst schmeicheln Sie ihm. |
| Rarement se connuoit-on tel qu'on est. | Selten kennt man sich, so wie man ist. |

| Toujours est-il difficile de mettre un débauché dans le bon chemin. | Immer ist es schwer, einen Lüderlichen auf gute Wege zu bringen. |
| Tel est mon malheur. | So groß ist mein Unglück. |

### 196.

3) Wenn eine Präposition oder ein Kasus Verbi gleich zu Anfang der Periode stehen. Gram. p. 182.

| Pas loin de là étoit un grotte profonde. | Nicht weit von da war eine tiefe Grote. |
| A coté de lui étoit son frère. | Neben ihm stand sein Bruder. |
| A votre avis, avons-nous sujet d'être satisfait? | Glauben Sie, daß wir Ursache haben vergnügt zu seyn. |

### 197.

4) Nach einem Relativ, zumal wenn es einen längern Anhang hat, als der Vorsatz.

| Il fait tout ce que veulent ses passions. | Er thut alles, was seine Leidenschaften wollen. |
| Il parla des blessures que lui avoient faits ses amis et ses ennemis. | Er sprach von den Wunden, welche ihm seine Freunde und Feinde geschlagen hatten. |
| C'est une leçon que lui a donné son précepteur. | Es ist das eine Lehre die ihm sein Lehrer gegeben hat. |
| Je ne m'étonne pas du succès qu'a obtenu cette pièce. | Ich wundere mich nicht über den Beyfall (guten Erfolg), den dieses Stück erhalten hat. |

### 198.

5) Nach folgenden Partikeln und Redensarten, wenn der Nominativ ein Nomen, nicht aber wenn er ein Pronomen ist. Gram. p. 171.

| Qui que vous soyes (nicht que soyes-vous) ayés pitié de moi. | Wer ihr auch seyd, so habet Mitleid mit mir. |
| Qui que soit cet homme, ne lui parlés pas. | Wer der Mann auch seyn mag, sprechen Sie nicht mit ihm. |

Quoi

| | |
|---|---|
| Quoi que puisse dire votre frère je l'ai résolu. | Was auch euer Bruder sagen mag, so habe ich es auch beschlossen. |
| Quelle que soit son adresse il n'en viendra pas à bout. | So groß auch seine Geschicklichkeit seyn mag, so wird er doch nicht damit zum Ziel kommen. |
| Toute belle qu'est votre cousine, elle n'est pas aimable. | So schön Ihre Baase auch ist, so ist sie doch nicht liebenswürdig. |
| C'est demain qu'arrivera mon père. | Morgen wird mein Vater anlangen. |
| C'est cette semaine que doit se faire cette exécution. | Diese Woche soll diese Execution geschehen. |

199.
### Stelle des Adjektives.

Das Adjektiv stehet gewöhnlich hinter seinem Substantiv. (Gram. p. 157.) besonders die Adjektiva 1) der Nationen 2) der Farben 3) der Würden 4) die eine Gemüths- oder körperliche Beschaffenheit ausdrücken 5) die eine geometrische Figur oder 6) eine elementarische Beschaffenheit anzeigen 7) diejenigen Adjektiva, die von Participiis aktivis oder passivis gemacht sind, 8) die zusammengesetzten Beiwörter so wie auch 9) die Zahlen, durch welche große Herren unterschieden werden.

| | |
|---|---|
| 1) Voilà un soldat françois. | Hier ist ein französischer Soldat. |
| Est-ce un livre allemand? | Ist das ein deutsches Buch. |
| Aimés-vous les romans espagnols? | Liebet Ihr die spanischen Romane? |
| Que dites-vous des danses polonoises? | Was haltet Ihr von den polnischen Tänzen. |
| 2) A qui est cette maison rouge? | Wem gehört dies rothe Haus? |
| Qui vend ces rubans bleus? | Wer verkauft diese rothen Bänder? |
| Elle a une belle chevelure blonde et de grands yeux noirs. | Sie hat schönes blondes Haar, und große schwarze Augen. |
| Connoissés-vous cet homme au juste-au-corps verd? | Kennet ihr diesen Mann im grünen Rock? |

3) Le

3) Le Prince royal doit arriver demain. — Der Kronprinz soll morgen ankommen.

Le collège électoral est composé de huit Electeurs. — Das Kurfürstliche Collegium besteht aus acht Kurfürsten.

Il porte le bonnet électoral. — Er trägt den Kurfürstenhut.

4) Connoissés-vous cet homme aveugle? — Kennet Ihr diesen blinden Mann?

C'est une femme avare. — Es ist eine geizige Frau.

Regardés cet homme bossu. — Sehet diesen bucklichten Mann an.

Qui est ce garçon joufflu? — Wer ist dieser bausbackige Junge?

5) Je me suis fait faire une table ronde. — Ich habe mir einen runden Tisch machen lassen.

Voilà une belle place quarrée. — Das ist ein schöner viereckigter Platz.

Une Eglise ovale. — Eine ovalrunde Kirche.

6) Donnés-moi de l'eau chaude. — Gebet mir warmes Wasser.

Aportés-moi un verre de bière fraiche. — Bringet mir ein Glas frisches Bier.

Il faut éviter l'air humide. — Man muß die feuchte Luft meiden.

7) Il y a des sots avec un extérieur brillant. — Es giebt Dumköpfe mit einem glänzenden Aeuserlichen.

C'est un esprit borné. — Es ist ein schwacher Geist.

Il dit mille choses savantes. — Er sagt tausend gelehrte Dinge.

On est aisément la dupe d'un ami feint et et dissimulé. — Man wird leicht betrogen von einem falschen und verstellten Freund.

8) Elle se fait faire un habit neuf pour la faite de demain. — Sie läßt sich ein neues Kleid für das morgende Fest machen.

Il ne pense guères au tems à venir. — Er denkt selten an die Zukunft.

Elle s'est acheté une montré d'or. — Sie hat sich eine goldene Uhr gekauft.

9) Henri quatre étoit un bon Roi. — Heinrich der vierte war ein guter König.

Char-

| | |
|---|---|
| Charles quint mourut en Espagne. | Karl der fünfte starb in Spanien. |
| Louis le gros. | Ludwig der Dicke. |
| Henri l'oiseleur. | Heinrich der Vogler. |

200.

Von dieser Regel sind vorzüglich folgende Adjektiva auszunehmen, welche vor ihrem Substantiv stehen müssen.

| | |
|---|---|
| Ce bon homme est reduit à l'aumone. | Dieser ehrliche Mann ist zum Bettelstab gebracht. |
| Donnés-moi de meilleur vin. | Geben Sie mir bessern Wein. |
| Il a un mauvais goût. | Er hat einen übeln Geschmack. |
| C'est une méchante femme. | Es ist das ein böses Weib. |
| C'est un homme qui a un grand esprit. | Es ist ein Mann von hohem Geist. |
| Il s'est coupé un gros morceau de pain. | Er hat sich ein großes Stück Brod geschnitten. |
| Qui est cette petite femme. | Wer ist diese kleine Frau? |
| C'est une fort jolie personne. | Es ist eine sehr hübsche Person. |
| Il n'en sait pas la moindre chose. | Er weiß nicht das mindeste davon. |
| Il veut passer pour honnête homme. | Er will für einen ehrlichen Mann gehalten seyn. |
| La sincérité est la marque d'une belle ame. | Aufrichtigkeit ist das Merkmal einer schönen Seele. |
| Il ne faut pas nourrir sa sotte vanité. | Man muß nicht seine dumme Eitelkeit unterhalten. |
| Les jeunes gens son ordinairement étourdis. | Junge Leute sind gewöhnlich unbesonnen. |
| Avés-vous connu le feu Roi? | Haben Sie den verstorbenen König gekannt? |

201.

Hat das Adjektivum ein Adverbium bey sich, so steht es gemeiniglich gleich gut hinter und vor seinem Substantiv. Eben so ist es, wenn mehrere Adjektive verbunden werden. Das Gehör muß entscheiden, ob sie hier oder dorthin kommen sollen.

| | |
|---|---|
| C'est une femme très honnête ob. c'est une très honnête femme. | Es ist eine sehr rechtschaffene Frau. |

| | |
|---|---|
| Voilà une fille fort jolie, ober une fort jolie fille. | Daß ist ein sehr hübsches Mädchen. |
| Connoissés-vous cette bonne petite femme? | Kennen Sie dieses gute Weibchen? |
| C'est une femme grosse et grasse. | Es ist ein dickes und fettes Weib. |

### 202.

Auch diejenigen Adjektiva, welche in der Ehrenanrede und in dem Schluß der Briefe gebraucht werden, stehen vor dem Substantiv. Gram. p. 158.

| | |
|---|---|
| Ma chere Soeur! | Meine liebe Schwester. |
| Ma très honorée Tante! | Meine geehrte Muhme! |
| Je suis votre très-humble Serviteur. | Ich bin ihr gehorsamster Diener. |

### 203.

Die Kardinalzahlen, ingleichen die Ordnungszahlen, wenn man sie nicht zum allegiren braucht, stehen ebenfalls vor, Gram. p. 158.

| | |
|---|---|
| Elle a trois enfans. | Sie hat drey Kinder. |
| Ce fusil m'a couté huit écus. | Diese Flinte kostet mich acht Thaler. |
| Sa maison coute mille florins. | Sein Haus kostet tausend Gulden. |

Hingegen im allegiren:

| | |
|---|---|
| Cet endroit se trouve Chapitre six, page dixhuit *) | Diese Stelle findet sich im sechsten Kapitel, Pagina achtzehn. |

### 204.

Manche Adjektiva haben eine andere Bedeutung, wenn sie vor dem Wort, und wieder eine andere, wenn sie hinter demselben stehen: **)

| | |
|---|---|
| Il m'a raconté une certaine anecdote. | Er hat mir eine gewisse Anecdote erzählt (die ich nicht sagen will). |
| C'est une chose certaine. | Es ist eine zuverläßige Sache. C'est |

*) Hat das Nomen einen Artikel, so steht auch im allegiren das Adjektiv besser vor. Nous en sommes au quatrième livre.
**) Ungemein viel Adjektiva stehen bald hinter, bald vor dem Substantiv. Ihre Zahl ist so groß, daß man sie in keinem

| | |
|---|---|
| C'est la dernière semaine que je passerai ici. | Es ist das die lezte Woche, die ich hier zubringen werde. |
| Je est parti la semaine derniere. | Er ist die vorige Woche abgereißt. |
| Il chérit en vous un double*) ami. | Er liebet in Ihnen einen gedoppelten Freund. |
| Je faut fuir les amis doubles. | Man muß falsche Freunde fliehen. |
| Vous avés touché une fausse corde. | Sie haben eine falsche Saite berührt. |
| C'est une corde fausse | Es ist das eine mißtönende Saite. |
| Mon valet est un franc maraut. | Mein Bedienter ist ein Erz-Schurke. |
| Un esprit franc et ouvert. | Ein freyer und offener Geist. |
| Il se pique d'être galant homme. | Er hält sich für einen artigen Mann. |
| C'est une fille galante. | Es ist das ein verliebtes Mädchen. |
| Je n'ai jamais vu de si grosse femmes. | Ich habe nie eine so dicke Frau gesehen. |
| On ne doit rien refuser aux femme grosses. | Man soll schwangern Weibern nichts versagen. |
| La même femme me l'a dit. | Die nemliche Frau hat es mir gesagt. |
| La femme même me l'a dit. | Die Frau selbst hat es mir gesagt. |

T 5

nem Lehrbuch alle durchgehen kann. Das übelste ist, daß es öfters gar nicht gleichgültig ist, wie man ihnen ihre Stelle anweißt. In Verbindung mit diesem Wort müssen sie schlechterdings vor, in Verbindung mit einem andern aber nach stehen. Man sagt z. E. un nouveau livre, un livre nouveau, du vin nouveau. Man kann hingegen durchaus nicht sagen de nouveau vin, ob gleich in Verbindung mit livre das Adjektiv vor und nach stehen kann. Nach diesem erhellt es von selbst, daß man durch fleißige Lektüre allein die hier vorkommenden Schwierigkeiten zu überwinden suchen muß. Da vieles mitunter auf den Wohlklang ankommt, so kann man sich auch dabey auf ein gutes Ohr verlassen.

*) Man sagt: une lettre double, ein doppelter Buchstabe; un compte double, eine Rechnung, die doppelt ausgefertiget wird.

| | |
|---|---|
| Il l'a fait par pur amour. | Er hat es aus bloßer Liebe gethan. |
| Il brule pour elle d'un amour pur. | Er brennt für sie in reiner Liebe. |
| Il faut appeller la sage-femme. | Man muß die Hebamme rufen. |
| C'est une femme sage. | Es ist eine kluge Frau. |
| Ce seul homme y a été. | Dieser einzige Mann ist da gewesen. |
| Cet homme seul en est venu à bout. | Dieser Mann ist allein damit zu Stande gekommen. |
| C'est un homme extrêmement simple. | Es ist ein außerordentlich einfältiger Mann. |
| C'est un simple Soldat. | Es ist ein gemeiner Soldat. |

### 205.

Diejenigen Adjektiva, welche in ihrem eigentlichen Sinn nachstehen, werden im figürlichen gemeiniglich vorgesetzt.

| | |
|---|---|
| J'ai acheté une table noire. | Ich habe einen schwarzen Tisch gekauft. |
| Il s'abandonne à de noirs soucis. | Er überläßt sich schwarzen Sorgen. |
| J'ai bu un grand verre de vin doux. | Ich habe ein großes Glas süßen Wein getrunken. |
| Mes plus doux momens sont ceux que je passe avec vous. | Meine süßesten Augenblicke sind die, welche ich mit Ihnen zubringe. |
| Pourquoi sortés-vous par ce tems froid? | Warum gehen Sie bey diesem kalten Wetter aus? |
| Les froids plaisans sont insupportables. | Kalte Spaßmacher sind unerträglich. |

---

### Zu Num. 3. und 7. von den Negationen.

### 206.

Die erste Negation steht, wie aus der Tabelle erhellt, gleich nach dem Nominativ, und die zweyte nach dem Verbo. In den Temporibus kompositis steht letztere nach dem Auxiliar. *)

Je

---

*) Aucun, personne, nul und ni ni stehen hinter dem Supino; Auch sagt man: Je n'ai vu que lui, nicht je n'ai que luivu.

| | |
|---|---|
| Je ne peux pas. | Ich kann nicht. |
| Je n'ai pas pu. | Ich habe nicht gekonnt. |
| Je n'en parle point. | Ich spreche nicht davon. |
| Il n'en a point parlé. | Er hat nicht davon gesprochen |
| Je n'en dis rien. | Ich sage nichts dazu. |
| Je n'en ai rien dit. | Ich habe nichts dazu gesagt. |
| On n'en trouve aucun. | Man findet keinen. |
| On n'en a trouvé aucun. | Man hat keinen gefunden. |
| Il n'a nul ami. | Er hat keinen Freund. |
| Je n'ai eu nul ami. | Ich habe keinen Freund gehabt. |
| Il ne vous estime guères. | Er achtet Sie wenig. |
| Il ne vous a guères estimé. | Er hat Sie wenig geachtet. |

Diese folgenden Negationen können vor einem Infinitivo beide beysammen stehen:

| | |
|---|---|
| Ne pas parler. | Nicht reden. |
| Il m'a dit de ne point l'attendre. | Er sagte mir, ich sollte ihn nicht erwarten. |
| Je vaut mieux de ne rien dire du tout. | Es ist besser gar nichts zu sagen. |
| Vous ferés mieux de ne jamais parler en sa présence. | Sie werden besser thun, nie in seiner Gegenwart zu reden. |

### 207.

Oefters ist die zweyte Negation der Nominativus Verbi, und in diesem Falle stehet sie vor dem ne.

| | |
|---|---|
| Pas un ne m'a vu. | Nicht einer hat mich gesehen. |
| Rien n'étoit plus affligeant pour moi. | Nichts war betrübender für mich. |
| Personne ne me connoit. | Niemand kennt mich. |
| Aucun n'en est exempt. | Keiner ist davon frey. |

## Zu Num. 4. und 5. Stelle des Personal-Pronomens und der Relativ-Partikeln.

### 208.

Die Personal Pronomina stehen vor dem Verbo *), obgleich sonst die Kasus Verbi erst nach demselben folgen.

| | |
|---|---|
| Je lui donne à boire. | Ich gebe ihm zu trinken. |

*) Dem Imperativo, wenn er affirmirt, stehen sie nach. Z. E. Il me donne er giebt mir, donnés moi gebt mir. Man sieht,

| | |
|---|---|
| Je te donnerai un soufflet. | Ich werde dir eine Ohrfeige geben. |
| Vous nous obligerés infiniment. | Sie werden uns unendlich verbinden. |
| Je vous le ferai savoir. | Ich will es Ihnen wissen lassen. |
| Je faut leur dire qu'ils sont attendus. | Man muß ihnen sagen, daß sie erwartet werden. |

### 209.

Kommt ein Dativ und Accusativ zusammen, so geht der Dativ vor, ausgenommen lui und leur, welche nachstehen.

| | |
|---|---|
| Il me l'a raconté ce matin. | Er hat mir es diesen Morgen erzählt. |
| Je te le ferai savoir. | Ich will dir es wissen lassen. |
| Je te l'envoyerai. | Ich will dir es schicken. |
| Ils vous l'ont fait remettre. | Sie haben es Ihnen zustellen lassen. |
| Je vous l'ai adressé. | Ich habe ihn an Sie gewiesen. |

### 210.

Die Relativ Partikeln y und en, folgen nach dem Personal Pronomen.

| | |
|---|---|
| Je lui en parlerai. | Ich werde mit ihm davon sprechen. |
| Il m'en a donné un bon morceau. | Er hat mir ein gutes Stück davon gegeben. |
| Je lui en acheterai un. | Ich werde ihm eines kaufen. |
| On l'y a regalé. | Man hat ihn da bewirthet. |
| Envoyés l'y. | Schicken Sie ihn hin. |

### 211.

Stehen y und en beisammen, so geht y vor.

| | |
|---|---|
| J'y en ai vu plusieurs. | Ich habe mehrere da gesehen. |
| Il y en faut mettre d'avantage. | Man muß mehr hinein thun. |

daß in diesem Fall auch das Pronomen Conjunktivum me in das absolutum moi verwandelt wird, so auch alle andere. Tais toi; suivés-nous, conchés-vous &c. Negirt der Imperativ, so bleibt alles in der Ordnung. Z. E. Ne me donnés pas (nicht ne donnés moi pas); Ne nous suivés pas; ne vous couchés pas.

| | |
|---|---|
| N' y en voyés vous plus ? | Geben Sie keinen mehr darinnen. |
| N' y en a-t-il plus ? | Ist keiner mehr da? |
| Versés y' en. | Schütten Sie welchen hinein. |

## Zu Num. 6. Stelle des Verbi Finiti. (Oder des Auxiliars, wenn es ein Tempus Kompositum ist.)

### 212.

| | |
|---|---|
| Vous ne comprenés pas les choses. | Sie verstehen das Ding nicht. |
| Vous n' avés pas grande chose à dire. | Sie haben nicht viel zu sagen. |
| Je ne lui en dis rien. | Ich sage ihm nichts davon. |
| Tout le monde est content. | Jedermann ist damit zufrieden |
| Son frère n'en a rien vu. | Sein Bruder hat nichts davon gesehen. |

## Zu Num. 7. und 8. Stelle der zweyten Negation und des Adverbii.

### 213.

Die zweyte Negation soll in der Regel dem Adverbio vorgehen. Gewisse in den folgenden Beyspielen vorkommende Adverbia machen aber bisweilen eine Ausnahme und nehmen die Negation hinter sich. Gram p. 163.

| | |
|---|---|
| Il ne viendra assurément pas (ob. pas assurément). | Er wird gewiß nicht kommen. |
| Je n'en ferai assurément rien. | Ich werde es gewiß nicht thun |
| Il ne mourra certainement point (ob. point certainement.) | Er wird gewiß nicht sterben. |
| Ne dites encore rien (ob. rien encore). | Sagen Sie noch nichts davon. |
| Je n'en ai encore *) rien appris. | Ich habe noch nichts davon gehört. |
| Il ne viendra peut-être personne | Es kommt vielleicht niemand. |

*) Pas und point stehen allemal vor encore. Am besten ist es, man sieht sie als ein einziges Wort an, pasencore pointencore.

Il ne s'y rendea pourtant pas. Er wird doch nicht hingehen.
(od. pas pourtant).
On ne le voit déja plus. Man sieht ihn schon nicht mehr.

### 214.
Die Versetzung des Adverbii ändert öfters die Bedeutung der Rede.

Je ne souhaite plus rien, sinon que de le voir encore une fois. Ich wünsche nichts mehr, als (mein letzter Wunsch ist) ihn noch einmal zu sehen.
Je ne souhaite rien plus que de le voir encore une fois. Ich wünsche nichts so sehr, als ihn noch einmal zu sehen.
Votre frère ne vient souvent pas. Ihr Bruder kommt oft nicht.
Votre cousin ne vient pas souvent. Ihr Vetter kommt nicht oft.

### 215.
Die französischen Adverbia oder adverbialische Redensarten können wie die Deutschen ganz zu Anfang eines Sazes stehen, wenn es der Nachdruck oder die Deutlichkeit erfordert. Besonders sezt man sie gern nach que.

Alors il entra dans l'Eglise. Alsdann trat er in die Kirche.
De l'autre coté il y a un beau chateau. Auf der andern Seite ist ein schönes Schloß.
J'espère que bientôt vous serés tous contens. Ich hoffe, daß ihr bald alle zufrieden seyn werdet.
Il m'a dit que de toutes les parties du monde on vient le chercher. Er sagte mir, daß man ihn von allen Theilen der Welt aufsucht.
C'est Dieu qui d'un seul souffle a créé le ciel et la terre. Gott ist es, der mit einem einzigen Hauch Himmel und Erde schuf.

### 216.
Die Adverbia stehen nach ihrem Verbo; oft aber modificiren sie auch ein Adjectiv, welchem sie allemal vorgesezt werden müssen.

Il en est peu satisfait. Er ist schlecht damit zufrieden.
Voilà un fort honnête homme. Das ist ein sehr rechtschaffener Mann.

| Une très jolie fille m'ouvrit la porte. | Ein sehr hübsches Mädchen öffnete mir die Thür. |
| Cette sale est assés spacieuse. | Dieser Saal ist ziemlich geräumig. |

### 217.

Die Adverbia stehen in der Regel vor dem Supino und dem Infinitiv. Hiervon sind aber auszunehmen 1) die Adverbia auf ment, welche vor und nach stehen, je nachdem der Wohlklang es erfordert.

| Ce jeune homme m'a entièrement satisfait. (ob. m'a satisfait entierement.) | Dieser junge Mann hat mir gänzlich Genüge geleistet. |
| Sa bibliotheque s'est considérablement augmentée. (ob. s'est augmentée considérablement). | Seine Bibliothek hat sich ansehnlich vermehrt. |
| Je lui ai dit franchement qu'on se moque de lui. | Ich habe ihm frey heraus gesagt, daß man sich über ihn lustig macht. |
| Il est entré hardiment. | Er ist kühn hineingegangen. |

### 218.

2) Die Adverbia des Orts und der Zeit, ingleichen die Adverbia Komposita, welche öfters nach dem Supino und dem Infinitivo, oder ganz zu Anfang der Rede, stehen müssen. *)

| J'ai vu, partout (de tout cotés) des villages rians. | Ich sahe überall lachende Dörfer. |
| On l'a surpris une nuit en volant du fruit. | Man ertappte ihn in einer Nacht, als er Obst stahl. |
| Elle a été longtems persécutée. | Sie wurden lange verfolgt. |
| Leur esprit de probité est reconnu partout. | Ihre rechtschaffene Gesinnungen sind überall bekannt. |

Zu

*) Es kommt hier wieder alles auf dem Wohlklang an. Beleidigt das Adverbium nicht das Gehör, wenn es vor dem Supino steht, so kann es gar wohl da stehen. So könnte man sagen: Elle a été persécutée long-tems, leur esprit de probité est partout reconnu.

## Zu Num. 11. Von dem Kasu Verbi.

### 219.

Der Kasus Verbi soll nach der Konstruktions Tabelle erst nach dem Verbo folgen; in den Redensarten avoir, à faire, à dire &c. steht er aber in der Mitte. Gram. p. 165.

| | |
|---|---|
| Je connois votre frère. | Ich kenne Ihren Bruder. |
| Il m'a vendu des pommes. | Er hat mir Aepfel verkauft. |
| J'ai mon maître à attendre. | Ich habe meinen Herrn zu erwarten. |
| Il a cet ordre à exécuter. | Er hat diesen Befehl zu vollführen. |
| Il a cette perte à regretter. | Er hat diesen Verlust zu bedauren. |

### 220.

Hat aber der Kasus Verbi einen Anhang, besonders mit einem Relativ, so kommt er wieder hinter den Infinitiv. Z. E.

| | |
|---|---|
| J'ai à attendre mon maître qui doit arriver ce soir. | Ich habe meinen Herrn zu erwarten, der diesen Abend ankommen soll. |
| Il a à continuer le recit qu'il a commencé. | Er hat die Erzählung fortzusezen, die er angefangen hat. |
| Il a à exécuter l'ordre qui lui a été donné. | Er hat den Befehl zu vollführen, der ihm ist gegeben worden. |

### 221.

Ist tout oder rien NB. ohne Kasus Verbi, so stehet es vor dem Supino oder Infinitiv. *)

| | |
|---|---|
| Il n'a rien dit. | Er hat nichts gesagt. |
| J'ai tout perdu. | Ich habe alles verlohren. |
| Il n'en veut rien faire. | Er will es nicht thun. |

### 222.

*) In den einfachen Temporibus stehen sie sonst nach. Il ne dit rien, il perd tout.

### 222.

Wenn ein Verbum einen Dativ und Akkusativ regiert, so gebt der Akkusativ vor, wenn sie an Sylben ungefehr einander gleich sind.

| | |
|---|---|
| Il mit la main à son épée. | Er griff nach seinem Degen. |
| Faites mettre le feu au fourneau. | Lassen Sie das Feuer in den Ofen thun. |

### 223.

Ist hingegen der Akkusativ länger, als der Dativ, oder hat ersterer ein Relativum nach sich, so gebt der Dativ vor. Gram. p. 166.

| | |
|---|---|
| On fait connoître au public les progrès continuels que font les élèves de cette académie. | Man zeigt dem Publicum die beständigen Fortschritte, welche die Zöglinge dieser Academie machen. |
| Je viens de remettre à votre domestique, une somme de cent écus. | Ich habe erst Ihrem Bedienten eine Summe von hundert Thalern eingehändiget. |
| Montrés à ce Monsieur le chapeau que vous avés acheté ce matin. | Zeigen Sie diesem Herrn den Hut welchen sie Sie diesen Morgen kauften. |

### 224.

Wenn ein Genitiv oder Ablativ und ein Dativ zusammen kommen so entscheidet der Wohlklang über ihre Stelle.

| | |
|---|---|
| J'ai fait présent d'un bon livre à votre frère (oder j'ai fait présent à votre frère d'un bon livre.) | Ich habe Ihrem Bruder ein gutes Buch verehrt. |
| Avés-vous parlé à Monsieur F. de cette affaire? oder avés-vous parlé de cette affaire à Monf. F.? | Haben Sie mit Herrn F. von dieser Sache gesprochen. |

---

### 225.

### Zu Num. 12. Stelle der Präposition mit ihrem Kasu.

Die Stelle der Präposition ist ganz am Ende des Sazes. Formirt sie aber eine adverbialische Redensart, oder gewinnt die Deutlichkeit, oder die Rundung des Perioden dabey, so kann sie auch vor dem Kasu Verbi stehen, steben. Sind mehrere Präpositionen vorhanden, so geht die längere nach.

| | |
|---|---|
| On les distingue pas cette marque d'honneur. | Man zeichnet sie durch dieses Ehrenzeichen aus. |
| On lui a donné dans l'obscurité je ne sais combien de coups de baton. | Man gab ihm in der Dunkelheit, ich weiß nicht wie viel Stockschläge. |
| Dans la sale d'enzbas ou voit de belles statues. | In dem untern Saal sieht man schöne Bildsäulen. |
| Dans la galerie attenante, on expose les oüvrages de peinture. | In der anstoßenden Galerie stellt man die Mahlereyen aus |
| Ce jeune homme, pour plaire à son prince, a fait une action d'éclat. | Dieser junge Mensch that um seinem Fürsten zu gefallen eine Handlung die Aufsehen machte. |

## Uebungen über §. 190.—198.

Mein Vater ist tod. Warum (que) sagten Sie mir aber nicht, daß er krank a) war? Hätte ich gewußt, daß er sich nicht wohl befände b), so würde ich ihn besucht haben c). Also haben Sie es nicht gewußt? Nein. Warum sehen Sie mich aber so an d)? Sprechen Sie doch! Möchten Sie doch die Wahrheit sagen e)! Vielleicht wissen Sie nicht, daß man mir das Gegentheil f) gesagt hat? Aber ich will Ihnen glauben. — Wenigstens werde ich das Vergnügen haben g), ihn für meinen Freund zu halten h). Aber selten sieht man einen aufrichtigen Freund i). Kaum hat man einem getraut k), so findet man, daß es ein Verräther l) ist. Umsonst sucht m) man ihn durch Wohlthaten an sich zu ketten n); die mehresten o) der heutigen Freunde p) sind bereit (prét), alles ihrem Eigennutz aufzuopfern q). — Ich sah (p. c.) daß hinter dem König der Kronprinz r) stand s). Neben ihm t) saß u) seine Gemahlin. Der König sprach viel von den Diensten v), welche Ihr Vater und Ihre Ureltern ihm geleistet hatten. — So reich x) Ihr Vetter ist, so ist er doch nicht vergnügt. Was auch y) mein Bruder sagen mag, glauben Sie ihm nicht z). Morgen a) soll unser Ball gegeben werden (donner). Morgen soll er ankommen b).

a) malade b) ne se porter pas bien c) aller voir qlc. jemand besuchen d) regarder, ansehen e) dire la vérité f) le contraire g) avoir (goûter) la satisfaction h) de

h) de le croire mon ami. j) un vrai ami (un ami sincère) k) se fier à qlc. einem trauen. l) un traitre m) chercher. n) s'attacher qlc. par des bienfaits o) la plupart. p) les amis du tems die heutigen Freunde q) sacrifier tout à son intérêt. r) le prince héréditaire s) se tenir stehen t) à coté de lui u) être assis sizen v) les services die Dienste x) quelque riche, (tout riche) y) quoique z) croire qlc. jemand glauben. a) c'est demain b) arriver.

### Ueber §. 199.

Wir sind dreyen holländischen Schiffen begegnet a), auf einem derselben b) ich einen deutschen Grafen fand (p.c.) der mit einem französischen Hofmeister nach England ging c) Er trug (portoit) ein weißes Kleid und eine weiße Weste und das brachte mich auf die Vermuthung d), er sey ein kaiserlicher Officier, denn er sagte (p. c.) mir nicht, wer er war. Ich sah auch noch eine blinde Frau, die sich rühmte e), Sie zu kennen. Ich habe ihren Namen vergessen. Sie hatte ein dickbackiges Mädchen f) von drey oder vier Jahren bey (avec) sich. — Ziehen Sie keine feuchte Wäsche g) an, Sie könnten sich verderben h). Waschen i) Sie sich mit kaltem Waffer, welches viel gesünder ist k), als warmer Wein. — Seine muntere Laune l) macht (rend) ihn sehr angenehm. Sein Vetter will sich durch sein goldenes (doré) Kleid geltend machen m), aber man spottet seiner n) goldenen Uhr o), seiner schönen seidenen Strümpfe p) und seines Federhuts q), der einen leeren Kopf deckt r).

   a) rencontrer begegnen b) dans l'un desquels c) aller en Angleterre d) cela m'a fait supposer e) se vanter sich rühmen f) une fille joufflue g) le linge humide die feuchte Wäsche h) se faire mal (ruiner sa santé) sich verderben i) se laver sich waschen k) sain gesund l) l'humeur die Laune, enjoué munter m) se faire valoir sich gelten machen n) se moquer spotten o) une montre d'or p) un pas ein Strumpf, de soye seiden q) un chapeau plumet r) couvrir un cerveau creux einen leeren Kopf bedecken.

### Ueber §. 200.—201.

Wer ist diese gute Frau? Nennen a) Sie sie nicht eine gute Frau, es ist ein böses altes Weib b), die ihrem Mann

Mann (mari) üble Händel c) gemacht hat. Sie verdient nicht die hübsche Tochter (fille) zu haben, die Sie da se ben d). Das kleine Mädchen, welches sie an der Hand hält e), gehört auch ihr. Ihr Mann ist ein bloßer Bauer f), aber ein sehr rechtschaffener Mann, der ihr nie den geringsten Verdruß g) gemacht hat. Wie Sie glauben können h) hat er kein großes (gros) Einkommen i) und das zieht ihm so bittere Vorwürfe k) von seiner Frau zu. — Wo haben Sie dieses schöne und reiche Kleid her l)? Mein Vater hat es mir mit einer sehr hübschen (joli) Weste verehret m).

a) appeller b) une vieille c) mauvais übel une affaire ein Handel d) que voilà e) qu'elle tient par la main f) un simple paysan g) le chagrin h) vous croirés bien i) le revenu das Einkommen k) de sanglans reproches l) où avés vous pris m) mon pere m'en a fait présent.

### Ueber §. 202. — 204.

Ich bin mit vieler Achtung a) Ihr unterthäniger Diener. — Wie befinden Sie sich mein lieber Freund? Es ist schon b) drey Wochen, daß ich Sie nicht gesehen habe; aber ich war eben vierzehn Tage abwesend c). — Es ist das das sechste mal, daß dieser kleine Pursche d) fällt. — Sie finden diese Anekdote in dem dritten Theile e) seiner Reisen f). — Ich sahe diesen Morgen eine gewisse Dame, die Sie sehr wohl kennen. Sie sagte mir, sie müste ganz zuverläßig g), daß Ihr Onkel die vorige Woche angekommen ist h). Ich weiß nicht, ob sie die Wahrheit sagt i), denn ich kenne sie als (pour) eine Erzlügnerin. — Verlasse dich nicht ii) auf falsche Freunde; unsere Anverwandten k) selbst mißbrauchen l) oft unser Vertrauen m), und die nemlichen Speichellecker n), die dir gestern noch schmeichelten o), kennen dich morgen nicht mehr. — Kennen Sie diese Frau? Ja, es ist eine Hebamme. — Es ist eine sehr starke Frau. — Wer ist dieser Officier? Es ist kein Officier, es ist ein gemeiner Soldat.

a) avec beaucoup d'estime b) il y a c) mais c'est que j'ai été absent d) le petit drôle e) Tome f) voyages m. g) de science certaine. h) arrivé i) si elle dit vrai ii) se fier sich verlassen. k) nos parens (nos pro-

309

proches) l) abuſer mißbrauchen m) la confiance n)un
adulateur o) careſſer qlc.

## Ueber §. 205.—207.

Mir deucht, dieſes Fleiſch iſt ſehr zart a) Was ma=
chen Sie, meine zärtliche Freundin? Sie ſprechen b) nicht,
Sie ſingen c) nicht mehr, ſie thun nichts, als weinen d);
Sie ſind nie ſo melancholiſch e) geweſen. Verbannen f)
Sie die ſchwarzen Sorgen, und nehmen g) Sie Ihre er=
ſte Munterkeit h) wieder an. — Wie wollen Sie, daß ich
munter (gaie) ſey? Ich habe weder Aeltern i) noch Freun=
de k), es iſt beynahe niemand auf der Welt l), der ſich
meiner annehme m). Es iſt mir ein einziger Bruder üb=
rig n), der mir verſpricht o), mich nicht zu verlaſſen p) und
der mich noch an das Leben heftet q). Nichts iſt ſo ſchmer=
zend r), als ſich auf der Welt ganz einſam zu ſehen s).

 a) cette viande eſt fort tendre b) parler c) chanter
  d) pleurer e) être mélancolique f) bannir g) re-
  prendre h) la gaieté i) parens k) amis l) au monde m) qui s'intéreſſe pour moi n) il me reſte o) promettre p) abandonner q) attacher à la vie r) ac-
  cablant s) ſe voir iſolé dans le monde.

## Ueber §. 208. 209.

Man meldet a) mir, daß Ihr Herr Bruder krank b)
iſt; Ich bitte Sie c), mir zu ſagen, ob man mich nicht
hintergangen hat d). — Meine Schweſtern ſind abge=
reiſet e). Ich bat ſie (p. c.) noch einige Tage zu bleiben f),
ſie entſchuldigten ſich aber mit ihrem Hausweſen g). Sie
laſſen Ihnen alle beide h) viele freundſchaftliche Empfeh=
lungen i) machen. — Iſt mein Buch noch nicht fertig k)?
Nein, ich werde es Ihnen dieſen Nachmittag l) ſchicken m).
Stellen Sie es nur meinem Bruder zu n) Gut, ich will
es ihm zuſtellen, und wenn ich ihn nicht ſehe o), ſo will
ich es Ihnen durch meine Magd einhändigen laſſen p). —
Wiſſen Ihre Brüder, daß ich angekommen bin q)? Ja,
ich habe es ihnen gemeldet. — Wann werde ich Ihren
Herrn Vater antreffen r)? Ich weiß es nicht, aber ich
will es Ihnen wiſſen laſſen s).

 a) mander b) malade c) prier d) tromper e) partir f) demeurer quelques jours g) s'excuſer ſur ſon menage
  h) toutes deux i) bien des amitiés k) prêt. l) cette

après-dinée m) envoyer n) remettre o) voir p) faire tenir q) arriver r) trouver s) faire savoir.

### Ueber §. 210. — 214.

Haben Sie Wein? — Ja, ich will Ihnen welchen geben. Giessen a) Sie Wasser b) hinein? Nein, ich giesse keines hinein. Thun Sie seklich c) ein wenig hinein, denn ich trinke gerne d) den Wein gemischt e). — Ihr Bruder kommt gewiß nicht. Es kommt vielleicht niemand. Sie würden mir es sicher nicht versprochen haben f), wenn sie nicht kommen wollten g). Sie haben es Ihnen versprochen, sie werden aber doch nicht kommen. — Ich wünsche nichts so sehr, als ihn für seine Unverschämtheit h) bestraft zu sehen i). — Alle meine Wünsche k) sind erfüllt l), ich begehre m) nichts mehr. — Mein Vater schreibt mir nicht oft. Der meinige soll n) mir alle Wochen schreiben, er schreibt mir aber oft nicht.

a) verser (mettre) b) l'eau c) toujours d) aimer e) le vin trempé f) promettre g) vouloir venir h) l'insolence i) voir puni k) les voeux l) combler m) desirer n) devoir.

### Ueber §. 215. — 218.

Heute habe ich nicht Lust a), in die Komödie zu geben, aber morgen gibt man b) ein neues Trauerspiel c), welches ich gesonnen bin d) zu sehen. Ein sehr ehrwürdiger (vénérable) Greis e) ist davon die Hauptperson f). Herr D., welcher in Frankfurth diese Rolle spielte g), machte sie sehr gut h) (p. c.). — Ihr Vetter hat die Person, welche Sie sehen i), zärtlich k) geliebt, aber sie hat ihn mit Undank bezahlt l). — Frau G. ist eine sehr würdige m) Person. Ihr Leben ist einzig n) der Ausübung der Tugend o) geheiliget (consacré). Ihre Schwester aber ist ein Weltkind p), die sich immer (constamment), beeifert hat q) den Ton anzugeben r). — Kennen Sie sie? Nein, ich habe sie niemals (jamais) gesehen. Kennen Sie nicht Madame F? Da (là) habe ich sie zum (pour) erstenmal gesehen. Sie wurde lange verfolgt s) (p. c.), aber endlich hat sie über ihre Feinde gesiegt t).

a) avoir envie b) donner representer c) une tragédie d) être résolu e) un vieillard f) le principal personnage g) jouer un (nicht une) rôle. h) se bien acquitte r ter de qlch. etwas gut machen. i) que voila k) tendrement. l) payer d'ingratitude. m) digne n) uniquement o) la pratique de la vertu p) mondaine q) se piquer r) donner le ton. s) être persecuté t) triompher de ses ennemis.

### Ueber §. 219. — 221.

Ihr Vater hat ein sehr nützliches Buch geschrieben a); aber er hat nicht genug Leser gefunden. — Sie haben Recht b), er hat große Korrespondenzen zu unterhalten gehabt c), die ihm viele Zeit und Mühe d) kosteten und itzt findet sich, daß er für ein undankbares Publikum arbeitet e). — Die Unglücklichen f) suchen g) alles zu sagen, und sind im Stande h), alles zu unternehmen i), weil sie nichts zu verliehren k) haben. — Ich habe Ihnen einen Mann von vorzüglichen Verdiensten l) zu empfehlen. Ich habe Ihnen einen Gedanken mitzutheilen m), der mir eingefallen ist n). Ich habe Ihnen eine Sache o) zu sagen, die Sie nothwendig interessiren muß p).

a) écrire (faire) un livre fort utile b) avoir raison c) entretenir de grandes correspondances d) la peine e) travailler pour un public ingrat f) les malheureux g) chercher h) être en état i) entreprendre k) perdre l) un homme d'un excellent mérite, m) communiquer (faire part d') une idée n) qui m'est venue o) apprendre une chose p) qui ne peut manquer de vous intéresser.

### Ueber §. 222. — 225.

Ich habe einen langen Brief an Ihren Herrn Vater geschrieben a), um ihn zu bitten, seinen Sohn nicht seinem Onkel anzuvertrauen b). Er hat mir versprochen c), seinen Kindern einen Hofmeister zu geben d), der sich gleich sehr durch die Güte (bonté) seines Herzens und seines Geistes (esprit) empfohlen. — Er hat seinem Bruder ein Haus gegeben, das mehr als dreytausend Thaler (écus) werth ist f). Ich verlasse mich g) auf meine Schwester mit der Sorge h) für mein Haushalten i). Ich werde dem Herrn D. von dieser Sache (affaire) Nachricht geben k) — Zum Lohn l) für meine Arbeit (travail) wird mir nichts m) als Mißhandlungen n). — Der Mensch ist in jedem Stand o) und in jeder Lage p) ein Gegenstand

stand a), der der Aufmerksamkeit r) würdig (digne) ist. — Die Wahrheiten s) werden in den Wissenschaften t) nicht nach der Mehrheit der Stimmen entschieden u).

a) écrire une longue lettre à   b) confier qlc. à qlc.
c) promettre   d) donner un gouverneur à qlc.   e) également, recommandable par —   f) qui vaut plus de.
g) se remettre à qlc. de qlch. sich auf jemand mit etwas verlassen.   h) le soin   i) le menage.   k) donner à qlc. avis de qlch.   l) pour prix.   m) je ne reçois que.   n) les mauvais traitemens die Mißhandlungen.
o) l'état, la condition   p) la situation   q) un objet   r) l'attention, (la contemplation, die Betrachtung)   s) les vérités   t) les sciences   u) décider qlch. à la pluralité des voix.

## Vom rechten Gebrauch der Theile der Nomination.

### 226.

Die Artikel, Pronomina, Adjektiva und andere Nebenwörter, richten sich im Geschlecht und in der Zahl nach dem Hauptwort. Gram. p. 175.

| | |
|---|---|
| Le prince est arrivé. | Der Fürst ist angekommen. |
| La princesse est arrivée. | Die Fürstin ist angekommen. |
| Ce pays est beau. | Dieses Land ist schön. |
| Cette ville est belle. | Diese Stadt ist schön. |
| Ce royaume est florissant. | Dieses Reich ist blühend. |
| Mon père est mort. | Mein Vater ist tod. |
| Ma mère est morte. | Meine Mutter ist tod. |

### 227.

Von dieser Regel gehen ab: mon, ton, son. Man sagt nicht ma amie, ma horloge, obgleich amie und horloge Köminina sind, sondern mon amie, mon horloge. Es geschieht dieses des Wohlklangs wegen, weil diese Worte mit einem Vokal oder stillen h anfangen. Ausserdem sagt man, ma mère, la mère, sa mère, nicht mon mère &c. Denn mère fängt mit einem Konsonanten an. Gram. p. 176.

Mon

Mon absence a été longue. Meine Abwesenheit ist lange
 gewesen.
Ton abstinence n'est pas vo- Deine Enthaltsamkeit ist nicht
 lontaire. freywillig.
Son action est noble. Seine Handlung ist edel.
 Man sagt jedoch:
Elle est dans sa (nicht son) Sie ist in ihrem eilften Jahre.
 ouzième année.
C'étoit ma onzième leçon. Es war meine eilfte Lection.
 Vor onzième bleiben also die Pronomina Possessiva ma,
 sa ta, unverändert.

### 228.

Demi ist vor dem Nomen unveränderlich, nach dem Nomen wird es aber verändert.

Une demi-heure. Eine halbe Stunde.
Une demi-livre. Ein halbes Pfund.
Une demi-once. Eine halbe Unze.
Une heure et demie. Eine und eine halbe Stunde.
Une livre et demie. Ein und ein halbes Pfund.

### 229.

Vor gens stehet das Adjektivum im Föminino; nach gens
 aber im Masculino.

Il y a de certaines gens, qui Es giebt gewisse Leute, wel-
 sont bien sots. (nicht sottes) che sehr dumm sind.
Ce sont de fort dangereuses Es sind sehr gefährliche Leu-
 gens. te.
Ce sont des gens fort dange- Diese Leute sind sehr gefähr-
 reux. lich.

### 230.

Wenn Adjektiva als Adverbia gebraucht werden, so sind
 sie unveränderlich.

Ces fleurs sentent bon. (Nicht Diese Blumen riechen gut.
 bonnes.)
Celles-là sentent mauvais. Diese da riechen übel.
Parlés haut. Repondés bas. Redet laut. Antwortet leise.

### 231.

Der Artikel le, la kann vor onze und onzième auch unapostrophirt bleiben.

| | |
|---|---|
| C'est aujourd'hui le onzieme oder l'onzième. | Heute ist der eilfte. |
| C'est à présent la onzieme, ou l'onzième année. | Es ist jetzt das eilfte Jahr. |

### 232.

Bey zwey Hauptwörtern richtet sich das Beywort in Zahl und Geschlecht nach dem, auf welches es sich eigentlich bezieht.

| | |
|---|---|
| En arrivant j'ai trouvé une partie de mes soldats enlevés. (Der Theil war nicht aufgehoben sondern die Soldaten.) | Als ich ankam, fand ich einen Theil meiner Soldaten aufgehoben. |
| Voilà une troupe de gens étourdis (Der Haufe ist nicht unbesonnen, sondern die Leute.) | Hier ist ein Haufe unbesonnener Leute. |
| Après six semaines de tems écoulées, il est enfin arrivé. | Nach Verlauf einer Zeit von sechs Wochen ist er endlich angekommen. |
| Il n'est pas venu parce qu'il a une partie du bras cassé. | Er ist nicht gekommen, weil ein Theil von seinem Arm zerbrochen ist. |

### 233.

Wenn die Franzosen schelten oder loben, so setzen sie den Namen der Gescholtnen oder Gelobten in den Genitiv. Gram. p. 171.

| | |
|---|---|
| Mon coquin de valet et ma coquine de servante m'ont volé. | Mein schelmischer Knecht und meine schelmische Magd haben mich bestohlen. |
| Ce chien de hableur nous a trompés. | Dieser hundsföttische Windbeutel hat uns betrogen. |
| Ce drole de valet, et cette drolesse de servante ne travaillent pas. | Dieser Kerl, der Knecht, und die Dirne, die Magd, arbeiten nicht. |

Voi-

| | |
|---|---|
| Voilà un bon homme de père et une bonne femme de mère | Das ist ein gütiger Vater und eine gütige Mutter. |

### 234.

Sind zwey Substantiva verschiedenen Geschlechts Nominative des Verbums être, so richtet sich das Adjektiv nach dem Maskulinum.

| | |
|---|---|
| Le frère et la soeur sont malheureux à cause de vous. | Der Bruder und die Schwester sind euretwegen unglücklich. |
| Vous et votre soeur êtes des importuns. | Ihr und eure Schwester seyd überlästige Leute. |
| Bien des jours et des nuits ont été passés, dans la débauche. | Viele Tage und Nächte sind in Ausschweifungen zugebracht worden. |

### 235.

Sind solche Substantiva nicht Nominative des Verbums être, so wird das Adjektivum vor jedem solchen Substantiv wiederhohlt; stehet es aber nach den Substantivis, so kann es sich im Geschlecht nach dem lezten Hauptworte richten.

| | |
|---|---|
| Voilà un bel habit, et une belle robe. | Hier ist ein schönes Kleid und ein schöner Rock. |
| Je vous souhaite tout le bien et toutes les prospérités imaginables. | Ich wünsche euch alles ersinnliche Gute und alle erdenkliche Glückseligkeiten. |
| J'y ai travaillé des jours et des nuits entières. | Ich habe ganze Tage und Nächte gearbeitet. |
| Il a fait des vents et des chaleurs excessives. | Es war überaus starker Wind und eine überaus starke Hitze. |

### 236.

Wenn ein Wort, das eine unbestimmte Zahl Dinge ausdrückt, (ein Nomen Kollektivum), gleich nur im Singular stehet, so stehet das folgende Wort mit seinem Verbo doch im Plural. Gram. p. 178.

| | |
|---|---|
| La plûpart sont gatés. | Die meisten sind verdorben. |
| La plupart ne valent rien. | Die meisten taugen nichts. |

La plus grande partie sont  Der größte Theil ist angekom-
arrivés.                    men.

### 237.

Bezieht sich ein Adjektiv oder Particip. mit dem Verbo
être auf mehrere Substantiva, so muß es im Plural stehen.

Mon habit et ma veste sont  Mein Kleid und meine We-
neufs.                      ste sind neu.
Mon frère et ma soeur sont  Mein Bruder und meine
arrivés.                    Schwester sind angekom-
                            men.
Ce roti et cette salade sont Dieser Braten und dieser Sa-
délicats.                   lat ist delikat.

### 238.

Beziehen sich hingegen mehrere Adjektiva nur auf ein
einziges Substantiv, so stehet jedes Adjektiv im
Singular.

Les tempéramens phlegmati- Das phlegmatische und co-
que et colérique.           lerische Temperament.
Les langues turque et hon-  Die türkische und ungari-
groise.                     sche Sprache.

---

## Uebungen über §. 226.—227.

Der König ist tod, und die Königin krank. Dieser Tod kann Folgen a) für dieses Land b) haben. Mein
Vater ist auch unpaß c), aber meine Mutter befindet sich
wohl. Meine Wirthin d) klagt über ihren Kopf e) und
ihre Freundin, Jungfer Schwarz, über ihren Magen f).
Die Schwester dieses Frauenzimmers ist erst in ihrem eilften Jahr, und sie ist größer, als ich. Ich war in meinem
eilften Jahr so groß, als itzt.

a) des suites b) le pays c) indisposé d) l'hôtesse e) plaint
    la tête f) l'estomac.

## Ueber §. 228. 229.

Wann wird mein Mann a) kommen? In einer halben Stunde. Ich glaubte, er würde erst in anderthalb Stunden kommen. Bis er kommt b), holet c) ein halb Pfund Zucker, drittehalb Pfund Fleisch und anderthalb Pfund Butter. Die guten Leute, bey denen er ist, werden ihn länger zurückbehalten d), als wir glauben; er hat aber heute noch gewisse Geschäfte, die ihn nöthigen werden, vor acht Uhr wieder zu kommen. — Das, was Sie gute Leute nennen, sind sehr gefährliche e) Leute. Ich kenne keine interessirtern Leute, als diese.

    a) mon mari.  b) en attendant qu'il vienne.  c) allez querir  d) le retiendront  e) dangereux, gefährlich.

## Ueber §. 230.

Dieses Wasser riecht a) gut. Wo haben Sie es gekauft. Beym Apotheker. Hier ist eine Essenz, die noch besser riecht. Diese da riecht aber schlecht. Ich höre ein wenig hart b), reden Sie lauter, wenn Sie wollen, daß ich Sie verstehe c).

    a) sentir, riechen  b) entendre dur, hart hören.  c) comprendre, verstehen.

## Ueber §. 231. 232.

Den wie vielsten a) haben wir heute? Den eilften. Wie viele Lectionen haben wir bisher gehabt? Es ist heute die eilfte. Das ist heute das eilfte mahl, daß ich diesen Versuch mache b) — Als ich von Frankfurth zurück kam, fand ich, daß ein Theil meiner Bücher gestohlen c) war. Wenn die Emigrirten nach Frankreich zurückkehren d), so werden sie den größten Theil ihrer Freunde tod oder zerstreut e) finden. — Ich begegnete f) diesen Morgen einem Haufen junger besoffener Leut g), welche einen Haufen Mädchen, die voll Angst waren h), umringten i). Sie zerschlugen k) ihnen die Eyer, welche sie trugen, sie bezahlten aber auch einen Theil dieser zerschlagenen Eyer.

    a) le quantiéme  b) que je fais cet essai  c) voler stehlen.  d) rentrent en France  e) dispersé zerstreut.
    f) j'ai

f) j'ai rencontré. g) de jeunes gens enyvrés h) plein d'angoisse, voll Angst. i) entourer, umringen. k) casser, zerschlagen.

## Ueber §. 233. 234.

Wo bleibt denn a) mein Schurke b) von einem Schneider c)? Dieser Schneider ist ein närrischer Kerl, er ist immer zum Spaßmachen aufgelegt d); seine Frau aber ist ein Teufel e) von einem Weib. Ich kann sie nicht leiden f), so wenig als den Schaffkopf, seinen Sohn g). Sein Vater aber ist ein guter Narr h). Der Großvater und die Großmutter i) dieses Mannes sind aus Amerika angekommen; aber ihre Brüder und Schwestern sind dort geblieben.

    a) où reste, ou demeure  b) un coquin, ein Schurke c) un tailleur, ein Schneider  d) il a toujours le mot pour rire  e) une diablesse, f) souffrir. g) son imbecille de fils  h) une bonne pate d'homme. i) le grand père et la grand' mère.

## Ueber §. 235. 236.

Kennt ihr diesen großen Mann und diese große Frau? Wer ist dieser kleine Knabe, und dieses kleine Mädchen? Wem gehören a) diese schöne Kleider und Westen? Wem gehören diese neuen Schuhe und Stiefel b)? Ich habe glückliche Väter und glückliche Mütter gesehen. Ich habe glückliche Gatten c) und Gattinen gekannt. Ich habe köstliche Tage und Nächte zugebracht d). Man genießt e) nicht in dieser Welt ein vollkommenes Glück und Zufriedenheit f). Die mehresten unserer Tage werden vergiftet g) durch Widerwärtigkeiten h): Der größte Theil unserer Vergnügungen ist mit Bitterkeit vermischt i). Die mehresten Menschen sind verdorben und böse k).

    a) à qui sont  b) les souliers et les bottes, die Schuhe und Stiefel  c) un époux, ein Gatte  d) passer des jours délicieux, köstliche Tage zubringen  e) goûter genießen.  f) la satisfaction, die Zufriedenheit  g) empoisonner, vergiften  h) des adversités  i) mêlé d'amertume, mit Bitterkeit gemischt.  k) corrompu et méchant, verdorben und böse.

Ueber

### Ueber §. 237. 238.

Mein Vater und meine Schwester sind angelangt; aber mein Bruder und meine Mutter sind noch abwesend a). Eure Vettern und Baasen sind rasch; aber eure Brüder und Schwestern sind besser erzogen b). Euer kleiner Bruder ist erst zwölf Jahr alt, und er spricht die französische und italienische Sprache. Euer Oheim hat die Religion öfters verändert c). Er hat nach einander d) sich zur römischen, lutherischen und reformirten Religion bekannt e).

a) absent, abwesend. b) mieux élévé, besser erzogen. c) changer de religion, die Religion ändern d) successivement e) professer une religion, eine Religion bekennen.

## Von den Zahlwörtern.

Die Hauptzahlen werden auch mit de und à deklinirt.

| | | | |
|---|---|---|---|
| un, eins | 1 | vingt & un (vingt-un) | 21 |
| deux | 2 | vingt & deux | 22 |
| trois | 3 | vingt-trois &c. | 23 |
| quatre | 4 | trente | 30 |
| cinq | 5 | quarante | 40 |
| six | 6 | cinquante | 50 |
| sept | 7 | soixante | 60 |
| huit | 8 | septante, besser soixante & dix, | 70 |
| neuf | 9 | | |
| dix | 10 | soixante & onze &c. | 71 |
| onze | 11 | huitante, quatre-vingts | 80 |
| douze | 12 | quatre vingts un &c. | 81 |
| traize | 13 | nonante, besser quatre-vingts-dix | 90 |
| quatorze | 14 | | |
| quinze | 15 | quatre vingts-onze | 91 |
| seize | 16 | cent | 100 |
| dixsept | 17 | cent-un oder cent & un | 101 |
| dixhuit | 18 | mille | 1000 |
| dixneuf | 19 | milion, Million oder | 10000 |
| vingt | 20 | miliard 1000 Millionen. | |

Ord-

Die Ordnungszahlen werden deklinirt wie le pere und la mere.

le premier, der erste
la premiere, die erste
le second, oder deuxième, der zweyte
la seconde, die zweyte
le troisième, der dritte
la troisième, die dritte
le quatriéme, der vierte
la quatrième, die vierte
le cinquième, der fünfte
la cinquième, die fünfte
le sixième, der sechste
la sixième, die sechste
le, la septième, der, die 7te
le, la huitième, der, die achte
le, la neuvième, der, die 9te
le, la dixième, der, die 10te
le, la vingtième, der, die 20ste
le vingt-unième, der 21ste
le vingt-deuxième, der 22ste
le trentième, der 30ste
le trente quatrième, der 34ste
le quarantième, der 40ste
le quarante cinquième, der 45ste
le cinquantième, der 50ste
le cinquante sixième, der 56ste
le soixantième, der 60ste
le soixante-septième, der 67ste
le soixante & dixième der 70ste
le soixante-dix-huitième &c. der 78ste
le quatre-vingt-dix neuviéme, der 99ste
le dernier, der letzte
la dernière, die letzte.

### Sammlungs-Zahlen.

une paire, couple, ein Paar
une huitaine, etwa acht
une neuvaine, etwa neun
une dixaine, etwa zehn
une douzaine, ein Duzend
une demi-douzaine, ein halb
une quart de douzaine, ein Viertel Duzend.
une quinzaine, etwa funfzehn.
une vingtaine, etwa 20.
une trentaine, etwa 30.
une quarantaine, etwa 40.
une cinquantaine, etwa 50.
une soixantaine, etwa 60. (ein Schock)
une centaine, etwa 100

### Vervielfältigungs-Zahlen.

simple, einfach
double, zweyfach, doppelt
triple, dreyfach
quadruple, vierfach
centuple, hunderfach
au centuple, hundertfältig.

Ver-

## Verhältniß-Zahlen.

un-à-un, eins u. (gegen) eins  un-à-deux
deux-à-deux                     deux-à-quatre
trois-à-trois                   huit-à-sept
quatre-à-quatre                 neuf-à-dix &c.

## Andere Zahlwörter.

un quatrain,  }                 un quart      }
un fixain,    } Gedichte von    un quartier   } ein Viertel.
un huitain,   } eben so viel    un quarteron  }
un dixain,    } Zeilen.         un demi, ein halber.
                                une demie, eine halbe.

## Adverbia numeralia.

premièrement, erstlich oder  en premier lieu.
secondement, zweytens        en second ou deuxième lieu
troisièmement, drittens.     en troisième lieu.
quatrièmement, viertens      en quatrième lieu.
cinquièmement &c. fünftens.  en cinquième lieu &c.
dernièrement, letztens.      en dernier lieu.

### 239.

Im Französischen bedient man sich der Hauptzahlen anstatt der Ordnungszahlen,

1) Bey den Namen großer Herren. Louis neuf. *)
2) zum allegiren, wenn die Zahl nach dem Hauptwort steht **) Chapitre quatre.
3) den Monathstag anzuzeigen. Le seize Janvier.
4) die Stunden zu zählen. Il est trois heures.
5) die Jahrszahl auszudrücken. L'an mille sept cent quatre vingt douze.

1) C'est sous Louis quatorze   1) Unter Ludwig dem vier-
qu'a été revoqué l'Edit de     zehnten ist das Edikt von
Nantes.                        Nantes widerruffen worden
                                                         Ge-

*) Man sagt doch: Francois premier: Henri second. Chapitre premier, second.
**) Das Hauptwort darf keinen Artikel vor sich haben, sonst sagt man wieder au chapitre quatrième.

George trois regne aujourd'hui en Angleterre. — Georg der dritte regiert gegenwärtig in England.

François second en Allemagne. — Franz der zweyte in Deutschland.

2) Vous trouverés ce passage au tome trois, chapitre quatre, verset cinq, ligne six. — 2) Ihr findet diesen Spruch (Stelle) im dritten Theil, im vierten Kapitel im fünften Vers, in der sechsten Zeile.

3) C'est aujourd'hui le quatre, le huit, le trente du mois. — 3) Heute haben wir den 4ten, den 8ten, den 30sten dieses Monaths.

4) Une heure, deux heures trois heures sonnent. — 4) Es schlägt eins, zwey, drey Uhr.

5) C'étoit en mil sept-cent quatre-vingt un. — 5) Es war im Jahr 1781.

### 240.

Nach tausend kann, wie auf deutsch, bis auf zweytausend hundertweise fortgezählt werden. S. Gram. p. 196.

Il a gagné onze cents florins, et moi, j'en ai perdu quinze cents. — Er hat 1100 Gulden gewonnen, und ich habe 1500 verspielt.

Il est mort l'an dix-sept cent. — Er ist im Jahr 1700 gestorben.

Man merke: C'est au deux-trois-quatre- ou cinquième chapitre de ce livre. — Es befindet sich im 2ten 3ten 4ten oder 5ten Kapitel dieses Buches.

### 241.

Unterschied zwischen couple und paire.

Couple drückt zwey Dinge aus, die nicht zusammengehören, paire bezieht sich auf ein paar Sachen, die nicht getrennt werden.

Voulés-vous une couple de pommes, de poires ou de prunes? — Wollen Sie etliche Aepfel, Birn, oder Pflaumen?

Apprêtés-moi une couple d'oeufs. — Richten Sie mir einige Eyer zu.

| | |
|---|---|
| Il partira sous une couple (quelque) de jours. | Er wird in einigen Tagen abreisen. |
| Je veux acheter une paire de souliers, une paire de bas, une paire de bottes, une paire de gants une paire de ciseaux, une paire de boeufs. | Ich will mir ein Paar Schuhe, ein Paar Strümpfe, ein Paar Stiefel, ein Paar Handschuhe, eine Scheere, ein Paar Ochsen kaufen. |
| Man merke: Voilà un (nicht une) beau couple. | Das ist ein schönes Paar (Eheleute). |

### 242.

Eine Woche heißt huit jours; vierzehen Tage quinze (nicht quatorze) jours; ein Vierteljahr trois mois, ein halb Jahr six mois (nicht un demi an), drey Vierteljahr neuf mois ec. S. Gram. p. 196.

| | |
|---|---|
| Il y a huit ou quinze jours, qu'il est arrivé. | Es ist 8 oder 14 Tage, daß er angekommen ist. |
| Il y a déja trois mois, qu'il est ici. | Er ist schon ein Vierteljahr hier. |
| Cet enfant à six mois. | Dieses Kind ist ein halb Jahr alt. |
| Votre petit frère à neuf mois. | Ihr kleiner Bruder ist drey Vierteljahr alt. |
| Il y a quinze mois, que je suis ici, et il y en a dix-huit que mon frère y est. | Es sind fünf Vierteljahr, daß ich hier bin, und mein Bruder ist anderthalb Jahr hier. |
| Cette petite fille n'a vécu que vingt et un mois. | Dieses kleine Mädchen hat nicht länger als sieben Vierteljahr gelebt. |

### 243.
Auch merke man:

| | |
|---|---|
| Quelle heure est-il? | Welche Zeit ist es? |
| Il est midi. (Nicht douze heures.) | Es ist 12. Uhr oder Mittag. |
| Il est midi et demi. | Es ist halb Eins. |
| Il est midi et trois quarts, ou une heure moins un quart (nicht trois quarts pour une heure.) | Drei Viertel auf Eins. |
| Il est deux heures et (un) quart. | Ein Viertel auf Drey. |

| | |
|---|---|
| Il est deux heures (et) trois quarts oder trois heures moins un quart. | Drey Viertel auf drey. |
| Il est minuit. (Nicht douze heures). | Es ist 12 Uhr in der Nacht. |

## 244.

Noch mehrere Beyspiele über die Zahlwörter.

| | |
|---|---|
| Combien voulés-vous de ce ruban? | Wie viel wollen Sie von diesem Band? |
| J'en veux une aune et un quart. | Ich will fünf viertel Ellen. |
| J'en veux une aune et demie. | Ich will anderhalb Ellen. |
| Combien voulés-vous de viande? | Wie viel Fleisch wollen Sie? |
| J'en veux une livre et un quart. | Ich will fünf viertel Pfund. |
| Une livre et demie. | Anderthalb Pfund. |
| Une livre et trois quarts, ou deux livres moins un quart. | Ein Pfund und drei Viertel oder 2 Pfund weniger ein Viertel. |
| Combien voulés-vous de vinaigre? | Wie viel Essig wollen Sie? |
| J'en veux deux pots et un quart. | Ich will zwey und ein Viertel Maas. |
| Deux pots et demi. | Dritthalb Maas. |
| Deux pots et trois quarts, oder trois pots moins un quart. | Zwey und drey Viertel Maas. |
| Combien contient cette mesure? | Wie viel hält dieses Maas? |
| Un quart de pot. | Ein Viertelmaas. |
| Donnés-moi un quarteron de pommes, de poires, d'abricots. (oder un quart de cent.) | Gebt mir ein Viertelhundert Aepfel, Birn, Apricosen. |
| Je veux un quarteron de beurre, de fromage. | Ich will einen Vierling Käs, Butter. |
| Un demi-quarteron de poivre. (Oder: un demi quart de livre). | Einen halben Vierling Pfeffer. |

Uebun-

## Uebungen über §. 239. 240.

Unter Karl dem neunten geschah a) der Hugenoten-
Mord b) in der Sanct Bartholomäusnacht c); sie wurden aber schon unter Franz dem ersten verfolgt d). Heinrich der vierte setzte sie wieder in alle ihre Freyheiten e).
— Wir stehen Pagina f) drey und dreyßig, im fünften
Kapitel Vers sieben. — Den wie vielsten g) haben wir
heute? Wir haben den vier und zwanzigsten Julii h). Ich
glaubte, wir hätten den drey und zwanzigsten. Nein, verzeihen Sie. — Wie viel Uhr ist es? Es ist sechs vorbey i), es geht auf k) sieben. Um welche Zeit essen l) Sie?
Wir essen gegen eilf Uhr. Der Friedenstraktat m) in Hu-
bertsburg wurde im Jahr 1763. unterzeichnet, ich erinnere mich aber nicht mehr n), ob es am vierzehnten oder
funfzehnten Februar war. — Dieser Mann hat mehr, als
achtzehnhundert Gulden im Spiel verlohren o).

a) se faire  b) le massacre des Huguenots  c) la saint Bar-
thelemy  d) persecuter  e) retablir qlc. dans ses libertés
f) page f.  g) le quantième  h) Juillet  i) passé  k) il
s'en va sept heures  l) diner  m) ie traité  n) je ne
me rapelle plus  o) perdre de l'argent au jeu  Geld
im Spiel verliehren.

## Ueber §. 241. — 244.

Wenn ihr auf den Markt geht a), so vergesset nicht b),
ein Paar junge Hühner zu kaufen c). Ich brauche ein Paar
seidene Strümpfe d) und ein Paar Schuhe e). Lasset mir
den Schuster kommen f). Lasset euch auch bey einem Kaufmann ein Paar Federmesser geben g), damit ich mir eines
wähle h). — Wer ist dieser Herr und diese Dame? Es
ist ein junges Ehepaar. Ach ich kenne sie i); es ist Herr
Ehrmann mit seiner Braut k). Es ist schon anderthalb
Jahr, daß ich sie nicht gesehen habe. Sie waren länger,
als ein halb Jahr, in Dresden, und drey Vierteljahr in
Leipzig. — Wie alt mag dieses Mädchen seyn l)? Es ist
sieben Vierteljahr alt. Verzeihen Sie, es ist schon neun
Vierteljahr. — Wird es bald zwölf Uhr seyn? Ich habe
Appetit m). Es ist schon ein Viertel auf Eins. Ich glaubte, es sey erst halb - oder drey Viertel auf Zwölf. —

Wir müssen uns schlafen legen n); es wird bald zwölf Uhr seyn.

a) au marché b) oublier, vergessen c) les poulets die jungen Hübner, acheter, kaufen, d) des bas de soie, seidene Strümpfe. e) des souliers, Schube. f) faites moi venir le cordonnier. g) une canif, ein Federmesser. h) choisir, wählen i) connoître, kennen k) la fiancée, la promise, la future die Braut. l) quel âge peut avoir cette fille. m) j'ai appetit n) aller se coucher, sich schlafen legen.

## Fürwörter (Pronomina.)
### 245.
#### I. Perſönliche.

Dieſe Fürwörter werden eingetheilt in Konjunktiva und Abſoluta. Jene werden ſo genennt, weil ſie immer mit einem Zeitwort (Verbo) verbunden ſeyn müſſen. Die Abſoluta haben dieſen Namen, weil ſie für ſich beſtehen, und ohne Verbum gebraucht werden können.

#### Konjunktiva ſind:

je, tu, il, elle, on, nous, vous, ils, elles.

#### Abſoluta:

Moi, toi, lui, soi, nous, vous, eux, elles.

Anm. Dieſe alle werden nach der erſten Deklination abgeändert.

### 246.

Die Konjunktiva lernt man gleich beym Konjugiren. Wir fangen hier mit Beiſpielen über die Abſoluta an. Sie werden 1) gebraucht in Fragen und Antworten. Gram. p. 198.

Qui est là?  Wer iſt da?
C'est moi, (nicht c'est je.) toi, Ich, du, er, wir, ihr, ſie, ſie lui, elle, nous, vous. f.  Frauenzimmer.

Est

Est-ce moi (nicht je) toi, lui? Bin ich es, bist du es, ist
Oui.                           er es? Ja.
De qui parlés-vous?            Von wem redet ihr?
Je parle de moi (nicht de je)  Ich rede von mir, von dir,
de toi, de lui, d'elle, de     von ihnen, von ihr, von
nous, de vous, d'eux,          uns, von euch, von ihnen.
d'elles.

### 247.

2) Vor einem Relativpronomen (z. E. qui) oder einem Particlpio, muß allemal ein Absolutum stehen. Gr. 198.

Moi, qui vous parle, je l'ai   Ich, der ich mit euch rede,
vu.                            habe es gesehen.
Lui, qui le voit, n'en dit     Er, der es siehet, sagt kein
mot.                           Wort davon.
Lui croyant que je ne le vo-   Er, der glaubte, ich sähe
yois pas.                      ihn nicht.

### 248.

3) Wenn mehrere Fürwörter vor einem Verbo stehen, so müssen es Absoluta seyn. Gram. 199.

Lui et moi, eux et nous le     Er und ich, sie und wir wis-
savons bien.                   sen es wohl.
Vous et moi avons été pré-     Sie und ich sind zugegen ge-
sens.                          wesen.

### 249.

4) Aus dem nemlichen Grund sagt man:

Mon père et moi (nicht je)     Mein Vater und ich sind hin-
y sommes allés.                gegangen.
Lui (nicht il) et mon frère    Er und mein Bruder wurden
furent blessés.                verwundet.

### 250.

5) Stehen des Nachdrucks wegen zwey Fürwörter im deutschen, so muß im französischen das erste ein Absolutum und das zweite ein Konjunktivum seyn. Gram. p. 199.

Toi, tu es malade?             Du! du bist krank?
Lui! il le veut voir?          Er! er will es sehen?

X 4                            251.

## 251.

6) Vor dem Wort même (ſelber) und ſeul (allein) ſtehet allemal ein Abſolutum. Gr. p. 200.

| | |
|---|---|
| Moi-même, je l'ai vu. | Ich habe es ſelber geſehen. |
| Toi-même tu l'as dit. | Du haſt es ſelbſt geſagt. |
| Lui-même s'en eſt plaint. | Er hat ſich ſelbſt darüber beklagt. |
| Nous-mêmes nous l'avons vu. | Wir haben es ſelbſt geſehen. |
| Vous-mêmes vous l'avés dit. | Ihr habt es ſelbſt geſagt. |
| Eux mêmes en ſont témoins. | Sie ſind ſelbſt Zeuge davon. |
| Moi ſeul, je l'ai vu, ou je l'ai vu moi ſeul. | Ich allein habe es geſehen. |
| Eux ſeuls le ſavent. | Sie allein wiſſen es. |

**Anmerk.** Man darf nicht ſprechen: Eux ſeuls ils le ſavent, ſondern blos Eux ſeuls le ſavent. Nach lui même, elles mêmes (oder ſeules) darf kein Pronomen konjunktivum mehr folgen.

## 252.

7) Stehen die Abſoluta nach den Präpoſitionen. Gram. p. 200.

| | |
|---|---|
| Il eſt avec moi (nicht avec me) | Er iſt mit mir. |
| Cela eſt pour toi (nicht pour te) | Das iſt für dich. |
| Il eſt chés lui. | Er iſt zu Hauſ. |
| Je viens de chés elle. | Ich komme von ihrer Wohnung her. |
| Il vient aprés nous. | Er kommt nach uns. |
| Quant à vous, vous le ſavés. | Was euch betrift, ihr wiſſet es. |

## 253.

8) Stehen die Abſoluta nach den mehreſten Reciprocis und folgenden Zeitwörtern und Redensarten. Gr. p. 199.

| | |
|---|---|
| Attendés-vous à lui. | Verlaſſet euch auf ihn. |
| Je m'adreſſe à vous. | Ich wende mich an euch. |
| (nicht je me vous adreſſe *) | |

C'eſt

*) Man ſagt je vous ai adreſſé une lettre, und nicht, j'ai adreſſé une lettre à vous, denn adreſſer wird hier nicht als Reciprokum gebraucht.

| | |
|---|---|
| C'est à lui à le savoir. | Er muß es wissen. |
| C'est moi, qui vous le dis. | Ich sage es euch. |
| C'est à vous à m'écouter. | Euch gebühret es, mich anzuhören. |
| Est-il beau à lui de faire le fanfaron? | Läßt das schön von ihm, den Prahlhans zu spielen? |
| J'ai affaire à vous, (nicht je vous ai affaire) et j'en apelle à lui. | Ich hab es mit euch zu thun, und ich appellire an ihn. |
| Buvés à moi, et je boirai à vous. | Trinken Sie mir es zu, so will ich es ihnen zutrinken. |
| J'ai mon recours à vous. | Ich nehme meine Zuflucht zu Ihnen. |
| Il s'est lié à elle indissolublement. | Er hat sich unzertrennlich mit ihr verbunden. |
| Et c'est une folie à lui. | Und es ist eine Thorheit von ihm. |
| Cela est passé de lui à elle. | Das ist von ihm zu ihr übergegangen. |
| Il court à elle au lieu de venir à moi. | Er lauft auf sie zu, anstatt zu mir zu kommen. |
| Je pense à elle, je prens garde à elle, je rapporte tout à elle. | Ich denke an Sie, ich beobachte Sie, und mein ganzes Thun bezieht sich auf Sie. |
| Prenés garde à vous. (nicht prenés vous garde.) | Nehmen Sie sich in Acht. |
| Retournés à lui, puis revenes à nous. | Kehren Sie zu ihm zurück, hernach kommen Sie wieder zu uns. |
| Il ne tient qu'à vous que je ne sois heureux; songés donc à moi. | Es liegt nur an Ihnen, daß ich glücklich werde; denken Sie also an mich. |

### 254.a.

Das Fürwort soi wird im Singular von unbenannten Personen gebraucht, oder wenn man von etwas überhaupt spricht.

| | |
|---|---|
| Il faut penser à soi. | Man muß auf sich bedacht seyn. |

| Souvent on ne pense pas as-<br>sés à soi. | Oft ist man nicht genug auf<br>sich bedacht. |
| Quand on est chés soi on est<br>bien. | Wann man zu Hause ist, so<br>ist man wohl. |
| Il n'est pas mieux que chés<br>lui. *) | Es ist ihm nicht wohler,<br>als zu Haus. |

*) Nicht chés soi, denn es ist die Rede von einer bestimmten Person, von ihm, von einem jemand, der demjenigen, mit welcher ich rede, wohl bekannt ist.

### 254. b.

Sur soi heißt: bey sich. Im Singular braucht man auch soi von unbeseelten Dingen.

| Il porte toujours beaucoup<br>d'argent sur soi. | Er hat immer viel Geld bey<br>sich. |
| N'avés vous point d'argent<br>sur vous? | Haben Sie kein Geld bey sich? |
| La folie porte sa peine avec<br>soi. | Die Thorheit führet ihre<br>Strafe mit sich. |

### 255.

Im Plural wird das soi wieder in eux und elles verwandelt.

| Les folies portent leurs pei-<br>nes avec elles. | Die Thorheiten führen ihre<br>Strafe mit sich. |
| Les loups ne se mangent pas<br>eux-mêmes. | Ein Wolf frißt nicht den an-<br>dern. |

### 256.

Kommt même dazu, so kann man (nur den Nominativ ausgenommen) auch von bestimmten Personen eben so gut soi, als lui, gebrauchen. Gram. p. 200.

| Il a bonne opinion de soi mê-<br>me, ou de lui même. | Er hat eine gute Meinung<br>von sich. |
| Elle s'accuse soi-même, ob.<br>elle même. | Sie beschuldiget sich selbst. |
| Il parle à soi, oder à lui mê-<br>me. | Er redet mit sich selbst. |
| La chose est assés évidente de<br>soi, oder d'elle-même. | Die Sache ist an und für sich<br>klar genug. |

Uebun-

## Uebungen über §. 245. — 253.

Wer verlangt a) Bier? Ich, er, sie. Wem gehört b) dieses Buch? Es gehört euch, ihm, uns, ihnen. Von wem ist die Rede c)? Von mir, von ihm, von ihnen. Ich, der ich niemand hasse d), ich sollte deinen Bruder hassen? Er, der alles gesehen hat, weiß es besser, als ich. Ihr und ich wir sind gewaschen e). Er und sie haben gefrühstückt f). Mein Schwager und ich sind zugegen gewesen. Du, du bist zugegen g) gewesen? Er, er laugnet es h). Er übertrift sich selbst i). Ihr vergeßt euch selbst k). Sie wissen es selbst nicht. Kommet mit mir. Nach ihm kam mein Bruder. Ohne dich wäre ich verlohren gewesen l). Du allein hast mich gerettet. — Verlasset euch nicht auf ihn m). Ich habe auch mit ihm zu thun gehabt, und er hat mich betrogen n). Das ist nicht schön von ihm o). Nach diesem wäre es eine Thorheit von mir p), meine Zuflucht zu ihm zu nehmen. Winket ihm zu. Laufet auf mich zu. Ich bin es, den ihr anhören sollt q). Euch kommt es zu, nachzugeben r). Ich denke an dich. Es liegt nur an dir, wenn wir nicht einen Spaziergang machen. Gib Achtung auf dich.

   a) qui demande  b) à qui appartient  c) de qui est-il question?  d) hair hassen.  e) laver, waschen  f) déjeuné.  g) present  h) nier, laugnen.  i) surpasser übertreffen.  k) s'oublier, sich vergessen.  l) j'étois perdu.  m) se fier, sich verlassen.  n) tromper, betrügen.  o) cela n'est pas beau à-  p) ce seroit une folie à moi  q) écouter, anhören.  r) ceder, nachgeben.

## Ueber §. 254. — 256.

Man muß diese Stadt selbst sehen, um von ihrer Größe zu urtheilen a). Man lobet sich gern selbst b). Er lobt sich gern selbst. Niemals soll man aufmerksamer c) auf sich seyn, als wenn man verdrüßlich oder zornig ist d). Man muß Herr e) über sich seyn. Ihr müßt Herr über euch seyn. Das Sicherste ist, Mißtrauen in sich selbst zu setzen f). Setzet in euch selbst Mißtrauen. Habt ihr eure Uhr bey euch? Er hat nie Geld bey sich. Diese Leute sprechen gerne von sich selbst. Sie wissen selbst nicht, wo sie hingehen. Er hat sich selbst umgebracht g).

a) pour

a) pour juger de ſa grandeur. b) on aime à ſe louer c) attentif, aufmerkſam. d) que quand on eſt chagrin ou en colère. e) maître. f) ſe défier, Mißtrauen ſetzen. g) ſe tuer, ſich umbringen.

## II. Fürwörter, welche einen Beſitz anzeigen. (Pronomina Poſſeſſiva.)

### 257.

Dieſe werden wieder eingetheilt in Konjunktiva:

Sing. mon (ma), ton (ta), ſon (ſa), notre, votre; leur.
Plur. mes, tes, ſes, nos, vos, leurs. (Dieſe werden nach der erſten Deklination deklinirt.)

Und in Abſoluta.

Sing. le mien, la mienne; le tien, la tienne; le ſien, la ſienne; le (la) nôtre, le (la) vôtre, le (la) leur. (Von dieſen gehen die Maskulina nach der vierten, die Föminina nach der zwenten Deklination.)

Plur. les miens, (les miennes); les tiens, (les tiennes), les ſiens, (les ſiennes), les nôtres, les vôtres, les leurs.

### 258.

Mon &c. wird gebraucht, wenn die beſeſſene Sache männlichen Geſchlechts iſt. Z. E. mon chapeau; ma wird genommen, wenn ſie weiblichen Geſchlechts iſt. Z. E. ma plume. Das ma &c. muß aber auch bey einem weiblichen Wort in mon verwandelt werden, wenn dieſes Wort mit einem Vokal anfängt.

Donne moi mon épée.          Gib mir meinen Degen.
         ton épée.                         deinen Degen
         ſon épée.                         ſeinen Degen.
Voila mon horloge.            Da iſt meine Uhr.
      ton horloge.                     deine Uhr.
      ſon horloge.                     ſeine Uhr.

Mon

333

Mon aimable coujsne.     Meine liebenswürdige Baase
Son admirable épouse.     Seine vortrefliche Gemahlin.

### 259.

Son setzt einen einzigen Besitzer, und eine einzige besessene
    Sache voraus; son livre, sein Buch.
Ses setzt einen Besitzer und mehrere besessene Sachen vor-
    aus: ses livres, seine Bücher.
Leur kann nur gebraucht werden, wenn mehreren Besitzern
    eine einzige Sache zugeeignet wird, leur enfant,
    ihr Kind.
Leurs wenn mehreren Besitzern der Besitz mehrerer Sachen
    zugeeignet wird, leurs enfans, ihre Kinder. Gr. p. 201.

Donnez-moi son chapeau.     Geben Sie mir seinen Hut!
Où sont ses vestes?     Wo sind dem seine Westen?
Leur oncle m'en a parlé.     Ihr Onkel hat mir davon
                                 gesagt.
Ne gâtés pas leurs livres.     Verderben Sie nicht ihre Bü-
                                 cher.
Cherchés mes souliers.     Suchen Sie meine Schuhe.
Aiguisés mon canif.     Wetzen Sie mein Federmesser.
Ils ont vendu leurs maisons.     Sie haben ihre Häuser ver-
                                 kauft.
Ils m'ont montré leur jardin.     Sie haben mir ihren Gar-
                                 ten gezeigt.
Voilà mes livres.     Das sind meine Bücher.
                  meine Federn.
ses papiers.     seine Papiere.
nos livres.     unsere Bücher.
vos plumes.     eure Federn.
leurs papiers.     ihre Papiere.

### 260.

Mein und dein Bruder heißt nicht mon et ton frere,
    sondern mon frere et le tien, und so in allen Fäl-
    len, wo im deutschen zwey Pronomina konjunktiva
    vor einem Wort stehen. S. Gram. p. 202.

Notre ville et la vôtre sont     Unsere und eure Stadt sind
petites en comparaison de     klein gegen Paris.
Paris.

Voila

| | |
|---|---|
| Voilà ves gans et les miens. | Da sind ihre und meine Handschube. |
| Mon frère et le vôtre sont arrivés de France. | Mein und euer Bruder sind aus Frankreich gekommen. |

### 261.

Man kann sagen un monsieur, ces messieurs, bien des messieurs &c. aber nicht une madame &c. sondern une dame. Regel. Bey madame, mademoiselle, monseigneur &c. fällt das ma und mon weg, wenn ein Artikel, ein anders Pronomen, oder ein Zahlwort davor kommt. Gram. p. 202.

| | |
|---|---|
| Ce monsieur là est riche. | Dieser Herr ist reich. |
| Le monsieur, qui vous a parlé, n'entend pas raillerie. | Der Herr, der mit Ihnen redete, versteht keinen Spaß. |
| Voilà un beau monsieur. | Da ist ein schöner Herr. |
| Un riche monsieur. | Ein reicher Herr. |
| Cette dame (nicht cette madame) là est riche. | Diese Frau ist reich. |
| Ces demoiselles (nicht mes demoiselles) le savent bien. | Diese Jungfern wissen es wohl. |
| Le seigneur, (nicht monseigneur,) qui vous a parlé est riche. | Der gnädige Herr, der mit Ihnen redet, ist reich. |
| C'est une grande dame. | Es ist eine vornehme Frau. |
| Ces demoiselles sont belles. | Diese Jungfern sind schön. |
| Où est votre dame (nicht madame). | Wo ist eure gnädige Frau? |
| Que fait notre demoiselle? | Was macht unsere Jungfer? |

### 262.

Die Pronomina Possessiva müssen nach einer Konjunktion wiederhohlt werden.

| | |
|---|---|
| Mes tables et mes chaises (nicht mes tables et chaises). | Meine Tische und Stühle. |
| Donnés-moi mes bas et mes souliers (nicht mes bas et souliers). | Geben Sie mir meine Strümpfe und Schuhe. |

### 263.

Man sagt c'est mon oncle et tuteur, wenn der Onkel zugleich Vormund ist. Wären es zwey verschiedene Personen, so müßte es heißen: c'est mon oncle et mon tuteur.

### 264.

Auf die Frage à qui est cela? soll man antworten: cela est à moi. Fragt man hingegen mit einem Substantiv, so kann man auf dreyerley Art antworten. Z. E.

| | |
|---|---|
| A qui est ce fourneau? | Wem gehört dieser Ofen? |
| Il est à moi. | Er gehört mir. |
| C'est le mien. | Es ist meiner. (der meinige) |
| C'est mon fourneau. | Es ist mein Ofen. |
| A qui est ce livre? | Wem gehört dieses Buch? |
| Il est à moi. | Es gehört mir. |
| C'est le mien. | Es ist das meinige. |

### 265.

Man darf nicht sprechen: Voilà ma lettre que je vous ai écrite, denn man weiß schon, daß der Brief, den ich geschrieben habe, mein Brief ist. Es muß heißen: la lettre. Wenn also das Wort hinlänglich durch ein Relativum (hier que) bestimmt ist, so darf kein Pronomen Possessivum davor stehen. Es ist auch im Deutschen überflüßig. Gram. p. 203.

| | |
|---|---|
| Le (nicht mon) chapeau que vous voyés, m'a couté six écus. | Mein Hut, den Sie da sehen, kostet mich 6 Thaler. |
| Je sais la (nicht votre) resolution, que vous avés prise. | Ich weiß den Entschluß den Sie faßten. |
| Les plaintes (nicht ses plaintes) que les douleurs lui arrachent. | Seine Klagen, die der Schmerz ihm auspreßt. |

### 266.

Wenn man im Deutschen von den körperlichen Theilen und dem Geiste des Menschen mit einem Possessivo spricht, darf man auf französisch bloß den Artikel nehmen.

J'ai mal à la (nicht à ma) tête. Der Kopf thut mir wehe.

Les

| | |
|---|---|
| Les (nicht mes) dents me branlent. | Meine Zähne wackeln mir. |
| Donnés-moi la (nicht votre) main. | Geben Sie mir Ihre Hand. |
| Coupés-lui les (nicht ses) ongles. | Schneiden Sie ihm seine Nägel ab. |
| Lavés vous les (nicht vos) mains. | Waschet eure Hände. |
| Nettoyés-vous la (nicht votre) bouche. | Reiniget euren Mund. |

### 267.

In manchen Fällen geht jedoch, der Deutlichkeit wegen, aber auch bloß weil die Gewohnheit es zuläßt, das Possessivum so gut als der Artikel an. Gram. p. 205.

| | |
|---|---|
| Il a élevé la (sa) voix avec force. | Er hat seine Stimme mit Nachdruck erhoben. |
| Il étendoit les (ses) mains vers le ciel. | Er streckte seine Hände gen Himmel. |
| Voyés comme il étend les (ses) bras, le paresseux. | Sehen Sie, wie der Faulenzer die Arme ausstreckt. |
| Il marmote quelque chose entre ses (les) dents. | Er brummt etwas zwischen den Zähnen. |

### 268.

Man merke:

| | |
|---|---|
| La soeur de ma mere est venue. (Nicht ma mere sa soeur.) | Meiner Mutter ihre Schwester ist gekommen. |
| Les livres de mon frère sont tous bien reliés. | Meines Bruders seine Bücher sind alle wohl eingebunden. |
| Voilà votre livre et celui de votre cousin. | Das ist ihr Buch und ihres Vettern seines. |
| Voilà votre plume et celle de votre ami. | Da ist ihre Feder und ihres Freundes seine. |

Anmerk. Wer rein deutsch spricht, wird auch in dieser Sprache nie sagen: meiner Mutter ihre Schwester, sondern bloß: meiner Mutter Schwester.

269.

## 269.

Son, sa, ses, leur, leurs können im Nominativ und Akkusativ von Thieren und Sachen nicht gebraucht werden, wenn sie sich auf den vorhergehenden Satz beziehen. Man muß an ihrer Stelle die Partikel en nehmen, wie folgende Beispiele zeigen. Gram. p. 204.

| | |
|---|---|
| Voilà un beau miroir, la glace en est bonne (nicht sa glace.) | Dieser Spiegel ist schön, sein Glas ist gut. |
| Cette machine est bonne, l'invention en est due à vous. (nicht son invention.) | Diese Maschine ist gut. Die Erfindung davon gehört Ihnen. |
| Voilà un beau lit; les etoffes en sont simples, mais propres (nicht ses étoffes). | Hier ist ein schönes Bette. Der Zeuch davon ist einfach aber sauber. |

**Anmerkung.** Aus diesen Beyspielen erhellt, daß das en sich allemal auf etwas bezieht, wovon in dem vorhergehenden Satz die Rede war. Geht also kein anderer Satz vorher, auf den sich das en beziehen kann, so muß man wieder son, sa &c. nehmen. Z. E. Ich muß sagen ce cheval mange son avoine. Wenn ich sprechen wollte ce cheval en mange l'avoine, so würde ich mit dem en auf etwas vorhergehendes zielen, das nicht bekannt ist. Hingegen muß ich sagen: Cette prairie est bonne, mais ce cheval n'en mange pas le foin. Hier bezieht sich das en auf eine Sache, die in dem ersten Satze genennt wurde (die Wiese) Das son kann nicht gebraucht werden, denn es bindet nicht die beyden Sätze.

## 270.

Der Genitiv von son, sa, ses, leur, leurs kann von Personen, Thieren und Sachen gebraucht werden. Eben so der Dativ.

| | |
|---|---|
| Elle a brulé la dentelle de sa coeffe. | Sie hat Ihre Haubenspitze verbrannt. |
| Ce chien est fidéle à son maitre. | Dieser Hund ist seinem Herrn getreu. |

| Admirés la beauté de ce ruban et la vivacité de sa couleur. | Bewundern Sie die Schönheit dieses Bandes und die Lebhaftigkeit seiner Farbe. |

### 271.

**Auch spricht man:**

| Tirés-le de (nicht de sa) peine. | Helfet ihm aus seiner Noth. |
| Cette fille s'est perduë d'honneur. (Nicht de son &c.) | Dieses Mädchen hat ihre Ehre verlohren. |
| J'ai changé de (nicht de mon) logis. | Ich habe meine Wohnung geändert. |

### 272.

Oft müssen im Französischen die Possessiva Pronomina stehen, wenn sie im Deutschen wegbleiben. Gram. p. 205.

| Mon Dieu! aide moi! | O Gott! hilf mir! |
| Mon père, que vous plait-il? | Vater, was beliebt Ihnen? |
| Ma Mère, que vous faut-il? | Mutter, was brauchen Sie? |
| Mon frère, ou allés-vous? | Bruder, wo gehst du hin? |
| Que dites-vous, ma chère (auch bloß chère) cousine? | Was sagen Sie, liebe Baase? |
| Allons, mes amis! | Wohlan, Freunde! |

**Vor propre stehen auch die Pronomina Possessiva.**

| Je l'ai vû de mes propres yeux (nicht des propres yeux | Ich habe es mit eigenen Augen gesehen. |
| Je l'ai entendu de mes propres oreilles. | Ich habe es mit eigenen Ohren gehört. |
| Je l'ai touché de mes propres mains. | Ich habe es mit eigenen Händen berührt. |

### 273.

**Auch sagt man anstatt de moi:**

| C'est un de mes frères (nicht un frère de moi.) | Das ist ein Bruder von mir. |
| mes amis | ein Freund von mir. |
| Vos serviteurs. | ein Diener von Ihnen. |
| leurs cousins. | ein Vetter von Ihnen. |
| (nicht un cousin d'eux, allenfalls un cousin à eux.) | |

J'ai

J'ai eu (reçu) de ses lettres, qui m'ont fait plaisir. | Ich habe Briefe von ihm bekommen (erhalten), die mich freuten.

## Uebungen über §. 257.—259.

Wo ist mein Buch? Gebe mir deine Feder. Kennet ihr a) seinen Bruder? Wo ist unsere Mutter? Euer Vater und ihr Vetter sind spazieren gegangen b). Meine Seele ist unsterblich c). Sein Degen ist zerbrochen d) Seine Dinte ist bleich e). Wo gehen Sie hin, meine Freundin? Seine Schwestern sind in die Kirche gegangen, haben aber ihre Gebetbücher f) vergessen. Ihre Mutter ist nach Nürnberg gereiset g). Ihr Bruder ist in Bamberg, bey ihren Baasen. Er bekümmert sich nicht viel h) um seine Bücher, und denkt an nichts, als an seine Vergnügungen.

    a) connoître kennen b) sont allés se promener. c) immortel, unsterblich. d) cassé zerbrochen. e) pale. f) un livre de prière, ein Gebetbuch. g) est allée h) il ne s'inquiète pas beaucoup.

## Ueber §. 260.—264.

Dein und mein Vater sind nach Nürnberg gereiset. Seine und meine Schwester wissen es a). Ich kenne eure und seine Nachbarn b). Er hat deine und meine Bücher verlohren c). Wer ist dieser Herr und dieses Frauenzimmer d)? Es ist ein artiges Fräulein e). Kennt ihr den Herrn, dem wir begegnet haben f)? Es ist der Herr Minister von G. Und wer ist dieses Frauenzimmer? Es ist seine Frau Gemahlin g). Deine Schwestern und Brüder tanzen zu N. Du willst sagen, meine Baasen und Vettern, denn die andern sind mit deinem Vater und Oheim in Nürnberg. Deine Bücher und Papiere sind angekommen. Wer ist dieser Herr? Er ist mein Vetter und Pathe h). Und wer ist diese Dame? Es ist deine Baase und Gevatterinn i). Wem gehört das? Es gehört dir. Wem gehört dieses Federmesser k)? Mir.

    a) savoir, wissen. b) un voisin, ein Nachbar. c) perdre, verliehren. d) une dame, ein Frauenzimmer. e) une jolie

jolie demoiselle. f) recontrer, begegnen. g) l'épouse, die Gemahlin. h) le parrain, der Pathe. i) la commère, die Gevatterin. k) un canif, ein Federmesser.

## Ueber §. 265.—268.

Haben Sie meinen Brief erhalten, den ich Ihnen gestern schrieb? Wo ist mein Schnupftuch a), das ich diesen Morgen genommen habe? Wo ist mein Messer, das ich dir geliehen habe b)? Diese Bewegung c) hat deine Gesichtsfarbe d) belebt e). Man hat sein Herz mit einem Dolch durchbohrt f). Man hat ihm den Kopf gespalten g). Hast du deine Hände gewaschen h)? Nein, ich will vorher meine Nägel abschneiden i), und meine Zähne putzen k). Meine Finger thun mir wehe l), und ich weiß nicht warum? Was brummst m) du zwischen deinen Zähnen? Herrn Duvals Kind ist diesen Morgen gestorben. Meines Bruders Tochter ist diesen Morgen abgereiset, und meines Vettern Nichte ist angekommen.

a) un mouchoir, ein Schnupftuch. b) prêter, leihen. c) ce mouvement. d) le teint, die Gesichtsfarbe. e) animer beleben. f) percer, durchbohren. g) fendre, spalten. h) laver, waschen. i) couper les ongles die Nägel abschneiden. k) nettoyer l) faire mal, wehe thun. m) murmurer, grommeler, brummen.

## Ueber §. 269.—272.

Dieses Wasser ist gesund, ich kenne seine Eigenschaften a). Wem gehört dieses Band b)? Seine Farbe ist schön. Diese Scheere ist gut c); ihre Blätter sind stark d). Dieser Fluß ist zu reißend e), es ist unmöglich, seinen Lauf zu hemmen f). Dein Bruder hat das Vordertheil g) seiner Weste verbrannt h). Dieses Gemählde i) hat viel von seiner Schönheit verlohren k). Das ist Herrn Dorvals Hund; ich habe die Schleife l) seines Halsbandes m) gefunden. Wem gehört dieses Pferd? Man muß ihm einen Theil seines Habers n) nehmen. Bruder, wo gehst du hin? Ich gehe spazieren. Vater, erlauben o) Sie, daß ich mit ihm gehe? Was willst du, Kind? Bleibe hier p), er geht nicht spazieren. O, lieber Vater ich
habe

habe mit eigenen Ohren gehört, daß er mit Friedrich nach D. gehen will. Herr D. hat übel von Frau E. gesprochen q). Sie schwört ihn, mit eigenen Händen zu erwürgen r), wenn sie ihn antrift s).

a) les propriétés, die Eigenschaften. b) ce ruban. c) les ciseaux, die Scheere. d) des branches fortes, starke Scheerblätter. e) rapide. f) arrêter le cours, den Lauf hemmen. g) le devant. h) bruler verbrennen. i) ce tableau. k) perdre verliehren. l) le noeud. m) un collier, ein Halsband. n) l'avoine, der Haber. o) permettre, erlauben. p) reste là. q) mal parler, übel sprechen. r) étrangler s) rencontrer, antreffen.

### Ueber §. 273.

Ich liebe deinen Bruder von ganzem Herzen. Er liebt dich auch von ganzer Seele, und deswegen hat er sich aus allen Kräften a) deinem Unternehmen widersetzt b). — Wer ist dieser junge Mensch? Er ist ein Bruder von mir. Ein Vetter von mir hat mir geschrieben, daß er euch gesprochen habe c). Ich habe gehört d), daß ihr eine Schwester verlohren habet. d) Ich habe schon lange keine Briefe von euch erhalten.

a) les forces, die Kräfte. b) s'opposer à une entreprise, sich einem Unternehmen widersetzen. c) parler à quelq. jemand sprechen. d) j'ai appris.

---

## III. Pronomina demonstrativa.
### (Anzeigende Fürwörter.)

#### Konjunktiva.

Sing. Ce (vor einem Vokal cet) cette.
Plur. ces (Singular und Plural mit de und à deklinirt.)

#### Absoluta.

Sing. Celui, celle. Pl. ceux, celles, ceci, cela. (Alle nach der ersten Deklination.)

### 274.

| | |
|---|---|
| Ce livre est à mon cousin. | Dieses Buch gehört meinem Vetter. |
| Cette écritoire appartient à Henri. | Dieser Schreibzeug gehört dem Heinrich. |
| Cet habit est pour moi. | Dieses Kleid ist für mich. |
| D'où vient cette femme? | Woher kommt diese Frau? |
| Cette femme vient de Paris. | Diese Frau kommt von Paris. |
| A qui sont ces livres? | Wem gehören diese Bücher. |
| Ces livres sont à mon cousin. | Diese Bücher gehören meinem Vetter. |
| Ces écritoires apartiennent à Henri. | Diese Schreibzeuge gehören dem Heinrich. |
| Ces habits sont pour moi. | Diese Kleider sind für mich. |
| Ces femmes viennent de Paris. | Diese Weiber kommen von Paris. |

### 275.

Vor onze, oui, und ganzen Phrasen, die mit einem Vokal anfangen, verwandelt sich ce nicht in cet.

| | |
|---|---|
| A Erlang ce, (nicht cet,) onze Juin. | Erlang den 11ten Junii. |
| Ce oui me fendoit le coeur. | Dieses Ja gieng mir durch das Herz. |
| Je suis encore tout étourdi de ce arrête-là. | Ich bin noch ganz betrübt von diesem Halt da. |

### 276.

Den anzeigenden Fürwörtern, oder den dabey befindlichen Substantivis werden öfters die Wörtchen ci und là angehängt. Sie entsprechen dem deutschen hier und da, dieser, jener. Ci wird von nähern, là von entferntern Dingen gebraucht. NB. là kann allenfalls noch bey nähern Gegenständen, ci aber nie bey entfernten genommen werden. Gram. p. 206.

| | |
|---|---|
| Ce livre-ci et celui là sont à votre frère. | Das Buch hier und das Buch da gehören Ihren Bruder. |
| Celui-ci et celui-là sont à vous. | Dieses hier und das da gehört Ihnen. |

Cette

| | |
|---|---|
| Cette Histoire-là étoit belle, mais celle-ci est encore plus belle. | Jene Geschichte war schön, allein diese hier ist noch schöner. |
| Celà ne vaut rien, et ceci vaut encore moins. | Das da taugt nichts, und dieses hier taugt noch weniger. |

### 277.

Bey Verbis nimmt man nicht ce, sondern ici, das là bleibt auch hier.

| | |
|---|---|
| Mettés vous ici. | Setzen Sie sich hieher. |
| C'est ici (nicht ceci est) mon pere. | Das hier ist mein Vater. |
| C'est-là (nicht cela est) mon oncle. | Das da ist mein Oheim. |
| Sont-ce là vos ciseaux? | Ist das Ihre Scheere? |

### 278.

C'est, c'étoit, kann nur gebraucht werden, wenn ein Substantiv, ein Pronomen oder Adverbium folgt. Keineswegs aber vor einem Adjektiv, und deswegen darf man nicht sprechen c'est vrai, sondern cela est vrai, oder il est vrai.

| | |
|---|---|
| C'est un fort honnête homme. | Es ist ein braver Mann. |
| C'est une petite femme. | Es ist eine kleine Frau. |
| C'est un joli garçon. | Es ist ein artiger Knabe. |
| C'étoit un grand édifice. | Es war ein großes Gebäude. |
| Qui est-ce là? | Wer ist das? |
| C'est Pierre. | Es ist Peter. |
| C'est lui-même. | Er ist es selbst. |
| C'est beaucoup. | Das ist viel. |
| C'est assés. | Es ist genug. |

### 279.

Wenn auf celui, celle, ceux, celles ein Relativum vor einem Genitiv folgt, so kann ihnen weder ci, noch là angehängt werden. Gram. p. 208.

| | |
|---|---|
| Que celui, (nicht celui là) qui l'a fait, le dise. | Wer es gethan hat, soll es sagen. |

| | |
|---|---|
| Que celle (nicht celle là) qui le voir, le déclare. | Die es siehet, soll es aus sagen. |
| Que ceux, qui sont debout, prennent garde de tomber. | Die so aufrecht stehen, sollen sich vor dem Fallen in Acht nehmen. |

### 280.

Mit den Fürwörtern celui, celle, ceux, celles wird auch oft die unangenehme Wiederholung der nehmlichen Worte vermieden. Man braucht sie, wo man im deutschen die Redensarten meines — seines, meiner — ihrer ꝛc. gebraucht.

| | |
|---|---|
| Ce n'est pas mon livre, c'est celui de Michel. | Dieß ist mein Buch nicht, es ist des Michels seines. |
| Ce n'est pas ma plume, c'est celle de Marie. | Es ist meine Feder nicht, es ist der Marie ihre. |
| Ce ne sont pas mes souliers, ce sont ceux de Louis. | Es sind meine Schuhe nicht, sie gehören dem Ludwig. |
| Ce ne sont pas mes bottes, ce sont celles de Jean. | Es sind meine Stiefeln nicht, sie gehören dem Johann. |

### 281.

Wenn man ganz genau eine Person anzeigt, so kann ci und là auch vor einem Relativ stehen. Eben so ist es, wenn das qui nicht unmittelbar auf das Pronomen Demonstrativum folgt, sondern noch ein Verbum dazwischen steht.

| | |
|---|---|
| C'est cet imposteur-là, qui m'a fait tort. | Das ist der Betrüger, der mir Unrecht gethan hat. |
| C'est ce coquin-ci, qui m'a volé. | Dieser Schelm hier hat mich betrogen. |
| Celles-là sont à plaindre, qui se laissent séduire. | Diejenigen (Mädchen) sind zu bedauern, die sich verführen lassen. |

### 282.

Das deutsche Wörtchen solche wird auf französisch mit de ces gegeben.

| | |
|---|---|
| Pourquoi entreprenés vous de ces ouvrages? | Warum unternehmet ihr solche Arbeiten? |

Pour-

| | |
|---|---|
| Pourquoi tenir de ces discours? | Warum führet ihr solche Reden? |

### 283.

Das Neutrum ce kann vor qui, besonders aber vor que nie ausgelassen werden. Gram. p. 213.

| | |
|---|---|
| Elle se fait honneur, de ce qui la deshonore. | Sie macht sich eine Ehre aus dem, was sie entehrt. |
| Ce qu'il y a de bon en vous c'est &c. | Was gutes an Ihnen ist, bestehet darinnen ꝛc. |
| Ce qui me fâche c'est &c. (Nicht Qui me fâche c'est &c.) | Was mich verdrießt ist ꝛc. |
| Ce qu'on appelle union, est une chose fort équivoque | Was man Einigkeit nennt, ist ein sehr zweydeutiges Ding. |
| Je sais ce que je donne. | Ich weiß, was ich gebe. |

### 284.

Celui, celle, ceux, celles können vor qui (nicht aber vor que) öfters zierlich wegbleiben.

| | |
|---|---|
| Qui (anstatt celui qui) sait vivre avec soi, connoit le vrai bonheur. | Wer mit sich selbst zu leben weiß, der kennt das wahre Glück. |
| Je peux chasser, qui je veux (anstatt celui qui). | Ich kann fortjagen, wen ich will. |

### 285.

Beyspiele über das Neutrum cela.

| | |
|---|---|
| Ce n'est pas cela que je demande, c'est autre chose | Das ist es nicht, was ich verlange, es ist etwas anders. |
| Voyés, c'est un homme cela! | Sehet einmal, das ist ein Mann da. |
| C'est savoir danser, cela! | Das heißt tanzen können. |
| C'est bien fait, cela! | Das ist recht gethan, das! |
| Cela produisit des contestations continuelles. | Das erzeugte beständige Streitigkeiten. |

### Uebungen über §. 274. — 278.

Gebt mir dieses Federmesser und diese Feder. Wem gehört dieses liebenswürdige a) Kind? Gehört dieses kleine Mädchen nicht Ihnen? Hast du diese Frau bezahlt b)? Ja. Dieses Ja scheint mir nicht sehr aufrichtig c). Wenn Du mir nicht glaubst, so ist hier mein Bruder, der es bezeugen kann d). Hier ist eine schöne Kirche. Dort ist ein schöner Garten. Ihr Bruder hat mir dieses Buch hier gegeben. Er hat mir aufgetragen e), es Ihnen zuzustellen f). — Komme her, mein Kind, ich will dir etwas geben. Setze dich lieber. Ist das da dein Bruder? Ist das deine Schwester? Verzeihen Sie, dieser hier ist mein Vetter, und jene ist meine Baase. Es sind sehr hübsche Kinder g). Kennst du auch den kleinen A? Ja, ich kenne ihn. Man spricht, er sey ein kleiner Taugenichts h). O verzeihen Sie, es ist ein sehr braver Junge.

> a) aimable. b) payer, bezahlen. c) sincère. d) attester, bezeugen. e) il m'a chargé. f) remettre, zustellen. g) un joli enfant, ein hübsches Kind. h) un petit vaurien.

### Ueber §. 279. und folgende.

Kennst du diese Frau? Ja, es ist diejenige, die mich hieher begleitet hat a). Wem gehört b) dieses Haus? Es ist Herrn G. seines. Und wo ist denn Herrn H. seines? Es kommt unmittelbar c) nach dem, welches Sie dort sehen. — Unser Fürst hält d) seine Unterthanen e) durch ein stärkeres Band f), als das Band der Furcht g), durch das Band der Liebe. Haben Sie diese Stelle gelesen h)? Sie entspricht i) der Stelle im Livius. — Derjenige ist glücklich, der andere entbehren kann k). Derjenige ist zu beklagen l), der keinen wahren Freund hat. Es ist dieser Mann da, der mir den Weg gezeigt hat m) — Was mich verdrießt n), ist sein Undank o). Was mich tröstet p), ist seine nahe Abreise q). — Das heißt reden! Sehet, das ist eine Frau, das!

> a) accompagner, begleiten. b) à qui est. — c) immédiatement. d) tenir e) les sujets, die Unterthanen. f) par un lien plus fort. g) la crainte, die Furcht. h) un

h) un paſſage, eine Stelle. i) répondre, entſpre-
chen. k) qui peut ſe paſſer des autres. l) plaindre,
beklagen. m) montrer le chemin, den Weg zeigen.
n) ce qui me fâche. o) l'ingratitude, der Undank.
p) conſoler tröſten. q) ſon prochain départ.

## IV. Pronomina Relativa.
### (Beziehende Fürwörter.)

Qui (de qui, à qui, que, de qui,) lequel, laquelle,
lesquels, lesquelles, (gehen nach der vierten und
und zwenten Deklination). Quoi (nach der erſten
Deklination.)

### 286.

Das Pronomen qui, (welcher), vertritt das Maſculinum,
das Fömininum, den Singular und den Plural zugleich. Gram. p. 209.

| | |
|---|---|
| Voila l'homme qui me l'a vendu. | Da iſt der Mann, der mir es verkauft hat. |
| Voilà la femme qui (nicht quelle,) me la dit. | Da iſt die Frau, welche mir es geſagt hat. |
| Connoiſſés-vous les hommes, qui y ont été? | Kennen Sie die Männer, die da waren? |
| Connoiſſés-vous les femmes, qui viennent de paſſer? | Kennen Sie die Weiber, welche ſo eben vorbeigien- gen? |

### 287.

Der Nominativ von qui und ſein Acc. que, beziehen ſich
auf Perſonen, Thiere und Sachen. Gram. p. 209.

| | |
|---|---|
| Voilà un homme que je connois. | Da iſt ein Mann, den ich kenne. |
| J'entends un chien, qui jape ou aboye. | Ich höre einen Hund bellen. |
| Voilà des oiſeaux, qui chantent bien. | Da ſind Vögel, welche ſchön ſingen. |

Voi-

| | |
|---|---|
| Voilà des choses, qui me plaisent. | Da sind Dinge, welche mir gefallen. |
| L'homme que vous voyés, est mon Cousin. | Der Mann, den Sie da sehen, ist mein Vetter. |

### 288.

Im Genitiv und Dativ kann qui bloß allein von Personen, nicht aber von Thieren und Sachen gebraucht werden. Von Thieren und Sachen wird im Genitiv du quel und dont, und im Dativ au quel genommen. Gram. p. 209.

Dont, du quel, au quel, werden auch von Personen gebraucht.

| | |
|---|---|
| Les hommes, de qui, (dont, des quels) vous parlés, viennent d'arriver. | Die Männer, von denen Sie reden, sind so eben gekommen. |
| C'est la femme, de qui (dont, de la quelle) vous vous informés. | Das ist die Frau, nach welcher Sie fragten. |
| Dieu, de qui (dont, du quel) sont toutes choses. | Gott, von dem alle Dinge herkommen. |
| Le cheval, dont (du quel, nicht aber de qui,) je parle. | Das Pferd, von dem ich rede. |
| La ville, dont (de la quelle, nicht aber de qui) je vous ai parlé. | Die Stadt, von welcher ich mit Ihnen sprach. |
| L'homme, à qui (au quel) j'ai parlé ce matin. | Der Mann, mit dem ich heute früh sprach. |
| La personne, à qui (à la quelle) cela appartient. | Die Person, welcher dieses angehöret. |
| Il a obtenu l'emploi, au quel (nicht à qui) il aspiroit. | Er hat das Amt erhalten, nach welchem er strebte. |

### 289.

Mit Präpositionen kann qui nur von Personen, nicht aber von Thieren und Sachen gebraucht werden. Bey Leztern nimmt man lequel (welches auch bey Personen angeht). Gram. p. 209.

| | |
|---|---|
| C'est cette femme, avec qui il lie toujours conversation. | Mit dieser Frau läßt er sich immer in Gespräch ein. |

C'est

C'est un homme, pour qui (pour le quel) je m'intéresse. — Es ist ein Mann, dessen ich mich annehme.

L'ami sur qui (sur le quel) il se repose, en qui il met sa confiance. — Der Freund, auf welchen er sich verläßt, in welchen er sein Vertrauen setzt.

Voilà le cheval, pour le quel (nicht pour qui) j'ai acheté cette bride. — Hier ist das Pferd, für welches ich diesen Zaum gekauft habe.

La maison, près de la quelle (nicht de qui) je me trouve est à lui. — Das Haus, bey welchem ich mich befinde, gehöret sein.

Ses frères malgré les quels (besser als qui) il est venu, me l'ont écrit. — Seine Brüder, wider deren Willen er gekommen ist, haben mir es geschrieben.

Il n'y a personne, pour qui (besser, als lequel) on s'intéresse plus que pour vous. — Es ist niemand, dessen man mehr annimmt, als eurer.

### 290.

Qui und que werden gemeiniglich dem lequel vorgezogen, wo keine Zweydeutigkeit entsteht. Im Akkusat. wird lequel selten anders, als mit einer Präposition gebraucht.

C'est un homme qui (viel besser, als lequel) a des talens. — Es ist ein Mann, der Talente hat.

C'est une fille qui (nicht laquelle,) manque de modestie. — Es ist das ein Mädchen, der es an Bescheidenheit fehlt.

Cela n'a pas produit l'effet que (nicht lequel) j'attendois. — Es hat das nicht die Wirkung hervorgebracht, die ich erwartete.

### 291.

Wenn zwey Worte vorhergehen, so bezieht sich qui allemal auf das letzte Wort, lequel aber auf das vorhergehende. Voilà la femme de Mr. N. qui a tant d'esprit, heißt: Hier ist die Gemahlin Hr. N. der so viel Verstand hat. Soll es heißen: die so viel Verstand hat, so muß ich sprechen: Voilà la femme de Mr. N. laquelle a tant d'esprit.

Voilà

| | |
|---|---|
| Voilà le frère de Mr. D. lequel passe pour un sot. | Hier ist der Bruder des Hr. D. welcher (Bruder) für einen Narren gehalten wird. |
| Connoissés-vous le valet de Mr. F. lequel fait tant parler de soi? | Kennen Sie Hr. F. Bedienten, der soviel von sich zu reden giebt. |
| Est-ce là la fille de Mad. G. qui vient de s'établir dans notre ville? | Ich das die Tochter der Mad. G., welche ich kürzlich in unserer Stadt gesetzt hat? |

### 292.

Dont kann, wie schon aus dem vorhergehenden zu sehen war, von Personen, Thieren und Sachen gebraucht werden, allein es wird erfordert, daß unmittelbar ein Nominativ folge.

| | |
|---|---|
| Voilà la fille dont je vous ai parlé. | Hier ist das Mädchen, von der ich mit Ihnen sprach. |
| Ce sont des gens, dont je me défie. | Es sind das Leute, denen ich nicht traue. |
| Il m'a montré la montre dont il a perdu la clef. | Er hat mir die Uhr, wovon er den Schlüssel verlohren hat, gezeigt. |

### 293.

Dont kann weder von einer Präposition, noch vor einem vorhergehenden Substantiv regiert werden.

| | |
|---|---|
| L'arbre près du quel (nicht dont) il étoit assis. | Der Baum, nahe an welchem er saß. |
| Ces fleurs, du suc desquelles les abeilles font le miel. | Diese Blumen, aus deren Saft die Bienen Honig machen. |
| Ce chien, le maître du quel (auch dont le maître, nur nicht le maître dont,) est un cordonnier. | Dieser Hund, dessen Hr. ein Schuster ist. |

### 294.

Lequel wird wider die deutsche Konstruktionsordnung im Genitiv hinter das Substantiv gesetzt. Gram. p. 210.

| | |
|---|---|
| L'ours de la peau daquel (nicht du quel de la peau) je vous ai parlé. | Der Bär, von dessen Haut ich sprach. |

### 295.

Quoi wird bloß von Sachen, nicht aber von Menschen oder Thieren gebraucht. Im Nominativ ist es nicht gebräuchlich. Man hat dafür qui. Gram. p. 209.

| | |
|---|---|
| C'est de quoi il est question | Davon ist die Frage. |
| Il n'y a pas de quoi se plaindre. | Man hat nicht Ursache, sich zu beklagen. |
| Elle aura de quoi rire. | Sie wird zu lachen haben. |
| Je ne sais, à quoi vous pensés. | Ich weiß nicht, an was Sie denken. |

### 296.

Où vertritt, besonders wenn von Zeit oder Ort die Rede ist, zierlich den Dativ au quel und die Präposition dans le quel, dans la quelle. Gr. p. 211.

| | |
|---|---|
| Quoi! vous dédaignés les jeux où (anstatt auxquels,) elle prend plaisir. | Wie! Sie verachten die Spiele, an denen sie Vergnügen findet? |
| Voilà la chambre où (statt dans laquelle) je couche. | Das ist mein Schlafzimmer. |
| Voilà le lieu d'où il est parti. | Da ist der Ort, von dem er abgegangen ist. |

### 297.

Man merke noch folgende Beyspiele von dem Relativ Pronomen.

| | |
|---|---|
| Dites-moi, qui vous avés choisi pour cela. | Sagen Sie mir, wen Sie hierzu gewählet haben. |
| Je ne sais, qui vous demandés. | Ich weiß nicht, nach wem Sie fragen. |
| Je vous enverrai, qui vous voudrés. *) | Ich will Ihnen schicken, wen Sie wollen. |
| Je l'ai vû, qui (nicht qu'il) se promenoit, et qui méditoit son discours. | Ich habe ihn sehen auf und abgehen, und seine Rede auswendig lernen. |

Je

---

*) Man siehet hieraus, daß qui auch ohne Präposition bisweilen einen Akkusativ vorstellt.

| | |
|---|---|
| Je recevrai avec plaisir le présent que vous dites que vous m'enverrés. | Ich werde mit Vergnügen das Geschenk annehmen, welches Sie mir schicken wollen, wie Sie sagen. |
| Tout ce qui, (nicht tout que,) reluit, n'est pas or. | Alles was glänzet, ist nicht Gold. |
| Cette fille a dequoi. | Dieses Mädchen hat Vermögen. |
| Là où il n'y a pas de quoi, le Roi a perdu son droit. | Wo nichts ist, hat der König sein Recht verlohren. |

## Uebungen über §. 285. — 293.

Ihr betrügt a) einen Mann, der euch mit Wohlthaten überhäuft b). Madame N. ist eine langweilige c) Frau, die immer das Nemliche wiederhohlt d). Wem habt ihr dieses Paket gegeben? An wen habt ihr euch gewendet e)? Die Personen, welchen man etwas versprochen hat f), sind berechtiget g) zu verlangen h), daß man ihnen Wort halte i)). Man muß die Güte nicht mißbrauchen, welche man uns bezeigt. Hier ist der Mann, von welchem ich erfahren habe, daß ihr angekommen seyd. Hier ist die Frau, von der er redet. Das sind Fabeln, deren Abgeschmacktheit k) ihr nicht fühlet l). Er hat mir einen Brief geschrieben, dessen ich mich noch erinnere m). Das sind Vergnügungen n), welche ihr ohne Verbrechen geniessen könnt o). Das ist ein Mann, dessen man sich bedienen kann. — Eine Frau, deren Stirne nie roth wird p), hat nicht viel Scham q). Sie hat ihren Sohn wieder gesehen, dessen Verlust r) ihr so viele Thränen gekostet hat. — — Die Grausamkeit s), auf welche er sich verläßt t), wird ihn zu Grunde richten u). Es war in seinem Zimmer eine Lampe, bey deren Licht v) ich ihn entdeckte x). Das ist eine Blume, aus deren Blättern man ein wohlriechendes Wasser macht y). Da ist das Haus, an dessen Herrn Sie empfohlen sind z). Die Würde a), zu welcher er erhoben worden ist b), macht ihn stolz c). Ich bewundere d) die Kunst, mit welcher Sie die Seelen zur Tugend zu bilden wissen e).

a) trom-

a) tromper betriegen. b) combler de bienfaits c) ennuyeux langweilig d) repeter la même chose. e) s'adresser, sich wenden. f) promettre, versprechen. g) sont en droit. h) exiger verlangen. i) tenir parole, Wort halten. k) l'absurdité. l) sentir, fühlen. m) se souvenir, sich erinnern. n) des plaisirs. o) jouir sans crime, ohne Verbrechen genießen. p) rougir, roth werden. q) n'a pas un grand fonds de pudeur. r) la perte, der Verlust. s) la cruauté, die Grausamkeit. t) se confier, sich verlassen. u) perdre, zu Grund richten. v) la clarté, das Licht, die Hellung. x) découvrir, entdecken. y) une eau de senteur. z) recommandé, empfohlen. a) la dignité. b) élevé, erhoben. c) fier d) admirer, bewundern. e) former les ames à la vertu.

## Ueber §. 294. — 297.

Weißt du wohl, wovon wir reden? Er hat nichts zu leben a). Er hat nichts, wovon er bezahlen kann b). Er weiß nicht, wozu er sich bestimmen soll c). Sehet da den Zustand d), in welchen man ihn gesetzt hat e). Da ist das Haus, wo er heraus gekommen ist f). Man hat eine Komödie gegeben, welcher der Prinz beywohnte g). Das ist ein Vergnügen, woran der Verstand keinen Theil hat h). Ihr wisset die Fehler i), worein er verfallen ist k). — Die Blattern l) sind eine Krankheit, von der man weiß, daß sie niemand verschont m). Das ist eine Sache, von der ich weiß, daß Sie sie nur aus Trägheit thun n). Mein Bruder, den ich todt glaubte, ist diesen Morgen angelangt.

a) vivre b) payer c) se déterminer, sich bestimmen. d) l'état e) mettre, setzen. f) sortir, heraus kommen. g) assister, beywohnen. h) avoir part, Theil haben. i) le défaut k) tomber, verfallen. l) la petite vérole m) épargner, verschonen. n) par paresse, aus Faulheit.

## Relative Partikeln.

Le, la, les für den Nominativ und Akkusativ.
y, für den Dativ.
en für den Genitiv und Ablativ.

### 298.

Wenn man mit einem Substantiv fragt, so richten sich in der Antwort diese Partikeln nach dem Geschlecht des Substantivs. Gram. p. 213.

| | |
|---|---|
| Etes vous la servante de Mad. G. ? | Send ihr der Madam G. Magd? |
| Oui: je la suis (non, je ne la suis pas.) | Ja ich bin es, (Nein, ich bin es nicht.) |
| Etes-vous le frère de Mr. Michel ? | Seyn Sie des Hr. Michel Bruder? |
| Oui, je le suis (non je ne le suis pas.) | Ja, ich bin es, (Nein, ich bin es nicht.) |
| Etes-vous les fils et les filles de Madame Arnaud ? | Sind Sie die Söhne und Töchter der Frau Aranaudin? |
| Oui, nous les sommes; non, nous ne les sommes pas. | Ja, wir sind es; (Nein, wir sind es nicht.) |

### 299.

Fragt man hingegen mit einem Adjektiv, so wird neutraliter, das heißt, ohne Unterschied des Geschlechts, und des Numerus mit le geantwortet. Gram. p. 213.

| | |
|---|---|
| Messieurs, en étés vous contens ? | Sie Sind damit zufrieden, meine Herren? |
| Oui, nous le (nicht les) sommes. | Ja, wir sind es. |
| Mademoiselle, êtes vous fatiguée ? | Meine Jungfer, sind Sie ermüdet. |
| Oui, je le (nicht je la) suis. | Ja, ich bin es. |

Made-

| | |
|---|---|
| Mademoiselle, êtes vous mariée? | Mabmosell, sind Sie verheyrathet? |
| Non, je ne le suis pas. | Nein, ich bin es nicht. |
| Mais, êtes vous promise? | Sind Sie aber Braut? |
| Oui, je le suis. | Ja, ich bin es. |

### 300.

**Ganz besondere Redensarten mit le, la.**

| | |
|---|---|
| Il ne le cede à personne en cela. | Hierinnen steht er Niemanden nach. |
| Il l'emporte par dessus tous ses camarades. | Er übertrift alle seine Kameraden. |
| L'usage qui est le plus fort, l'emporte. | Der Gebrauch der am stärksten ist, erhält den Vorzug. |
| Elle est fort mal, elle ne la fera pas longue. | Sie ist sehr schlecht, sie wirds nicht lange mehr machen. |
| Va, va, tu me la (le) payeras. | Geh, geh, ich will dich schon finden. |
| Pourquoi le prenés-vous sur un ton si haut? | Warum spannen Sie die Saiten so hoch? |

### 301.

Y vertritt die Stelle des Dativs und wird (mit einigen Ausnahmen §. 303.), nur von Sachen und ganzen Sätzen gebraucht. Gram. p. 212.

| | |
|---|---|
| Travaillés-vous à mon habit. | Arbeiten Sie an meinem Kleid? |
| Oui: j'y travaille, (neml. à votre habit.) | Ja, ich arbeite daran. |
| Est il au logis? | Ist er zu Hause? |
| Oui, il y est. (neml. au logis.) | Ja, er ist da. |
| C'est un bon jardin, les fruits y viennent bien. (neml. dans ce jardin.) | Es ist ein guter Garten, das Obst wächst wohl darinnen. |
| Allés-vous au jardin? | Gehen Sie in den Garten? |
| Oui, j'y vais: non je n'y vais pas: j'y ai déja été; j'y irai bientôt. (Neml. au jardin.) | Ja, ich gehe dahin: ich gehe nicht hin. Ich bin schon da gewesen, ich werde bald hingehen. |

| | |
|---|---|
| Cela est-il dans vos tablettes? | Stehet dieses auf eurer Schreibtafel? |
| Non, mais je l'y mettrai. (Neml. dans les tablettes) | Nein, aber ich werde es hinschreiben. |
| Je vous l'ai dit: faites y réflexion (Neml. a ce que je vous ai dit.) | Ich habe es euch gesagt, überleget es. |
| Faites-moi ce plaisir. | Thut mir diesen Gefallen. |
| Je n'y manquerai pas (Neml. à vous faire ce plaisir.) | Ich werde nicht ermangeln, es zu thun. |
| Ne cherchés pas à devenir riche; vous n'y réussirez pas. (Neml. à devenir riche.) | Suchen Sie nicht reich zu werden, es wird Ihnen nicht gelingen. |

## 302.

In den Fällen, wo vor den Verbis lui und leur nicht statt haben kann, kann y stehen.

| | |
|---|---|
| Vous fiés-vous à lui? | Trauet ihr ihm? |
| Oui, je m'y fie, (Neml. à lui) | Ja, ich traue ihm. |
| Vous adressés vous à lui? | Wenden Sie sich an ihn? |
| Oui, je m'y adresse. (Neml. à lui) | Ja, ich wende mich an ihn. |
| Vous attacherés-vous à elle? | Wollen Sie sich an sie halten? |
| Oui, je m'y attacherai (à elle). | Ja, ich will mich an sie halten. |
| Songés vous à moi? | Denken Sie an mich? |
| Oui, j'y songe (à vous). | Ja, ich denke an Sie. |

## 303.

Wo die Pronomina Personalia konjunktiva statt haben können, vertretten sie das y.

| | |
|---|---|
| Lui avés-vous parlé? | Haben Sie mit ihm geredet? |
| Oui, je lui ai (nicht j'y ai) parlé. | Ja, ich habe mit ihm geredet. |
| Le leur avés-vous dit? | Haben Sie es ihnen gesagt? |
| Oui: je le leur (nicht je l'y) ai dit. | Ja, ich habe es ihnen gesagt. |
| Lui trouvés vous de la capacité? | Finden Sie Fähigkeiten an ihm? |
| Oui, je lui (nicht j'y) en trouve. | Ja, ich finde welche an ihm. |

### 304.

**Ganz besondere Redensarten mit y.**

| | |
|---|---|
| Comme vous y allés! | Wo denken Sie hin! |
| Vous ne m'y (prendrés) attraperés plus. | Sie sollen mich nicht mehr fangen. |
| Le ciel y pouvoira. | Der Himmel wird dafür sorge. |
| Prenés-vous y autrement. | Greifen Sie es anders an. |
| N'y regardés pas de si près. | Sehen Sie nicht so sehr darauf |
| Il y va de mon honneur. | Es steht meine Ehre auf dem Spiel. |

### 305.

En wird von allerley Dingen gebraucht und vertritt die Stelle des Genitivs und Ablativs. Gram. p. 21

*Anmerk.* Man muß sich im Gebrauch sowohl dieser, als der übrigen Relativen Partikeln nicht nach dem Kasu richten, den das deutsche Verbum regiert, sondern nach dem Regimen des Französischen. Man muß daher sprechen: je m'en (nicht je m'y) défie, ob man gleich auf deutsch spricht, ich traue ihm nicht, denn das Verbum défier nimmt einen Ablativ zu sich. Man sagt: se défier de (nicht à) quelqun.

| | |
|---|---|
| Voilà un beau jardin, en êtes-vous le maitre (näml. du jardin.) | Das ist ein schöner Garten, sind Sie Besitzer davon? |
| Vos habits sont mouillés, il vous en faut changer. | Ihre Kleider sind naß, Sie müssen andere anlegen. |
| Parlés-vous de ma soeur? | Reden Sie von meiner Schwester? |
| Non, je n'en parle pas. | Nein, ich rede nicht von ihr. |
| Venés vous de la foire? | Kommen Sie von der Messe? |
| Oui, j'en viens. | Ja, ich komme daher. |
| Vous m'avés fait plaisir, je vous en remercie, (neml. de m'avoir fait plaisir.) | Sie haben mir einen Gefallen gethan, ich danke Ihnen dafür. |
| Vous êtes marié; je vous en félicite, Madame. | Sie sind verheirathet ich wünsche Ihnen Glück dazu, Madam. |
| Avés-vous du pain? | Haben Sie Brod? |
| Oui, j'en ai, (neml. du pain.) | Ja, ich habe welches. |

358

Anmerk. Das deutsche Wort welche wird also auch mit en gegeben.

| | |
|---|---|
| Est-ce là une poire? | Ist das eine Birn? |
| Oui, c'en est (nicht c'est) une. | Ja, es ist eine. |
| Avés-vous fait des vers? | Haben Sie Verse gemacht? |
| Oui, j'en ai fait. | Ich, ich habe welche gemacht. |
| Voila de beau fruit, en voulés-vous? | Da ist schönes Obst, wollen Sie davon? |
| Oui, j'en veux. | Ja, ich will davon. |
| Des oiseaux, que j'ai pris, il en est échapé deux. | Von den Vögeln die ich gefangen habe, sind zwey entwischt. |
| Il parle de s'en aller; en êtes vous content? | Er spricht vom Weggehen, sind Sie damit zufrieden. |
| Oui, j'en suis content. | Ja, ich bins zufrieden. |
| En doutés-vous? | Zweifeln Sie daran? |
| Non, je n'en doute pas. | Nein, ich zweifle nicht daran. |
| Que dites-vous de cela? | Was sagen Sie dazu? |
| Je n'en dis rien. | Ich sage nichts dazu. |
| Allés-vous en. | Gehet fort. |
| Il s'en est allé. | Er ist fort gegangen. |
| Il s'en court sans mot dire. | Er lauft davon, ohne ein Wort zu sagen. |
| Il s'en faut bien. | Es fehlt viel. |
| Il s'en est enfui. | Er ist davon gelaufen. |
| Il veut s'en prendre à moi, et il a tort. | Er will sich an mich halten, und er hat unrecht. |
| Je m'en retourne aujourd'hui. | Ich kehre heute zurück. |
| Avés vous des livres francois? | Haben Sie französische Bücher |
| Je n'en ai qu'un, (nicht je n'ai qu'un). | Ich habe nur eins. |
| Je n'en ai aucun. | Ich habe keines. |
| Il y en a qui n'en feroient point fâché. | Es giebt Leute, die nicht böse darüber seyn würden. |
| Il y en a beaucoup qui disent cela. | Viele sagen dieses. |
| Je lui ai fait plus de bien, qu'il ne m'en a fait. | Ich habe ihm mehr gutes gethan, als er mir gethan hat. |
| Il en est de lui comme de vous. | Es verhält sich mit ihm, wie mit euch. |
| Il en est des hommes comme des animaux. | Es verhält sich mit den Menschen, wie mit den Thieren. |

II

| | |
|---|---|
| Il est des hommes comme des animaux. | Es giebt sowohl Menschen, als Thiere. |
| Il est des pedans Francais comme des Allemands. | Es giebt französische Pedanten so wohl als deutsche. |

## 306.

### Ganz besondere Redensarten mit en.

| | |
|---|---|
| Je ne peux pas faire en aller cette tache. | Ich kann diesen Flecken nicht ausmachen. |
| Il en aura pour son compte, et vous en aurés aussi. | Er wird seinen Theil bekommen, und ihr auch. |
| Ecoutés-le, il vous en contera de belles; mais il ne faut pas l'en croire. | Höret ihn nur an, er wird euch schöne Dinge erzählen, allein man muß es ihm nicht glauben. |
| Cette fois il lui en coutera la vie. | Diesesmal kostet es ihm das Leben. |
| S'il en est quelque chose, le temps nous apprendra ce qui en est. | Wenn etwas daran, so wird uns die Zeit lehren, was es ist. |
| Où en êtes vous? | Wie weit sind Sie gekommen? |
| J'en suis au cinquième livre. | Ich bin jetzo im 5ten Buch. |
| Je ne sais où j'en suis. | Ich weiß nicht, wie weit ich gekommen bin. |
| C'en est fait, j'en suis pour mon argent. | Es ist aus. Es ist um Geld geschehen. |
| Il n'en fera pas ses choux gras. | Es wird ihn nicht reich machen. |
| Il veut en faire accroire à tout le monde. | Er will allen Leuten etwas weiß machen. |
| C'est un imposteur, il veut vous en imposer; mais je m'en lave les mains. | Es ist ein Betrüger, er will euch etwas aufheften, allein ich wasche mir die Hände. |
| Autant vous en pend à l'oreille. | Es kann euch das nemliche wiederfahren. |
| Ordonnés, j'en passerai par tout ce qu'il vous plaira. | Befehlen Sie, ich will alles thun, was Sie wollen. |

| | |
|---|---|
| Je n'en puis plus de lassitude de fatigue et de sommeil. | Ich kann nicht mehr fort vor Müdigkeit, Mattigkeit, und Schlaf. |
| Bien m'en prend d'être ici. | Es ist ein Glück für mich, daß ich hier bin. |
| Si l'envie m'en prend, j'irai le voir. | Wenn ich Lust bekomme, so besuche ich ihn. |
| Il en sait bien long, mais vous en sayés plus que lui. | Er ist ein verschmitzter Kopf, allein Sie übersehen ihn. |
| Je m'en tiendrois (prendrois,) à lui, s'il en valoit la peine. | Ich würde mich an ihn halten, wenn es der Mühe werth wäre. |
| Je devine, où vous en voulés venir. | Ich errathe schon, wo Sie hinaus wollen. |
| Il vous en veut, parce que vous en voulés à son argent. | Er hat einen Groll auf Sie, weil Sie nach seinem Gelde streben. |

### Uebungen über §. 298. — 300.

Sind Sie die Frau des Herrn Graus? Ja, ich bin sie. Kennen a) Sie die Tochter des Herrn Gerber? Ja, ich kenne sie. Wem geben Sie diese Weste? Ich gebe sie meinem Bruder. Und diese Strümpfe? Ich habe sie für meinen Oheim gestrickt b). Bist du satt c), mein Kind? Ja ich bin es. Ist sie noch immer ihrem Liebhaber treu d)? Ja, sie ist es. Weiß er es? Ja, er weiß es.

    a) connoître, kennen. b) tricoter, stricken. c) rassasié, satt. d) fidelle, treu.

### Ueber §. 301. — 304.

Trauen a) Sie ihm? Ja, ich traue ihm. Sind Sie dazu entschlossen b)? Ja, ich bin dazu entschlossen. Sie haben sich zu Tische gesezt c), und sind noch daran. Dieses Buch ist unterhaltend d). Man findet darin viele schöne Sachen. Ist die Thüre offen e)? Ja, ich habe den Schlüssel daran gesteckt f). Das Zimmer ist offen; gehen Sie hinein. Denkt er an mich? Ja, er denkt an Sie.

361

Haben Sie ihn gesprochen? Haben Sie ihm das Geld zugestellt g)? Haben Sie es ihm geschickt?

a) se fier à q. jemand trauen. b) déterminé. c) se mettre à table, sich zu Tische setzen. d) amusant. e) ouvert, offen. f) mettre la clé, den Schlüssel stecken. g) remettre zustellen.

## Ueber §. 305. 306.

Er ist verheyrathet a); aber er macht ein Geheimniß daraus b). Die ganze Stadt spricht davon. Saget mir eure Meynung davon c). Ich kenne dieses Buch; die Grundsätze d) desselben sind vortreflich e) Hat er sich über seinen Bruder beklagt f)? Nein, er hat sich nicht über ihn beklagt. Ist das eine Laute g)? Ja, es ist eine. Hast du Geld? Ja, ich habe welches. Wenn ich keines hätte, so könnte ich dir keines geben. Hast du welches von deinem Vater verlangt h)? Ja. Und er hat dir welches gegeben? Ja.

a) marié. b) mystère. c) votre sentiment d) les principes. f) se plaindre, sich beklagen. g) un luth. h) demander, verlangen.

## V. Fragende Pronomina.

Qui, wer, quoi, que, was, quel, quelle, welcher, welche, lequel, laquelle, welcher, welche *)

### 307.

Qui ist ein Pronomen Absolutum, das heißt ein solches, welches nicht mit einem Substantiv verbunden ist. Es wird so wie das Pronomen relativum nur von Personen gebraucht; hat aber im Akkusativ nicht

Z 5 que,

*) Qui, quoi, quel, quelle nach der ersten Deklination; lequel nach der vierten, laquelle nach der zweyten.

que, sondern qui. Man macht mit demselben nur unbestimmte Fragen. Gram. p. 216.

| | |
|---|---|
| Qui est la? | Wer ist da? |
| Qui demandés-vous? | Nach wen fraget ihr? |
| De qui parlés-vous? | Von wem redet ihr? |
| A qui en voulés-vous? | Auf wen habet ihr es abgesehen? |
| Qui sont ces hommes-là? | Wer sind die Männer da? |
| Qui sont ces demoiselles-là? | Wer sind diese Frauenzimmer? |
| Qui voulés-vous voir? | Wen wollen Sie sehen? |
| Pour qui est cela? | Für wen ist das? |
| Avec qui êtes-vous? | Mit wem seyd ihr? |

**Anmerk.** Hieraus ergiebt sich, daß qui auch beede Geschlechter und Zahlen vertritt.

### 308.

Quel ist ein Pronomen konjunktivum, welches allemal ein Substantiv bey sich haben muß. Gram. p. 217.

| | |
|---|---|
| Quel (nicht qui) homme est-ce là? | Was für ein Mann ist das? |
| Quelle dame est-ce là? | Was ist das für eine Frau? |
| Quels soldats sont-ce là? | Was sind das für Soldaten? |
| Quelles gens sont-ce là? | Was sind das für Leute? |
| De quel homme parlés-vous? | Von welchem Mann reden Sie? |
| A quelle dame apartient celà? | Welcher Frau gehöret das? |

Man sagt: Je vous demande, quel est votre pays, zierlicher, anstatt quel pays est le vôtre. Es wird aber das Adjektiv vom Substantiv auf diese Weise nur getrennt, wenn mit dem Verbo être gefragt wird.

### 309.

Mit quel wird auch nach den Eigenschaften der Personen oder Dinge gefragt. Es wird in diesem Fall allemal von dem Substantiv getrennt und unmittelbar vor das Verbum gesetzt. Gram. p. 217.

| | |
|---|---|
| Savés-vous, qui et quels sont ces gens là. | Wisset ihr, wer und was für Leute das sind? |

C'est

| | |
|---|---|
| Qui sont-ils? | Wer sind sie? |
| Quels sont-ils? | Was sind es für Leute? |
| C'est ce que j'ignore. | Das weiß ich nicht. |
| Qui sont ces filles? | Wer sind diese Mädchen? |
| Ce sont des servantes. | Es sind Mägde. |
| Et quelles sont elles? | Und welcher Art sind sie (und wie sind sie beschaffen?) |
| Ce sont des coquettes. | Es sind Buhlerinnen. |

### 310.

Lequel fraget ganz bestimmt, da hingegen qui unbestimmt fragt. Z. E. Qui est mort? Ant. mon frère. F. lequel? Welcher! Gram. p. 212.

| | |
|---|---|
| Lequel de vos frères est blessé? | Welcher Bruder von Ihnen ist verwundet? |
| L'ainé. | Der älteste. |
| Laquelle, de vos soeurs s'est mariée? | Welche von Ihren Schwestern hat sich verheirathet? |
| La cadette. | Die jüngste. |
| Du quel parlés vous? | Von welchem reden Sie? |
| A la quelle avés-vous parlé? | Mit welcher haben Sie geredet? |

### 311.

Quoi und que, wie, was, sind Neutra.

| | |
|---|---|
| Quoi! vous êtes encore là? | Wie! Sie sind noch da? |
| Quoi de *) plus beau? | Was ist schöner? |
| Sur quoi fondés-vous cela? | Auf was gründen Sie dieses? |
| Il a je ne sais quoi de majestueux, | Er hat, ich weiß nicht was majestätisches! |
| Quoi faire, besser que faire? | Was ist zu thun? |
| Quoi penser, besser que penser? | Was soll man denken? |

### 312.

Der Genitiv und Dativ von quoi hat keine Schwierigkeiten. Er wird gebraucht, wie das deutsche was. Gr. p. 216.

| | |
|---|---|
| De quoi vous mêlés vous? | In was mengen Sie sich? |

*) Quoi regiert also auch den Genitiv.

| | |
|---|---|
| De quoi se mêt-il en peine. | Um was bekümmert er sich. |
| A quoi pensés-vous? | An was denken Sie. |
| A quoi travaille-t-il. | An was arbeitet er? |

### 313.

Im Nominatio und Akkusativ steht sonst anstatt quoi bloß que. Gram. p. 216.

NB. Absolute und mit einer Präposition kann qui nicht gebraucht werden. Man kann nicht sagen, que vous êtes encore en vie sondern quoi &c. Avec que avez vous fait cela, sondern avec quoi.

| | |
|---|---|
| Que dites-vous? | Was sagen Sie? |
| Que faites-vous? | Was machen Sie? |
| Que demande-t-il? | Was will er? |
| Que ne le vois-je. | Warum sehe ich ihn nicht? |

### 314.

Ganz besondere Redensarten mit qui, lequel &c. que.

| | |
|---|---|
| Qui est le plus à plaindre de vous ou de moi? | Wer ist am meisten zu bedauern, Sie oder ich? |
| Voila le drap. Je ne sais lequel prendre, du blanc ou du gris. | Da ist das Tuch. Ich weiß nicht, welches ich nehmen soll, das blaue oder das graue. |
| Ils se disputent à qui passera devant. | Sie streiten darum, wer voran gehen soll. |
| Ils crient à qui mieux mieux. | Sie schreyen um die Wette. |
| Qui sait ce qu'il deviendra encore? | Wer weiß, was noch aus ihm werden wird. |
| Qu'est devenu votre frère? | Wo ist euer Bruder hingekommen? |
| Je ne sais ce qu'il est devenu. | Ich weiß nicht, was aus ihm worden ist. |

---

## Uebungen über §. 307.—310.

Wer ist da? Wer seyd ihr? Ich bin der Bediente a) des Herrn N. Wessen Bedienter? — Wem habt ihr

ihr, meinen Degen gegeben? Wem gehört b) dieser Pallast c)? Wen habt ihr mit gebracht d)? Wen hat er gesehen? Mit wem seyd ihr gekommen? — O Gott was seyd ihr für ein Mensch! Mit welchem Unglück bin ich bedrohet f)? Welche Vorwürfe g) könntet ihr mir machen? Welches Recht h) habet ihr, mit mir zu zanken i)? Ich weiß nicht, welche Meynung k) ihr von mir habet. — Ich weiß, wie groß die Reize l) des Landlebens sind m). Was ist denn die Ursache, die euch verführet n)? Wisset ihr, wie sein Charakter ist? Ich weiß, wie ihre Grundsätze sind o). — Meine Schwester heirathet p) Herrn N. Welche? Ich will diese beyden Gemählde q) verkaufen. Welche?

a) le valet  b) appartenir, gehören.  c) ce palais.  d) amener, mitbringen.  e) battre, schlagen.  f) être menacé, bedroht seyn.  g) un reproche, ein Vorwurf.  h) le droit, das Recht.  i) gronder, zanken.  k) le sentiment, die Meynung.  l) les charmes.  m) de la vie champêtre  n) amener, verführen.  o) les principes, die Grundsätze.  p) épouser, heyrathen.  q) ces deux tableaux.

## Ueber §. 311. — 313.

Wie, ihr seyd es? Woran denket ihr? Was ist schmeichelhafter a), als diese Versicherung b)? Was ist schöner, als diese Handlung c)! Was ist beredter, als diese Rede e)? — Was werde ich euch sagen? Warum redet ihr nicht? Was soll man in der Welt machen? Was bleibt mir in der Welt, wenn ich meinen Vater verliehre f)?

a) flatteur  b) cette assurance  c) cette action  d) éloquent, beredt  e) un discours, eine Rede.  f) perdre, verliehren.

## Ueber §. 314.

Saget mir, wer Recht hat a), mein Bruder oder ich? Wir streiten uns b), mein Bruder und ich, wer am ersten reden soll. Sie bestreben sich um die Wette c), wer mir am meisten Liebkosungen d) machen würde. — Sie schreiben um die Wette e). Was ist aus meinem Hun-
de

de geworden? Was ist aus dem Buche geworden, das ich daher gelegt hatte f)?

a) raison  b) nous marchandons, nous disputons  c) c'étoit à qui  d) les caresses, die Liebkosungen.  e) à qui mieux mieux  f) que j'avois mis là.

## Unbestimmte Pronomina.

### 315. Chaque, chacun.

Chaque steht wie ein Adjektivum nie ohne Substantiv. Chacun steht immer allein. Man kann diesen Fürwörtern nicht den Artikel un vorsetzen, wie auf deutsch. Gram. p. 218.

| | |
|---|---|
| A (nicht à une) chaque chose son temps. | Alles hat seine Zeit. |
| Chacun (nicht chaque) le sait. | Ein jeder weiß es. |
| C'est le sort de chaque (nicht de chacun) homme. | Das ist eines jeden Menschen Schicksal. |

### 316. Quelque, quelqu'un.

| | |
|---|---|
| N'avés-vous pas quelque ami officieux? | Haben Sie nicht einen dienstfertigen Freund? |
| Voilà quelques beaux livres. | Da sind einige schöne Bücher. |
| Il y a quelque difficulté dans cette afiaire. | Diese Sache hat einige Schwierigkeit. |
| C'est le sentiment de quelques anciens. | Das ist die Meinung etlicher Alten. |
| Permettés-moi, que je me serve de quelques-unes de vos plumes. | Erlauben Sie mir, daß ich mich etlicher Ihrer Federn bediene. |
| J'ai parlé à quelqu'un qui le sait bien. | Ich habe mit Jemand gesprochen, der es wohl weiß. |

### 317. L'un, l'autre.

| | |
|---|---|
| Ils querellent l'un l'autre toute la journée. | Sie zanken den ganzen Tag mit einander. |

L'un

L'un et l'autre ne valent rien. Alle beide taugen nichts.
Elles se battent, l'une l'autre quand elles sont ensemble. Sie schlagen einander, wenn sie beysammen sind.
Les unes et les autres ne valent pas grand' chose. Die einen sowohl, als die andern taugen nicht viel.

### 318. Autre, Autrui.

Il y aura une autre vie après celle-ci. Es wird ein anders Leben nach diesem folgen.
Nul autre ne le sait que lui. Kein anderer weiß es, als er.
L'autre canif est bon. Das andere Federmesser ist gut.
Il usurpe le bien d'autrui. Er maßt sich anderer Leute Gut an.
Il juge d'autrui par lui-même. Er beurtheilt andere nach sich selbst.

### 319. Certain.

Une chose certaine. Eine gewisse Sache (die zuverläßig ist)
Une certaine chose. Eine gewisse ungenañte Sache.
La chose est certaine. Die Sache ist gewiß.
Je parle d'une certaine chose. Ich rede von einer gewissen Sache.

### 320. Même.

C'est le Roi même. Es ist der König selbst.
C'est la même femme. Es ist die nemliche Frau.
C'est la femme même. Es ist die Frau selbst.

### 321. a. Tel, telle.

Un homme tel, que lui devroit savoir cela. Ein Mann, wie er, sollte es wissen.
Jamais je ne me serois-attendu à un tel bonheur. Ich hätte nie ein solches Glück erwartet.
Telle vie, telle fin. Wie gelebt, so gestorben.
Il me demanda: avés-vous Mr. un tel un ou Mad. une telle? Er fragte mich: Haben Sie den und den Herrn oder die und die Dame gesehen?

| | |
|---|---|
| Je parle de tel ou dé tel. | Ich rede von dem, oder dem. |
| Il n'y a rien tel que le bon vin. | Es ist nichts über den guten Wein. |
| Telle que vous me voyés, me voilà prête à vous obéir. | So wie Sie mich da sehen, bin ich bereit Ihnen zu gehorsamen. |
| Tel étoit le sentiment de mon maître. | Das war meines Herrn Meinung. |

### 321. b. Tout.

Tout, in der Bedeutung ganz, wird vor einem Substantiv als ein Adjektivum behandelt, und im Geschlecht und der Zahl nach demselben gerichtet. Vor einem Adjektiv hingegen ist es ein Adverbium und bleibt unverändert. Man sage also nicht: ils sont tous couverts d'or, sondern ils sont tout couverts d'or.

    NB. Man spricht elle est toute étonnée. Vor einem weiblichen Adjektiv wird also tout wider diese Regel verändert.

| | |
|---|---|
| Tout le monde le sait. | Jedermann weiß es. |
| Toute la terre l'admire. | Die ganze Welt bewundert ihn. |
| Tout honnête homme l'approuve. | Jeder rechtschaffene Mann giebt ihm Beyfall. |
| Toute honnête femme la fuit. | Eine jede rechtschaffene Frau fliehet sie. |
| Tout malade qu'il est, il sort. | So krank er ist, so gehet er doch aus. |
| Toute chose lui réussit. | Alles gelingt ihm. |
| Ils sont tous *) étonnés. | Sie sind alle erstaunt. |
| Elles sont toutes couvertes d'or. | Sie (die Dame) sind ganz mit Geld bedeckt. |
| Elles sont toutes telles que vous les voyés. | Sie sind alle, so wie Sie sehen. |

    Anmerk. Man spricht: elles sont tout (nicht toutes) autres in dieser einzigen Redensart. Vor dem Vergleichungswort aussi wird tout auch nie ein Fömininum

   \*) Das tous bestimmt hier nicht das Adjektivum, und ist also auch kein Adverbium.

ainum verwandelt. Elles sont tout (nicht toutes,) aussi belles Sie sind eben so schön.

Man merke noch folgende Redensarten mit tout.

| | |
|---|---|
| Parlés tout bas. | Reden Sie ganz leise. |
| Tout beau! tout beau! Monsieur. | Sachte, sachte, Herr. |
| Tout-à-coup le ciel est devenu serein. | Auf einmal ist der Himmel heiter worden. |
| C'est un tout-à-fait galant homme. | Es ist ein sehr artiger Mann. |
| Vous venés tout-à-point pour diner. | Sie kommen eben recht zum Mittagessen. |
| Je le dis tout-de-bon, il n'y a rien de reste. | Ich sage es im Ernst, es ist nichts übrig. |
| Elles vont venir tout-à l'heure. | Sie werden gleich kommen. |
| L'autre est tout de même. | Das andere ist eben so. |
| Il recommence tout-de-nouveau. | Er fängt von vorne an. |
| Mettés votre nom tout-du-long. | Schreiben Sie Ihren Namen ganz aus. |
| Tout-le-long de la nuit cet enfant ne fait que crier. | Die ganze Nacht thut dieses Kind nichts, als schreyen. |
| C'est un grand mal, que d'être pauvre et orgueilleux tout ensemble. | Es ist ein großes Unglück, wenn man arm und hochmüthig ist. |

## 323. Rien.

| | |
|---|---|
| Il ne doit rien du tout. | Er ist gar nichts schuldig. |
| A-t-on jamais rien vû de plus impertinent? | Hat man je was unverschämters gesehen? |
| Il m'a défendu de vous rien dire. | Er hat mir verboten, Ihnen etwas zu sagen. |

**Anmerk.** Aus den zwey lezten Beyspielen sieht man, daß rien die Stelle von quelque chose vertritt, wenn ein negativer Sinn in der Phrasis verborgen liegt.

## 324. Aucun, pas un.

| | |
|---|---|
| Je n'en ai trouvé aucun. | Ich habe keinen davon gefunden. |

Je n'en connois aucun. Ich kenne keinen davon.
Vous écrivés plus correctement que pas un de votre province. Sie schreiben reiner, als irgend einer in Ihrer Provinz
Pas un n'est échappé. Nicht einer ist davon gekommen.

### 325. Nul.

Nul ne se peut garantir de la mort. Niemand kann sich vor dem Tod sichern.
Ces livres sont de nulle valeur. Diese Bücher haben keinen Werth.

### 326. Plusieur.

J'y ai été plusieurs fois. Ich war öfters da.
Cet orage a duré plusieurs jours. Dieses Gewitter dauerte mehrere Tage.
Cette maison appartient à plusieurs. Dieses Haus gehört mehreren.

### 327. Personne.

Je ne vois personne. Ich sehe niemand.
Personne ne le connoit. Niemand kennt ihn.
Je doute, que personne le sache. Ich zweifle, daß jemand es wisse.
Je ne crois pas, que personne approuve votre conduite. Ich glaube nicht, daß jemand ihre Aufführung billige.

Anmerk. Wenn die Phrasis also einen negativen Sinn hat, so wird das deutsche jemand mit personne übersezt.

### 328. Qui que ce soit.

Qui que ce soit qui ait fait le coup, il faut qu'il ait bien pris son temps. Wer auch den Streich gethan hat, der muß seine Zeit sich wohl ausersehen haben.

A qui que ce soit que vous parliés, soyés toujours poli. Sie mögen reden, mit wem Sie wollen, so seyn Sie allezeit höflich.

| | |
|---|---|
| De qui que ce soit que vous parliés, ne parlés jamais mal. | Von wem Sie auch reden, so reden Sie niemals übel. |
| Je n'ai quoi que ce soit à faire. | Ich habe im geringsten nichts gethan. |

## Uebungen über §. 315. — 319.

Jeder Ort, wo ich euch gesehen habe, erinnert mich an euch a). Er wird jeden Tag böser b). Ein jeder gebe fort c). Jeder sagt seine Meynung d). Habt ihr nicht irgend ein unterhaltendes Buch e)? Habet ihr nicht irgend eine Feder, mir zu leihen f)? Kennet ihr nicht jemand, der Spitzen waschen kann g)? Ihr habet Aepfel, gebet mir einige. Da sind Trauben h), nehmet einige. Diese zwey Männer schikaniren einander. Man muß sich einander lieben. Man muß sich einander vergeben i) Man muß anderer Leute Geheimniß nicht verrathen k). Man muß sich nicht in anderer Leute Sachen mengen l). Mein Vater hat mir einen gewissen Brief gezeigt, der mich nicht wenig erschreckt hat m). Dieser Mann ist in eine gewisse Sache verwickelt n). Herr S. heirathet Madam D., das ist eine gewisse Sache.

a) me rappelle votre souvenir. b) plus méchant. c) se retirer, fortgeben. d) l'opinion, die Meynung. e) amusant, unterhaltend. f) préter, leihen. g) laver les dentelles. h) des raisins. i) se pardonner k) trahir le secret. l) s'ingérer des affaires m) effrayer, erschröcken. n) impliqué dans.

## Ueber §. 320. — 322.

Ist das nicht das nemliche Buch, das ich diesen Morgen gesehen habe? Ist das nicht der nemliche Kaufmann, denn ich habe vorbeygehen sehen a). Es ist der Herr selbst. Es ist der König selbst. Er hat nicht mehr die nemliche Liebe für seine Schwester. Eben diesen Abend hat er ihr ein neues Kleid geschickt b). — Mancher säet und erndet nicht c). Wer wird zu einem solchen Glück gelangen kön-

können d)? Mancher droht, welcher zittert e). Mancher glaubt, zu gefallen f), der mißfällt g). Mancher glaubt lange zu leben, und stirbt den andern Tag h) Jedes Weib will gefallen. Alles bewegt und beunruhiget mich i). Wir sind ganz naß k). Wir waren ganz betäubt l). Das ist eine ganz neue Sache. Meine Schwestern sind ganz beschämt m) über ihr Verfahren n). Seine Töchter sind so schön, als die seines Bruders.

    a) passer, vorbey gehen.  b) un habit neuf, ein neues Kleid.  c) semer, säen, moissonner, ernden.  d) parvenir, gelangen.  e) menacer, drohen, trembler, zittern.  f) plaire  g) déplaire, mißfallen.  h) le lendemain.  i) agiter, bewegen, inquiéter beunruhigen.  k) mouillé, naß.  l) étourdi, betäubt.  m) honteux, beschämt.  n) le procédé. das Verfahren.

## Ueber §. 323 — 328.

Wissen Sie nichts von meinem Bruder? Hat er Ihnen nichts bezahlt? Keiner hat mich erkannt a). Keiner wird den Mund darüber aufthun b). Dieser Mensch hat keinen Freund. Verzeihen Sie, er hat mehrere Freunde. Ich habe es ihm mehrmals gesagt, aber er hat mir nicht glauben wollen. Ich habe heute mehrere Fremde gesehen c). Kennet ihr niemand von diesen Leuten? Thut es keklich d), niemand kann es sehen. Lasset niemand herein e), wer es auch sey. Gebt ihm nichts, was es auch sey. Was er auch sage, öfnet ihm nicht die Thür f).

    a) reconnoître, erkennen.  b) en ouvrira la bouche.  c) un étranger, ein Fremder.  d) hardiment.  e) laisser entrer, herein lassen.  f) ouvrir la porte, die Thür öfnen.

# Von den Verbis und ihrem Anhang.

## Anwendung des Konjunktivs.

### 329.

Nach einem Verbo, welches ein Fodern, Gebieten, Verbieten, ein Verlangen, Billigen, Suchen, oder eine Einwilligung ausdrückt, folgt der Konjunktiv. Gram. p. 221.

| | |
|---|---|
| Il veut que vous fassiés votre devoir. | Er will, Sie sollen Ihre Schuldigkeit thun. |
| On demande, qu'il y aille bientôt. | Man verlangt, daß er bald hingehe. |
| On prétendoit, que vous y allassiés. | Man verlangt, Sie sollten hingehen. |
| On lui a défendu, de courir, on veut qu'il aille doucement. | Man hat ihm das Laufen verboten, er soll langsam gehen. |
| Commandés lui, qu'il ouvre. | Befehlen Sie ihm, daß er aufmache. |
| On desire, que vous fassiés cela. | Man wünschet, Sie sollen das thun. |
| On ne souhaite pas, qu'il meure. | Man wünschet nicht, daß er sterbe. |
| Dieu veuille, qu'il soit vrai. | Gott gebe, daß es wahr sey. |
| Supliés Dieu, qu'il vous rétablisse. | Bitten Sie Gott, daß er Sie wieder herstelle. |
| J'ai permis, qu'il y soit allé. | Ich habe erlaubt, daß er hingegangen ist. |
| Je n'approuverai jamais qu'il revienne ici. | Ich werde es niemals billigen, daß er wieder herkomme. |
| Trouvés-moi quelcun, qui fasse cela. | Finden Sie mir jemand, der dieses thut. |

## 330.

Nach allen Adjektivis, die mit dem Neutro il est (er ist) verbunden werden, ingleichen nach allen Fragen, die einen Zweifel oder eine Ungewißheit ausdrücken, folgt der Konjunktiv. Gram. p. 221.

| | |
|---|---|
| Il etoit juste, que vous fissiés cela. | Es war billig, daß Sie das thaten. |
| Il sera bon, que vous veniés bientôt. | Es wird gut seyn, wenn Sie bald kommen. |
| Il est nécessaire, qu'il le sache. | Es ist nöthig, daß er es wisse. |
| Il étoit inutile, que nous le lui dissions. | Es war unnöthig, daß wir es ihm sagten. |
| Il est de mon devoir, que je le reprenne. | Es ist meine Schuldigkeit, daß ich ihm einen Verweiß gebe. |
| Pensés-vous, qu'il le veuille faire? | Meinen Sie, er will es thun? |

## 331.

Nach allen Zeitwörtern, die eine Gemüthsbewegung anzeigen, sie sey nun freudig oder traurig, sie rühre von Furcht, Verwunderung oder sonst etwas her, stehet der Konjunktiv. Gram. p. 222.

| | |
|---|---|
| Je me rejouïs, que la chose soit accommodée | Es freuet mich, daß die Sache beygelegt ist. |
| J'ai été charmé de voir qu'il vous ait obéi. | Es hat mich sehr gefreuet, zu sehen, daß er Ihnen gefolget hat. |
| Je suis ravi d'apprendre, que vous soyés heureusement arrivé chés vous. | Es freuet mich sehr, zu vernehmen, daß Sie glücklich zu Haus angekommen sind. |
| Je suis bien fâché qu'il soit si paresseux. | Es thut mir sehr leid, daß er so faul ist. |
| Je suis bien aise de savoir, qu'il soit rétabli. | Es ist mir sehr lieb zu wissen, daß er wieder hergestellt ist. |
| Nous craignons, que vous ne vouliés pas faire cela. | Wir fürchten, Sie wollen dieß nicht thun. |
| J'ai peur qu'il ne veuille pas venir. | Ich besorge, er wird nicht kommen wollen. |

| | |
|---|---|
| J'apréhende, qu'il n'aille le dire à son père. | Ich beſorge, er möchte hinge: hen, und es ſeinem Va: ter ſagen. |
| Je fais cela, de crainte qu'il ne ſache nos deſſeins | Ich thue dieſes, aus Furcht, er möchte unſer Vorhaben erfahren. |

### 332.

Alle Verba, die einen Zweifel, eine Verneinung und Un: gewißheit ausdrücken, regieren den Konjunktiv. Gram. p. 222.

| | |
|---|---|
| Je doute, qu'il ſoit arrivé. | Ich zweifle, ob er gekom: men iſt. |
| Il eſt fort incertain, qu'il vienne aujourd'hui. | Es iſt ungewiß, ob er heu: te kommen werde. |
| Il n'eſt pas ſur, qu'il veuille venir. | Es iſt ungewiß, ob er kom: men mag. |
| Il n'eſt pas bien aſſuré qu'il veuille partir. | Es iſt nicht recht gewiß, ob er abreiſen will. |
| Nous ne penſons pas, que vous voulies vous y oppo- ſer. | Wir denken nicht, daß Sie ſich darwider ſetzen wollen. |

### 333.

Eben ſo verhält es ſich mit den Subſtantivis, welche von dergleichen Verbis abſtammen, die den Konjunk: tiv regieren.

| | |
|---|---|
| Le deſir, que j'aille le voir, eſt grand en lui. | Das Verlangen, daß ich ihn beſuchen ſoll, iſt groß in ihm. |
| Le plaiſir, qu'il vienne eſt fort grand en moi. | Das Vergnügen, daß er kom: men ſoll, iſt groß in mir. |

### 334.

Si regiert den Indikativ; wenn es aber mit que wieder: holt wird, ſo regiert dieſes que den Konjunktiv. Gram. p. 223.

| | |
|---|---|
| Si je le voyois, et que je me tuſſe (ſi je me taiſois) je ſe- rois coupable. | Wenn ich ihn ſehen ſollte, und ich ſchwiege dazu ſtil: le, ſo wäre ich ſtrafbar. |

A a 4        Sils

| S'ils le savoient, et qu'ils le disfent (et s'ils ie disoient) vous feries chatiés. | Wenn sie es wüsten, und sie sagten es, so würdet ihr gestraft werden. |

### 335.

Nach einem Superlativ folgt der Konjunktiv. Gram. p. 222.

| C'est la plus belle femme, que l'on puisse voir. | Es ist die schönste Frau, die man sehen kann. |
| C'est le plus riche Marchand, qui soit dans la ville. | Es ist der reichste Kaufmann der in der Stadt ist. |
| Voilà le plus bel enfant que vous ayés. | Das ist das schönste Kind, das ihr habt. |

### 336.

Anstatt des Konjunktivs läßt sich oft de ce que mit dem Indikativ gebrauchen.

| Je suis fâché, qu'il soit malade (oder de ce qu'il est malade) | Es thut mir leid, daß er krank ist. |
| Je suis bien aise, qu'il soit mieux (oder de ce qu'il est mieux.) | Es ist mir lieb, daß er sich besser befindet. |

### 337.

Der Imperativ nimmt nur dann einen Konjunktiv zu sich, wenn es ein würklicher Befehl ist. Enthält er einen bloßen Auftrag, so regiert er den Indikativ. Gr. p. 221.

| Dites-lui, qu'il vienne. | Sagen Sie ihm, er soll kommen. |
| Dites-lui, que son frère vient. | Saget ihm, daß sein Bruder kommt. |
| Dites-leur, qu'il fassent leur devoir. | Sagen Sie ihnen, sie sollen ihre Schuldigkeit thun. |
| Dites-leur, que ces gens font leur devoir. | Sagen Sie ihnen, daß diese Leute ihre Schuldigkeit thun. |

338.

## 338.

Nach Fragen folgt der Konjunktiv, wenn man zweifelhaft sich nach etwas erkundiget. Gram. p. 221.

| | |
|---|---|
| Croyés-vous, qu'il soit là? | Glauben Sie etwa, er sey da? |
| Croyés-vous (surement) qu'il est là? | Glauben Sie (gewiß) daß es da ist? |

## 339.

Den Konjunktiv regieren auch folgende Bindungswörter (Konjunktionen.)

| | |
|---|---|
| Appellés-les, afin qu'il fassent cela. | Rufen Sie ihnen, damit sie das thun. |
| Dits le lui, pour qu'il le sache. | Sagen Sie es ihm, damit er es wisse. |
| Approchés (afin) que je vous voye. | Nähern Sie sich, damit ich Sie sehe. |
| Il ne l'aura pas, à moins qu'il ne vienne. | Er bekommt es nicht, es wäre dann, er käme. |
| Je le tiendrai caché, si ce n'est qu'il ne veuille lui même le montrer. | Ich will es verborgen halten, wenn er es anders nicht selbst zeigen will. |
| Au cas qu'il vienne, dites-lui que je suis là. | Im Fall er kommt, sagen Sie ihm, daß ich da bin. |
| Je le prendrai, à condition qu'il soit sage. | Ich will ihn annehmen, mit dem Beding, daß er fromm sey. |
| Pourvû que je le sache, cela suffit. | Wofern ich es nur weiß, so ist es genug. |
| Cachés-vous, de crainte ou de peur qu'il ne vous voye. | Verbergen Sie sich, damit er Sie nicht sehe. |
| Quoique je le visse, je ne lui en dis rien. | Obgleich ich es sahe, so sage ich ihm doch nichts davon |
| Vous attendrés, jusqu'à ce qu'il vienne, et qu'il fasse ce qu'il doit. | Sie müssen warten, bis er kommt, und thut, was er zu thun schuldig ist. |
| Soit que je vive, soit que je meure, je suis au Seigneur. | Ich mag leben, ich mag sterben, so bin ich des Herrn. |
| Posé (ou supposé), qu'il vienne, on lui donnera cela. | Gesezt, er kommt, so soll man ihm das geben. |

Aa 5       F 4.

| Faites cela sans qu'il le voye. | Thun Sie das, ohne daß er es sehe. |
| Asseyés-vous là, en attendant qu'il vienne. | Setzen Sie sich daher, bis er kommt. |
| Il faut tourner la chose, de façon (de manière, en sorte, (si bien) qu'il croy que c'est pour lui. | Man muß die Sache so wenden, daß er glaube, es seye für ihn. |

### 340.

Oft werden die Konjunktionen, welche den Konjunktiv regieren, ausgelassen, und das Verbum steht doch in diesem Modo. Eben so ist es mit dem que im Imperativ. Gram. p. 223.

| Approchés (afin) que je vous voye. | Nähern Sie sich, damit ich Sie sehe. |
| (Que) Je meure, s'il n'est vrai. | Ich will sterben, wenn es nicht wahr ist. |
| (Que) Le Seigneur vous bénisse | Der Herr segne euch. |
| J'attendrai (jusqu'à ce) qu'il vienne. | Ich will warten, bis er kommt. |
| Il ne joue point (sans) qu'il ne *) perde. | Er spielt niemals, denn er verlieret. |
| (Qu'il) Vienne qui voudra. | Es mag kommen, wer da will. |
| (Je veux, je consens,) Qu'il dise, et qu'il fasse ce qui lui plaira. | Er mag sagen und thun, was er will. |

### 341.

Man merke folgende Redensarten, Gram. p. 223.

| Qu'il soit une heure avec nous, voilà qu'il veut s'en aller. | Ist er kaum eine Stunde bey uns, so will er schon geben. |
| Le fasse qui voudra. | Es mags thun, wer will. |

### 342.

Quelque und quoique, wenn sie was, auch, bedeuten, regieren noch insbesondere den Konjunktiv. Gram. p. 223.

Quel-

---

*) Hier ist sans verschwiegen. So oft das nach einer Negation geschieht, muß zu dem que noch ein ne gesetzt werden. Il ne s'en ira point que vous ne l'ayés payé, er geht nicht eher, daß Sie ihn bezahlt haben.

379

| | |
|---|---|
| Quelque *) plaisir, qu'il y ait d'être ici, il faut partir. | Es mag das Vergnügen hier so groß seyn, als es wolle, so muß man doch gehen. |
| Quelques (nicht quelque) perfections qu'il ait on le néglige. | So viel Vollkommenheiten er hat, so vernachläßiget man ihn doch. |
| Quelque danger, que le nautonnier coure, il faut qu'il navige. | So groß die Gefahr ist, die der Schiffer auszustehen hat, so muß er doch fahren. |
| Quel que **) soit votre pouvoir, vous n'en viendrés pas à bout. | So groß auch ihre Macht ist, so kommen Sie doch nicht damit zu ihren Endzweck. (so bringen Sie es doch nicht dahin) |
| Quelle que fut sa force, il ne put pas le vaincre. | So groß auch seine Stärke war, so konnte er ihn doch nicht überwinden. |
| Quoi que vous disiés et que vous fassiés, vous n'en viendrés pas à votre but. | Sie mögen sagen und thun, was Sie wollen, so erreichen Sie doch ihren Entzweck nicht. |

### 343.

Man merke folgende Redensarten, wo nach einer Negation oder dem Imperativ der Konjunktiv ohne que steht.

| | |
|---|---|
| Montrés-moi un lieu, où l'on puisse se mieux divertir. | Zeiget mir einen Ort, wo man sich mehr belustigen kann. |
| Il n'est point de coté d'où l'on ne ***) puisse l'attaquer. | Es ist keine Seite, wo man ihn nicht angreifen kann. |

### 344.

*) Quelque vor einem Adjektiv, wird als ein Adverbium behandelt, und kann also nicht pluralisirt werden. Quelque (nicht quelques) belles que vous soyés, so schön ihr seyd. Hingegen sagt man: quelques (nicht quelque) vertus qu'il ait, so viel Tugenden er hat.

**) Wenn ein Verbum auf quelque folgt, so wird es in zwey Worte (quel que) getheilt, und das quel im Geschlecht und in der Zahl nach dem darauf folgenden Substantiv gerichtet. Quelle que puisse être la cause de sa disgrace

***) Il n'est point de coté d'où on puisse l'attaquer heißt: Es giebt keinen Ort, wo man ihn angreifen kann.

### 344.

Man merke auch:

| | |
|---|---|
| Il cherche quelque expédient qui puisse le tirer d'atfaire. | Er sucht ein Mittel, welches ihn aus dem Handel ziehen könnte. |
| Il leur falloit un mattre qui préférât leur liberté à ses droits. | Sie bedürften eines Herrn, der ihre Freyheit seinen Rechten vorzöge. |
| C'est le seul bien que nous possedons (oder possedions). | Das ist das einzige Gut, das wir besitzen. |

## Uebungen über §. 329.—331.

Wo sind Sie gewesen? Ich will a), daß Sie mir die Wahrheit sagen b), und verlange, daß Sie nirgends c) ohne meine Einwilligung d) hingehen. Ich bin spazieren gewesen e). Sie erlauben ja (bien), daß ich nach dem Essen f) spazieren gehe. Nein, ich habe es nie gebilligt g), daß Sie auf dem Feld herumlaufen h), ohne mir ein Wort i) zu sagen. — Befehlen Sie k) Ihrer Magd, daß sie die Stube kehre l). — Wünschen Sie, daß ich einen Arzt kommen lasse m)? Ja, es wird gut seyn, daß Sie einen rufen n) lassen. Glauben Sie, daß Herr N. hier sey? Ich zweifle, daß Sie ihn finden o), aber es ist meine Schuldigkeit p), daß ich fragen lasse q) — Ich freue mich r), daß Ihr Vater ausser Gefahr ist s). — Es ist mir lieb t), daß Sie schon davon unterrichtet u) sind, aber ich fürchte v), man habe Ihnen nicht alles gesagt. Herr K. ist in Verzweiflung x), daß wir seine Projekte zernichtet y) haben. — Es ist mir leid z), daß er Ihnen dieses Vergnügen nicht machen kann. — Es ist mir sehr bange a), mein Vater möchte kommen. — Ich fürchte b), Jungfer D. möchte Herrn N. heurathen c). Es ist natürlich d), daß sie Neigung für ihn hat e). Es ist nicht zu verwundern f), daß seine Verdienste Eindruck gemacht haben g).

    a) vouloir  b) dire la vérité  c) nulle part  d) sans mon consentement  e) être à la promenade (j'ai été me promener.)  f) après le repas  g) approuver  h) courir ver

les champs i) un mot k) commander l) bala-
yer la chambre m) faire venir un medecin n) appeller. o) trouver p) il est de mon devoir
q) faire demander r) je suis charmé, (ravi) s) hors
de danger t) je suis bien aise u) instruit v) j'ai
peur x) au desespoir y) faire échouer z) je suis
fâché a) je tremble de peur b) je crains c) épouser heurathen, marier verheurathen d) naturel e) avoir
du penchant pour. f) étonnant. g) faire de l'im-
preßion.

## Ueber §. 332.—334.

Ich zweifle, daß der Prinz heut ankomme a). Sie
sollten ihn kennen b). Es ist niemand c), der nicht seine
Weißheit bewunderte d) Es begegnete (p. c.) ihm kein
Glück (prospéri'e), das er nicht benützte e), und (ni) kein
Unglück f), dessen er sich nicht bediente g). Man findet
wenig Menschen h), die so viele seltene Eigenschaften zu
vereinigen wissen i). Er ist noch ledig k), aber das Verlangen (desir) seiner Unterthanen l), daß er sich verhei-
rathe, ist ausserordentlich m). Ich glaube, daß wenn man
ihn wählen läßt n), und er (qu'il) eine Person nach (se-
lon) seinem Herzen findet, er sich gerne in die Wünsche
seines Volks fügen wird o). Wenn seine Schwester nicht
bey p) ihm wäre, und sein Vater noch lebte q), so glaube
ich; er würde schon verheurathet seyn. — Wenn Sie
dahin (là) gehen, und fallen r), so ist es Ihre Schuld s).

 a) arriver b) connoitre c) personne d) admirer e) pro-
fiter f) le malheur g) se servir h) guères d'homme i) savoir réunir, zu vereinigen wissen. k) être
garçon, ledig seyn. l) les sujets m) extreme n) laisser choisir, wählen lassen. o) se rendre aux voeux de
ses peuples p) auprès, q) être en vie r) tomber
s) votre faute.

## Ueber §. 335.—337.

Dieser Mensch ist der größte Taugenichts a), den
es in der Welt giebt b), sein Bruder aber ist der beste
Junge c), der gebohren wurde d). — Ich habe heute
Nacht

Nacht das seltsamste Koncert e) gehört, das man hören kann. Es ist mir leid f), daß Sie es nicht auch hörten. — Ich danke Ihnen g), daß Sie die Güte haben, mich abzuholen h). Wundern i) Sie sich nicht, daß ich noch nicht angekleidet bin k), ich stand so eben erst auf l). Johann sage meinem Bruder, er soll kommen. — Schreiben Sie Ihrem Vetter, er soll uns besuchen m) — Schreiben Sie Ihrem Onkel, daß meine Schwester angekommen ist.

 a) un vaurien  b) y avoir, geben  c) le meilleur garçon d) naître, es wird gerne mit voir gebraucht, voir naitre  e) un singulier concert, ein seltsames Koncert. f) je suis fâché  g) remercier, danken.  h) venir prendre  i) étonner  k) être habillé, angekleidet seyn. l) je ne fais que de me lever  m) venir voir.

## Ueber §. 338. — 340.

Er kommt nicht. Denken Sie a), ich würde übel thun b), wenn ich wieder umkehrte c)? Glaubt er d), ich bin hier, um meine Zeit mit Warten zu verlieren e)? Bleiben f) Sie noch ein wenig. Bis g) er kommt, will ich Ihnen meinen Garten (jardin) zeigen h). Ja, aber ich fürchte i), daß wenn wir uns nur wenig k) entfernen l), er uns nicht finde m). Wir wollen diesem Mädchen (fille) sagen n), wohin (où) wir gegangen sind, damit sie es ihm zu wissen thue o), im Fall p) er käme. Er wird uns schon von selbst finden q) wenn wir nur r) nicht zu weit (loin) gehen. — Ob Sie mir gleich s) viel Verdruß gemacht haben t), so verzeihe u) ich Ihnen doch mit dem Beding v), daß Sie Ihr Leben ändern x) — Bleiben Sie hier, bis er kommt; aber reden y) Sie nicht, ohne daß man es Ihnen heiße z). Nun, weil Sie es wollen a), so will ich warten b), bis er kommt. Aber er mag sagen und thun, was er will c), so gebe ich nicht von meinen Ansprüchen ab d). — Verbergen e) Sie sich wohl, daß er Sie nicht sehe f).

 a) penser  b) faire mal  c) s'en retourner  d) croire e) perdre son tems à attendre  f) demeurer  g) en attendant  h) montrer. i) craindre  k) pour peu que. l) s'éloigner  m) trouver  n) dire  o) apprendre  p) au cas

cas q) trouver. De lui même von ſelbſt. r) pourvuque s) quoique t) donner du chagrin u) pardonner v) à condition x) changer de vie, de conduite y) parler z) dire a) vouloir b) attendre c) quoiqu'il d) démordre de ſes prétentions e) ſe cacher f) voir.

## Ueber §. 341. — 344.

Wenn er ſich ein wenig wehe thut a), ſo erhebt er ein Zetergeſchrey b). — Man gebe ihm c), was man will, er wird doch nicht zufrieden ſeyn. — Es mag kommen, wer da will. — Was er Ihnen auch d) ſagen mag, ſo verachtet e) er Sie. — So große Verdienſte f) die Leute haben, ſo empört g) man ſich doch gegen ſie, wenn ſie ſich zu viel einbilden h). — So ſchmeichelhaft i) dieſe Komplimenten waren, ſo lehnte ſie ſie doch ab k). — Sie ließ dieſe Gedanken l) fahren, ſo verführeriſch m) ſie waren. — So groß meine Achtung für ihn war, ſo konnte ich ſein Verfahren doch nicht billigen n). — Empfehlen o) Sie mir einen Bedienten, auf welchen ich mich verlaſſen kann p). — Zeigen (montrer) Sie mir einen Weg q), der kürzer r) iſt. — Ich habe niemand, auf den ich mich verlaſſen könnte s). Mein Bruder iſt die einzige Perſon, auf die ich etwas halte t). — Das iſt die einzige Sache, die euch gehört u). — Das waren die einzigen Mittel v), die ihn hinderten, zu gehorchen x).

a) ſe faire mal b) jetter les hauts cris c) qu'on lui donne. d) quelque choſe qu'il e) mépriſer f) quelque mérite g) ſe revolter h) s'en faire trop accroire i) flateur, ſchmeichelhaft. k) elle s'en défendit. l) abandonner des idées m) ſéduiſant n) approuver ſes procédés o) recommander p) ſe repoſer, ſich verlaſſen. q) un chemin r) court s) ſe repoſer t) faire cas de qlc. auf jemand etwas halten. u) appartenir v) un moyen x) empêcher d'obéir.

## Vom Gebrauch der Zeiten.

### 345.

Man braucht im französischen, wie auf deutsch, das Präsens öfters anstatt des Futuri.

| | |
|---|---|
| Je pars demain pour Nuremberg. | Ich reise morgen nach Nürnberg. |
| Ne bougés, je viens tout à l'heure. | Geben Sie nicht weg, ich komme gleich. |

### 346. Imperfektum.

Mit dem Imperfekt wird 1) die Verfassung beschrieben, in der ich oder sonst jemand war, während eine andere Handlung sich ereignete *).

| | |
|---|---|
| Il *entroit* comme je sortois. | Er gieng eben hinein, als ich hinaus gieng. |
| Il y *alloit*, comme je venois. | Er gieng eben hin, wie ich zurück kam. |
| Il *chantoit*, tandis que je jouois. | Er sang, mittlerweile ich spielte. |

### 347.

Man braucht 2) das Imperfekt, die Gewohnheiten, die Gebrechen, die Vorzüge zu erzählen, die man ehedem hatte. **) So oft man sich im Deutschen des Verbums

---

*) Ein Deutscher lernt sehr schwer den richtigen Gebrauch des Imperfekts. Die gegebene Regel ist für sich richtig, findet aber in der Anwendung sehr viele Schwierigkeiten, denn öfters wird die Haupthandlung ganz verschwiegen, so daß man sich dieselbe selbst denken muß. Es heißt gleich mit Anfang des Telemachs, Calipso ne pouvoit se consoler du départ d'Ulysse. Hier kann man sich nicht erklären, warum das Imperfektum steht, woferne man sich nicht erinnert, daß die Verfassung, die Lage beschrieben wird, in der Kalipso war, während daß Telemach sich ihrer Insel näherte. Aufmerksamkeit in der Lektür ist hier wieder vorzüglich zu empfehlen.

**) Mit dem Imperfekt werden demnach allemal die wiederhohlten Handlungen ausgedrückt, welches mit dem Perf. Simp. und dem Perfekto nicht geschehen kann.

bums pflegte bedient, oder bedienen könnte, steht im Französischen allemal das Imperfekt.

Elle *jouoit* tous les jours.    Sie spielte täglich. (Sie pflegte zu spielen.)

J'*allois* me promener tous les matins.    Ich gieng alle Morgen spazieren, (Ich pflegte spazieren zu gehen).

Quand j'étois jeune j'*aimois* à me divertir.    Als ich jung war, machte ich mir gerne ein Vergnügen. (pflegte ich mir ꝛc.)

Autrefois je le *voyois* souvent.    Ich sahe ihn oft (pflegte ihn oft zu sehen.)

Elle *avoit* mal au bras.    Sie hatte einen bösen Arm.

Il *avoit* le visage couperosé.    Er hatte ein kupfrichtes Gesicht.

### 348.

3.) Wird das, was ein anderer mich, oder ich einen andern fragte oder sagte, indirekt im Imperfekt erzählt.

Il me demanda, qui j'étois, ce que je *voulois*, (ce que je *demandois*) de lui, ce qu'on *disoit* de lui dans la ville?    Er fragte mich, wer ich wäre, was ich von ihm verlangte, und was man von ihm in der Stadt sagte?

### 349. Perfektum simpler.

Das Perfektum Simpler wird gebraucht, wenn im Deutschen das Imperfektum, NB. ohne Bezug auf eine andere Handlung, steht. Insbesondere findet es statt, wenn die Zeit mit einem Adverbio oder einer adverbialischen Redensart ausgedrückt wird. Gram. p. 235. Jede angehende Handlung wird mit dem Perfekto simplici erzählt.

Hier *je fus* me promener à Bamberg.    Gestern ging ich nach Bamberg spazieren.

Avant hier je dinai\*) à la cour.    Vorgestern speiste ich bey Hof.

\*) Sobald dieses mit Bezug auf eine andere Handlung erzählt wird, muß man wieder das Imperfekt nehmen. Z. E. Avanthier je dinois à la cour, quand mon père arriva.

| | |
|---|---|
| La semaine passée je *partis* de Francfort, d'où j'arrivai en deux jours. | Die vorige Woche gieng ich von Frankfurt ab, von wannen ich in zwey Tagen anlangte. |
| Le *mois dernier*, il me dit, qu'il seroit bientôt de retour. | Vergangenen Monat sagte er mir, er würde bald wieder kommen. |
| L'année passée je lui *parlai* en France. | Im vorigen Jahr sprach ich ihn in Frankreich. |
| Alors je lui *dis* bien ses vérités. | Damals sagte ich ihm nachdrücklich die Meynung. |
| Alexandre, avec quarante mille hommes, défit (autrefois) Darius, qui en avoit *) cent mille. | Alexander schlug (ehemals) mit 40000 Mann den Darius, der sechsmal hundert tausend hatte. |

### 350. Perfektum Kompositum.

Das Perfektum kompositum wird gebraucht wie auf deutsch. Insbesondere erzählt man damit vergangene Handlungen, 1) ohne Rücksicht auf eine bestimmte Zeit, 2) mit Rücksicht auf eine bestimmte, aber noch nicht ganz verflossene Zeit. Gram. p. 237.

| | |
|---|---|
| J'ai été promener à la campagne. | Ich bin auf das Land spazieren gegangen. (Unbestimmt wann.) |
| Cette semaine j'ai dîné chés lui **). | Diese Woche habe ich bey ihm zu Mittag gespeißt. |
| Pendant ce mois nous avons eu dix mariages. | In diesem Monat haben wir zehen Heyrathen gehabt. |
| Il a aimé toute sa vie l'oisiveté. | So lange er lebt, hat er den Müßiggang geliebt. |
| Dans ce siècle nous avons **) vû des evènemens inouïs. | In diesem Jahrhunderte haben wir unerhörte Ereignisse gesehen. |

*) Warum steht hier das Imperfekt? Weil die Verfassung beschrieben wird, in welcher Darius war, als er von Alexander geschlagen wurde. §. 346.

**) Diese Woche, dieser Monath, dieses Jahrhundert ist noch nicht verflossen, denn sonst könnte ich nicht sagen diese.

### 351. Plusquamperfektum I.

Das erste Plusquamperfektum hat die Natur des Imperfekts. Es kann auch nur mit Bezug auf eine andere Handlung gebraucht werden.

Autrefois, après que j'avois diné, j'allois me promener. — Ehemals gieng ich nach dem Mittagessen spazieren.

Quand j'avois *fini* mon travail, je me reposois. — Nachdem meine Arbeit fertig war, ruhete ich aus.

### 352. Plusquamperfektum II.

Folgt der Regel des Perfektum simplex.

Hier, après que *j'eus diné*, je partis de Francfort. — Gestern gieng ich von Frankfurt ab, als ich zu Mittag gegessen hatte.

Après que *j'eus reçu* mon argent, je m'en fus. — Nachdem ich mein Geld empfangen hatte, so gieng ich fort.

### 353. Futurum Indikativi.
(Oder Absolutum.)

Dieses wird gebraucht, wie auf Deutsch. Es vertritt auch öfters die Stelle eines Imperativs. Gr. p. 238.

Quand je *parlerai*, vous vous tairés. — Wann ich reden werde, so sollt ihr schweigen.

Il *viendra*, quand il *voudra*. — Er kann kommen, wann er will.

Vous le *ferés*, quand vous pourrés. — Sie werden es thun, wann Sie können.

Tu ne *tueras* point. — Du sollst nicht tödten.

Tu ne *déroberas* point. — Du sollst nicht stehlen.

### 354. Futurum Konjunktivi.
(Oder Futurum Kompositum.)

Wird gebraucht, wie auf deutsch.

Quand *j'aurai diné* vous viendrés chés moi. — Wann ich zu Mittag werde gespeiset haben, so kommen Sie zu mir.

| | |
|---|---|
| Lorsque *vous aurés* fait cela, vous ferés autre chose. | Wann Sie das werden gethan haben *) so thun Sie etwas anders. |
| Je ne sais, s'il *aura fait* assés tôt. | Ich weiß nicht, ob er früh genug wird fertig seyn. |

### 355. Das erste Imperfektum Konjunktivi.
(Oder das bedingliche Futurum.)

Dieses ist entweder einfach oder zusammengesezt. (Plusquamperfektum Konjunktivi I.) Ersteres drückt eine zukünftige, lezteres eine vergangene Zeit aus.

| | |
|---|---|
| Il *viendroit*, s'il avoit fait. | Er würde kommen, wenn er fertig wäre. |
| Il *seroit déja* venu, s'il l'avoit promis. | Er würde schon gekommen seyn, wenn er es versprochen hätte. |
| Il *mourroit*, s'il le savoit. | Er würde sterben, wenn er es wüßte. |
| Il *seroit* mort, s'il l'avoit su. | Er würde gestorben seyn, wenn er es gewußt hätte. |
| Il voudroit bien, s'il pouvoit. | Er wollte gern, wenn er könnte. |
| Il *auroit* bien *voulu*, s'il avoit pû. | Er hätte es gerne gewollt, wenn er es gekonnt hätte. |

### 356.

Anstatt je souhaiterois steht öfters je voudrois, und anstatt je n'ose pas und je ne peux pas, zierlicher je n'oserois und je ne saurois. NB. leztere negiren aber nicht ganz so unbedingt, wie erstere.

| | |
|---|---|
| Je *voudrois* l'avoir fait. | Ich wünschte es gethan zu haben. |
| Je *n'oserois* lui parler. | Ich darf nicht mit ihm reden. |
| Je ne *saurois* le voir. | Ich kann ihn nicht sehen. |
| Nous ne saurions le permettre. | Wir können es nicht erlauben. |

357.

*) Man kann in den mehresten Fällen auf deutsch anstatt des Futuri Kompositi das Perfektum setzen. Z. E. Wann Sie es gethan haben (statt werden gethan haben) so ꝛc. dieses geht aber auf französisch nicht an.

## 357.

Auf si mit seinem Imperfekt folgt im Nachsatz das bedingliche Futurum. Oft aber macht dieses den Vorsatz, und si mit seinem Verbo den Nachsatz.

| | |
|---|---|
| Si cela étoit vrai je *l'étranglerois*. | Wenn das wahr wäre, so wollte ich ihn erwürgen. |
| Si vous étiés sage, vous n'en *feriés* rien. | Wenn Sie klug wären, so thäten Sie es nicht. |
| Je *boirois* bien un coup, si j'avois à boire. | Ich wollte gerne eins trinken, wenn ich zu trinken hätte. |
| J'*aurois* bien bû un coup, si j'avois eu à boire. | Ich hätte gerne eins getrunken, wenn ich zu trinken gehabt hätte. |

## 358.

Man braucht ferner das bedingliche Futurum nach quand, wenn es soviel bedeutet, als wenn gleich, wenn schon ꝛc.

| | |
|---|---|
| Il ne souffleroit *point* quand on le tueroit. | Er würde sich nicht rühren, wenn man ihn todt schlüge. |
| Quand il m'en *auroit* couté la vie, je ne l'aurois pas fait. | Wenn mich es das Leben gekostet hätte, so würde ich es nicht gethan haben. |

## 359.

Es folgt ferner das bedingliche, wie auf deutsch, nach den Verbis croire, penser, s'imaginer, se persuader, espérer &c. Gram. p. 240.

| | |
|---|---|
| Je croyois, que vous *viendriés*. | Ich glaubte, Sie würde kommen. |
| Nous avons pensé, que vous *seriés* venu. | Wir haben gedacht, Sie würden gekommen seyn. |
| Il s'étoit imaginé, que nous ne le *saurions* pas. | Er hatte sich eingebildet, wir würder es nicht wissen. |
| J'étois persuadé que vous le *feriés*. | Ich war überzeugt, Sie würden es thun. |
| Il avoit espéré, qu'on l'*auroit* oublié. | Er hatte sich Hofnung gemacht, daß man ihn würde vergessen haben. |

### 360. Präsens Konjunktivi.

Das Präsens Konjunktivi kann nur dann statt finden, wenn das Verbum, von dem es regiert wird, auch im Präsenti steht.

| | |
|---|---|
| Je veux qu'il le *fasse*. | Ich will, daß er es thue. |
| Ordonnez, qu'il *vienne*. | Befehlen Sie, daß er komme. |
| Voulés vous, que j'y *aille*? | Wollen Sie, daß ich hingehe? |

### 361.

Nach Verbis, die einen Konjunktiv regieren, muß anstatt des Futuri allemal das Präsens Konjunktivi folgen, welches wohl zu merken ist.

| | |
|---|---|
| Je doute, qu'il *soit* (nicht qu'il *sera*) parti. | Ich zweifle, daß er abgereiset seyn wird. |
| Je crains que vous ne *soyés* (nicht que vous *serés*) chargé de cette affaire. | Ich fürchte, es werde Ihnen diese Sache aufgetragen werden. |
| J'ai peur, qu'il ne *pleuve*. | Ich fürchte, es werde regnen. |

### 362. Imperfektum Konjunktivi (II.)

Auf ein vorhergehendes Imperfektum, Perfektum Simplex, oder Plusquamperfektum folgt das Imperfektum Konjunktivi.

| | |
|---|---|
| Il vouloit, que je le *fisse*. | Er wollte, ich sollte es thun. |
| J'ai craint, qu'il ne *neigeât*. | Ich fürchtete, es möchte schneyen. |
| J'avois peur, que nous ne *fussions* surpris. | Ich fürchtete, wir möchten überrascht werden. |
| Je voudrois, que vous *fussiés* rétabli. | Ich wünschte, Sie wären wieder hergestellt. |
| Je n'eusse jamais cru que vous *vouluffiés* vous avilir à ce point. | Ich hätte nie geglaubt, daß Sie sich so weit erniedrigen wollten. |

### 363. Perfektum Konjunktivi.

Der Gebrauch des Perfekti ist leicht. Es steht, wie im Deutschen nach einem Präsenti und einem Perfekto.

to *). Gram. p. 241. um eine vergangene Zeit anzuzeigen.

| | |
|---|---|
| Je ne crois pas, qu'il soit venu. | Ich glaube nicht, daß er gekommen ist. |
| Bien que j'y *aye consenti*, il ne s'ensuit pas, que je l'aye fait. | Obwohl ich darein gewilliget, so folget doch nicht, daß ich es gethan habe. |
| Je ne vous ai pas *assuré* que je l'aye voulû. | Ich habe euch nicht versichert, daß ich es gewollt habe. |

### 364. Plusquamperfektum Konjunktivi (II.)

Dieses Tempus wird nach dem bedinglichen Futuro, nach dem Imperfekto und nach dem Plusquamperfekto gebraucht. Je voudrois qu'il *vint* heißt: ich wollte, daß er käme, je voudrois, qu'il *fut venu*, ich wollte, daß er gekommen wäre.

| | |
|---|---|
| Je voudrois, que vous l'*eussiés vu*. | Ich wollte wünschen, Sie hätten es gesehen. |
| Je ne voulois pas croire, que vous *eussiés fait* cela. | Ich wollte nicht glauben, daß Sie das gethan hätten. |
| On m'a dit, que vous l'*eussiés* (ou l'auriés) *fait* si j'avois voulû. | Man hat mir gesagt, daß Sie es gethan haben würden, wenn ich es gewollt hätte. |
| J'eusse (j'aurois) fait la chose avec plaisir. | Ich hätte die Sache gerne gethan. |
| *Eût-il eu* mille vies, il ne pouvoit (pas) en échaper. | Wenn er auch tausend Leben gehabt hätte, so konnte er doch nicht davon kommen. |
| Qui l'eût cru? (ou qui l'auroit cru?) | Wer hätte das geglaubt? |

―――――――――
*) Nach dem Perfekto steht aber auch oft das Plusquamperfektum Konjunktivi, wenn es der Sinn erfordert. J'ai appréhendé que vous ne fussiés tombé malade.

## Uebungen über §. 345. — 349.

Wir reisen morgen nach Amsterdam ab a) Mein Schwager geht b) auch die künftige Woche dahin. — Es war das schönste Wetter c) von der Welt, als ich abreisete. Plözlich d) wurde ich von einem Ungewitter überfallen e), welches bis an den Abend dauerte f). Ich wollte mich an den Fuß (pied) eines Baumes (arbre) legen g), als ich Licht in einem Schloße gewahr wurde h). Ich begab mich dahin i). Am andern Tag k) nahm ich Abschied l) von dem Herrn m) des Schlosses, als ich in einem Kabinet ein kleines Weib bemerkte n), das mich kannte o). Sie sagte mir, daß Herr D., den ich besuchte p), abwesend wäre q), und daß man seine Schwester vor kurzem begraben r) hätte. Diese Nachricht veranlaßte mich s) wieder umzukehren t). — Herr F. sagte mir, es wäre Frau G. sehr fromm u) und sehr unbarmherzig v). Ich hatte immer geglaubt x) daß, um (pour) ein guter Christ y) zu seyn, man barmherzig seyn müsse; aber es scheint z), ich betrüge mich a). Diese Frau war sehr jung b), als ihr Mann sie nahm c). Er hätte sie von diesem Laster heilen können d). Er zog sie (zwar) oft mit ihrer Filzigkeit auf e), aber er suchte (p. c.) nie sie ernstlich davon abzuziehen f).

a) partir pour   b) aller   c) il fait beau temps es ist schön Wetter,   d) tout à coup   e) être surpris d'un orage   f) durer jusqu'au soir   g) aller se coucher   h) appercevoir de la lumière dans un chateau   i) se rendre   k) le lendemain   l) prendre congé   m) le maître   n) appercevoir   o) connoître   p) aller voir   q) abſent   r) enterrer   s) engager   t) retourner   u) dévote   v) peu charitable   x) croire   y) être bon chrétien   z) sembler   a) se tromper   b) jeune   c) prendre   d) corriger qlc. d'un vice   e) railler qlc. sur sa lésine (avarice)   f) détourner qlc. sérieusement de qlch.

## Ueber §. 350. — 352.

Wo sind Sie gewesen? Ich bin in Nürnberg gewesen, und habe daselbst das Rathhaus a), das Schloß b) und das Zeughaus c) gesehen. — Um welche Zeit reisten

ten d) Sie ab? Wir reiseten um 6. Uhr ab. — Ich war diese Woche e) auch schon dort. — Vermuthlich haben Sie Ihre Geschäfte f) hingerufen g)? Verzeihen Sie h) Herr D. hatte mir bloß den Auftrag gegeben i) einige Briefe seinem Bruder zu überreichen k). Ich war sonst bloß l) da, um mir ein Vergnügen zu machen m), denn man hatte mir gesagt, daß im rothen Roß n) ein Ball gegeben werden würde o). Sobald dieser Ball geendiget war p), reiseten wir ab.

 a) l'hôtel de ville   b) le château   c) l'arsenal   d) partir   e) cette semaine   f) vos affaires   g) appeller   h) pardonnés-moi   i) charger qlc. de qlch. jemand einen Auftrag geben. k) présenter (remettre) une lettre l) ne — que   m) se divertir   n) au cheval rouge   o) donner un bal   p) être fini geendiget seyn.

## Ueber §. 353. — 355.

Ich werde Ihnen morgen Ihr Buch schicken a), und Ihnen zu gleicher Zeit b) den Entschluß c) meines Vaters melden (w.ander). Sobald mein Onkel wird angekommen seyn, so muß die Sache sich entscheiden d). Er würde nicht gewust e) haben, daß sie so pressirt f), sonst würde er uns seine Gedanken schon geschrieben haben g). Wie es nun sey h), wir würden übel gethan haben i), die Angelegenheit zu übereilen k). Wir hätten es in der Folge bereuen l) können. Leben Sie wohl m). Ich würde Ihnen mein Pferd leihen n) aber zum Unglück o) ist es in Nürnberg. — Sie wären nicht gefallen p), wenn Sie langsam gegangen q) wären. — Sie bettelten r) nicht, wenn sie Brod hätten s).

 a) envoyer   b) en même temps   c) la resolution   d) se décider   e) savoir   f) presser   g) écrire sa pensée   h) quoiqu'il en soit   i) mal faire   k) précipiter une affaire   l) se repentir de qlch. dans la suite   m) adieu   n) prêter un cheval à qlc.   o) malheureusement (par malheur)   p) tomber   q) aller doucement   r) mendier   s) avoir du pain.

## Ueber §. 356.—359.

Ich wünschte, Sie hätten die heutige Oper a) gesehen. Ich darf nicht in die Komödie gehen b), wenn meine Eltern verreiset sind c). Sie können nicht glauben, wie glänzend d), sie war. Wenn man sie morgen zum zweitenmal aufführte e), so würde ich sie sehen f). Ich glaube, der Direktor würde sie gerne noch einmal geben g), wenn er eine gewisse Zahl Subscribenten h) fände. Wenn er aber gleich dazu bereit wäre i), so zweifle ich doch k), daß man sie zweimal hintereinander sehen wollte l). Und wenn er sie gleich künftige Woche alle Tage geben wollte m), so könnte ich doch nicht hinein gehen.

    a) l'opéra d'aujourd'hui   b) aller à la comédie   c) quand mes parens sont absens   d) brillant   e) donner une seconde représentation   f) aller voir   g) donner volontiers une seconde fois   h) un certain nombre de souscripteurs   i) être prêt à qlch.   k) douter   l) qu'on la veuille voir deux fois de suite   m) donner une comédie tous les jours.

## Ueber §. 360.—364.

Ich glaube nicht, daß er komme. Es scheint a), er thue es mit Fleiß b). — Ich zweifle, daß er diesen Abend ankommen c) werde. Ich fürchte d), wir werden naß werden e). — Ich glaubte nicht, daß er käme. Es schien als thäte er es mit Fleiß f). Ich fürchtete, wir würden naß werden. Wir hatten gesorgt, er würde uns entweichen g). Ich habe bedauert h), daß Ihr nicht um seine Begnadigung batet i). Es war daran gelegen k), daß Ihr es thatet l). Es wundert mich m), daß Ihr ihn nachgeahmt habet n).

    a) sembler   b) faire qlch. à dessein.   c) arriver   d) craindre   e) être mouillé   f) à dessein.   g) échapper   h) j'ai regretté   i) solliciter sa grace   k) il est important   l) faire   m) s'étonner   n) imiter.

## Vom Nominativo Verborum.

### 365.

Die französische Höflichkeit will, daß man nie sich selbst oder die Seinigen, sondern immer die zweyte oder dritte Person zuerst nenne. Gram. p. 242.

| | |
|---|---|
| Vous et moi le verrons. | Ich und Sie werden es sehen. |
| Votre soeur et la mienne ont été à la comédie. | Meine und Ihre Schwestern sind in der Komödie gewesen. |
| Mon frère et moi (nicht moi et mon frère,) l'avons vû. | Ich und mein Bruder haben es gesehen. |

### 366.

Man bedient sich auf französisch öfters, wie auf deutsch, des Pronomens on, wenn man in der zweyten Person sprechen sollte.

| | |
|---|---|
| Qu'on détale d'ici maitre juré fripon. | Packe dich fort von hier, du Erzspitzbube. |
| Qu'on revienne vite au logis, petite fille! | Mädchen, komme gleich wieder nach Haus. |

### 367.

Wenn ein Verbum zwey Nominative hat, die mit et verbunden sind, so muß es im Plural stehen.

| | |
|---|---|
| Vous et mon frère l'avés vû. | Ihr und mein Bruder habt es gesehen. |
| Mon père et mon frère y ont été. | Mein Vater und mein Bruder waren da. |
| La promenade et le bal lui sont plus agréables que l'étude. | Spaziergang und Bälle sind ihm lieber, als Studieren. |

368.

### 368.

Werden hingegen die zwey Nominative mit ou, ou, oder ni, ni, oder auch mit mais verbunden, so ist es gleich viel, ob das Verbum im Singular, oder im Plural steht. Gram. p. 242. 243.

| | |
|---|---|
| Ou mon père ou ma soeur s'y rendra, (s'y rendront.) | Entweder mein Vater oder meine Schwester wird hingeben. |
| Ni l'un ni l'autre n'est arrivé (ne sont arrivés.) | Weder der eine, noch der andere, sind angekommen. |
| Non seulement mon bien, mais encore mon repos est perdu, (sont perdus.) | Nicht nur mein Vermögen, sondern auch meine Ruhe ist verlohren. |

### 369.

Man spricht c'est (nicht ce sommes) nous, c'est (nicht c'êtes) vous, ce sont (nicht so gut c'est eux,) und so durch alle Tempora des Verbi être. In der ersten und zweyten Person verbindet man also ce mit dem Singular, und in der dritten mit dem Plural.

| | |
|---|---|
| C'est nous qui le voulons. | Wir wollen es. |
| C'est vous qui m'avés appelé. | Sie haben mir geruffen? |
| Ce sont eux qu'il faut punir. | Sie sind es, die man strafen muß. |
| Ce sont elles, qui font les devotes. | Sie sind es, die die Betschwestern spielen. |
| Ce sont de bonnes gens. | Es sind gute Leute. |
| Ce furent elles, qui nous trompèrent. | Sie waren die, die uns betrogen. |
| Ce seront eux (ou elles) qui nous accompagneront. | Sie sind es, die uns begleiten werden. |
| Si c'eût *) été eux (elles) ou vos amis, nous n'aurions rien dit. | Wenn Sie oder Ihre guten Freunde es gewesen wären, so würden wir nichts gesagt haben. |
| Ce seroit nos docteurs qu'il faudroit consulter. | Unsere Aerzte sind es, die Sie zu Rathe ziehen sollten. |

### 370.

*) Mit allen Zeiten des Konjunktivs ist auch in der dritten Person der Singular besser, als der Plural.

### 370.

Sind Pronomina der ersten, andern, und dritten Person zugleich Nominative des Verbi, so stehet das Verbum in der ersten Person des Plurals.

Lui, vous et moi (nous) avons été accusés — Er, Sie und ich sind angeklagt worden.

Vous, elle et moi (nous) avons été admirés. — Ihr, sie und ich sind bewundert worden.

Sind Pronomina der zweyten und dritten Person Nominative des Verbi, so steht lezteres in der zweyten Person des Pluralis.

Vons, lui et elle (vous) êtes invités. — Ihr, er und sie, seyd eingeladen worden.

Vous et lui avés mal fait. — Ihr und er habt übel gethan.

### 371.

Steht ein Relativum vor dem Verbo, so richtet sich lezteres nach der vorhergehenden Person.

C'est moi, qui l'ai (nicht l'a) dit. — Ich bin es, der es sagte.

C'est moi, qui l'as (nicht l'a) dit? — Du bist es, der es sagte?

C'est lui, qui l'a dit. — Er hat es gesagt.

C'est nous, qui le disons. (nicht qui le disent.) — Wir sind es, die es sagen.

C'est vous, qui le dites (nicht qui le disent.) — Ihr seyd es, die es sagen.

### 372.

Im Imperfekt des Konjunktivs ist jedoch die dritte Person Singularis besser. Gram. p. 243.

Si c'étoit moi, qui eût (besser als qui eusse fait) cela, on m'auroit puni. — Wenn ich das gethan hätte, so würde man mich bestraft haben.

Si c'étoit toi, qui eût (besser als qui eusses) fait cela, on t'auroit puni. — Wenn du das gethan hättest, so würde man dich bestraft haben.

Si c'étoit nous, qui l'*eussions* Wenn wir es gethan hätten,
fait (nicht eussent weil es
der Plural ist.)

Si c'étoit vous, qui *l'eussiés* Wenn ihr es wäret, die ihr
dit (nicht qui l'eussent.)         es gesagt hättet.

---

## Uebungen über §. 365. — 368.

Ihr und ich waren gegenwärtig a). Euer Vater und der meinige sind heute in Nürnberg gewesen. Ich und mein Bruder sind zu Hause geblieben. Man öfne die Thüre. Man widerspreche nicht b); man schweige. Ihr und mein Bruder werdet angeführt seyn c). Mein Onkel und meine Tante sind todt. Seine Vettern und Basen sind hier; aber weder sein Bruder, noch seine Schwestern werden kommen; Entweder List oder Gewalt d) wird sie unterjochen e). Entweder mein Vater oder meine Mutter wird zu Hause bleiben. Nicht allein mein Geld, sondern auch meine Uhr f) ist verlohren. Nicht allein mein Petschaft g), sondern auch mein Schlüssel ist gefallen.

    a) presens   b) repliquer, widersprechen.   c) être trompé, angeführt seyn.   d) la ruse, die List, la force, die Gewalt.   e) subjuguer, unterjochen.   f) ma montre   g) mon cachet.

## Ueber §. 369.

Wir sind es, die euch gewarnet haben a). Ihr seyd es, die ihr dieß Stückchen gespielet habet b). Meine Eltern sind es, die mir es abgerathen haben c). Ihr seyd es, die ihr mir mein Messer genommen habet. Wir sind es, die er haßt d); und sie sind es, die er liebt. Ihr werdet es seyn, die er angreifen wird e). Wir werden es seyn, die zuerst geben werden f). Wir wären es gewesen, die er aufgeopfert hätte g).

    a) avertir, warnen.   b) faire une fredaine, ein Stückchen spielen.   c) dissuader, abrathen.   d) haïr.   e) attaquer, angreifen.   f) aller le premier, zuerst geben.   g) sacrifier, aufopfern.

## Ueber §. 370.—372.

Mein Vater, ihr und ich sind da gewesen. Ihr und meine Brüder werdet die einzigen seyn a), die es seben werden. Ihr und eure Schwestern seyd zu spät gekommen. Ich bin es, der es euch verbietet b). Ihr seyd es, der daran Schuld ist c). Sie ist es, die mich davon abwendig gemacht hat d). Ihr seyd es, der mich dazu verleitet hat e). Ihr seyd es, der bezahlen wird. Wir sind es, die Bürgschaft gestellt haben. Wir sind es, die das Bad werden ausgießen müssen f). Wenn ich es gewesen wäre, der es euch gerathen hätte g), so würde ich eure Vorwürfe verdienen h). Wenn du es gewesen wärest, der es gesehen hätte, so würde ich es glauben.

a) les seuls  b) défendre, verbieten.  c) être cause, Schuld seyn.  d) détourner, abwendig machen.  e) engager, verleiten.  f) payer les pots cassés, das Bad ausgießen.  g) conseiller, rathen.  h) mériter des reproches, Vorwürfe verdienen.

---

## Impersonalia.

### Il y a.

### 373.

Il y a heißt: es giebt, es sind vorhanden. *)

| | |
|---|---|
| Il y a eu beaucoup de monde. | Es waren viele Leute da. |
| Il y a amis et amis. | Es giebt Freunde und Freunde. (Die Freunde sind unterschiedlich.) |
| Il y a deux hommes. | Es sind zwey Männer da. |
| Il y a deux hommes là, qui vous demandent. | Es sind zwey Männer da, die nach Ihnen fragen. |

*) Il y a bezieht sich auf das Daseyn, être auf die Eigenschaft der Dinge. Z. E. Il est (un) homme, er ist ein Mensch; il y a un homme, es ist ein Mensch da.

| | |
|---|---|
| Combien y en a-t-il? | Wie viel sind ihrer? |
| Il y en a deux. | Es sind ihrer zwey. |
| Il y a des gens, qui en doutent. | Es gibt Leute die daran zweifeln. |
| Il y a plusieurs personnes, qui le savent. | Es sind mehrere Personen, die es wissen. |

### 374.

Die Impersonalia bleiben im Singular stehen, wenn auch gleich das darauf folgende Nomen ein Plural ist.

| | |
|---|---|
| Il *vient* (nicht ils viennent,) de beaux arbres dans mon jardin. | Es wachsen schöne Bäume in meinem Garten. |
| Il croit (nicht ils croissent) de belles pommes dans ce verger. | Es wachsen schöne Aepfel in diesem Baumgarten. |
| Il doit venir beaucoup de monde aujourd'hui. | Es sollen viele Leute heute kommen. |
| Ce peut (nicht ce peuvent) bien avoir été vos frères, qui ont fait cela. | Es mögen das wohl ihre Brüder gethan haben. |
| Il part beaucoup de monde pour la foire. | Es gehen viele Leute auf die Messe. |
| Il y a du temps de reste. | Es ist Zeit übrig. |
| Il y a de la graisse dans ce pot. | Es ist Fett in diesem Topf. |
| Il y a de bon lait au marché. | Es ist gute Milch auf dem Markte. |
| Il y a quelqu'un dehors. | Es ist jemand draußen. |
| Il y a tout lieu de le présumer. | Man hat alle Ursache es zu vermuthen. |
| Il n'y en a aucun qui n'en doute. | Es ist keiner, der nicht daran zweifelte. |

### 375.

Mit il y a werden auch Zeit und Entfernung angegeben.

| | |
|---|---|
| *Il y a* huit jours que je suis ici. | Ich bin acht Tage hier. |

| | |
|---|---|
| Il y a une heure que je vous attends. | Ich warte schon eine Stunde auf Sie. |
| Il y a un siècle que je ne vous ai vu. | Ich habe Sie schon ewig lang nicht gesehen. |
| Il y a trois lieues (trois heures) de chemin d'ici à Nuremberg. | Es sind drey Stund von hier nach Nürnberg. |
| Il n'y a pas loin d'ici à mon jardin. | Es ist nicht weit von hier nach meinem Garten. |

Man sagt auch: il y a du plaisir, du danger, de la peine &c. anstatt c'est un plaisir &c.

| | |
|---|---|
| Il y a du danger à s'ingérer des affaires d'autrui. | Es ist gefährlich, sich in anderer Leute Händel zu mischen. |

### 376.

Man merke noch folgende Redensarten mit il y a.

| | |
|---|---|
| Allons au bal, puisque bal y a. | Wir wollen auf den Ball gehen, weil es doch ein Ball heissen soll. |
| Appellés-la donc Madame, puisque Madame y a. | So nennt Sie sie doch Madame, weil sie doch Madam seyn soll. |
| Il y a savant, et savant. | Es ist ein Unterschied zwischen Gelehrten. |
| Il y a lieu de le croire. | Man hat Ursache, es zu glauben. |
| Il y a bien sujet de s'en rejouir. | Man hat wohl Ursache, sich darüber zu freuen. |
| Il n'y a qu'à le voir pour en juger. | Man darf es nur sehen, so kann man davon urtheilen. |

### 377.

Im Präsenti Indikativi wird in Prosa öfters *), und in der Poesie allemal il est anstatt il y a gebraucht.

Il

*) Also nicht allemal. Am besten ist es, man nimmt auch in diesen Fällen il y a. Ausserdem wird man aus den folgenden und andern Beyspielen sehen, daß gemeiniglich nur dann il est die Stelle von il y a vertretten kann, wenn ein Relativum, oder das komparirende que folgt.

Cc

| | |
|---|---|
| Il eſt (il y a) des cas où l'on peut ſe tromper. | Es ſind Fälle, wo man ſich irren kann. |
| Il n'eſt (il n'y a) point de meilleure occaſion, que celle là. | Es iſt keine beſſere Gelegenheit, als dieſe. |
| Il n'eſt (il n'y a) rien de tel que le bon vin. | Es iſt (gebt) nichts über den guten Wein. |
| Il n'eſt (il n'y a) rien de meilleur que cela. | Es iſt nichts beſſers, als das. |
| Il n'eſt (il n'y a) rien de plus charmant que cela. | Nichts iſt ſchöner, als dieſes. |

### 378.

Man merke noch:

| | |
|---|---|
| Il y a une heure, qu'il eſt venu. | Er iſt ſchon vor einer Stunde gekommen. |
| Il eſt une heure. | Es iſt ein Uhr. |
| Il y a deux heures, qu'il vous attend. | Er wartet ſchon zwey Stunden auf Sie. |
| Il eſt deux heures; il vous attendra. | Es iſt zwey Uhr; er wird auf euch warten. |

### 379. Il eſt.

Wird 1) mit Subſtantivis NB. ohne Artikel gebraucht, um den Stand einer Perſon anzuzeigen. Man braucht es auch zur Beſtimmung der Tageszeiten.

| | |
|---|---|
| Il eſt profeſſeur, (nicht un profeſſeur.) | Er iſt Profeſſor. |
| Il eſt gantier, (nicht un gantier.) | Er iſt ein Handſchuhmacher. |
| Il eſt jour. | Es iſt Tag. |
| Il eſt deux heures. | Es iſt zwey Uhr. |
| Il eſt midi. | Es iſt Mittag. |
| Il eſt (auch c'eſt) Lundi. | Es iſt Montag. |

### 380.

2) Braucht man es mit Adjektivis.

| | |
|---|---|
| Il eſt juſte (nicht c'eſt juſte.) | Es iſt billig. |
| Il eſt (nicht c'eſt) vrai. | Es iſt wahr. |

| | |
|---|---|
| Il est beau de s'entendre louer. | Es ist schön, sich loben zu hören. |

### 381.

3.) Mit Adverbiis Temporis.

| | |
|---|---|
| Il est trop tard. | Es ist zu spät. |
| Il est encore matin. | Es ist noch früh. |
| Il est trop tôt. | Es ist zu bald. |

### 382.

Auch sagt man 4.) mit dem Gerundio à.

| | |
|---|---|
| Il est à croire qu'il ne l'auroit pas fait. | Es ist zu glauben, daß er es nicht gethan haben würde. |
| Il est à présumer que cela ne seroit point arrivé. | Es ist zu vermuthen, daß das nicht geschehen seyn würde. |
| Il est à souhaiter que cela ne soit point. | Es ist zu wünschen, daß das nicht sey. |

5.) Merke man noch folgende Redensarten.

| | |
|---|---|
| Il est d'un sage père de bien morigéner ses enfans. | Es ist die Schuldigkeit eines klugen Vaters seine Kinder zu ziehen. |
| Il est de la bienséance, de la politesse, de la civilité de faire cela. | Der Wohlstand, die Höflichkeit erfordern, daß man es thue. |
| Il en est de vous comme de lui. | Es verhält sich mit Ihnen, wie mit ihm. |

### 383. C'est.

Wird 1.) gebraucht vor einem Substantiv (NB. mit einem Artikel) oder Pronomen. Es zielt auf die Eigenschaften der Dinge.

| | |
|---|---|
| C'est un grand Prince. | Es ist ein großer Fürst. |
| C'est ma soeur. | Es ist meine Schwester. |
| C'est une jolie petite femme. | Es ist ein artiges Weibchen. |
| C'est un grand garçon. | Es ist ein großer Junge. |

## 384

2.) Wird es vor einem andern Verbo gebraucht.

| | |
|---|---|
| C'est bien *joué*, Monsieur. | Das heißt gut gespielt, mein Herr. |
| C'est bien *dit*, Madame. | Das ist gut gesagt, Madame. |
| C'est *tromper* les gens. | Das heißt die Leute betrügen. |

## 385.

3.) Einen Grund anzugeben, in der Bedeutung die Ursache ist.

| | |
|---|---|
| Si je ne l'ai pas fait, c'est (la raison est) que je n'ai pas pû. | Habe ich es nicht gethan, so ist es geschehen, weil ich nicht gekonnt habe. |
| Si je dis cela, ce n'est pas que je veuille vous offenser. | Ich sage das nicht, um euch zu beleidigen. |

## 386.

4.) Wenn das Prädikat vor das Subjekt gesezt wird, in welchem Fall alsdann ein que nachfolgt.

| | |
|---|---|
| C'est une belle fleur que la rose. | Es ist eine schöne Blume um die Rose. |
| C'est une belle chose *que* la santé. | Es ist eine schöne Sache um die Gesundheit. |
| C'est un plaisir que *) d'étudier. | Studiren ist ein Vergnügen. |

## 387.

Nach obigen Regeln kann man also sagen:

| | |
|---|---|
| Il *est* homme d'honneur und c'est un homme d'honneur | Es ist ein ehrlicher Mann. |
| Il est Italien und c'est un Italien. | Er ist ein Italiener. |

## 388.

Mit il fait gibt man das deutsche es ist. 1.) wenn von der Witterung, Licht und Dunkelheit die Rede ist:

*) Vor einem Infinitiv kann das que stehen und wegbleiben. C'est un plaisir de (oder que de) la voir danser.

| | |
|---|---|
| Il *fait* beau tems | Es ist schön Wetter. |
| Il *fait* mauvais tems. | Es ist schlimm Wetter. |
| Il *fait* froid. | Es ist kalt. |
| Il *fait* chaud. | Es ist warm. |
| Il *fait* du vent. | Es ist windig. |
| Il ne *fait* pas encore jour. | Es ist noch nicht Tag. |
| Il *fait* déja nuit. | Es ist schon Nacht. |
| Il *fait* clair ici. | Es ist hell hier. |

Dann 2.) in folgenden Redensarten.

| | |
|---|---|
| Il *fait* bon vivre ici. | Hier ist gut leben. |
| Il n'y *fait* pas si cher vivre, que chés nous. | Es ist da nicht so theuer zu leben, als bey uns. |
| Il ne *fait* pas bien sûr dans ce bois, il y *fait* dangereux. | Es ist nicht recht sicher in dem Walde, es ist gefährlich darinnen. |
| Il *fait* beau voir cela. | Das ist schön anzusehen. |
| Il *fait* bon reposer ici. | Hier ist gut ruhen. |
| Il ne *fait* pas bon marcher là. | Es ist da nicht gut gehen. |
| Il se *fait* tard. | Es wird spät. |
| Il se *fait* jour. | Es wird Tag. |
| Il se *fait* nuit. | Es wird Nacht. |

### 389.

Das Deutsche **Es ist es,** taugt, muß auch öfters mit *Il vaut* gegeben werden:

| | |
|---|---|
| Il ne *vaut* rien. | Er ist nichts nütze. |
| S'il *valoit* quelque chose, il ne seroit pas ici. | Wenn er (es) etwas taugte, so wäre er (es) nicht hier. |
| Il *vaut* (nicht il est) mieux que j'y aille moi-même. | Es ist besser, ich gehe selbst hin. |

### 390. Il faut.

Faloir ist ein Impersonale, welches ein Deutscher um desto sorgfältiger lernen muß, da in seiner Sprache das Verbum müssen ein persönliches Zeitwort ist. (Die Konjugation s. oben S. 210.)

| | |
|---|---|
| Il *faut* qu'il fasse cela. | Er muß das thun. |
| Il *faut* faire cela. | Man muß das thun. |

| | |
|---|---|
| Il me faut faire cela oder besser il faut que je fasse cela. | Ich muß das thun. |
| Il lui faut beaucoup d'argent. | Er braucht viel Geld. |
| Il leur faut beaucoup souffrir. | Sie müssen viel leiden. |
| Il faut lui donner sa portion de pain. | Man muß ihm seine Brodportion geben. |
| Il faut le prouver (ou il le faut prouver.) | Man muß es beweisen. |

### 391.

Man spricht gleich gut (mit einem Pronomen), il me faut partir und il faut que je parte: il vous faut aimer und il faut que vous aimiez. Wenn aber der Infinitiv auſſer dem Akkuſativ einen Dativ der Perſon regiert, ſo entſteht auf die erſte Art eine Zweydeutigkeit. Z. E. Il me faut donner du pain könnte heißen: ich muß Brod hergeben, und man muß mir Brod geben. In dieſem Fall muß man ſich mit den Konjunktiv helfen: Il faut que je donne du pain *).

| | |
|---|---|
| Il faut qu'il parle. | Er muß reden. |
| Il faut qu'il cede. | Er muß nachgeben. |

### 392.

Iſt der Nominativus kein Pronomen, ſondern ein Nomen, ſo muß allemal der Konjunktiv genommen werden **). Z. B. Il faut que votre frere le ſache. Der Infinitiv geht durchaus nicht an. Eben ſo iſt es, wenn ein Paſſivum folgt. Il faut qu'il *soit* aimé.

Gram.

---

*) Will ich ſagen: Man muß mir Brod geben, ſo ſetze ich das Pronomen me unmittelbar vor dem Infinitiv. Il faut me donner du pain, welches alle Zweydeutigkeit hebt. Man kann jedoch auch ſagen: Il faut qu'on me donne du pain. Mit lui und leur kann der Infinitiv nicht gebraucht werden, wenn er auch keinen Dativ regierte. Il faut qu'il le ſache (nicht il le lui faut ſavoir.)

**) Aus allem Vorhergehenden erhellt, daß man nicht fehlen kann, wenn man anſtatt des Infinitivs allemal den Konjunktiv nimmt.

Gram. p. 246; oder ein anders Verbum mit dem Auxiliar être.

| | |
|---|---|
| Il faut *que* ma mère me *donne* de l'argent. | Meine Mutter muß mir Geld geben. |
| Il faut *que* votre soeur y aille. | Ihre Schwester muß hingehen. |
| Il faut *qu'il soit* puni. (nicht il lui faut être.) | Er muß bestraft werden. |
| Il faut qu'il ait été battu (nicht il lui faut avoir été.) | Er muß geschlagen worden seyn. |

### 393.

Man sagt nicht: il *nous* faut *nous* promener, sondern il faut *nous* prommener, denn wenn nach faloir noch ein Pronomen folgt, so wird das Erste weggelassen. Gram. p. 246.

| | |
|---|---|
| Il faut vous dire la vérité, (anstatt il me faut.) | Ich muß ihnen die Wahrheit sagen. |
| Il falloit lui obéir. | Ich, du, er, wir, ihr, sie, müßten gehorchen. |
| Il faudra lui en parler. | Ich, du, er ec. werden mit ihm sprechen müssen. |

### 394.

Nach faloir wird das Verbum donner und avoir ausgelassen.

| | |
|---|---|
| Que lui faut-il? (nicht que lui faut-il avoir.) | Wie viel muß er haben? |
| Il lui faut un écu. | Er muß einen Thaler haben. |
| Il lui faut du pain. | Er braucht Brod. |
| Il me faut une aune de dentelle. | Ich brauche eine Elle Spitzen. |

Man merke auch:

| | |
|---|---|
| Je le ferai, *s'il le faut.* | Ich will es thun, wenn es seyn muß. |
| Grondés-le *comme il faut* | Geben Sie ihm einen rechten Verweiß. |

*Il s'en faut un pouce*, qu'il | Es fehlt einen Zoll, daß es
soit assés large. | breit genug wäre.
*Il s'en faut encore beaucoup.* Es fehlet noch viel daran.

---

## Uebungen über §. 373. — 375.

Es ist ein Mann da, der nach Ihnen fragt a). Der Mann, den Sie haben rufen lassen b), ist da. Es sind viele Kinder in der Komödie gewesen. Alle meine Brüder sind in der Komödie gewesen. Es giebt sehr geschickte Leute in M. c). Die geschicktesten Leute sind zu O. Es ist schon eine Stunde, daß er fort ist d). Es ist drey Wochen, daß ich ihn nicht gesprochen habe. Es sind 16.Meilen von hier nach Wirzburg. Es ist eine Stunde Wegs von hier nach S. Es ist ein Vergnügen, euch arbeiten zu sehen e). — Es sind Truppen durch unsere Stadt gegangen f). Es laufen alle Tage schlimmere Nachrichten ein.

    a) demander qlq. nach jemand fragen. b) appeller, rufen. c) d'habiles gens, geschickte Leute. d) qu'il est parti. e) voir travailler, arbeiten sehen. f) passer, durchgehen.

## Ueber §. 376. 377.

Es ist ein Unterschied zwischen den Büchern. Es ist ein Unterschied unter Freunden. Wo ist dieses Meisterstück a), weil es doch ein Meisterstück heissen soll. — Man hat nicht Ursache b), sich zu betrüben c). Man darf nur hingehen, um sich davon zu überzeugen.

    a) un chef d'oeuvre, ein Meisterstück. b) sujet, Ursache. c) s'affliger, sich betrüben.

## Ueber §. 378 — 382.

Er ist vor zwey Stunden abgereiset. Er ist um zwey Uhr abgereiset. Er hat mir es vor einer Stunde gesagt. Er hat es mir um ein Uhr gesagt. Ist euer Bruder Professor? Nein, er ist Kammerrath a), er ist ein Advokat;

er ist ein Kaufmann, er ist ein Hutfabrikant b). Ist es schon drey Uhr? Wird es bald zwölf Uhr seyn? Ja. Es ist nicht gut, daß es schon so spät ist c). Es ist Zeit, fortzugehen d). Es ist noch frühe). Es ist zu wünschen, daß wir ihn antreffen f). Es ist zu glauben daß es ihm gelingen g) wird. Es ist zu fürchten, daß wir überwunden werden h.) Es ist der Klugheit gemäs i), diesem Unglück vorzubeugen k). Es ist unserer Pflicht gemäs l), uns zu widersetzen m).

 a) conseiller des finances. b) fabriquant de chapeaux. c) tard, spät. d) se retirer, fortgeben. e) matin f) rencontrer, antreffen. g) réussir, gelingen. h) être vaincu, überwunden werden. i) la prudence, die Klugheit. k) prévenir un malheur, einem Unglück vorbeugen. l) le devoir, die Pflicht. m) s'opposer, sich widersetzen.

## Ueber §. 383.—387.

Es ist ein geschlachter Mann. Es ist ein Rothgerber a). Sie ist ein artiges Mädchen b). Das heißt übel gethan. Das heißt die Pferde hinter den Wagen spannen c). Wenn er euch nicht bezahlt hat, so geschah es, weil er kein Geld hatte. Wenn sie ihn heurathet d), so geschieht es, weil sie ihn liebt. Es ist eine Niederträchtigkeit e), seinen Freund zu verlassen f). Es ist keine kleine Sorge g), Geld in seinem Hause aufzubewahren h).

 a) un tanneur, ein Rothgerber. b) joli, artig. c) mettre la charrue devant les boeufs, die Ochsen hinter den Wagen (Pflug) spannen. d) épouser, heirathen e) la lâcheté, die Niederträchtigkeit. f) abandonner, verlassen. g) une petite peine h) garder de l'argent chez soi.

## Ueber §. 388.—389.

Es ist heute kalt. Es war gestern nicht so kalt. Es ist diesen Morgen wärmer, als gestern. Es ist Tag. Es wird bald finster werden a). Es ist in Frankfurt theurer zu leben, als hier. Glauben Sie, daß es in diesem Wald sicher sey b)? Sein Bruder ist nichts

nütze. Es ist besser spät, als niemals c). Dieser Apfel taugt nichts.

a) obscur, finster. b) la forêt, le bois, der Wald. c) tard spät, jamais niemals.

## Ueber §. 390.—393.

Ich muß euch bezahlen a). Ich mußte ihn bezahlen. Ich habe ihn bezahlen müssen. Ich werde ihn besuchen müssen b). Man muß ihm entgegen geben c). Er braucht sechs Ellen Tuch zu einem Kleid. Er muß schreiben. Er muß es bezahlen. Er muß es zurück geben e). Eure Schwester muß schweigen f). Euer Bruder muß zurück gehen g). Mein Vater muß betrogen worden seyn h). Er muß zurück gekommen seyn h). Sie muß böse darüber seyn i). Wir müssen ihm zuvorkommen k). Ihr müßt uns die Wahrheit sagen.

a) payer, bezahlen. b) aller visiter, besuchen. c) aller au devant, entgegen geben. d) six aunes de drap. e) rendre, zurück geben. f) se taire, schweigen. g) retourner zurück geben. h) revenir zurückkommen. i) être fâché, böse seyn. k) prévenir zuvorkommen.

## Ueber §. 394.

Ich brauche ungefähr a) 50 Thaler; könnt ihr mir sie nicht leihen b)? Wie viel müßt ihr haben? Wenn es seyn muß, so will ich sie vorstrecken c). Bezahlt ihn, wie sichs gehört. Es fehlte nicht einen Daumen breit d), so wäre er ertrunken e). Es fehlt viel, daß ihr eben so gelebt wäret f), als er. Es geben heute viel Frauenzimmer g) auf den Ball. Diesen Morgen sind Komödianten angekommen.

a) environ b) prêter, leihen. c) avancer, vorstrecken. d) la largeur d'un pouce e) se noyer, ertrinken. f) savant, gelehrt. g) un grand nombre de dames.

### 395.

## Von den Negationen.

Die Negation ne steht 1) nach den Verbis, die eine Furcht ausdrücken, ohne zu negiren. Gram. p. 257.

| | |
|---|---|
| J'ai peur qu'il *ne* vienne. | Ich fürchte, er möchte kommen. |
| Je crains qu'il *ne* demeure. | Ich fürchte, er möchte bleiben. |
| Je tremble, qu'il *ne* l'apprenne. | Ich fürchte sehr, er möchte es erfahren. |
| Ne dites rien de crainte qu'il n'y aille. | Saget nichts, damit er nicht hingehe. |

Vor dem Infinitiv mit de fällt aber dieses ne wieder weg.

| | |
|---|---|
| On craint de vous perdre. | Man fürchtet, Sie zu verliehren. |
| On craint de lui parler. | Man fürchtet sich, mit ihm zu reden. |

Soll das *ne* negiren, so muß pas dazu kommen.

| | |
|---|---|
| J'ai peur, qu'il *ne* vienne pas *). | Ich fürchte, er wird nicht kommen. |
| Je crains, qu'il *ne* demeure pas. | Ich fürchte er wird nicht bleiben. |
| Je *ne* crains pas, qu'il vienne. | Ich fürchte mich nicht, daß er komme. |
| Je *ne* crains pas, qu'il ne le fasse. | Es ist mir nicht leid, daß er es nicht thun werde. |

### 396.

*) Je crains qu'il ne vienne heißt also: Ich fürchte, er werde kommen. Je crains qu'il ne vienne pas, ich fürchte, er werde nicht kommen.

### 396.

2.) Steht ne ohne zu negiren, nach den Verbis, die einem Zweifel bedeuten. NB. wenn solche negativ oder fragweise stehen.

| | |
|---|---|
| Je ne doute pas que, je ne sois trompé. | Ich zweifle nicht, daß ich betrogen sey. |
| Il ne peut disconvenir (nier) qu'il ne l'ait dit. | Er kann nicht läugnen, es gesagt zu haben. |
| Je *ne* doute *pas* que cela n'arrive. | Ich zweifle nicht daran, daß es nicht geschehen wird. |
| Doutés-vous que cela *ne* se fasse? | Zweifeln Sie, daß es geschehen wird? |
| Vous ne pouvés pas ignorer, que cela ne soit arrivé. | Es kann Ihnen nicht unbekannt seyn, daß das geschehen ist. |

Hingegen sagt man, wenn douter keine Negation bey sich hat, und nicht fragt:

| | |
|---|---|
| Je doute que cela soit vrai, (nicht que cela ne soit vrai.) | Ich zweifle, daß das wahr sey. |
| Je doutois qu'il fut de retour. | Ich zweifelle, daß er zurückgekommen sey. |

### 397.

3.) Folgt *ne*, ohne zu negiren, nach einem affirmirenden Komparativ, ingleichen nach autre, tout autre, autrement.

| | |
|---|---|
| Il promet *plus* qu'il n'a en vie de tenir. | Er verspricht mehr, als er Lust hat zu halten. |
| Il a *plus* d'esprit qu'on ne croit. | Er hat mehr Verstand, als man glaubt. |

### 398.

Ist aber der Komparativ ganz verneinend, oder folgt auf plus ein Adverbium oder ein Pronomen demonstrativum, so fällt das ne wieder weg.

| | |
|---|---|
| Personne ne vous aime plus, que je fais, (nicht plus que je ne fais.) | Niemand liebt Sie mehr, als ich Sie liebe. |

| | |
|---|---|
| Ne vous donnés pas pour plus habile que vous êtes. | Geben Sie sich nicht für geschickter aus, als Sie sind. |
| Il est apréſent plus ſage que *lorsque* vous l'avés vu. | Er ist jetzt frömmer, als da Sie ihn sahen. |
| Elle est plus grande que *celle*, que m'a montré votre ſoeur. | Sie ist größer als diejenige, welche mir Ihre Schweſter zeigte. |

### 399.

4.) Folgt ne nach einem negirenden Satz, wenn *que* oder ein Relativum (3. E. qui, où, d'où, par où) auf dieſen Satz folget. Gram. p. 252.

| | |
|---|---|
| Je ne vous laiſſerai point aller, que vous *ne* m'ayés payé. | Ich laſſe Sie nicht gehen, bis Sie mich bezahlt haben. |
| Il n'y a perſonne, qui *n'en* parle. | Es iſt niemand, der nicht davon redete. |
| Je ne le dirai pas (à moins) qu'il *ne* ſoit néceſſaire. | Ich werde es nicht ſagen, es ſeye dann, die Noth erforderte es. |
| Comment le ſavoir (à moins) qu'on ne l'ait publié? | Wie ſoll man es wiſſen, es ſeye dann, man habe es öffentlich bekannt gemacht. |

### 400.

Man merke noch folgende Redensarten, wo ne ohne *pas* dennoch verneint.

| | |
|---|---|
| Je *n'ai garde* de lui faire tort! | Behüte Gott, daß ich ihm Unrecht thue! |
| A Dieu *ne* plaiſe, *que* je le faſſe. | Behüte mich Gott davor, daß ich es thue! |
| A cela *ne* tienne, venés toujours me voir. | Das ſoll euch nicht abhalten, kommet immerhin zu mir. |
| *N'en* deplaiſe à votre Seigneurie. | Es mißfalle Ew. Herrlichkeit nicht (Sie nehmen mir es nicht übel.) |
| Il n'eſt ſi bon cheval, qui ne bronche. | Das beſte Pferd ſtolpert. |
| Il n'eſt homme ſi ſaint qui ne pèche. | Es iſt kein Menſch ſo heilig, daß er nicht ſündigte. |
| A cela je *ne* dis mot. | Darauf gebe ich keine Antwort. |

| | |
|---|---|
| *Il ne sait que dire* ni que faire. | Er weiß nicht, was er sagen noch thun soll. |
| *Il ne sait*, qu'en penser. | Er weiß nicht, was er davon denken soll. |
| *Je ne sais*, qui me l'a dit. | Ich weiß nicht, wer mir es gesagt hat. |

### 401.

In vielen Fällen kann die Negation pas stehen oder wegbleiben, und zwar

1.) nach den Verbis, die ein Verbieten, ein Verhindern, ein Verhüten ausdrücken. Gram. p. 253.

| | |
|---|---|
| *Empechés* que cela n'éclate (pas.) | Verhindern Sie, daß das nicht bekannt werde. |
| *Gardés* qu'il *ne* le voye (pas.) | Nehmen Sie sich in Acht, daß er es nicht sehe. |
| *Prenés garde*, qu'il *ne* le dise (pas.) | Geben Sie Acht, daß er es nicht sage. |

NB. Wenn ein Gerundium folgt, so bleiben die beiden Negationen weg.

| | |
|---|---|
| *Empechés - le de faire* cela. | Verhindern Sie ihn, das zu thun. |
| *Gardés - vous d'être* surpris ou de n'être pas surpris. | Nehmen Sie sich in Acht, damit Sie nicht überrascht werden. |

### 402.

2.) Wenn man die Zeit angibt, in welcher etwas nicht geschehen ist.

| | |
|---|---|
| Je ne vous ai (pas) vû de trois semaines. | Schon drey Wochen habe ich Sie nicht gesehen. |
| Je ne vous ai (pas) parlé d'un mois. | Seit einem Monat habe ich Sie nicht gesprochen. |
| Voici deux jours, que je *ne* l'ai (pas) vû. | Nun sind es zwei Tage, daß ich ihn nicht gesehen habe. |

### 403.

3.) Nach si (wenn) wenn tant nicht darauf folgt.

| | |
|---|---|
| S'il nétoit (pas) venu, et qu'il n'eût (pas) fait son devoir; il auroit été puni. | Wenn er nicht gekommen wäre, und seine Schuldigkeit nicht gethan hätte, so wäre er gestraft worden. |

| | |
|---|---|
| Si ce n'étoit son penchant à médire d'un chacun, il auroit deja de l'emploi. | Wäre sein Hang nicht zum Afterreden, so hätte er schon einen Dienst. |

### 404.

4.) Nach qui, qui est-ce qui:

| | |
|---|---|
| Qui ne voit (pas) qu'il a tort? | Wer sollte nicht sehen, daß er Unrecht hat? |
| Qui *ne* sait (pas) que c'est un hableur? | Wer sollte nicht wissen, daß er Windbeutel ist? |

### 405.

5.) Nach folgenden Verbis.

| | |
|---|---|
| Ne *bougés* (pas), je suis de retour dans le moment. | Gehen Sie nicht von der Stelle, ich komme den Augenblick wieder. |
| Cette femme *ne cesse* (pas) de babiller. | Diese Frau höret nicht auf zu plaudern. |
| Elle *n'ose* (pas) vous le dire. | Sie darf es Ihnen nicht sagen. |

### 406.

Nach savoir und pouvoir kann pas auch weggelassen werden, aber nicht in allen Fällen. Es muß
1.) In den Fragen sich allemal finden, 2.) wenn man absolute negirt, 3.) wenn ein Kasus (ce que ausgenommen) folgt.

| | |
|---|---|
| Ne le *savés-vous* pas? | Wissen Sie es nicht? |
| Il *ne le sais absolument pas.* | Ich weiß es schlechterdings nicht. |
| Je *ne sais* pas ses raisons. | Ich weiß seine Gründe nicht. |
| Il *ne savoit pas*, que ce fût vous. | Er wußte nicht, daß Sie es wären. |
| Je *ne savois pas*, qu'il fût arrivé. | Ich wußte nicht, daß er angekommen wäre. |
| Il est bon de *ne le savoir pas*. | Es ist gut, daß man es nicht weiß. |
| Il ne sait pas le françois. | Er kann nicht französisch. |

407.

### 407.

andern Negationen ſind von mancherley Art. Sie ſind eben ſo verſchieden, als die deutſchen, weil man in beyden Sprachen auf vielerley Arten negiren kann. Hier folgen Beyſpiele davon.

| | |
|---|---|
| *Nul* ne l'a vu. | Keiner hat ihn geſehen. |
| Je ne connois *perſonne*. | Ich kenne Niemand. |
| Il ne m'a *jamais* loué. | Er hat mich nie gelobt. |
| *Jamais* je n'ai rien vu de ſi ſalope. | Nie ſahe ich etwas ſo ſchmuziges. |
| Je n'en connois *aucun*. | Ich kenne keinen. |
| Il ne m'en a *rien* dit. | Er hat mir nichts davon geſagt. |
| *Rien* n'eſt plus beau. | Nichts iſt ſchöner. |
| Je n'ai *guères* de temps de reſte. | Ich habe wenig Zeit übrig. |
| Il ne put *nulle part* retarder le vainqueur. | Er konnte nirgends den Sieger aufhalten. |
| Il a de grandes qualités ſans *pas* un défaut. | Er hat große Eigenſchaften ohne einen Fehler. |

### 408.

Die Negationen rien, aucun, perſonne, jamais, haben eine bejahende Bedeutung, wenn eine verneinende Sentenz, ein verneinendes Verbum, Nomen oder Präpoſition vorausgegangen iſt. NB. Die erſte Negation ne fällt in ſolchen Fällen ganz weg.

| | |
|---|---|
| Je ne crois pas, qu'il y ait *rien* de ſi parfait au monde. | Ich glaube nicht, daß es etwas ſo vollkommenes auf der Welt giebt. |
| Je doute que *rien* ſoit capable de l'émouvoir. | Ich zweifle, daß etwas im Stande iſt, ihn zu rühren. |
| Il eſt impoſſible qu' *aucun* deux s'en trouve offenſé. | Es iſt unmöglich, daß einer unter ihnen ſich davon beleidiget finde. |
| Il ne crois pas que *perſonne* s'y oppoſe. | Ich glaube nicht, daß jemand ſich widerſetzen werde. |

### 409.

## 409.

Rien insonderheit vertritt die Stelle von quelque chose, wenn der eigentliche Sinn der Phrasis negativ ist, und de darauf folgt.

Est-il *rien* de plus ravissant?    Ist etwas entzückender? (der Sinn ist, ich glaube, daß nichts entzückender ist.)

Est-il *rien* de plus noble.    Ist etwas edler.

## 410.

Man kann noch auf mehrere Arten negiren.    Gram. p. 254.

Il fait si obscur, que je n'y vois goûte.    Es ist so dunkel, daß ich keinen Stich sehe.

Il n'y a *qui que ce soit*, qui le sache.    Es ist niemand, er mag seyn, wer er will, der es wüßte.

Il n'y a *ame qui vive*, qui le croye.    Keine lebendige Seele glaubt es.

Il n'y a chose *au monde* qui lui plaise.    Nichts in der Welt gefällt ihm.

Je *ne* l'ai vû de ma vie.    Ich habe ihn meine Tage nicht gesehen.

## 411.

*Ne que,* nichts als, nur, niemand, keines als, erst.

Ou *n'a que* chagrin au monde.    Man hat nichts als Verdruß in der Welt.

Cela *ne* peut *que* vous faire plaisir.    Das muß Ihnen nothwendig Vergnügen machen.

Je *n'ai qu'*un frère.    Ich habe nur einen Bruder.

Vous *n'avés qu'*à l'écouter.    Sie dürfen ihn nur anhören.

Il n'y a *que* moi, qui le connoisse.    Ich allein kenne ihn.

Mon frère *n'*arrive *que* demain.    Mein Bruder kommt erst morgen an.

Il *ne* fait *que* d'arriver.    Er ist erst angekommen.

Il *n'est que* trop vrai.    Es ist nur allzuwahr.

### 412.

Wenn die Worte Nur nicht nicht können umschrieben werden mit den Worten, nichts als, niemand als, so nimmt man anstatt ne que, das Wörtchen *seulement*.

| | |
|---|---|
| *Ne* dites *seulement* rien. | Sagen Sie nur nichts. |
| *Ne* parlés *seulement* pas. | Reden Sie nur nichts. |

### 413.

*Pas seulement* heißt nicht einmal, und *non seulement*, nicht nur, nicht allein.

| | |
|---|---|
| Je *ne* sais pas *seulement* où me coucher. (besser seulement pas.) | Ich weiß nicht einmal, wo ich mich hinlegen soll. |
| J'ai *non seulement* son logis, mais toute sa maison à ma disposition. | Es stehet mir nicht allein seine Wohnung, sondern sein ganzes Haus zu Befehl. |

### 414.

Ni, ni, heißt weder, noch, und muß immer ein ne bey sich haben. Ni ist auch ein bloßes Bindwort, welches bey negativen Sätzen die Stelle von und oder noch vertritt.

| | |
|---|---|
| Je *ne* l'ai *ni* vu *ni* entendu. | Ich habe es weder gesehen, noch gehört. |
| *Ni* lui, *ni* elle n'y connoissent goûte. | Weder er, noch sie, versteht etwas davon. |
| Je n'ai ni encre ni papier. | Ich habe weder Dinte, noch Feder. |
| Nos supplications *ni* nos prières n'ont rien opéré. | Unser Flehen und Bitten hat nichts geholfen. |
| Il ne l'a fait, *ni ne* le fera jamais. | Er hat es nicht gethan und wird es auch niemals thun. |
| Je *ne* l'ai vû, *ni ne* le verrai jamais. | Ich habe es nicht gesehen, und werde es auch niemals sehen. |

### 415.

Man merke:

| | |
|---|---|
| Combien y en a-t-il? | Wie viel sind ihrer. |

| | |
|---|---|
| *Pas un* (nicht ne pas un,) das ne fällt weg weil kein Verbum vorhanden ist.) | Nicht einer. |
| Que dit-il? | Was sagt er? |
| *Pas grand' chose.* | Nicht viel. |
| Vous partés-vous bien? | Befinden Sie sich wohl? |
| *Pas trop.* | Nicht gar wohl. |
| Est-il venu? | Ist er gekommen? |
| *Pas encore.* | Noch nicht. |

### 416.

Das deutsche Kein wird mit pas oder point übersetzt.

| | |
|---|---|
| N'étes vous pas François? | Sind Sie kein Franzose? |
| Il n'est pas Juif. | Er ist kein Jud. |
| Il n'est pas Chrétien. | Er ist kein Christ. |
| Il n'est point philosophe mais jurisconsulte. | Er ist kein Weltweiser, sondern ein Rechtsgelehrter. |

### 417.

Non wird auf folgende Art gebraucht:

| | |
|---|---|
| Non, je *ne* le ferai pas. | Nein, ich werde es nicht thun. |
| Pourquoi non? | Warum nicht? |
| Quand le ferés-vous? aujourd'hui? | Wann wollen Sie es thun? Heute? |
| Non. | Nein. |
| Demain? non. | Morgen? Nein. |
| *Non pas* lui, mais elle me l'a dit. | Nicht er, sondern sie hat mir es gesagt. |

### 418.

*Oui, si fait, pardonnés moi.*

Mit oui antwortet man auf eine bejahende Frage, mit si fait, oder wenn man höflicher reden will, mit pardonnés? moi auf eine verneinende.

| | |
|---|---|
| A-t-il payé ses créanciers? | Hat er seine Gläubiger bezalt? |
| Oui (nicht si fait) il les a payés. | Ja, er hat sie bezahlt. |
| A-t-elle du bien? | Hat sie Vermögen? |
| Oui-elle en a. | Ja, sie hat welches. |
| Etes Vous là? | Sind Sie da? |

| | |
|---|---|
| Oui j'y suis. | Ja, ich bin da. |
| N'êtes-vous pas-là? | Sind Sie nicht da? |
| Si fait, j'y suis. | Ja, ich bin da. |
| Ne voulés-vous pas y aller? | Wollet ihr nicht dahin gehen? |
| Pardonnés-moi, j'y veux aller. | Ich bitte um Vergebung, ich will hingehen. |

## Uebungen über §. 395. 396.

Ich fürchte, es möchte uns mein Vater hier überraschen a). Es ist mir äußerst bange b), er möchte uns behorchen c). Ich besorge auch, gesehen zu werden. Ich fürchte, zu spät zu kommen. Ich fürchte, er möchte mir entwischen d). Ich besorge, es möchte regnen. Ich besorge, es möchte nicht regnen. Ich zweifle nicht, es werde regnen. Ich zweifle, daß es diese Nacht frieren wird e). Zweifelt ihr, daß er euch betrogen habe? Ich zweifle nicht, daß er dich bezahlen werde.

a) surprendre, überraschen. b) je tremble c) écouter, behorchen. d) échapper, entwischen. e) geler, frieren.

## Ueber §. 397. — 400.

Herr Duras ist reicher, als man denkt. Mamsell Nicole hat mehr Verstand a) als man sich einbildet b). Mein Bruder ist größer, als ich ihn verließ c). Mein Messer schneidet besser d), als deines. Ich werde nicht eher abreisen, als bis er mich bezahlt hat. Es ist niemand, der es nicht weiß. Ich werde nicht eher unterzeichnen e), als bis ich weiß, wovon die Rede ist f). — Man wird sich hüten, es dir zu sagen. Behüte mich Gott, daß ich dieses Verbrechen begehe g). Ich kann heute nicht singen. Ich unterstehe mich nicht, mit meinem Vater davon zu sprechen. Er sagte kein Wort. Er wußte nicht, was er sagen sollte. Ich weiß nicht, was ich thun soll.

a) plus d'esprit b) s'imaginer, sich einbilden. c) quitter, verlassen. d) couper, schneiden. e) signer, unterzeichnen

nen. f) dequoi il est question g) commettre un crime, ein Verbrechen begeben.

## Ueber §. 401.—406.

Hindert dieses Kind, daß es nichts zerbreche a). Nehme dich in Acht, daß du nicht fällst b). Hüte dich, diese Feder anzurühren c). Es ist schon drey Monate, daß mein Vater mir nicht geschrieben hat. Es ist fünf Wochen, daß ich meinen Onkel nicht gesprochen habe d). Er wird in vierzehn Tagen nicht kommen. Wenn er mich diesen Morgen nicht gesehen hätte, so könnte ich mit dir gehen. Ich würde ihn nicht fürchten e), wenn er nicht der Freund meines Vaters wäre. Wer sieht nicht, daß er sich über euch lustig macht f)? Wer sollte ihm nicht trauen g)? Er hat mir oft gesagt, er würde nicht aufhören, mein Freund zu seyn. Gehet nicht weg h), ich bitte euch. Ich unterstehe mich nicht, ohne euch zurück zu kehren i). Weißt du nicht, wo mein Bruder ist? Nein, ich weiß es nicht. In diesem Fall k), weiß ich nicht, was ich sagen soll. Ich kann nicht errathen l), wo er ist. Ich weiß nicht, wo er kann hingegangen seyn.

   a) casser, zerbrechen. b) tomber, fallen. c) toucher, anrühren. d) parler à q. jemand sprechen. e) craindre, fürchten. f) se moquer de q. sich über jemand lustig machen. g) se fier à qlc. jemand trauen. h) bouger, weggeben. i) retourner, zurückkehren. k) en ce cas. l) deviner, errathen.

## Ueber §. 407.—409.

Wir hatten nie einen so guten König. Nie werden wir wieder einen solchen bekommen a). — Er nimmt keinen Antheil b) an dieser Unterhandlung. Siehst du niemand? Kennst du niemand? Kennst du keinen von diesen Männern? Weißt du nichts davon? Hat er dir gar kein Unrecht gethan c). Man sieht selten einen so dummen Menschen d). Man sieht Sie selten. Ich will nicht, daß er mir etwas sage. Er war freygebig e) ohne daß es ihm etwas gekostet hat f). Er ist zurückgekommen g), ohne daß ihm etwas sonderbares begegnet wäre h). Ich reiste ab i), ohne meinem Vater etwas

davon zu sagen. Ist wohl etwas anstößigers k), als eine
solche Aufführung l)? Ist wohl etwas wunderlicher m),
als diese Musik.

    a) de semblable   b) prendre part, Theil nehmen.   c) le
    tort, das Unrecht.   d) un homme aussi stupide   e) li-
    béral   f) couter, kosten.   g) revenir, zurück kommen.
    h) singulier, sonderbar, arriver begegnen.   i) partir,
    abreisen.   k) scandaleux   l) la conduite, die Aufführung.
    m) bizarre.

### Ueber §. 410. — 413.

Ich sahe keinen Stich in diesem Zimmer. Es war
keine menschliche Seele im Wirthshaus a). Ich darf
niemand herein lassen, wer es auch sey. Es ist nichts
in der Welt, was er nicht gesehen haben will b). Ich
werde dich in meinem Leben nicht wieder sehen. —
Er sagt es bloß, um euch Furcht zu machen c).
Er weiß nichts zu antworten. Er empfängt bloß, um
zu geben. Es ist das bloß Scherz d). Die Sache betrift nur euch e) — Schweiget nur f). Geben Sie
mir nur mein Buch. Er hat seinem Vater nicht einmal einen Brief abgeschrieben g). Er hat seinem Vater nicht nur den Brief abgeschrieben, sondern ihn
auch auf die Post getragen. Er hat nicht einmal ein
gutes Kleid anzuziehen h). Er hat nicht nur gute Kleider anzuziehen, sondern er hat auch eine gutgefüllte Börse i).

    a) au cabaret   b) qu'il ne prétende avoir vu. Nicht qu'il
    ne veuille avoir vu.   c) faire peur, Furcht machen.
    d) un badinage   e) regarder, betreffen.   f) se taire,
    schweigen.   g) copier une lettre, einen Brief abschrei-
    ben.   h) un bon habit à mettre.   i) une bourse bien
    garnie.

### Ueber §. 414. — 418.

Er hat weder Geld, noch Freunde. Ich kann
weder meinen Vater, noch meinen Onkel finden a) Sie
schläft weder Tag noch Nacht. Er liebt und haßt sie
nicht b). Haben euch diese Leute bezahlt? Nicht einer.
Hat er zu thun? Nicht viel. Esset ihr gern Wildpret c)?
                                                    Nicht

Nicht allzugern. Ist er kein Professor? Ist er kein Holländer. Wollet ihr ihm diesen Schimpf anthun d)? Warum nicht? Hast du einen Brief empfangen? Ja. Hast du meine Brüder nicht gesehen? Nein. Hast du Obst gegessen e)? Nein. Bist du heute nicht in der Komödie gewesen? Ja.

a) trouver, finden. b) haïr, hassen. c) la venaison, das Wildpret. d) faire un affront, einen Schimpf anthun. e) le fruit, das Obst.

## Präpositionen.

### 419.

Alle nachstehende Präpositionen sind Adverbia, wenn sie nichts nach sich regieren. Die mancherley Bedeutungen werden zur Genüge aus den Exempeln abgenommen werden können. Wo noch etwas anzumerken war, hat man es zur Ersparung des Raums in den Noten gethan.

*A coté de, faute de, à force de, vis à vis.*

| | |
|---|---|
| Mettés-vous *à coté* de moi. | Setzen Sie sich neben mich. |
| Il a péri *faute* de secours. | Er ist aus Mangel an Hülfe umgekommen. |
| Il faut y renoncer *faute* d'argent. | Er muß aus Mangel an Gelde darauf Verzicht thun. |
| Il se tue *à force de* boire. | Er bringt sich durch vieles Trinken ums Leben. |
| *A force* d'argent on vient à bout de tout. | Mit Hülfe des Geldes erlangt man alles. |
| Il loge *vis à vis* de moi. | Er wohnet mir gegenüber. |
| Ma maison *est vis à vis* de l'église. | Mein Haus ist der Kirche gegenüber. |

### 420.

*A l'égard de, quant-à, autour.*

| | |
|---|---|
| Je l'ai fait *à l'égard* de votre frère. | Ich habe es wegen Ihres Herrn Bruders gethan. |

| | |
|---|---|
| A l'égard de vos marchandises, je lui en parlerai. | Was Ihre Waaren betrifft, so will ich mit ihm davon sprechen. |
| Quant à moi, je m'en lave les mains. | Was mich betrifft ich wasche mir darüber die Hände. |
| Quant à mon cheval, je le vendrai. | Was mein Pferd betrifft, so will ich es verkaufen. |
| Vous avés toujours de ces gens *autour* de vous. | Sie haben immer solche Leute um sich. |
| Il y a des fossés *autour* de la ville. | Es sind Gräben um die Stadt. |
| On en trouve dans tous les villages *d'autour* de la ville. | Man findet welche in allen Dörfern um die Stadt. |

### 421.

*Arrière, en arrière, derrière, de derrière, par derrière.*

| | |
|---|---|
| Arrière de moi, prophanes ! | Zurück ihr Unheiligen ! |
| Il a fait cela en *arrière* (besser à l'insu) de moi. | Er hat das hinter mir gethan. |
| Je l'ai vû marcher *derrière* lui. | Ich habe ihn hinter ihm gehen sehen. |
| Il a laissé tous les autres *derrière* lui. | Er hat alle andere hinter sich gelassen. |
| Son armée a été attaquée par *derrière* | Seine Armee wurde von hinten angegriffen. |
| Il y a une grande tache d'huile par *derrière*. | Es ist ein großer Oehlflecken hinten. |

### 422.

*A rebours, à travers, au travers* \*) *de travers.*

| | |
|---|---|
| Il fait tout à *rebours* de bien. | Er thut alles verkehrt. |
| Il recite sa leçon *à rebours*. (Adv.) | Er sagt seine Lection rückwärts her. |
| Il lui a passé l'epée *à travers* le corps (oder *au travers du* corps.) | Er hat ihm den Degen durch den Leib gestochen. |
| Je l'ai vu courir *à travers* les champs. | Ich sahe ihn quer über das Feld laufen. |

Il

---

\*) A travers und au travers sind gleich bedeutend. Ersteres aber regiert den Akkusativ und Letzteres den Genitiv.

Il a sa perruque *de travers*. Er hat seine Perücke krumm auf.
Pourquoi me regardés vous? est-ce que j'ai le nés *de travers*? Warum sehen Sie mich an, habe ich eine krumme Nase?

### 423.
*Avant, devant\*), de devant, au devant.*

Je l'ai vu *avant* vous. Ich habe ihn vor Ihnen gesehen.
Aimés Dieu *avant* toutes choses. Liebet Gott vor allen Dingen.
Il est bien *avant* dans ses bonnes graces. Er steht sehr in seiner Gnade.
Il marche *devant* votre oncle. Er geht vor Ihrem Oheim.
Il l'a dit *devant* mon père. Er hat es vor meinem Vater gesagt.
On a coupé les arbres *de devant* sa maison. Man hat die Bäume vor seinem Hause abgehauen.
Il faut aller *au devant* du mal pour y remedier. Man muß dem Uebel entgegen gehen, um ihm abzuhelfen.
Mettés-vous *au devant* de lui. Stellen Sie sich vor ihm.

### 424.
*Avec, chés, contre, Après.*

Voulés-vous venir *avec* moi? Wollen Sie mit mir kommen?
Il s'est marié *avec* une très jolie fille. Er hat sich mit einem sehr schönen Mädchen verheyrathet.
Il a disputé *avec* moi. Er hat mit mir gestritten.
Il a coupé ce baton *avec* un couteau. Er hat diesen Stock mit einem Messer abgeschnitten.
Je taille mes plumes *avec* un canif. Ich schneide meine Federn mit einem Federmesser.

---

\*) Avant wird von der Zeit gebraucht, devant von dem Ort. Il a parlé avant moi heißt daher, er hat vor mir geredet (ehe ich redete) Il a parlé devant moi, er hat vor mir (in meiner Gegenwart) geredet.

| | |
|---|---|
| Il est allé *chés* mon père. | Er ist zu meinem Vater gegangen. |
| Je viens de *chés* vous. | Ich komme von Ihnen. |
| J'ai soupé *chés* moi. | Ich habe zu Hause zu Abend gegessen. |
| C'étoit une coutume *chés* les Romains. | Es war das eine Gewohnheit bey den Römern. |
| Je sais, que vous êtes *contre* moi. | Ich weiß, daß Sie wider mich sind. |
| Il parle *contre* lui même. | Er spricht wider sich selbst. |
| Il est logé contre\*) ma maison. | Er wohnt an meinem Hause. |
| Mettés ce pot *contre* (auch auprés du) le feu. | Stellet diesen Hafen zum Feuer. |
| *Aprés* vous, je n'aime rien tant que ce petit garcon. | Nach Ihnen liebe ich nichts so sehr, als diesen kleinen Knaben. |
| Ce portrait est fait *d'aprés* nature. | Dieses Gemählde ist nach der Natur gemahlt. |
| On a long tems attendu *aprés* vous. | Man hat lange auf Sie gewartet. |
| Il y a long-tems qu'il est *aprés* cet emploi. | Er läuft schon lange nach diesem Amt. |

### 425.
### Dans, en.

Dans wird 1.) gebraucht vor Namen, die den Artikel *le* haben, 2.) von einem zugemachten Ort, 3.) von einer zukünftigen Zeit, in welcher etwas geschehen soll. Letzteres wird aber nicht immer genau beobachtet.

| | |
|---|---|
| 1.) Il est *dans* le dessein de se marier. | Er hat die Absicht, sich zu verheirathen. |
| Il coule sa vie *dans* les plaisirs. | Er bringt sein Leben im Vergnügen zu. |
| Sa dévotion ne consiste que *dans* quelques grimaces étudiées. | Ihre Frömmigkeit besteht bloß in einigen künstlichen Grimassen. |

2.) Il

---

\*) *Contre* bedeutet also 1.) etwas entgegenstrebendes, wie das deutsche wider, 2.) wird es gebraucht, die Nähe eines Orts auszudrücken, so daß es die Stelle der Präpositionen an, zu, bey re. vertritt.

2.) Il est *dans* le jardin.    Er ist im Garten.
Je l'ai mis *dans* ce coffre.    Ich habe es in diesen Koffer gethan.
Il ne le trouve pas *dans* toute la maison.    Er findet es im ganzen Hauß nicht.
3.) Il viendra (nicht il vient) *dans* huit ou quinze jours.    Er kömmt in acht oder vierzehn Tagen.
Il arrivera *dans* trois semaines.    Er kommt in drey Wochen.
Il partira *dans* un mois.    Er reiset in einem Monat ab.
Man sagt: il boit *dans* (nicht hors) un verre.    Er trinkt aus einem Glas.

### 426.

En wird gebraucht 1.) Adverbia zu machen; 2) steht es vor allen Wörtern, die keinen Artikel vor sich haben; 3) steht es vor den Namen der Länder, die im Genitiv de anstatt de la, du haben. (S. p. 4.) Wird ein vergangener Zeitraum angezeigt, innerhalb welchem etwas geschehen ist.

1.) Il est *en* dedans.    Es ist innen.
Mettés-le *en* dehors.    Thut es außen hin.
2.) Je vous le dis *en* (nicht dans) ami.    Ich sage es Ihnen, als Freund.
Il écrit *en* prose et *en* (nicht dans) vers.    Er schreibt in Prosa und in Versen.
Il est *en* chemise.    Er ist im Hemd.
Je l'ai vû *en* chemin, il alloit *en* carosse *en* bateau.    Ich habe ihn unterwegs gesehen, er fuhr in einer Kutsche auf einem Schiff.
Je l'ai vu *en* chair et *en* os.    Ich habe ihn in Fleisch und Beinen gesehen.
3.) Il est allé en (nicht dans) Angleterre.    Er ist nach England gereißt.
Cela est arrivé *en* france.    Es ist das in Frankreich geschehen.
On n'en sait rien *en* Pologne.    Man weiß nichts davon in Pohlen.
4.) Il a fait cet ouvrage en deux jours.    Er hat diese Arbeit in zwey Tagen gemacht.

Il a fait ce voyage en huit jours. — Er hat dieſe Reiſe in acht Tagen gemacht.

Man ſagt:

En Eté, en *Autonne*, en Hiver, au (nicht en) Printemps. — Im Sommer, im Herbſt, im Winter, im Frühling.

### 427.

In den übrigen Fällen werden *en* und *dans* mehrentheils gleich gut gebraucht und zwar 1.) wenn ein Nomen Fömininum folgt; 2.) wenn der Artikel apoſtrophirt wird; 3.) vor den übrigen Nominalpartikeln.

1.) Il eſt en (gewöhnlicher dans) la maiſon de ſon père. — Er iſt in dem Hauſe ſeines Vaters.
Il eſt dans (en) la chambre. — Er iſt im Zimmer.
2.) En (dans) l'air on voit toutes ſortes de phénomènes. — In der Luft ſieht man allerley Phänomenen.
En (dans) l'état où vous me voyés je ne puis rien entreprendre. — In dem Zuſtande worinnen Sie mich ſehen, kann ich nichts unternehmen.
3.) Il s'eſt fait voir en (dans) mille rencontres. — Er hat ſich bey tauſend Gelegenheiten ſehen laſſen.
Je l'ai mis dans (en) ce coffre. — Ich habe es in dieſen Koffer gethan.

### 428.

*Dedans, au dedans, entre, parmi* \*).

Il paſſa par *dedans* \*\*) la ville. — Er paſſirte immer durch die Stadt.
Ouvrés l'armoire de *dedans* la chambre. — Oefnen Sie den Behälter im Zimmer.
Il eſt *au dedans* de la maiſon. — Er iſt immer im Hauſe.

\*) Man merke nur, daß *entre* beinahe allemal, die deutſchen Präpoſitionen *zwiſchen*, und *parmi* der Präpoſition *unter* entſpricht. Die letztere ſetzt voraus, daß etwas mitten unter mehreren andern Sachen iſt. Die erſtere bezieht ſich gemeiniglich nur auf zwey Dinge oder auf zwey Reihen von Dingen.
\*\*) Dedans kann nur dann einen Kaſum zu ſich nehmen, wenn es von einem andern Wort regiert wird. Sonſt muß man dans nehmen. Il eſt dans la ville. Il eſt au dedans.

| | |
|---|---|
| Dedans et dehors la ville. | Innen und ausser der Stadt. |
| Il est venu *entre* chien et loup. | Er kam unter Lichten. |
| Il s'est assis *entre* nous deux. | Er setzte sich zwischen uns beede. |
| Il est *entre* huit et neuf heures. | Es ist zwischen acht und neun Uhr. |
| Je le lui ai remis *entre* les mains. | Ich habe es ihm eingehändiget. |
| Il court un bruit *parmi* les marchands. | Es geht ein Gerücht unter den Kaufleuten. |
| L'ivraye est mêlée *parmi* le bon grain | Das Unkraut ist mit dem Weizen (guten Korn) vermischt. |
| Je l'ai distingué *parmi* une foule de jeunes gens. | Ich bemerkte ihn unter einen Haufen junger Leute. |

## 429.
### Dès, Depuis, jusque, pendant, (durant.)

| | |
|---|---|
| Il faut partir dès la pointe du jour. | Man muß gleich mit Tagesanbruch abreisen. |
| Il est tombé malade dès Nuremberg. | Er wurde schon in Nürnberg krank. |
| La france s'étend depuis le Rhin *jusqu'* aux Pyrenées. | Frankreich erstreckt sich vom Rhein bis zu den Pyreneen. |
| Il est mort *depuis* peu. | Er ist seit kurzem gestorben. |
| Il faut être ami *jusqu'* à la mort. | Man muß Freund bleiben bis zu seinem Tod. |
| Attendés *jusqu'* à ce qu'il vienne. | Warten Sie, bis er kommt. |
| Il a vendu *jusqu'* à sa chemise. | Er hat alles, selbst das Hemd verkauft. |
| On a tué *jusqu'* aux enfans. | Man hat alles, selbst die Kinder getödtet. |
| Le soleil luit *pendant* (durant) le jour. | Die Sonne scheint während des Tags. |
| J'y travaillerai *pendant* les vacances. | Ich werde in den Ferien daran arbeiten. |

## 430.
### Loin, Malgré, En depit.

| | |
|---|---|
| Il demeure *loin* de nous. | Er wohnt weit von uns. |

| | |
|---|---|
| Il est condamné à vivre *loin* de sa patrie. | Er ist verurtheilt, weit von seinem Vaterland zu leben. |
| Nous ne sommes pas *loin* de Pentecôte. | Wir haben nicht lange mehr auf Pfingsten. |
| Je le ferai *malgré* vous. | Ich werde es wider Ihrem Willen thun. |
| Je l'ai reconnu *malgré* l'obscurité. | Ich habe ihn ungeachtet der Dunkelheit erkannt. |
| Il faut partir *malgré* la pluye. | Ich muß des Regens ungeachtet abreisen. |
| Ils sont contens *en dépit* de la mauvaise fortune. | Sie sind, dem widrigen Glück zum Troz, zufrieden. |
| Je le ferai en dépit de vous. | Ich will es Ihnen zum Troz thun. |

### 431. Par.

| | |
|---|---|
| Il a passé par la ville. | Er ist durch die Stadt gereiset. |
| Il a été trahi *par* son ami. | Er wurde durch seinen Freund verrathen. |
| J'ai reçu une lettre *par* la poste. | Ich habe einen Brief über der Post erhalten. |
| Il m'a juré *par* sa foi. | Er hat mir auf seine Treue geschworen. |
| Il se laisse mener *par* le nés. | Er läßt sich bey der Nase herum führen. |
| Elle me prit *par* la main. | Sie nahm mich bey der Hand. |
| Il est sorti *par* la pluye. | Er ist beym Regen ausgegangen. |
| Il faut que cela soit *par* ici. | Es muß das hierum seyn. |
| On dit *parfois* des faussetés sans qu'on y pense. | Man sagt bisweilen Unwahrheiten, ohne daran zu denken. |
| Elle regarde *par* la fenêtre. | Sie sieht durchs Fenster. |
| J'ai fait ce voyage *par* terre. | Ich habe diese Reise zu Land gemacht. |
| J'ai vu *par* votre lettre, que vous êtes sur le point de vous marier. | Ich sahe aus Ihrem Brief, daß Sie im Begriff sind, sich zu verheyrathen. |
| On paye un demi florin *par* tête. | Man zahlt einen halben Gulden für die Person. |

Cela

| | 431 |

Cela coute un écu *par* heure. Es kostet das einen Thaler stündlich.

### 432. *Pour.*

*Pour* qui me prenés vous? Für wen halten Sie mich?
Je l'ai fait pour l'amour de vous. Ich that es aus Liebe für Sie.
Il est prisonnier *pour* dettes. Er ist Schulden halben gefangen.
Il veut la prendre *pour* femme. Er will sie zur Frau nehmen.
Les modes ne sont que *pour* un temps. Die Moden dauern nur eine Zeitlang.
Faites moi une paire de bottes *pour* après demain. Machen Sie mir ein Paar Stiefel auf übermorgen.
Adieu *pour* jamais. Lebe wohl auf immer.
Il faudra que je paye *pour* tous. Ich werde für alle bezahlen müssen.

### 433. *Prés, auprès, proche.*

Je demeure *près* de la porte de Nuremberg. Ich wohne beym Nürnberger Thor.
Il a perdu *près* de cent florins. Er hat beynahe hundert Gulden verlohren.
Il loge *auprès* de la porte de Nuremberg. Er wohnt an dem Nürnberger Thor.
On ne perd rien *auprès* (nicht *prés*) des honêtes gens. Man verliehrt nichts bey rechtschaffenen Leuten.
Il est bien *auprès* du prince. Er steht gut bey dem Fürsten.
Il demeure *proche* de l'église. Er wohnt nahe an der Kirche.
Ma maison est *proche* de la muraille. Mein Haus ist nahe an der Mauer.
Ce village est *proche* de la ville. Dieses Dorf ist nahe an der Stadt.

### 434. *Sans, sur.*

C'est un homme *sans* honneur. Es ist ein Mann ohne Ehre.
Il faut partir *sans* remise. Man muß ohne Aufschub abreisen.

Ve-

| | |
|---|---|
| Votre livre est *sur* la table. | Ihr Buch ist auf der Tafel. |
| Je sais que vous avés cet homme *sur* les bras. | Ich weiß, daß Sie diesen Mann auf den Hals haben. |
| Cette vue donne *sur* le jardin. | Die Aussicht geht auf den Garten. |
| Faites fond *sur* moi. | Verlassen Sie sich auf mich. |
| Il s'est jetté *sur* moi. | Er stürzte über mich her. |
| Il est *sur* bon pié. | Er steht auf einem guten Fuß. |
| Avés-vous un couteau *sur* vous? (nicht chés vous, welches heissen würde, zu Hause.) | Haben Sie ein Messer bey sich? |
| Il arriva *sur* les quatre heures. | Er kam gegen vier Uhr an. |
| On me l'a défendu *sur* (sous) peine. | Man hat es mir bey Straffe verboten. |
| Cet homme est déja *sur* l'âge. | Dieser Mann ist schon alt. |
| Je suis *sur* mon départ. | Ich bin im Begriff abzureisen. |
| Il viendra *sur* la brune. | Er wird gegen Lichten kommen. |
| On lui a payé vingt florins *sur* ses gages. | Man hat ihm zwanzig Gulden auf seinen Lohn bezahlt. |
| Francfort sur le main. | Frankfurth am Main. |
| Il faut gagner cela *sur* autre chose. | Man muß das an etwas andern zu gewinnen suchen. |
| On a exigé de grandes contributions *sur* eux. | Man hat große Brandschatzungen von ihnen eingetrieben. |
| Je me règlerai *sur* vous. | Ich werde mich nach Ihnen richten. |

### 435. *Sous.*

| | |
|---|---|
| Nous habitons *sous* un même toit. | Wir wohnen unter dem nämlichen Dach. |
| Votre livre est sous la table. | Ihr Buch liegt unter dem Tisch. |
| Je vous ferai mourir *sous* le baton. | Ich werde dich todtschlagen. |
| On lui a prêté de l'argent *sous* caution. | Man hat ihm Geld gegen Bürgschaft gelieben. |
| Il n'a pas imprimé ce livre sous son nom. | Er hat dieses Buch nicht unter seinem Namen drucken lassen. |

Ueber

## Uebungen über §. 419. — 422.

Stellt euch nicht a) neben ihn. Aus Mangel an Geld kann er diese Reise nicht machen b). Durch vieles leben wird man alt c). Setzt euch mir gegenüber. Ich wohne der Kirche gegenüber d). Was euer Geld betrift, so sollt ihr es in kurzem haben. Was dich betrift, so will ich dich morgen bezahlen. Wer sind die Leute, die ich immer um ihn sehe? Legt diesen Mantel um euch herum e). Ich muß zurück kehren f), ich habe mein Felleisen verlohren g). Ich bin um zwey Monate zurück. Sie suchen Ihr Schnupftuch h), und es ist hinter Ihnen. Thut das hinter den Vorhang i). Dieses Kleid steht euch k) sehr schlecht hinten. Dieser Mensch thut alles verkehrt. Ich sehe deinen Bruder durch diesen Wald kommen l). Ich sehe durch deine Augen, daß dein Herz falsch ist m). Du hast deine Strümpfe verkehrt angezogen n).

a) ne vous mettés pas. b) faire un voyage, eine Reise machen. c) vieillir, devenir vieux, alt werden. d) demeurer, wohnen. e) mettre un manteau, einen Mantel anthun. f) retourner, umkehren. g) perdre, verliehren, la valise, das Felleisen. h) chercher, suchen, le mouchoir, das Schnupftuch. i) le rideau, der Vorhang. k) cet habit vous va fort mal. l) voir venir, kommen sehen. m) perfide, falsch. n) mettre les bas, die Strümpfe anziehen.

## Ueber §. 423. 424.

Ich bin vor den andern an dem Versammlungsorte gewesen a). Er ist vor mir aus dem Hause gegangen b). Stelle diesen Schirm vor das Licht c). Sprecht nicht davon vor ihm. Dein Bruder will ihm entgegen gehen. — Meine Base ist in Nürnberg mit ihrer Mutter. Er hat diesen Brief mit Reißbley geschrieben d). Schneidet dieses Papier nicht mit dem Federmesser e). Ich bin diesen Morgen bey Ihnen gewesen, aber Sie waren nicht zu Hause f). Sind Sie nicht bey meinem Onkel gewesen? Es ist hier zu dunkel g). Stellen Sie Sich ans Licht h). Sind Sie böse auf mich i)? Man

muß

muß diesen Balken gegen die Mauer stützen k). Laufen Sie ihm nach, Sie werden ihn noch ertappen l). Wer kommt nach ihm? Wir sind nach ein Uhr angekommen.

a) le rendés-vous, der Versammlungsort. b) sortir, heraus gehen. c) un écran, ein Schirm, la lumière, das Licht. d) la mine de plomb, das Reißbley. e) le canif, das Federmesser. f) à la maison g) obscur, dunkel. h) contre le jour i) être fâché böse seyn, contre. — k) la poutre, der Balken, le mur, die Mauer, appuyer, stützen. l) attraper, ertappen.

### Ueber §. 425.—427.

Gehen Sie in das Zimmer, es ist kalt. Wir wollen in dieser Wiese spazieren gehen a). Ich habe Ihren Vater in seinem Garten gesehn. Sie werden in meinem Koffer einen Beutel Geld finden b). Der Fürst soll in acht und vierzig Stunden ankommen. Dieser Mensch spricht wie ein großer Herr c). Er hat mir auf französisch geschrieben. Ich habe eure Brüder unter Wegs angetroffen d). Seit wann sind Sie in Deutschland? Ist euer Bruder noch in Frankreich. Er hat dieses Buch in drey Monaten gemacht. Er vollendet seine Lectionen in vier Monaten e). In zwey Stunden war alles vorbey f). Werft dieß in den Fluß g). Ich will nicht, daß es im Wasser umkomme h). Es sind 3000 Mann in diesem Platz i).

a) se promener dans la prairie, in der Wiesen spazieren gehen. b) une bourse d'argent c) en grand seigneur d) rencontrer en chemin, unterwegs antreffen. e) achever ses leçons, seine Lectionen vollenden. f) tout étoit passé g) la rivière, der Fluß. h) périr, umkommen. i) une place, ein Platz.

### Ueber §. 428.—430.

Ist Ihr Bruder innen? Kein Gelehrter a), es sey in- oder außer Deutschland b), übertrift ihn an Kenntnissen c). Meine Schwestern waren in dem Hause, während wir außen waren. Man spricht von einem Krieg d)

zwey

zwischen Rußland und Schweden. Sie ist ohnmächtig zwischen meine Arme gefallen e). Er hat sich zwischen zwey Stühle gesezt f). Thut nicht die Aepfel g) unter die Birnen h). Ich habe diesen Aufsatz i) unter meinem Papieren gefunden. Er hat mich schon im vergangenen Monat bezahlt k). Sie sollen schon diesen Abend getraut werden l). Er ist ganz verändert m), seit einiger Zeit. Seine Unentschlossenheit dauert n) seit einen Monat. Ich habe ihn seit sechs Wochen auf keiner Lügen mehr ertappt o). Leihet mir einige Thaler bis morgen p). Dieser Mensch betrügt selbst seine besten Freunde. Sein Bruder kennt selbst die ersten Grundsätze q) der Religion nicht r). — Euer Bruder geht nur in der Nacht aus. Wo wohnt Herr Duclos. Er wohnt nicht weit von hier. Ich muß mein Leben weit von euch hinbringen s). Herr Amand hat mich aller meiner Bemühungen ungeachtet verlassen t). Er hat nachgegeben u), ungeachtet seines Vorsatzes v). Er nimmt Anstand x) diesen Schritt zu thun y), ungeachtet meiner inständigen Bitten z). Ich werde ihn der ganzen Welt zum Troz lieben. Ich werde Ihnen troz Ihres Stillschweigens schreiben a).

a) un savant, ein Gelehrter b) soit dedans, soit dehors l'Allemagne c) surpasser en connoissances, an Kenntnissen übertreffen. d) la guerre, der Krieg. e) tomber évanoui, ohnmächtig hinfallen. f) se placer sich setzen; la chaise, der Stuhl. g) les pommes h) les poires i) ce mémoire k) le mois passé, der vergangene Monat. l) marier, trauen. m) tout changé n) son irrésolution dure — o) attraper sur un mensonge, auf einer Lüge ertappen. p) prêter, leihen; demain, morgen. q) les principes, die Grundsätze. r) ignorer, nicht wissen; nicht kennen. s) passer la vie, das Leben hinbringen. t) les efforts, die Bemühungen quitter, verlassen. u) ceder, nachgeben. v) les resolutions, der Vorsatz. x) il hésite y) faire une démarche, einen Schritt thun. z) mes instances a) le silence, das Stillschweigen.

## Ueber §. 431. — 433.

Euer Vater ist bekannt durch seine Schriften a). Er hat mir dieses Buch durch seinen Bruder geschickt. Ich will es euch durch meine Magd wissen lassen b). Meine Achtung c) für ihn ist eben so groß, als meine Freundschaft. Der berüchtigte d) Cagliostro ist für immer in die Engelsburg gesperrt worden e). Meine Brüder machten sich gestern auf den Weg nach Italien f). Dieses Schiff segelt nach England. Diese Sache hat mich gegen drey hundert Thaler gekostet g). Er wohnt bey einer Kirche. Ich habe mich Ihres Sohns bey dem Herzog angenommen h). Ihr habt diese Wäsche zu nahe an den Ofen gethan i).

    a) connu, bekannt; les écrits, die Schriften. b) faire savoir, wissen lassen. c) l'estime, die Achtung. d) fameux. e) le chateau Saint Ange, die Engelsburg; enfermer, einsperren. f) se mettre en route, sich auf den Weg machen. g) couter, kosten. h) s'intéresser, sich annehmen pour. i) mettre, thun.

## Ueber §. 434. 435.

Ich bin den ganzen Tag gegangen a), ohne zu trinken, noch zu essen, denn ich war ohne Geld. Ihr sezet ohne Grund b) Mißtrauen c) in diesen Mann. Es ist ein Mann ohne Geist d). Legt dieses Messer auf den Tisch. Seyd aufmerksam auf euch e). Mein Schnupftuch f) ist unter den Tisch gefallen. Was haben Sie unter dieser Serviette? Die Soldaten sind unter das Gewehr getretten g).

    a) marcher, gehen. b) la raison, der Grund. c) se défier de qlc. Mißtrauen in jemand setzen. d) esprit e) être attentif, aufmerksam seyn. f) mon mouchoir g) se mettre sous les armes unter das Gewehr tretten.

## Konjunktionen.

### 436.

A cauſe iſt mehr als Präpoſition gebräuchlich, denn als Adverbium. Man ſpricht ſehr gut J'ai fait cela à cauſe de vous. Hingegen vous le ſavés à *cauſe* qu' on vous l'a dit, iſt nicht ſo gut als parce qu'on vous l'a dit.

| | |
|---|---|
| Votre frère a été chatié à *cauſe* (beſſer parce) qu'il ne vouloit pas apprendre ſa leçon. | Ihr Bruder iſt gezüchtiget worden, weil er ſeine Lection nicht lernen wollte. |
| Il faut parler bien haut *à cauſe* (beſſer parce) qu'il eſt un peu ſourd. | Man muß ſehr laut reden, weil er ein wenig taub iſt. |

### 437.

Parceque zeigt eine unbekannte Urſache an. Puisque ſetzt voraus, daß dem Andern die Sache, welche den Beweggrund einer Handlung enthält, ſchon bekannt iſt, und ich ihn nur wieder daran erinnere. Zu Anfang eines Satzes ſteht allemal puisque, nicht parceque. Puisque kann gemeiniglich mit da überſetzt werden.

| | |
|---|---|
| Je le veux ſervir *parce* qu'il eſt de mes amis. | Ich will ihm dienen, weil er ein Freund von mir iſt. |
| Je l'aime *parce* qu'il eſt aimable. | Ich liebe ihn, weil er liebenswürdig iſt. |
| On vous a frit cela *parce que* vous l'avés voulu; et *puispue* vous l'avés voulu, vous ne devés pas vous plaindre. | Man hat Ihnen dieſes gethan, weil Sie es wollten, und da Sie es gewollt haben, ſo müſſen Sie ſich nicht beklagen. |
| Puisque vous le ſavés, pourquoi demandés-vous? | Da Sie es wiſſen, warum fragen Sie? |

### 438.

Vû que, steht am Ende, comme zu Anfang eines Satzes.

| | |
|---|---|
| Il ne lui faut pas laisser manier son bien, *vû que* c'est un prodigue. | Man muß ihm sein Vermögen nicht unter den Händen lassen, weil er ein Verschwender ist. |
| *Comme* vous le dites, je le crois. | Weil ihr es sagt, so glaube ichs. |
| *Comme* il ne vient pas, nous pouvons partir. | Da er nicht kommt, so können wir fortgehen. |

### 439.

Die Partikel que wird auf sehr mancherlei Art gebraucht, wie aus folgenden Beyspielen erhellt:

| | |
|---|---|
| Priés-le *qu'il* le fasse (besser de le faire.) | Bitten Sie ihn, es zu thun. |
| Il s'imagine, *que* je le vois. | Er bildet sich ein, ich sehe es. |
| Je crains, *qu'il* ne meure. | Ich befürchte, er werde sterben. |
| Je veux, *qu'il* le fasse. | Ich will haben, er soll es thun. |
| Je doute *qu'il* vienne. | Ich zweifle, ob er kommt. |
| Je vous assure *que* oui *). | Ich versichere, ja. |
| Je vous proteste, *que* non. | Ich betheure, nein. |
| Je dis *que* si. | Ich sage, ja. |
| Et moi, je dis *que* non. | Und ich, ich sage nein. |
| Je crois, *que* si. | Ich glaube, ja! |
| Je crois, *que* non. | Ich glaube, nein. |
| O *que* si! | O ja! |
| O *que* non! | O nein! |
| Apparemment qu'il le verra. | Vermuthlich wird er es sehen. |
| Il le sait sans doute. | Allerdings weiß er es. |
| Le voici qu'il (besser qui) est venu. | Da ist er gekommen. |
| La voilà qu'elle (besser qui) est venue. | Da ist sie gekommen. |

Comme

---

*) Hier steht que oui, weil oui der Kasus Verbi ist. Also auch in den folgenden Beyspielen.

| | |
|---|---|
| Comme vous êtes là et *que*\*) j'y suis auſſi; nous pourrons parler enſemble. | Weil Sie da ſind, und ich auch da bin, ſo können wir mit einander reden. |
| S'il vient, et *qu'il* faſſe le méchant, vous n'avés qu'à m'appeller. | Wenn er kommt, und ſich ungebärtig ſtellt, ſo dürfen Sie mir ruffen. |
| Avés-vous ſi peu de conſcience, *que* de faire cela? | Haben Sie ſo wenig Gewiſſen, es zu thun? |
| Je l'ai vû avant (*que*) de venir. | Ich habe ihn geſehen, ehe ich kam. |
| Avant (*que*) de le voir je l'ai cru. | Ehe ich es ſah, habe ich es geglaubt. |
| Ah que vous êtes heureux! | Ach wie glücklich ſind Sie! |
| Ah que je ſuis charmé de vous voir! | Ach wie freue ich mich, Sie wieder zu ſehen. |

### 440.

*Avant qu'il ſoit peu, avant que.*

| | |
|---|---|
| Vous le verrés *avant qu'il* ſoit peu. | Sie werden ihn bald ſehen. |
| *Avant que* deux jours ſoient écoulés, il arrivera. | Ehe zwen Tage vergehen, wird er ankommen. |
| Nous verrons bien des choſes *avant que* huit jours ſe paſſent. | Wir werden viele Dinge ſehen, ehe acht Tage vergehen. |

### 441.

### Adverbia und andere Partikeln.

*Tantôt* heißt vorhin (erſt) hernach. Es wird alſo von einer vergangenen und zukünftigen Zeit gebraucht.

| | |
|---|---|
| Votre frère a été *tantôt* là. | Ihr Bruder war eben da. |
| Qu'a-t-il dit? | Was hat er geſagt? |

\*) Mit que werden, wie aus dieſen und den folgenden Beyſpielen erhellt, quand, comme, ſi und alle Konjunktionen wiederholt, die mit que zuſammengeſetzt ſind z. E. parceque, puisque &c. Etwas beſonders iſt es, daß que den Konjunktiv regiert; wenn es die Konjunktion ſi wiederholt, welche doch ſelbſt den Indikativ zu ſich nimmt.

| | |
|---|---|
| Il a dit, qu'il vouloit vous parler, et qu'il reviendroit tantôt. | Er hat gesagt, er wolle Sie sprechen, und hernach wieder kommen. |
| Venés tantôt chés moi. Nous irons proméner ensemble. | Kommen Sie hernach zu mir, wir wollen mit einander spazieren gehen. |
| Quand êtes-vous revenu? | Wann sind Sie wieder gekommen? |
| Hier (au) matin. *) | Gestern zu früh. |
| Hier *au* soir. | Gestern Abend. |
| Dimanche (au) *matin* vous le verrés. | Am Sonntag frühe werden Sie ihn sehen. |
| Lundi *au soir* il sera là. | Am Montag Abends wird er da seyn. |
| Il arrivera le lendemain *de bon matin*. | Er wird den andern Tag bei Zeiten kommen. |
| Vous venés *bien matin*. | Sie kommen sehr frühe. |
| Il est arrivé à cinq heures du matin. **) | Er ist Morgens um fünfe angekommen. |
| A quatre heures *de* l'après-midi. | Um vier Uhr Nachmittags. |
| Il est venu ce matin. (nicht aujourd'hui matin.) | Er ist heute Morgens gekommen. |
| Je l'attens ce soir. | Ich erwarte ihn heute Abend. |
| Hier je l'aperçus tout-à-coup à la Comédie. | Gestern bemerkte ich ihn plötzlich in der Komödie. |
| Cela a été fait tout d'un coup. | Das war auf einmal geschehen. |
| Ayant lû votre lettre, il partit *soudain*. | Nachdem er Ihren Brief gelesen hatte, gieng er plötzlich ab. |
| Il est mort *soudainement*. | Er ist plötzlich gestorben. |
| Il viendra *dans peu*. | Er wird nächstens kommen. |
| Cela se fera *d'ici à demain*. | Das wird bis Morgen gemacht seyn. |
| Il reviendra d'ici *en un an*. | Er kommt in einem Jahr wieder. |

Ce

*) Man sagt: hier matin, Dimanche matin, aber nicht soir sondern hier au soir, Dimanche au soir.

**) Nicht au matin, denn das vorhergehende Substantiv cinq heures erfordert den Genitiv.

| | |
|---|---|
| Ce n'est que *d'hier* qu'on le sait. | Erst seit gestern weiß man es. |
| Le mal s'accroit *de jour en jour* | Das Uebel nimmt täglich zu. |
| Cela va mieux de jour à autre. | Es bessert sich von einem Tag zum andern. |
| Mon Maitre vient de deux jours l'un. | Mein Lehrer kommt allemal über den andern Tag. |
| De trois *jours l'un.* | Ueber den dritten Tag. |
| Il me renvoye d'un jour à l'autre. | Es weiset mich von einem Tag zum andern. |
| *Desormais* vous ne le verrés plus. | Künftig werden Sie ihn nicht mehr sehen. |
| *Dorénavant* il ne le fera plus. | Künftig wird er es nicht mehr thun. |
| *Autrefois* c'étoit la coutume. | Ehedem war es die Gewohnheit. |
| *Anciennement* cela étoit inconnu. | Vor Alters war das unbekannt. |
| *L'autre jour* je le vis à l'Eglise, et je l'ai encore vû depuis peu. | Dieser Tagen sahe ich ihn in der Kirche, und ich habe ihn noch seit kurtzem gesehen. |
| *Cependant* on ne le voit plus aujourd'hui. | Indessen sieht man ihn nicht mehr heute. |
| Cela est arrivé tout *recemment.* | Das ist ganz neuerlich geschehen. |
| A *l'avenir* il n'arrivera plus. | In Zukunft wird es nicht mehr geschehen. |
| Vous viendrés au moins à *point nommé*, et vous ne tarderés pas? | Hören Sie, Sie kommen doch zur bestimmten Zeit und verweilen nicht? |
| Venés *après*, je n'ai pas le temps à présent. | Kommen Sie hernach, ich habe ist nicht Zeit. |
| S'il n'est pas *là*, il est *ailleurs*. | Wenn er nicht da ist, so ist er anderswo. |
| Je l'ai vû *de loin* et *de près*. | Ich habe ihn in der Ferne und in der Nähe gesehen. |
| Il n'est pas là *dedans*; où est-il? | Er ist nicht darinnen, wo ist er denn? |

| | |
|---|---|
| Ce boiteux va toujours *deçà et de-là*, à droite et à gauche. | Der Hinkende geht immer hin und her, zur rechten und zur linken. |
| Il y a une bordure *tout au tour*. | Es ist eine Einfassung rings herum. |
| Où est-ce? | Wo ist es? |
| C'est là-*devant*. | Es ist da vorn. |
| C'est là-*derrière*. | Es ist da hinten. |
| L'amphibène se meut *en arrière* comme *en avant*. | Die Blindschleiche beweget sich hinterwärts, wie vorwärts. |
| Est il *en haut*? | Ist er oben? |
| Non, il est *en bas*. | Nein, er ist unten. |
| *Entrés céans*, mon ami. | Kommt herein, mein Freund. |
| Dieu est présent *par tout*. | Gott ist überall gegenwärtig. |
| Je demeure-là, et lui d'*coté*. | Ich wohne da, und er daneben. |
| Il ne s'est pas arrêté, il a passé *outre*. | Er hat sich nicht aufgehalten, er ist durchgereist. |
| Cela se voit *par tout*. | Das sieht man überall. |
| *Combien de fois* est-il venu? | Wie oft ist er gekommen? |
| Six fois. Plusieurs fois. | Sechsmal. Oefters. |
| Je le vois *toutes les fois* que j'y vais. | Ich sehe ihn, so oft ich hingehe. |
| Je vous l'ai dit *plus d'une fois*. *) | Ich habe es Ihnen mehr als einmal gesagt. |
| Ils sont venus tous *à la fois*. | Sie sind alle zugleich gekommen. |
| Que dire *après-tout*? | Was ist am Ende zu sagen? |
| Je l'ai fait six fois *de suite*. | Ich habe es sechsmal nacheinander gethan. |
| Faites-le *tout de suite*. | Thut es gleich jetzo. |
| Vous parlerés *tour-à-tour*, et nous tous *ensemble*. | Ihr sollt nacheinander, und wir alle zugleich reden. |
| *Enfin* que faire? | Endlich, was ist da zu thun? |
| Les soldats marchent *à la file* et en bon ordre. | Die Soldaten gehen einzeln nacheinander und in guter Ordnung fort. |

*) Nicht *plus qu'une fois*, denn wenn ein Zahlwort folgt, so darf man nicht mit *que* komponiren.

| | |
|---|---|
| Je lui ai tout conté *par ordre*. | Ich habe ihm alles ordentlich erzehlt. |
| Buvons *à la ronde!* | Wir wollen herum trinken. |
| Il n'y en a point à six lieues *à la ronde*. | Es ist keine da auf sechs Meilen im Umkreis. |
| On le voit sortir *de temps en temps*. | Man sieht ihn zuweilen ausgehen. |
| Cela va plus mal *de jour en jour*. | Das wird alle Tage ärger. |
| Tout est ici *pêle-mêle*. | Alles geht hier durch einander. |
| Le peuple y court en foule. | Das Volk lauft haufenweise dahin. |
| Elle fait tout *à rebours*. | Sie thut alles verkehrt. |
| Vous chaussés vos bas à *l'envers*, prenés garde, chaussés les à *l'endroit*. | Sie ziehen Ihre Strümpfe verkehrt an. Nehmen Sie sich in Acht und ziehen Sie sie auf der rechten Seite an. |
| Ils travaillent à l'envi. | Sie arbeiten um die Wette. |
| Il va *de coté et d'autre* chercher de quoi vivre. | Er gehet hin und her, um Lebensmittel zu suchen. |
| Je demeure *à l'opposite, vis-à-vis*. | Ich wohne gerade gegenüber. |
| Quand il vient, il lit, *puis* il écrit, *après* il chante, *ensuite* il s'en va. | Wann er kommt, so lieset er, hernach schreibet er, dann singt er, und nachdem gehet er fort. |
| Faites cela tout de suite. | Thun Sie dieses sogleich. |
| A la pareille, à la revanche, mon ami. | Auf Wett machen, mein Freund. |
| Il a bien ce défaut, mais *en échange*, il a d'autres bonnes qualités. | Er hat zwar den Fehler, aber hingegen hat er andere gute Eigenschaften. |
| Mon livre est *tout à fait* ruiné. | Mein Buch ist ganz zu Grunde gerichtet. |
| Je l'ai *à peine* connu. | Ich habe ihn kaum gekannt. |
| Il y a quelque chose *entre deux*. | Es ist etwas dazwischen. |
| Tant pis pour vous. | Desto schlimmer für Sie. |
| Tant mieux pour elle. | Desto besser für sie. |

Je

| | |
|---|---|
| Je prens tout *en gré*. | Ich nehme mit allem vorlieb. |
| On vous en saura *bon gré*, si vous le faites. | Man wird Ihnen dafür Dank wissen, wenn Sie es thun. |
| Elle fait tout à son *gré*. | Sie thut alles nach ihrem Kopf. |
| Il l'a fait *à regret*, et *à contre-coeur*. | Er hat es nicht gerne, und mit Widerwillen gethan. |
| *A peine* l'a-t-il vû, qu'il l'a reconnu. | Kaum hat er ihn gesehen, so hat er ihn erkannt. |
| Vous l'exigés à bon droit. Il l'exige à tort. | Sie fordern es mit Recht, Er verlangt es mit Unrecht. |
| Vous êtes venu à temps, à propos. | Sie sind zur rechten Zeit, eben recht gekommen. |
| Il l'a fait *exprès*, *à dessein*. | Er hat es vorsätzlicher Weise, mit Fleiß gethan. |
| Il est arrivé *à l'improviste* (à l'impourvu.) | Er ist unvermuthet angekommen. |
| Ne faites rien *à la volée*. | Thun Sie nichts obenhin. |
| Il l'a fait à l'insu des autres. | Er hat es ohne Wissen der andern gethan. |
| Mettés cela *au net*. | Schreiben Sie das ins reine. |
| Vous ferés celà *à loisir*. | Dieses thun Sie mit guter Weile. |
| Je l'ai dit par raillerie et non pas *tout de bon*. | Ich habe es im Scherz und nicht im Ernst gesagt. |
| Elle *chante bien clair*. | Sie singt sehr hell. |
| L'un parle *haut* et l'autre *bas*. | Der eine redet laut, der andere leis. |
| Il parle *en sage*, et il agit *en fou*. | Er redet wie ein Weiser, und handelt wie ein Narr. |
| Avancés *pas-à-pas*, et tout doucement. | Nähern Sie sich Schritt vor Schritt und ganz langsam. |
| *Jusques à quand* cela durera-t-il? | Wie lange soll das noch dauern |
| *Pour quand* voulés-vous votre habit? | Auf welche Zeit wollen Sie Ihr Kleid? |
| *Pour demain*. | Auf Morgen. |

## Uebungen über §. 436. —438.

Ich kann nicht hingehen, weil mein Vater krank ist a). Er hat diesen Schritt gethan b), weil Sie ihm die Wahrheit verborgen hatten c). Wir wollen eine Reise d) nach Frankfurth machen, weil die Jahrszeit es erlaubt e). Es hilft zu nichts, um Rath zu fragen f), weil es eine beschlossene Sache ist g). Man hat ihm eine Pension gegeben, weil er (angesehen er) alt ist, und nicht mehr arbeiten kann h). Da er nicht will, so will ich ihn nicht dazu zwingen i). Da mein Vater nicht will, daß ich hingehe, so werde ich zu Hause bleiben k).

   a) malade, krank. b) il a fait cette demarche. c) déguiser la vérité, die Wahrheit verbergen. d) un tour. e) la saison, die Jahrszeit; permettre, erlauben. f) consulter, um Rath fragen. g) une chose resolue. h) travailler, arbeiten. i) forcer, zwingen. k) rester à la maison zu Hause bleiben.

## Ueber §. 439.

Wollen Sie, daß mein Sohn Sie hinführe a). Bitten Sie ihn, daß er mir dieses Vergnügen mache. Ist er schon abgereist? Ich glaube: Ja, Ich glaube: Nein. Vermuthlich hat er etwas zu thun gehabt. Vielleicht weiß er nicht, daß Sie ihn erwarten b). Wenn er kommt, und mit mir zu sprechen verlangt c), so sage ihm, ich sey nicht da d). Wenn man um nichts zankt e), und Lärm anfängt f), so macht man sich verhaßt g). Habt ihr so wenig Verstand, um von diesen Dingen vor allen Leuten h) zu sprechen? Mein Vater möchte i) euch noch sehen, ehe er stirbt k). Besuchen Sie mich, ehe Sie hingehen.— Ach wie schwach ist der Mensch l)! Warum habe ich Ihren Rath nicht geglaubt m)! — Wie beweinungswerth ist mein Schicksal n)! Wie theuer ist mir diese Neugierde zu stehen gekommen o)!— Mein Bruder wird in kurzem anlangen p). Diese Revolution wird geschehn q), ehe zwey Monate vergehen.

   a) mener, führen. b) attendre, erwarten. c) demander à parler, zu sprechen verlangen. d) que je n'y suis pas. e) gronder, zanken. f) faire du vacarme, Lärm anfangen. g) se rendre odieux, sich verhaßt machen. h) en présence de tout le monde. i) voudroit k) mourir, sterben. l) foible, schwach. m) croire un conseil, einem Rath glauben. n) déplorable, beweinungswerth; le sort das Schicksal. o) couter

o) couter cher, theuer zu stehen kommen.; la curiosité, die Neugierde. p) arriver, anlangen. q) arriver.

## Ueber §. 441.

Ich habe vorhin Ihren Vater gesehen. Wir wollen hernach in die Komödie gehen. Wir gehen morgen früh nach Nürnberg. Wollen Sie mitkommen a)? Wann werden Sie wieder kommen? Morgen Abends. Werden Sie früh abgeben? Um sechs Uhr Morgens. — Bezahlen Sie diese Handwerksleute b) Tag- oder Wochenweise? Er blieb plözlich stehen c). Er schlug ihn auf einmahl zu Boden d). Sobald er den Befehl erhalten hatte e), reiste er schnell ab. Es muß sich die Sache im kurzen aufklären f). Binnen vierzehn Tagen, muß alles entschieden seyn g). Seit wann sind Sie angekommen? Sie werden von Tag zu Tag schöner. Sie wird von Tag zu Tag böser h). Man gibt hier nur Konzerte über den andern Tag. Sie machen sich auf ewig unglücklich i), wenn Sie dieß thun. — Künftig seyn Sie vernünftiger k). Für die Zukunft wird er mich in Ruhe lassen l). Ehedem besuchte er mich alle Tage. Vor Alters war diese Stadt eine Wüste m). Ich schrieb Ihnen dieser Tage durch Herrn Mion. Haben Sie meinen Brief erhalten? Ist es schon lange, daß das geschehen ist n)? Mein Gott, es ist erst ganz neuerlich geschehen. — In Zukunft seyd minder unbedachtsam o). Wenn ihr nicht zur gesezten Zeit kommt, so gehen wir ganz allein p).

a) voulés vous être de la partie? b) les ouvriers, die Handwerksleute. c) s'arrêter, stehen bleiben. d) terrasser, zu Boden schlagen. e) l'ordre, der Befehl. f) s'éclaircir, aufklären. g) décidé, entschieden. h) méchant, böse. i) se rendre malhueureux, sich unglücklich machen. k) plus sage l) laisser en repos, in Ruhe lassen. m) un désert n) que cela est arrivé o) moins étourdi. p) tout seuls.

---

Bist du da, mein Bruder? Friedrich hat dich von weitem gesehen. Ich bin in dieser Stadt gewesen, ich habe aber nicht die umliegenden Dorfschaften gesehen. Dieses Haus ist schöner von innen, als von außen. Wollen Sie, daß wir links oder rechts gehen? Euer Bruder ist ein Herumläufer a). Er ist bald da, bald dort. Dieses Mädchen ist nicht so schön von vornen, als von hinten. Ihr werdet ihn dahinten finden. Dieser Mensch bewegt sich b) weder vorwärts, noch
rück-

rückwärts. Wohnen Sie oben oder unten? Ich wohne da oben. Ich logiere da unten. Gehen Sie da herein mit mir. Dieser Mensch ist nie aus der Stadt gekommen c). Er ist nie wo anders gewesen. Ich finde diesen Juden allenthalben. Gehet nicht weiter, mein Vater hat euch gesagt, bloß bis dahin zu gehen.

a) un coureur   b) so meut   c) n'a jamais sorti de.

Wie oft sind Sie dieses Jahr in Bamberg gewesen? Ich bin öfters da gewesen. Ich gehe so oft hin, als sich Gelegenheit dazu zeigt a). — Ihr müßt nicht alle auf einmahl hingehen. Mein Bruder hat einen Fehler begangen b); nach dem allen aber ist er ein ehrlicher Mann. Ich habe dir dieß mehr als einmal gesagt. Ich bin dreymal hinter einander gefallen c). Geht gleich hin und sagt ihm, daß ich morgen abreise. Man hat dieses ganze Regiment Mann vor Mann vorbey marschieren lassen d), um den Dieb zu entdecken e). Erzählen f) Sie mir alles nach der Ordnung. Der Feind hat alles verheert g), auf zwanzig Meilen im Umkreis. Besuchen Sie mich von Zeit zu Zeit, und machen Sie sich nicht so selten h). Sein Uebel wird von Tag zu Tag schlimmer i). Werft nicht alles untereinander. Setze nicht deine Mütze verkehrt auf k), du machst dich lächerlich l).

a) que l'occasion s'en présente   b) commettre une faute, einen Fehler begehen.   c) tomber, fallen.   d) faire passer, vorbeymarschieren lassen.   e) découvrir le voleur.   f) raconter, erzählen.   g) ravager, verheeren.   h) se rendre rare, sich selten machen.   i) son mal empire, sein Uebel wird schlimmer.   k) mettre son bonnet, seine Mütze aufsetzen.   l) se rendre ridicule, sich lächerlich machen.

Diese Pursche ärgern mich um die Wette a). Wohnen Sie bey Herrn Pornet? Nein, ich wohne gegen über. Was machen Sie in Ihrer Lection mit ihrem Lehrer b)? Zuerst lesen wir ein französisches Buch, dann läßt er mich einen Brief schreiben, hernach machen wir Phrasen c), und hierauf konjugiren wir ein Verbum. — Gehen Sie nicht von der Stelle d). Ich bin den Augenblick wieder da e). Dieses Mädchen ist nicht reich; hingegen aber hat sie viel Verstand. Sie scheinen mir ganz verändert f), was haben Sie? Kaum habe ich euch gesehen, so muß ich euch verlassen g). Dieses Elsen macht die Wäsche

sche schmuzig h), legt ein Blat Papier dazwischen i). Desto besser, ich werde weniger Mühe haben k). Hat Ihr Vater dieses Papier gut=und freywillig unterzeichnet l)? Nein, er hat es sehr ungern gethan. Desto schlimmer für ihn.

   a) chagriner, ärgern les drôles, die Pursche. b) le maître, der Lehrer. c) former des phrases, Phrasen machen. d) ne bougés e) je suis à vous dans le moment. f) changé, verändert g) quitter, verlassen. h) le fer das Eisen, le linge die Wäsche, salir schmuzig machen. i) une feuille de papier, ein Blatt Papier. k) j'en aurai moins de peine. l) signer, unterzeichnen.

Sie sind sehr gelegen gekommen. Wir haben Sie nöthig a). Dieser junge Mensch thut alles unbedachtsam. Er hat nichts zu thun b), und doch thut er alles in der Eile. Wir wollen sehen, wann er anfangen wird, gesezt zu reden. Thun Sie diese Sache nicht im Flug. Sie könnten es bereuen c). Wann Sie Zeit haben werden d), werden Sie diesen Aufsaz ins Reine schreiben e). Pressirt es f)? Nein, ich sage, wann Sie Muse haben g). Da aber alles ohne Wissen meines Onkels geschehen muß h), so schreiben Sie es in Ihrem Zimmer. Herr Danton hat mir gesagt, er verheirathet sich; ich glaube aber, er hat es bloß zum Spaß gesagt. Verzeihen Sie, er verheirathet sich ernstlich. Wir wollen nicht so laut reden, aus Furcht, man möchte uns hören i). Nähern Sie sich leise k), Sie werden etwas sehen, das Sie freuen wird l), aber reden Sie leise. Oho, mein Herr, sachte, was machen Sie da? Gehen Sie gleich aus meinem Hause m), und kommen in ihrem Leben nicht wieder herein n).

   a) nous avons besoin de vous. b) il n'a rien à faire. c) se repentir de qlch. etwas bereuen, d) quand vous aurés le temps e) mettre un mémoire au net, einen Aufsaz ins Reine schreiben. f) cela presse - t - il g) quand vous aurés les loisir. h) comme tout doit se faire, da alles geschehen muß. i) de peur qu'on ne nous entende k) s'approcher, sich nähern. l) qui vous divertira. m) sortir, hinausgehen. n) rentrer, wieder hineingehen.